Die Publizität des Jahresabschlusses in ihrer geschichtlichen Entwicklung

Europäische Hochschulschriften
Publications Universitaires Européennes
European University Studies

Reihe II
Rechtswissenschaft

Série II Series II
Droit
Law

Bd./Vol. 4806

PETER LANG
Frankfurt am Main · Berlin · Bern · Bruxelles · New York · Oxford · Wien

Matthias Henke

Die Publizität des Jahresabschlusses in ihrer geschichtlichen Entwicklung

Eine kritische Analyse der bestehenden Strukturprinzipien der handelsrechtlichen Publizität nicht kapitalmarktorientierter Gesellschaften

PETER LANG
Internationaler Verlag der Wissenschaften

Bibliografische Information der Deutschen Nationalbibliothek
Die Deutsche Nationalbibliothek verzeichnet diese Publikation in der Deutschen Nationalbibliografie; detaillierte bibliografische Daten sind im Internet über <http://www.d-nb.de> abrufbar.

Zugl.: Osnabrück, Univ., Diss., 2008

D 700
ISSN 0531-7312
ISBN 978-3-631-59090-4

www.peterlang.de

Meiner Familie

Vorwort

Die Bedeutung einer handelsrechtlichen Pflicht zur Veröffentlichung des Jahresabschlusses, insbesondere für kleine und mittlere Unternehmen außerhalb des Kapitalmarktes, lässt sich an den Gestaltungsprämissen betroffener Gesellschaften im Umgang mit ihrer Offenlegungspflicht erahnen. Mangels repräsentativer, empirisch belegter Zahlen ist der unternehmerische Wert der Jahresabschlusspublizität bislang nicht bestimmt. Unternehmer verzichten ausschließlich im Interesse der Vermeidung von Offenlegung auf den Schutz einer haftungsbeschränkten Rechtsform. Gefragt sind Gestaltungsempfehlungen für Gesellschaften, die ob ihres tatsächlichen Abhängigkeitsverhältnisses von anderen Unternehmen, etwa Großabnehmern, um ihre wirtschaftliche Existenz fürchten. Von einigen Unternehmen wird daher der vom Gesetzgeber gelassene Gestaltungsspielraum dazu genutzt, Transparenz zu vermeiden, anstatt die Unternehmensführung zu stützen. Hier bleibt das gesetzgeberische Ziel der Transparenz auf der Strecke. Wie stark sich Unternehmen auch durch die Veröffentlichung ihrer Jahresabschlüsse bedroht fühlen, zeigt zudem der Kanon der in der Literatur diskutierten Gestaltungsspielräume, der teilweise groteske Formen annimmt. So wird in der Literatur etwa einer Gestaltungsempfehlung die Rechtmäßigkeit attestiert, nach der ein Obdachloser als persönlich haftender Gesellschafter jedenfalls zum Bilanzstichtag in die Gesellschaft aufgenommen werden könne. Es gibt daher genügend Anlässe, das Dogma der "Publizität als Preis der Haftungsbeschränkung" zu hinterfragen. Dies soll mit dieser Arbeit aus historischer Sicht erfolgen.

Mein Dank gilt meinem Doktorvater, Herrn Prof. Dr. Malte Schindhelm, der die Anregung zu diesem Thema gab und mich für die wirtschaftliche Bedeutung gesellschafts- und bilanzrechtlicher Regelungen sensibilisierte. Seinem Einsatz als Nachwuchs fördernder Praktiker, der sich stets für eine der anwaltlichen Praxis nahen Forschung und Lehre einsetzte, verdanke ich den Abschluss dieser Arbeit. Er verstarb am 10.04.2008.

Zu Dank bin ich auch Herrn Prof. Dr. Manfred Mössner für die kurzfristige Erstellung des Zweitgutachtens und Herrn Dekan Prof. Dr. Martin Schmidt-Kessel für die Leitung meiner Disputation verpflichtet, die er unkompliziert ermöglichte.

Mein besonderer Dank gilt auch meiner Familie, die mich in vielfältiger Weise unterstützte und diese Arbeit erst möglich gemacht hat.

Dortmund im August 2008 Matthias Henke

Inhaltsverzeichnis

Abkürzungsverzeichnis

Abl.EG	Amtsblatt der Europäischen Gemeinschaften
Abs.	Absatz
ADHGB	Allgemeines Deutsches Handelsgesetzbuch
A/D/S	Adler/Düring/Schmaltz
AG	Aktiengesellschaft oder: Die Aktiengesellschaft (Zeitschrift)
AktG	Aktiengesetz
ALR	Allgemeines Landrecht für die Preußischen Staaten (von 1794)
Amtl.	Amtlich
Anm.	Anmerkung
AR	The Accounting Review (Zeitschrift)
Art.	Artikel
Aufl.	Auflage
BB	Betriebs-Berater (Zeitschrift)
Bd.	Band
Begr.	Begründer
BFuP	Betriebswirtschaftliche Forschung und Praxis (Zeitschrift)
BGB	Bürgerliches Gesetzbuch
BGH	Bundesgerichtshof
BiRiLiG	Bilanzrichtlinien-Gesetz
BMJ	Bundesministerium der Justiz
BörsG	Börsengesetz
BörsZulVO	Börsenzulassungsverordnung
BT-Drucks.	Bundestagsdrucksache
BVerfGE	Entscheidungen des Bundesverfassungsgerichts
bzw.	beziehungsweise
ca.	circa
C.d.C.	Code de Commerce
CDU	Christlich Demokratische Union Deutschlands
CSU	Christlich-Soziale Union
DB	Der Betrieb (Zeitschrift)
DBW	Die Betriebswirtschaft (Zeitschrift)
Diss.	Dissertation
DJZ	Deutsche Juristen-Zeitung
DJT	Deutscher Juristentag
DStR	Deutsches Steuerrecht (Zeitschrift)
DStRE	Deutsches Steuerrecht Entscheidungsdienst
Ecu	European Currency Unit
EG	Europäische Gemeinschaften
EGV	Vertrag über die Europäischen Gesellschaften
EHUG	Gesetz über elektronische Handelsregister und Genossenschaftsregister sowie das Unternehmensregister
EuZW	Europäische Zeitschrift für Wirtschaftsrecht
EWG	Europäische Wirtschaftsgemeinschaft
EWIV	Europäische wirtschaftliche Interessenvereinigung
f.	folgend
FDP	Freie Demokratische Partei (Deutschlands)

ff.	folgende
Fn.	Fußnote
GbR	Gesellschaft bürgerlichen Rechts
gegr.	gegründet
GenG	Gesetz betreffend die Erwerbs- und Wirtschaftsgenossenschaften
GG	Grundgesetz für die Bundesrepublik Deutschland
ggf.	gegebenenfalls
GmbH	Gesellschaft(en) mit beschränkter Haftung
GmbHG	Gesetz betreffend die Gesellschaften mit beschränkter Haftung
GmbHR	GmbH-Rundschau
GmbH-StB	GmbH-Steuerberater (Zeitschrift)
GrünhutsZ	Zeitschrift für das Privat- und öffentliche Recht der Gegenwart
GWB	Gesetz gegen Wettbewerbsbeschränkungen
HansRGZ	Hanseatische Rechts- und Gerichts-Zeitschrift
HDSW	Handwörterbuch der Sozialwissenschaften
HGB	Handelsgesetzbuch
HGB-E	Entwurf eines Handelsgesetzbuches
Hrsg.	Herausgeber
i. e. S.	im engeren Sinne
i.H.d.	in Höhe der/des
i.V.m.	in Verbindung mit
i. w. S.	im weiteren Sinne
JAR	Journal of Accounting Research
Jg.	Jahrgang
Jh.	Jahrhundert
Journal EUC	Europäische Zeitschrift für Prüfung und Beratung
JZ	Juristenzeitung
KapCoRiLiG	Kapitalgesellschaften & Co.-Richtlinie-Gesetz
KG	Kommanditgesellschaft
KGaA	Kommanditgesellschaft auf Aktien
KMU	kleine und mittlere Unternehmen
KWG	Gesetz über das Kreditwesen
lit.	littera (Buchstabe)
LöschG	Löschungsgesetz
LZ	Leipziger Zeitschrift für deutsches Recht
MünchKomm	Münchener Kommentar
m.w.N.	mit weiteren Nachweisen
NSDAP	Nationalsozialistische Deutsche Arbeiterpartei
NJW	Neue Juristische Wochenschrift (Zeitschrift)
Nr.	Nummer
NZG	Neue Zeitschrift für Gesellschaftsrecht
o.g.	oben genannte
oHG	offene Handelsgesellschaft
o. V.	ohne Verfasser
Preuß-E	preußischer Entwurf
PublG	Gesetz über die Rechnungslegung von bestimmten Unternehmen und Konzernen
RGBl.	Reichsgesetzblatt

RL	Richtlinie
Rn.	Randnummer
ROHG	Reichsoberhandelsgericht
s.o.	siehe oben
sog.	so genannte
Sp.	Spalte(n)
StA	Staatsarchiv
Stbg	Die Steuerberatung (Zeitschrift)
Sten.	Stenographisch
StGB	Strafgesetzbuch
StuB	Steuer und Bilanzen (Zeitschrift)
SPD	Sozialdemokratische Partei Deutschlands
Tz.	Textzahl
u.v.m.	und viele(s) mehr
UmwG	Umwandlungsgesetz
Urt.	Urteil
USA	United States of America
VAG	Versicherungsaufsichtsgesetz
VerkProspG	Wertpapier-Verkaufsprospekt-Gesetz
Vgl.	Vergleich
VO	Verordnung
vol.	volume
VorstOG	Gesetz über die Offenlegung der Vorstandsvergütungen
VSWG	Vierteljahresschrift für Sozial- und Wirtschaftsgeschichte
WM	Zeitschrift für Wirtschafts- und Bankrecht
WPg	Die Wirtschaftsprüfung (Zeitschrift)
WpHG	Gesetz über den Wertpapierhandel
WWI	Wirtschaftswissenschaftliche Mitteilungen (Zeitschrift)
ZfB	Zeitschrift für Betriebswirtschaft
ZfbF	Schmalenbachs Zeitschrift für Betriebswirtschaftliche Forschung
ZgS	Zeitschrift für die gesamte Staatswissenschaft
ZGR	Zeitschrift für Unternehmens- und Gesellschaftsrecht

Erster Teil:

Jahresabschlusspublizität als Untersuchungsgegenstand

I. Einleitung

In einer grundlegenden Entscheidung über die Ausrichtung der deutschen Wirtschaftsverfassung urteilte das Bundesverfassungsgericht das Primat der freiheitlichen Lösung in gesetzgeberischen Entscheidungen: „in dubio pro libertate"[1]. Heute setzt die Bundesrepublik Deutschland als herausragendes ordnungspolitisches Instrument das der Publizität[2] ein. Sie begegnet uns gesellschafts- und wirtschaftsrechtlich etwa in der Ausweitung der Publizitätspflicht auf die Kapitalgesellschaft & Co.[3] und in der Stärkung der Publizität im Bereich des Kapitalmarktrechtes (Corporate Governance[4], Hedge Fonds[5]). Unter dem Schlagwort „Transparenz" ist Publizität auch im Verbraucherschutz, der Reform der Kommunalverwaltung und in vielen anderen Bereichen allgegenwärtig[6]. Doch ob der Gesetzgeber jeweils Publizität im Geiste der Weichenstellung unserer Wirtschaftsverfassung einsetzt ist fraglich.

In Bezug auf die Veröffentlichung von Unternehmensdaten ist unsere Wirtschaftsordnung geprägt von der Ausweitung der gesetzlichen Jahresabschlusspublizität auf nahezu alle haftungsbeschränkten Gesellschaftsformen. Gleichzeitig ist das Instrument der Jahresabschlusspublizität eines der umstrittensten im Gesellschaftsrecht. Dies zeigt die Fülle von wissenschaftlichen Beiträgen und eine mehr als eineinhalb Jahrhunderte dauernde rechtspolitische Diskussion. Im Zusammenhang mit dem letzten Schritt der Ausweitung, der Einbeziehung bestimmter Personenhandelsgesellschaften in den Kreis publizitätspflichtiger Gesellschaften, wurde geurteilt, dass diesem Schritt für die Rechnungslegung in Deutschland eine mutmaßlich stärkere verändernde Wirkung beizumessen sei als den Internationalisierungstendenzen[7]. Abgeleitet wurde die Ausweitung der gesellschaftsrechtlichen Publizität vom Axiom, dass die Publizität der Preis der Haftungsbeschränkung sei[8]. Eine Überzeugung von

---

[1] *BVerfG*, Urt. v. 22.03.1983, Az: 1 BRV 154/82. In diesem Verständnis auch *Fikentscher*, Wirtschaftsrecht, S. 62 m. w. N.; *Baumann*, BB 1997, 2281 ff.. Zum europarechtlichen Postulat siehe *Bleckmann*, NJW 1983, 1177 (1179 f.).

[2] Das ordnungspolitische Instrument der Publizität als eine in Tatbestand und Rechtsfolge fest umrissene Maßnahme existiert in unserer Rechtsordnung nicht. Unter den Begriff der Publizität fallen vielmehr vielfältige Ausprägungen einer auf Informationsausgleich ausgerichteten Handlungsanforderung des Gesetzgebers. Zur Begriffsbestimmung und den Erscheinungsformen siehe im Folgenden Erster Teil, II. 1. und 2.
Die Erscheinung der Publizität ist vielfältig. Sie begegnet uns beispielsweise im Registerrecht des Zivilrechts (Grundbuch, Handels-, Vereins-, Genossenschaftsregister), im öffentlichen Recht (beispielsweise Verbraucherschutz- und Gewerberecht) und im Strafrecht (Art. 103 Abs. 2 GG, § 1 StGB).

[3] Vgl. *Winkeljohann/Schindhelm*, Das KapCoRiLiG, S. 1 ff., 190 ff., 244.

[4] Vgl. *Baums* (Hrsg.), Bericht der Regierungskommission Corporate Governance, Kapitel 5.

[5] Siehe *Spindler/Bednarz*, WM 2006, 601 (603 f.); *Schmidt*, Beaufsichtigt die neuen Großspekulanten!, Die Zeit 1. Februar 2007, S. 21 ff.

[6] Exemplarisch herauszuheben sind „Schwarzen Listen" in der Flugsicherheit und dem Gesundheitsschutz (Hygiene, Gesundheit, Fleischskandal), die Umstellung der kommunalen Finanzverwaltung von der Kameralistik zur Dopik und der Versuch von Gewekrschaften vom 02.04.2007 über eine Strafanzeige Transparenz im Fall Siemens zu schaffen.

[7] So zum Referentenentwurf des KapCoRiLiG *Heni*, DStR 1999, 912.

[8] Diese plakative Verkürzung geht, soweit erkennbar, auf einen Beitrag von Raiser zurück. Siehe *Raiser*, Die wirtschaftsverfassungsrechtlichen Fragen der Gestaltung der Unternehmensformen, S. B 66.

der Richtigkeit dieses Strukturprinzips der Jahresabschlusspublizität[9] setzte sich jedoch bei den betroffenen „kleineren“ Gesellschaften, die nicht auf dem Kapitalmarkt in Erscheinung treten, nicht durch. Vielmehr entwickelte sich ein ausgeprägtes skeptisches Verhalten der Rechtsanwender, die sich bemühen die Publizitätspflicht zu umgehen oder aber ihre Rechtspflicht ignorieren. Trotz des Fehlens einer repräsentativen empirischen Studie lässt sich eine Offenlegungsquote von weniger als 10 % unterstellen[10]. Vor einem rechtstheoretischen Hintergrund erlangt diese Praxis eine besondere Bedeutung: Wenn Recht etwas ist, was nicht allein, aber doch auch mit dem Willen der Rechtsgenossen zusammenhängt, wenn Recht vom Willen der Beteiligten abhängt[11], so stellt sich die Frage, wie die Publizitätsvorschriften aus der rechtstheoretischen Perspektive zu bewerten sind. Die mangelhafte Akzeptanz muss demnach den Gesetzgeber und die Rechtswissenschaft zwingen, die Kategorien der Jahresabschlusspublizität, trotz ihres langjährigen Bestandes, zu überprüfen[12]. Diese Notwendigkeit wird noch dadurch verstärkt, dass eine andere einflussreiche Rechtsordnung, die US-amerikanische, keine entsprechende Ausweitung der Jahresabschlusspublizität kennt. Im US-amerikanischen Recht ist die Jahresabschlusspublizität nahezu auf das Kapitalmarktrecht beschränkt[13]. So sind in den USA ca. 13.000 Gesellschaften verpflichtet, ihre Jahresabschlüsse offen zu legen[14]. In der Bundesrepublik Deutschland sind es fast 1.000.000 Gesellschaften[15]. Die Kategorien, Prinzipien und Strukturen der deutschen Rechtsausprägung[16], die größtenteils auf europarechtlichen Vorgaben beruhen, konkurrieren also mit einem wirtschaftlich liberaleren Modell.

---

9 Als Strukturprinzip für die Jahresabschlusspublizität ist die Haftungsbeschränkung umstritten. Kritik erfuhr es bei der Ausweitung der Publizität auf kleine Gesellschaften insbesonder von *Elmendorff*, WPg 1972, 29 ff.; *Friauf*, GmbHR 1985, 245 ff. und *Strobel*, ZfB 1982, 210 ff. Nach *Merkt*, Unternehmenspublizität, stellt nicht der Typus haftungsbeschränkter Gesellschaften, sondern die Marktteilnahme das die Publizität rechtfertigende Prinzip dar.

10 Vgl. *Marx/Dallmann*, BB 2004, 929 (933) (Quote: < 3 %); *Apelt*, Die Publizität der GmbH, S. 144, 232 (Quote: 7 – 8 %). Eine Übersicht über weitere Studien zur Publizität findet sich bei *Buschmeyer*, Die Publizität als Korrelat der Haftungsbeschränkung, S. 106 ff.

11 Vgl. *Pawlowski*, Methoden für Juristen, Rn. 14 f.

12 Insoweit ist die methodische Grundentscheidung von *Buschmeyer* abzulehnen, der sich in seiner betriebswirtschaftlichen Normenanalyse der Publizität an die Zielvorgabe gebunden fühlt, dass die Publizität der Preis der Haftungsbeschränkung sei (*Buschmeyer*, Die Publizität als Korrelat der Haftungsbeschränkung, S. 117 ff.). Als Zielvorgabe ist aber eine viel allgemeiner festzustellen. Das zu ermittelnde Strukturprinzip der Publizität ist alleine dem Ziel des Interessenausgleiches aller Marktteilnehmer verpflichtet.

13 Gesellschaftsrechtliche Publizitätspflichten haben nur eine untergeordnete Bedeutung. Die Gesetzgebungskompetenz liegt in den USA bei den Einzelstaaten, von denen nur wenige rudimentäre Rechnungslegungs- und Publizitätspflichten reguliert haben. Ausgangspunkt des US-amerikanischen disclosure law ist das Kapitalmarktrecht, das in Bundeszuständigkeit fällt und eine detaillierte Regelungsdichte aufweist. *Pellens/Fülbier/Gassen*, Internationale Rechnungslegung, S. 848 ff.; *Merkt*, Unternehmenspublizität, S. 183 f. Zum Aspekt des internationalen Wettbewerbs siehe die Andeutungen von *Ebke*, BB 2005, Nr. 45 Die erste Seite.

14 *Heni*, DStR 1999, 912 (914) mit Nachweis in Fn. 22.

15 *Ulmer*/Habersack/Winter, Einl. A., Rn. 67. Vgl. Gesetzesentwurf der Bundesregierung über elektronische Handelsregister und Genossenschaftsregister sowie das Unternehmensregister (EHUG). Zum US-amerikanischen Gesellschaftsrecht siehe *Branson*, Minnesota Law Review 68, 53 (79 ff); *Conard*, Michigan Law Review 89 (1991), 2150 (2175 f.).

16 Nach ihr sind Unternehmen im Umfang von etwa vier Fünftel des Gesamtwirtschaftsumsatzes der Offenlegungspflicht unterworfen. So *Strobel*, DB 2000, 53.

Welche Weichenstellungen führten nun aber zu dieser Ausprägung in Deutschland? Bestehen Zweifel in der Richtigkeit des europäischen Weges? Wie sind die Strukturprinzipien der Jahresabschlusspublizität aus historischer Sicht zu bewerten? Welches Modell der Jahresabschlusspublizität überzeugt rechts- und wirtschaftssystematisch? Wählte die europäische Gemeinschaft gar einen Irrweg? Diesen Fragen soll im Folgenden nachgegangen werden.

Die ökonomische Perspektive innerhalb einer Systematisierung

Luis D. Brandeis, späterer Richter am US Supreme Court, urteilte 1914: „Publicity is justly commended as a remedy for social and industrial diseases“[17]. Als „minder eingreifendes“ Instrument dient die Publizität der Selbstregulierung der Märkte. Gleichzeitig werden die von der Publizität ausgehenden Wirkungen als äußerst effektiv angesehen. So heißt es an gleicher Stelle weiter bei Brandeis: „Sunlight is said to be the best of disinfectants; electric light the most efficient policemen". Diese Metapher beinhaltet auch eine relative Aussage. Direkt regulierende Maßnahmen des Staates, das heißt seine alternativen ordnungspolitischen Instrumente, stellen grundsätzlich einen unverhältnismäßigen, einen schädlichen Eingriff in den Markt dar[18]. Die Anforderungen an die Rechtfertigung dieser direkten Eingriffe übersteigen die Anforderungen, die einen indirekten Eingriff rechtfertigen können. Die der Schaffung transparenter Marktverhältnisse dienenden ordnungspolitischen Instrumente sind daher direkten staatlichen Eingriffen in den Markt vorzuziehen.

Der Einsatz der Publizität ist nicht nur im Verhältnis zu massiveren und gegebenenfalls unverhältnismäßigen Eingriffen in den Markt zu betrachten. Bedeutsamer und ungleich schwieriger ist die Frage nach den Umständen, die einen indirekten Eingriff des Staates in die Wirtschaftsabläufe durch Publizitätsvorschriften rechtfertigen. Die Frage nach dem Umfang der notwendigen Publizität ist dabei nicht durch eine Deduktion aus einem rechtlichen Wertekanon unserer Rechtsordnung zu beantworten[19]. Die Beantwortung ergibt sich vielmehr durch eine Einbeziehung des Staatsverständnisses, der ökonomischen Überzeugungen und der Wechselwirkungen der verschiedenen Rechtsbereiche, insbesondere zwischen dem Gesellschafts- und Kapitalmarktrecht. Holger Fleischer urteilte in einem Aufsatz über das notwendige ökonomische Verständnis eines Gesellschaftsrechtlers, dass wider aller ökonomischen Vernunft auf Dauer kein Gesetzgeber dekretieren und kein Gericht judizieren kann[20]. Er betonte die nichtrechtlichen Zusammenhänge, denen sich Gesetzgeber und anwendende Juristen stellen müssen. Er plädierte damit für eine Verknüpfung, die bereits im 19. Jahrhundert der wissenschaftlichen Arbeit zu Grunde lag[21]. Soll die gegenwärtige Rechtslage der Jahresabschlusspublizität bewertet und eine Weiterentwicklung ermöglicht werden, so ist hierzu nicht lediglich das Normgefüge heranzuziehen. Vielmehr muss in einem Prozess der Systematisierung der einschlägigen

---

17 *Brandeis*, Others Peoples Money, S. 92.
18 Zum Primat einer freiheitlichen Lösung siehe oben Fn.1.
19 Vgl. zur Rahmenwirtschaftsordnung unserer Verfassung *Fikentscher*, Wirtschaftsrecht, S. 69 f.
20 *Fleischer*, ZGR 2001, 1 (32).
21 *Hopt*, Ideelle und wirtschaftliche Grundlagen der Aktien- Bank- und Börsenrechtsentwicklung im 19. Jahrhundert, S. 128 (S. 167).

Rechtsmaterie der Blick über die Gesetzestexte hinausgehen[22]. Methodisch setzt die Bewertung, die weiter reicht als die bloße Rechtsanwendung, voraus, dass der Untersuchungsgegenstand entsprechend gereifter wissenschaftlicher Theorie anhand von Prinzipien systematisiert wird. Das gewonnene System vereinigt nicht nur die Gesetze in sich, sondern auch anerkannte Präjudizien und Theorien. Es umfasst also „nicht nur Beschreibungen von Tatbeständen und Regelungsanordnungen, sondern auch [...] „Begründungen", aus denen sich ergibt, dass, und inwiefern, der durch die Gesetze festgelegte Zusammenhang von Tatbestand und Rechtsfolge richtig ist: nämlich vernünftig bzw. sachlich angemessen [...]"[23].

Diese Arbeit soll einen Beitrag zu einer entsprechenden Systematisierung eines Teilbereiches der Publizität, der Jahresabschlusspublizität, leisten. Es sollen bestehende Strukturprinzipien in ihrer Entwicklung hinterfragt und gegebenenfalls andere Prinzipien herausgearbeitet werden, die eine Überprüfung der aktuellen Rechtslage ermöglichen.

Die historische Perspektive

Schaut man sich die Anforderungen eines Gesetzgebers in einem historischen Abriss an, so kommt man zu einem einigermaßen überraschenden Ergebnis: Den Herausforderungen, denen Gesetzgebung, Rechtsprechung und Forschung in der Vergangenheit gegenüberstanden, stehen Gesetzgebung, Rechtsprechung und Forschung auch heute noch in Teilen gegenüber. Mag dies auch in einem anderen Gewand sein[24].

Dieses Ergebnis soll am Beispiel der Kapitalmarktspekulation verdeutlich werden. 1872/73 ereigneten sich Missbräuche und Spekulationen bei neu gegründeten Aktiengesellschaften. Die Bürger investierten in einer Phase eines dynamischen wirtschaftlichen Aufschwungs unkritisch in einen erstmals liberalen Aktienmarkt. Ein überhitzter Markt, kriminelle Energie und Informationsdefizite der Anleger führten zu einem das Land erschütternden Börsenkrach. Das für die wirtschaftliche Entwicklung erforderliche Vertrauen der Anleger in den Aktienmarkt erlitt auf Grund der immensen Verluste, die die Bevölkerung zu tragen hatte, empfindliche Einbußen.[25] Vergleichbare Missbräuche ereigneten sich in den 20er Jahren des 18. Jahrhunderts in der so genannten South Sea Bubble-Krise in England. Zu Beginn des 21. Jahrhunderts war eine vergleichbare Entwicklung im sog. „Neuen Markt" zu beobachten. Hierbei handelte es sich um ein Segment der Deutschen Börse, in dem Technologieaktien zusammengefasst wurden. Binnen 31 Monaten verloren die Aktien 96 Prozent ihres Wertes. Die Ursache lag in einer spekulativen Überbewertung der Aktien, die einen immensen volkswirtschaftlichen Schaden verursachte und das Vertrauen in den Kapitalmarkt nachhaltig schädigte.

Die Herausforderungen für die Fortentwicklung des Gesellschafts- und Kapitalmarktrechts waren dieselben: Überwindung des Vertrauensverlustes der Bürger und Stärkung der Zuverlässigkeit und damit der Funktionsfähigkeit des Kapitalmarktes.

---

22 Vgl. *Pawlowski*, Methoden für Juristen, Rn. 4a, mit Verweis auf die methodische Funktion der Topik (*Viehweg*), des Typus (*Larenz*), der Fallnorm (Fikentscher) und der Lehre vom Normbereich (*Müller*).

23 *Pawlowski*, Methoden für Juristen, S. 7.

24 Diese Erkenntnis veröffentlichte bereits *Bösselmann*, Die Entwicklung des deutschen Aktienwesens im 19. Jahrhundert, S. XI.

25 Zu den so genannten „Gründerjahren" siehe unten Zweiter Teil, IV. 3. c) aa).

Wir sehen also, dass sich in fast 300 Jahren die Aufgabenstellung des Gesetzgebers dem Grunde nach, was den Teilbereich des Gesellschaftsrechts angeht, nur im Hinblick auf die vorgefundene Lage geändert hat. Die Herausforderungen für die Weiterentwicklung unseres Gesellschaftsrechts sind aber, trotz der gesellschaftlichen Entwicklung, vom Grunde her gleich geblieben. Es lohnt sich daher, für die Bestimmung der Strukturprinzipien die Lösungen der Aufgabenstellung in der Vergangenheit in Erinnerung zu rufen. Die Diskussionen und Entscheidungen der Vergangenheit sind die Grundlagen der heutigen Rechtslage. Die aktuelle Rechtslage ist letztlich als das Ergebnis ihrer geschichtlichen Entwicklung anzusehen. Die Bewertung der aktuellen Rechtslage setzt also die kritische Auseinandersetzung mit der Rechtsgeschichte voraus. Es soll daher im Folgenden ein umfassender Überblick über die Entwicklung der Jahresabschlusspublizität und ihrer Dogmatik gegeben werden. Ein Schwerpunkt dabei ist die Abgrenzung zwischen gesellschaftlichen und kapitalmarktrechtlichen Einflüssen auf die Normierung der Jahresabschlusspublizität.

Ein Überblick über die Rechtsentwicklung darf sich aber nicht in der Darstellung der konkreten Rechtsvorschriften der Jahresabschlusspublizität erschöpfen. Die gesetzgeberischen Entscheidungen erlangen nur unter Beachtung ihrer gesellschaftlichen und wirtschaftlichen Anknüpfung ihre rechtshistorische Bedeutung. Es ist daher erforderlich, in einem geschichtlichen Gesamtkontext zu denken. *Hopt* führt in einem wirtschaftsrechtlichen Rückblick aus: „Gerade im Aktien-, Bank-, und Börsenrecht sind nämlich, ..., die Beziehungen zwischen wirtschaftlichen Entwicklungen, wirtschafts- und gesellschaftspolitischen Ideen und rechtlichen Reaktionen in dieser Zeit [19. Jahrhundert] besonders eng."[26] Der Rückblick in die Rechtsentwicklung muss die die Rechtslage beeinflussenden Faktoren berücksichtigen. Diese sind insbesondere die Wirtschafts- und Sozialgeschichte, die Entwicklung der Ökonomie und die Rechtstheorie[27]. Für die Rechtsgeschichte bedeutet dies in Bezug auf die Jahresabschlusspublizität, dass bei einer historischen Aufarbeitung die Entwicklung des Gesellschaftsrechts einen wichtigen Umfang einnehmen muss. Wiederholt wurde die Jahresabschlusspublizität als ordnungspolitisches Instrument bezeichnet. In seinem funktionellen Zusammenhang dient es dem Ausgleich erkannter gesellschaftsrechtlicher Ungleichgewichte. Unter welchen Umständen ordnungspolitischer Handlungsbedarf besteht, unterliegt einer rechtspolitischen Entscheidung. Grundlage bleibt in jedem Fall, unabhängig weiterer Entscheidungen, das jeweilige Gesellschaftsrecht.

Dies gilt nicht nur für die Rechtsgeschichte, sondern bewahrheitet sich auch im Umgang mit der bestehenden Rechtslage. So werden im Aktienrecht der US-amerikanische Sarbanes Oxley Act, der eine Welle von Delisting-Verfahren nach sich zog und das Aufleben der Corporate Governance-Diskussion belebte, nur vor dem Hintergrund der Zusammenbrüche von Enron, WorldCom, Tyco und vielen mehr ver-

---

[26] *Hopt*, Ideelle und wirtschaftliche Grundlagen der Aktien- Bank- und Börsenrechtsentwicklung im 19. Jahrhundert, S. 128; Ebenso äußert sich *Bösselmann*, Die Entwicklung des deutschen Aktienwesens im 19. Jahrhundert, S. XI. Die Reformen des 19. Jahrhunderts seien stets eine natürliche Folge der jeweils eingetretenen Änderungen in der Zwecksetzung der Aktiengesellschaft.

[27] Schon *Goldschmidt* führte in seinem Buch „Handbuch des Handelsrechts" auf Seite 10 aus, dass ein Hilfsmittel für die historische Betrachtung des Handelsrechts die Nationalökonomie sei. Dies ist Ausdruck einer Verknüpfung von Wirtschafts- und Rechtswissenschaften, die somit auch schon vor dem 19. Jahrhundert prägend war.

ständlich[28]. Diese Zusammenbrüche zerstörten unvorstellbare Werte und vernichteten die Rentenvorsorge einer beispiellosen Vielzahl von Menschen. Die Verschärfungen der Kapitalmarktpublizität und die Thematisierung von Corporate Governance sind ebenso nur vor dem Hintergrund der zerplatzen Börsenblase der New Economie verständlich. Die Liberalisierung des Arbeitsrechts spiegelt den volkswirtschaftlichen Druck einer Rekordarbeitslosigkeit wider. Diese Liste ließe sich beliebig weiterführen.

Vor dem Hintergrund der rechts- und wirtschaftsgeschichtlichen bzw. wirtschaftswissenschaftlichen Entwicklung soll daher im Folgenden die Struktur unserer Wirtschaftsverfassung unter dem Aspekt der Jahresabschlusspublizität identifiziert und kritisch gewürdigt werden. Die in diesem Zusammenhang zu betrachtende gesellschaftsrechtliche Entwicklung fokussiert sich zunächst auf das Recht der Kapitalgesellschaften. Das Recht der Personengesellschaften gelangte erst Mitte des 20. Jahrhunderts in den Fokus der publizitätsrechtlichen Diskussion. Dieses Recht soll in der Chronologie im Zusammenhang mit der europäischen Harmonisierung aufgegriffen werden. Für die Entwicklung der Jahresabschlusspublizität ist die Personenhandelsgesellschaft zunächst ohne Bedeutung[29]. Die differenzierte Behandlung beider Gesellschaftstypen spiegelt zugleich die Dogmatik der Jahresabschlusspublizität wider.

II. Abgrenzung des Untersuchungsgegenstandes

Wie einleitend dargestellt, soll diese Arbeit die Entwicklung und Dogmatik der Jahresabschlusspublizität zum Gegenstand haben. Es wird also ein Teilbereich der Publizität herausgegriffen. Dabei darf nicht übersehen werden, dass diese Isolierung des Teilbereiches den von *Merkt* eingeschlagenen Weg hemmt, eine einheitliche dogmatische Grundlage für die verschiedenen Einsatzformen von Publizität im Handels-, Gesellschafts- und Kapitalmarktrecht zu prüfen und zu strukturieren.

1. Der Begriff der Publizität[30]

In Ermangelung einer gesetzestechnischen Verwendung des Begriffes Publizität[31] hat sich ein einheitliches Begriffsverständnis nicht herausbilden können. Der Gesetzgeber spricht unterschiedlich synonym von „Offenlegung", „Bekanntmachung" und „Veröffentlichung". Eine Systematik ist der Verwendung aber nicht immanent[32]. Zwar hat sich die Literatur wiederholt mit dem Begriff der Publizität und dessen Definitionen befasst, von einem einheitlichen Begriff kann hingegen keine Rede sein. Dies

---

28 Einleitend zu den Geschehnissen und der Reaktion insbesonder des deutschen Gesetzgebers siehe *Schiessl*, AG 2002, 593 ff. Zum Zusammenhang siehe statt vieler *Dörner/Orth*, in: Pfitzer/Oser, Corporate Governance, S. 5.

29 Die notwendige Einschränkung des weitläufigen Untersuchungsgegenstandes zwingt, die Entwicklung der Personenhandelsgesellschaften auszugrenzen. Siehe zur Entwicklung der Personengesellschaften *Servos*, Die Personenhandelsgesellschaften und die stille Gesellschaft in den Kodifikationen und Kodifikationsentwürfen vom ALR bis zum ADHGB.

30 Zur Ableitung aus dem lateinischen Wort *publicitas* (= Öffentlichkeit) siehe *Fülbier*, Regulierung der Ad-hoc-Publizität, S. 21 f.

31 Weder in den §§ 59 ff BGB, §§ 9 ff., 15, 325 ff. HGB, §§ 44 b BörsG, §§ 15, 25, 26 WpHG, noch in ihren gesetzlichen Überschriften erscheint der Begriff Publizität. Auch das so genannte Publizitätsgesetz ist amtlich bezeichnet als „Gesetz über die Rechnungslegung von bestimmten Unternehmen und Konzernen".

32 *Merkt*, Unternehmenspublizität, S. 6; *Fehrenbacher*, Registerpublizität und Haftung im Zivilrecht, S. 39; vgl. *Pellens*, Publizität, Sp. 1742 ff, *Kropff*, Publizität, Sp. 1669 ff.

liegt vor allem daran, dass ein und derselbe Begriff einerseits im Immobiliarsachen-, im Handels-, Gesellschafts- und Kapitalmarktrecht, andererseits in einer ökonomischen Perspektive bei dominierender funktionaler Betrachtung verwendet wird. Dieser unübersehbare Schnittpunkt zwischen der Rechtswissenschaft und der Betriebs- bzw. der Volkswissenschaft indiziert wiederum die Notwendigkeit einer einheitlichen, fächerübergreifenden Betrachtung der Publizität im Allgemeinen und der Jahresabschlusspublizität im Speziellen[33]. Ein Umstand, der in der terminologischen Behandlung der Publizität bislang nur unzureichend Berücksichtigung gefunden hat. Ungeachtet dessen wurden verschiedentlich Definitionsversuche unternommen[34]. *Rittner* definierte den Publizitätsbegriff weit als die „Bekanntgabe von Daten des Unternehmens in einer Weise, daß eine unbestimmte Öffentlichkeit sie zur Kenntnis nehmen kann". Die Daten, auf die er sich bezog, waren solche, die über die Lage und Entwicklungstendenzen des Unternehmens etwas aussagen.[35].... Demgegenüber definierte *Buschmeyer* den Publizitätsbegriff als die „periodische Pflichtveröffentlichung vergangenheits- und zukunftsbezogener betrieblicher Sachverhalte"[36]. Was ist aber mit Unternehmen, die auf Grundlage ökonomischer Erwägungen im Rahmen der Marktkommunikation die gesetzlichen Vorgaben übererfüllen? Liegt in diesen Fällen Publizität vor? Sind andere Formen der Publizität, jenseits der Jahresabschlusspublizität, keine Publizität? Es zeigt sich, dass eine Begriffsdefinition nur im Zusammenhang mit der konkreten Erscheinungsform bedeutsam ist. Vollständig überzeugen können damit die Definitionsversuche nicht. Sie sind nicht in der Lage, ihrer Funktion als Hilfsmittel einer systematischen Darstellung gerecht zu werden[37]. Auf Grund der Eigentümlichkeit der Publizität als facettenreiche Erscheinung, die in verschiedenen miteinander in Verbindung stehenden wissenschaftlichen Disziplinen behandelt werden, ist zu bezweifeln, dass der Publizitätsbegriff einer Definition zugänglich ist[38].

Wenn aber ein abstrakt-generelles Begriffsverständnis ausgeschlossen ist, muss geschlussfolgert werden, dass es sich bei dem Publizitätsbegriff um einen Typenbegriff handelt. Im Interesse einer inhaltlichen Auseinandersetzung mit der Publizität und seiner Systematisierung ist es vorzuziehen, im Zuge einer inneren Auseinandersetzung eine Vorstellung des Themenkomplexes zu entwickeln. Auf diesem Wege haben sich *Merkt* und *Fehrenbacher* um eine inhaltliche Abgrenzung mit den Begriffen Information und Transparenz bemüht[39]. Die Ausführungen, auf die hier verwiesen wird, sollen in einer funktionalen Betrachtung ergänzt werden.

Ausgangspunkt ist die Funktion der Publizität, nämlich der Ausgleich von Informationsasymmetrien. Die Übermittlung von Informationen könnte in diesem Sinne auf

---

[33] Für eine handhabbare Begriffsbestimmung muss die Betrachtung von Wirtschaftsprozessen unterstellt werden. In diesem Sinne fordert *Fehrenbacher*, Registerpublizität und Haftung im Zivilrecht, S. 38, auch eine primär funktionale Betrachtung.

[34] Eine Übersicht der Definitionsversuche befindet sich bei *Merkt*, Unternehmenspublizität, S. 6, Fn. 32; *Rittner*, Die handelsrechtliche Publizität außerhalb der Aktiengesellschaft, S. 3 Fn. 16.

[35] *Rittner*, Die handelsrechtliche Publizität außerhalb der Aktiengesellschaft, S. 3 f.

[36] *Buschmeyer*, Publizität als Korrelat der Haftungsbeschränkung, S. 11.

[37] Zum generellen Zweck der Begriffsdefinition *Schneider/Schnapp*, Logik für Juristen, S. 45.

[38] Zu dem weiterreichenden angloamerikanischen Ausdruck „disclosure", der zunächst lediglich die Beendigung der Geheimhaltung beinhaltet, siehe *Merkt*, Unternehmenspublizität, S. 7.

[39] *Merkt*, Unternehmenspublizität, S. 6-21; *Fehrenbacher*, Registerpublizität und Haftung im Zivilrecht, S. 33-43. Beide Autoren gehen inhaltlich differenzierend unter anderem auf die Begriffe „Information" und „Transparenz" in unserer Rechtsordnung ein.

Basis von gesetzlichen Verpflichtungen[40] oder der Freiwilligkeit der ökonomischen Vernunft[41] beruhen. Sie könnte innerhalb eines Vertragsverhältnisses oder losgelöst von einem solchen erfolgen. Es ist aber offensichtlich, dass nicht jede Informationsübermittlung, etwa eine gesetzliche Auskunft, unter den Begriff der Publizität fällt[42]. Notwendig wird daher eine Einschränkung, die aber nicht mit dem Begriff der Information zusammenhängen kann. Sie vollzieht sich bei funktionaler Betrachtung auf der Basis der von der Publizität bezweckten Wirkung. Die Einschränkung muss daher mit der Informationsübermittlung innerhalb der Publizität zusammenhängen. Der Ausgleich der Informationsasymmetrie soll zu Transparenz führen. Sie kennzeichnet die Durchschaubarkeit von Entscheidungsabläufen in Politik, Wirtschaft, Verwaltung und Justiz[43]. Ihr ist eigentümlich, und darin liegt die Übereinstimmung mit der Publizität, dass sie die Durchschaubarkeit für eine unbestimmte Vielzahl von Personen voraussetzt[44]. In welchem Verhältnis der Sender der Informationen mit dem Empfänger in Verbindung steht, ist unerheblich. Entscheidend ist vielmehr, ob für die Adressaten der Publizität – eine dem Wortsinn entsprechende unbestimmte Vielzahl von Personen – Informationen bereitgestellt werden, die zur Grundlage ihrer Entscheidung werden. Dem Charakter der Publizität entsprechend, als ein Marktversagen ausgleichendes Instrument, muss sich die Publizität auf die Akteure des Marktgeschehens erstrecken, die sich personell im Vorhinein nicht beschränken lassen.

Es kann damit festgehalten werden, dass die Information der neutrale Gegenstand, die Transparenz das erstrebte Ziel des Übermittlungsvorganges ist.

Eine Systematisierung dieses wirtschaftlichen und wirtschaftsrechtlichen Publizitätsbegriffes wird in Bezug auf den Informationsinhalt bzw. den Anlass vorgenommen[45]. Entsprechend des Zusammenhanges der diskutierten Fragestellung lässt sich die Publizität nach seinem gegenständlichen Bezug oder seinem Publizitätsträger differenzieren. Die Begriffe Markt- oder Unternehmenspublizität sind in diesem Zusammenhang lediglich zusammenfassende Kategorien inhaltlich unbestimmter Publizitätsgegenstände.

---

40 Erfasst werden demnach die Rechenschaftspflichten eines Beauftragten gegenüber dem Auftraggeber (§ 666 BGB), des geschäftsführenden Gesellschafters einer GbR gegenüber den übrigen Gesellschaftern (§ 713 BGB), die Auskunftspflicht des Vorstandes einer börsennotierten Aktiengesellschaft gegenüber den Aktionären und damit zwangsläufig mittelbar gegenüber der Öffentlichkeit (§ 131 AktG), die Pflicht zur Offenlegung des Jahresabschlusses im Bundesanzeiger (§ 325 Abs. 1 S. 2 HGB) und damit gegenüber jedem interessierten Dritten.

41 In unternehmerischer Hinsicht ist in Bezug auf freiwillige Unternehmensinformationen auf Umwelt-, Sozialbilanzen hinzuweisen. Neben dem Kommunikationsprozess mit der interessierten Öffentlichkeit steht der Komplex des Finanzmarketings zur Minimierung der Kapitalkosten (Investor Relation, Rating). Vgl. *Pellens*, Publizität, Sp.1750 f.

42 Anders wohl *Kronstein/Claussen*, Publizität und Gewinnverteilung im neuen Aktienrecht, S. 9.

43 Vgl. *Loddenkemper*, Transparenz im öffentlichen und privaten Wirtschaftsrecht, S. 22 ff., umfassend zur Bedeutung von Transparenz *Ebke*, The Impact of Transparency Regulation on Company Law, S. 173 (S. 176).

44 A.A. *Merkt*, Unternehmenspublizität, S. 11 f., der von der Doppeldeutigkeit der Transparenz schreibt und neben der beschriebenen Bedeutung der Transparenz auch eine solche in Einzel- oder Mehrpersonenverhältnissen erkennt. Diese Erstreckung überdehnt aber den Begriff der Transparenz im Sinne der allgemeinen Wahrnehmung.

45 Vgl. die Übersicht bei *Castan*, Publizität, Sp. 1400 (Sp. 1400 f.).

2. Gegenstände der gesetzlich geforderten Publizität

Trotz der Beschränkung dieser Arbeit auf die Jahresabschlusspublizität soll im Folgenden ein Überblick über die Gegenstände gesetzlich geforderter Publizität im Bereich des Wirtschaftsrechts gegeben werden[46]. Die folgende Tabelle vermittelt einen Eindruck von der Vielschichtigkeit der Publizitätsformen[47].

Handelsrechtliche Publizität	
Register- und Firmenpublizität	§§ 8-16 HGB
Besonderheiten der Personenhandelsgesellschaften	§§ 106, 162 HGB
Besonderheiten der Kapitalgesellschaften	§§ 20, 40, 80, 97, 124, 190, 196, § 47 Nr. 3, § 42 AktG, § 8, 35 a GmbHG
Besonderheiten sonstiger Gesellschaften	§§ 11, 12, 33 Abs. 3 GenG, Art. 6 ff. EWIV-Verordnung i.V.m. §§ 2-4 EWIV-Ausführungsgesetz §§ 33 VAG
Rechnungslegungs- und Hauptversammlungspublizität	§§ 326, 325 HGB, § 9 PublG
größenabhängige Erleichterungen	§§ 267, 327 HGB, (§ 5 PublG)
genossenschaftliche Publizität	§§ 339, 336, 267 HGB, § 53 GenG
Beteiligungs- und Konzernpublizität	§§ 20 i.V.m. 16, 25, 160 Ziff. 8, 21 AktG §§ 285 Nr. 11, 286 Abs. 1 und 2, 313 Abs. 2 Nr. 4 HGB, §§ 9, 13, 15 PublG §§ 19 Abs. 3, 125 i.V.m. § 19, 201 UmwG §§ 290-315 HGB
Kartellpublizität	
Jedermannsrecht der Auskunft	§ 11 Abs. 1 GWB
Bekanntmachung von Kartellanträgen und –anmeldungen	§ 11 Abs. 2 GWB
Kapitalmarktpublizität	
Prospektpublizität der Emission	
Aktien- und Anleihenemissionen amtlich börsennotierter Papiere	§§ 36, 38, 44BörsG i.V.m. §§ 13-47, 53-62, 65 BörsZulVO,
Aktien- und Anleihenemissionen nicht amtlich notierter Papiere	§ 73 Abs. 1 Nr. 2 BörsG, § 1 VerkProspG, § 2 Abs. 1 VerkProspG
Grauer Markt	str.

[46] Siehe zu weiteren hier nicht aufgeführten Formen der Publizität: *Loddenkemper*, Transparenz im öffentlichen und privaten Wirtschaftsrecht.

[47] Die folgende Auflistung orientiert sich insbesondere an der Darstellung von *Merkt, Unternehmenspublizität*, S. 131 f., 148-183. Vgl. *Pellens*, Publizität, Sp. 1744 ff.; *Kropff*, Publizität, Sp. 1670 ff.

Sekundärmarktpublizität	
Generelle Unterrichtspflicht	§ 44 Abs. 1 Ziff. 3 BörsG
Regelpublizität	§ 44 b Abs.1 BörsG
Ad hoc-Publizität	§ 44 a BörsG, § 15 WpHG
Privatrechtliche Börsenbedingungen	
Branchenpublizität	
Kreditinstitute	§ 25 a KWG
Versicherungen	§ 55 VAG

3. Stand der wissenschaftlichen Beiträge

Die wissenschaftlichen Beiträge zum Thema Jahresabschlusspublizität erstrecken sich auf vielschichtige wissenschaftliche Teildisziplinen; im Wesentlichen die Rechtswissenschaft, die Wirtschaftswissenschaft und die Sozialwissenschaft. Entsprechend verschieden sind die Ansätze ihrer Betrachtung, deren Ergebnisse sich nur schwerlich in einem homogenen Theoriengebilde vereinigen lassen. Das kaum überblickbare Spektrum der wissenschaftlichen Beiträge lässt sich daher nur sehr reduziert und damit unvollständig in seinen wesentlichen Ausprägungen skizzieren. Disziplinenübergreifend ist festzuhalten, dass Beiträge zu kapitalmarktorientierten Unternehmen dominieren. Erst allmählich werden die in diesem Bereich gewonnenen Erkenntnisse im Zusammenhang mit kleineren Gesellschaften diskutiert und den veränderten Bedingungen entsprechend angepasst. Vor allem in der ökonomischen Analyse des Rechts kommt der kapitalmarktrechtlichen Betrachtung der Publizität eine Vorreiterrolle zu.

a) Rechtswissenschaft

Die rechtswissenschaftliche Diskussion hat sich überwiegend mit den Kategorien der üblichen handelsrechtlichen Fragestellungen der Rechtsanwendung befasst. Ab der Publizitätsdiskussion der 50er Jahre des 20. Jahrhunderts dominieren neben der Kommentarliteratur[48] Darstellungen, die sich mit der richtlinienkonformen Umsetzung europäischen Bilanzrechts[49], der Reichweite der handelsrechtlichen Publizitätspflicht[50], kautelarjuristischen Empfehlungen[51] und verfahrensrechtlichen Fragen[52]

48 Statt vieler m. w. N. A/D/S, §§ 325 ff. HGB; *Ellrott/Eicher*, in: Beck'scher Bilanzkommentar, §§ 325 ff. HGB.

49 Siehe unten Zweiter Teil, VI. m. w. N.

50 Siehe hierzu die detaillierten Arbeiten zum Gesamtkomplex der Unternehmenspublizität *Merkt*, Unternehmenspublizität, und *Fehrenbacher*, Registerpublizität und Haftung im Zivilrecht.

51 Die kautelarjuristische Praxis zur Jahreabschlusspublizität betrifft vorwiegend Gestaltungsfragen zur Vermeidung der Publizität oder zur Verringerung der Transparenz. Siehe unter anderem *Bader/Pietsch/Schulze zur Wiesche*, Flucht aus der Publizität; *Scherrer*, DB 1973, 89 ff.; *Meilicke*, DB 1986, 2445 ff.; *Weimar/Reeh*, DB 1988, 1637 ff.; *Winkeljohann/Schindhelm*, Das KapCoRiLiG, S. 244 ff; *Bitter/Grashoff*, DB 2000, 833 (838 ff.); *Dorozala/Söffing*, DStR 2000, 1567 ff.; *Schindhelm/Hellwege/Stein*, StuB 2000, 72 ff., *Waßmer*, GmbHR 2002, 412 ff.; *Zimmer/Eckhold*, NJW 2000, 1361 (spricht von „Fluchtwegen", S. 1363) u.v.m.

befassen. Eine ältere, spezifisch die Jahresabschlusspublizität betreffende Literatur, ist eine Seltenheit. Sie beschränkt sich auf Reformdiskussionen und kritische Anmerkungen in Handbüchern des Handels- bzw. des Gesellschaftsrechts.

Normkritische, dogmatisch fundierte Arbeiten, die sich mit der Reichweite und Ausgestaltung der Jahresabschlusspublizität als ordnungspolitische Aufgabe des Gesetzgebers befassen, finden sich im Unterschied zur rechtsökonomisch geprägten angloamerikanischen Literatur kaum[53]. Eine Ursache mag die unkritische Auseinandersetzung mit dem Grundsatz sein, dass die Publizität der Preis der Haftungsbeschränkung sei. Eine andere wird in dem Umstand liegen, dass in der Frage eines sachgerechten Interessenausgleichs zugleich auch eine rechts- bzw. wirtschaftspolitische Fragestellung enthalten ist. Darüber hinaus kann eine Diskussion nur auf der Grundlage wirtschaftswissenschaftlicher Erkenntnisse beruhen. Gleichwohl entzieht sich die Fragestellung nicht der Zuständigkeit der Rechtswissenschaft. So beruht unsere Wirtschaftsordnung auf den Grundwerten unserer Verfassung[54]. In diesem Zusammenhang untersuchte *Friauf* die verfassungsrechtlichen Grenzen der Jahresabschlusspublizität[55].

In all diesen Veröffentlichungen kommt der Verknüpfung der verschiedenen Gegenstände der Publizität, wenn überhaupt, nur eine sehr untergeordnete Bedeutung zu. Ausnahmen stellen die Arbeiten von *Merkt* und *Fehrenbacher* dar[56].

b) Wirtschaftswissenschaft

Die wirtschaftswissenschaftliche Behandlung der Publizität, der externe Rechnungslegung, umfasst zunächst den Komplex des Informationsgehaltes des Jahresabschlusses. Hier stellt sich aus normativer Sicht die Frage nach den Anforderungen an den Jahresabschluss als Informationsträger. Dies ist die Frage nach der Soll-Vorstellung der Rechnungslegung. Im Einzelnen werden Fragen der Verbesserung des Informationsgehaltes der externen Rechnungslegung[57], der Bilanzgestaltung und der Vermögensbewertung[58] behandelt.[59] Der andere Themenkomplex erstreckt sich

---

52 *Gustavus*, ZIP 1988, 1429 ff.; *Zimmer/Eckhold*, NJW 2000, 1361ff.; *Lück*, GmbHR 1987, 42 (46 ff.); *Schindhelm/Stein*, in: Winkeljohann/Schindhelm, Das KapCoRiLiG, S. 190 ff.

53 Die meisten normkritischen Beiträge beschränken sich auf wirtschaftliche Bedenken gegen die Ausweitung der Publizität auch auf „kleinere" Unternehmen. Eine Ausnahme bilden die Arbeiten von *Hellermann*, Die Publizität des Jahresabschlusses geschlossener Kapitalgesellschaften; *Merkt*, Unternehmenspublizität.

54 Siehe zur Wirtschaftsverfassung der Bundesrepublik Deutschland m. w. N. *Fikentscher*, Wirtschaftsrecht, S. 22 ff., 57 ff.

55 *Friauf*, GmbHR 1985, 246 ff.

56 *Merkt*, Unternehmenspublizität; *Fehrenbacher*, Registerpublizität und Haftung im Zivilrecht. Gut drei Jahrzehnte zuvor wurde die Lücke einer durchgehenden Publizitätsdogmatik von *Rittner*, Die handelsrechtliche Publizität außerhalb der Aktiengesellschaften, S. 5, und *Wiedemann*, Gesellschaftsrecht, S. 575, konstatiert.

57 Zur Objektivierung des Jahresabschlusses wurden beispielsweise von *Moxter*, ZfbF 1962, S. 607 ff., zusätzliche Angaben zur Glaubwürdigkeit von Schätzungen und ihrer Fehlerwahrscheinlichkeiten gefordert. Zu dieser Teilfrage der Informationssteigerung gehört auch etwa die Entwicklung der Kapitalflussrechnung.

58 Einleitend zur Theorie der Gewinnermittlung m. w. N. *Coenenberg*, Jahresabschluss und Jahresabschlussanalyse, S. 1183 ff.

59 Einen Überblick vermittelt *Coenenberg*, Jahresabschluss und Jahresabschlussanalyse, S. 1220 ff.; *Schneider*, Bilanztheorien, analytisch, Sp. 427 ff.

auf die von dem publizierten Jahresabschluss ausgehenden Wirkungen[60], die auf den Publizitätsadressaten und damit den Markt wirken und solche, die wiederum auf das Verhalten des Publizierenden zurückwirken. Rüstzeug dieser Arbeiten sind die Empirie bzw. die nationalökonomischen und informationsökonomischen Begründungsansätze.

Wesentlich für die Bewertung und den Umgang mit den gesetzgeberischen Entscheidungen für das ordnungspolitische Instrument der Jahresabschlusspublizität ist die Empirie, die sich insbesondere mit der Wahrnehmung von Publizitätspflichten[61] und den ökonomischen Konsequenzen der Publizität, der Bilanzwirkung, befasst[62]. Anders als bei den normativen Ansätzen ist der Informationsmittler Jahresabschluss weniger im Blickpunkt des Interesses[63], sondern die von der Veröffentlichung von Unternehmensdaten ausgehende Wirkung. Diese Trennung beider miteinander im Zusammenhang stehenden Aspekte illustrieren den grundlegenden Untersuchungsgegenstand, das Spannungsfeld von Ursache und Wirkung (parallel zum Sender-Empfänger-Schema[64]) der Publizität. Dieses lässt sich auch im folgenden Schema verdeutlichen:

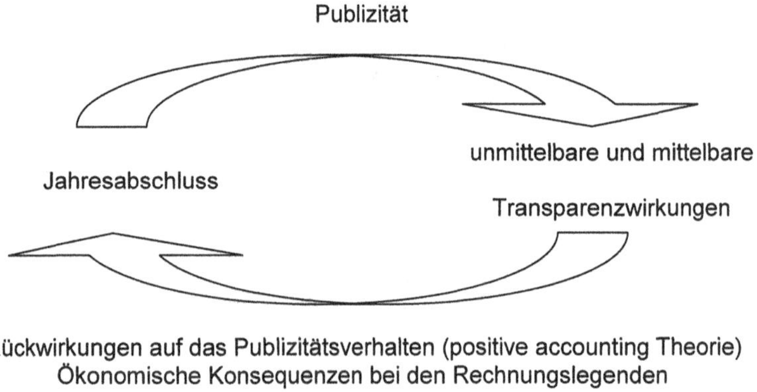

---

[60] Grundlegend ist der kausale Zusammenhang zwischen der Unternehmenspublizität und mikro- und makroökonomischen Konsequenzen. Vgl. *Zeff*, JoA 1978, S. 56 ff.

[61] Vgl. die Untersuchungen von *Wimmer*, Bilanzpublizität bei kleiner und mittlerer GmbH; *Häger*, Das Publizitätsverhalten mittelgroßer Kapitalgesellschaften; *Apelt*, Die Publizität der GmbH. Siehe darüber hinaus *Marx/Dallmann*, BB 2004, 929; *Paschen*, DB 1992, S. 49 ff. Zur ungleich höheren Publizitätsquote französischer oder englischer Unternehmen siehe *Hunger*, Offenlegungspflichten und Handelsregisterpraxis in Großbritannien und Deutschland, Berlin 1993, S. 75, 103 f.

[62] Eine Struktur der Forschung in diesem Bereich ist dargestellt von *Coenenberg*, Jahresabschluß, S. 788 – Vgl. unten Anhang A. Siehe im Einzelnen insbesondere *Höflich*, Wettbewerbliche Wirkungen publizierter Jahresabschlüsse. Eine Analyse der Zweckgerechtigkeit der Publizitätsregelungen des HGB befindet sich auch bei *Apelt*, Die Publizität der GmbH, Kapital 3.

[63] Gleichwohl ist der Informationsgehalt der Bilanzzahlen Gegenstand empirischer Untersuchung. Siehe hierzu grundlegend *Beaver*, Empirical Research in Accounting: Selectet Studies 1968, 67 ff.

[64] Vgl. zum Kommunikationsmodell im Zusammenhang mit der Unternehmenspublizität *Hofstätter*, Die Öffentlichkeit als Adressat der Publizität, S. 75 f.

Entsprechend dieser Wechselwirkungen strukturieren sich auch die Teilgebiete der wirtschaftswissenschaftlichen Forschung. Die unmittelbare und mittelbare Wirkung auf den Publizitätsadressaten bezeichnen zum einen die Prognosefähigkeit[65] und zum anderen die Entscheidungsrelevanz[66] der Rechnungslegungsdaten. Überschrieben wird dieser Bereich mit der Nutzenanalyse, also einer Analyse der Verwirklichung der gesetzgeberischen Zielsetzung. Als eigenständiger Untersuchungsbereich befasst sich die Nutzenanalyse mit den Bilanzwirkungstheorien[67]. Dieser Teilbereich der wirtschaftswissenschaftlichen Diskussion hat eine vergleichsweise junge Vergangenheit. Die Analyse der Wirkungsweisen basiert auf den Erkenntnissen der Entscheidungslehre und versucht die Wirkungen von Bilanzen aus der Informationsfunktion zu erklären[68].

Die Marktreaktion der Publizitätsadressaten bleibt ihrerseits nicht ohne Auswirkung auf das publizierende Unternehmen. Auf der zuvor betrachteten Ebene der verhaltensteuernden Wirkungen führen die Erfahrungen aus der Marktkommunikation mittels Jahresabschlusspublizität zu einem möglicherweise veränderten Publizitätsverhalten der Rechnungslegenden. Diskutiert wird dieser Zusammenhang unter der „positive accounting theory“[69].

Auf der gesetzestechnischen Ebene sind die beiden Pole des oben aufgezeigten Bildes als Interessenverbände einander gegenüber gestellt. Es stehen die Unternehmung und der heterogene Kreis der Adressaten der Unternehmensinformationen quasi als zwei Schalen einer Waage gegenüber. Der gesetzgeberischen Aufgabe entspricht es nun, ob und mit welchen Maßnahmen beide Interessen in einen Ausgleich zu bringen sind. Dabei gilt es Folgendes zu beachten. Die heterogene Struktur unserer Wirtschaftsverfassung, insbesondere die typusbedingten Unterschiede zwischen kapitalmarkt- und nicht kapitalmarktorientierten Unternehmen, verhindert eine ungeprüfte Übertragung der weit überwiegenden kapitalmarktbezogenen Untersuchungsergebnisse. Die von der Jahresabschlusspublizität betroffenen Interessen, ihre Gewichtung und die in diesem Kontext auftretenden Wirkungsmechanismen bedingen zwar keine isolierte, wohl aber eine getrennte Betrachtung. Einen Beitrag zu dieser ordnungspolitischen Herausforderung leistet die rechts- und wirtschaftsgeschichtliche Betrachtung, einen weiteren die Rechtsökonomie.

---

65 Siehe zum Überblick *Zavgren*, Journal of Accounting Literature 1983, S. 1 ff.; *Hauschildt*, Krisendiagnose durch Bilanzanalyse, S. 115 ff. Grundlegend sind die Arbeiten von *Beaver*, Empirical Research in Accounting: Selectet Studies 1968, S. 113 ff. m.w.N; *Altman*, The Journal of Finance 1968, S. 589 ff. Des Weiteren vgl. *Baetge/Huß/Niehaus*, WPg 1986, S. 605 ff.; *Hauschildt/Rösler/Gemünden*, DBW 1984, S. 353 ff.; *Apelt*, Die Publizität der GmbH, S. 116. Kritisch *Schneider*, DB 1985, S. 1489 ff.

66 Die erstmalige Analyse der Informationswirkung mit Hilfe der API-Methodik erfolgte in der Arbeit von *Ball/Brown*, JAR 1968, S. 159 ff. Zum Kapitalmarkt *Brandi*, Informationswirkungen der Jahresabschlussveröffentlichung auf Entscheidungen am Aktienmarkt. Zum Informationsgehalt des Cash-Flows *Blann/Balachandran*, Journal of Business Finance and Accounting 1988, S. 101 ff.

67 Vgl. einführend *Möller/Hüfner*, Bilanzwirkungstheorien, Sp. 440 ff.

68 Siehe einführend *Hartmann-Wendels*, Rechnungslegung aus informationsökonomischer Sicht, insbesondere S. 29 ff.; *Ballwieser*, ZfbF 1982, 772 ff.

69 Grundlegend *Watts/Zimmermann*, AR vol. 53 (1978), 112 ff; *dies.*, Positive Accounting Theory. Vgl. *Haller*, DBW 1994, S. 597 ff.

c) Rechtsökonomie

Als Schnittmenge der Rechts- und der Wirtschaftswissenschaft beschäftigt sich insbesondere die Rechtsökonomie mit den Vorschriften der Jahresabschlusspublizität. Anders als noch vor etwa zwei Jahrhunderten, wurde zu Beginn der Epoche der europäischen Harmonisierung die disziplinenübergreifende Wissenschaft in der Rechtswissenschaft in der Regel nur am Rande wahrgenommen[70]. Im letzten halben Jahrhundert verzeichnet die ökonomische Analyse des Rechts einen erheblichen und notwendigen Bedeutungsgewinn, nicht zuletzt auch in der Analyse der Jahresabschlusspublizität[71]. Sie leistet einen wesentlichen Beitrag für die Erklärung und Rechtfertigung der externen Rechnungslegung[72]. Inhaltlich befasst sich der rechtsökonomische Ansatz im Speziellen mit der Notwendigkeit ausgleichender Eingriffe des Staates im Interesse einzelner Marktteilnehmer[73].

d) Sozialwissenschaft

Als prägende Grundlage unseres heutigen Aktiengesetzes gilt die Reform des Rechts der Aktiengesellschaften 1884. Bei dieser Reform wurde offen der Wert der Aktiengesellschaft für die Gesellschaft diskutiert. *Franz Perrot*, konservativer Reichstagsabgeordneter, befasste sich in mehreren Schriften mit den Auswirkungen der Kapitalakkumulation über Kapitalmärkte und der mit ihr im Zusammenhang stehenden „periodisch wiederkehrende(n) und tief eingreifende(n) Erschütterungen des gesamten Wirtschaftslebens“ auf die ganze Bevölkerung, insbesondere die Arbeitsbevölkerung[74]. Diese Aussage hat an Aktualität in all der Zeit nichts einbüßen müssen. Als Beleg genügt der Verweis auf die gesellschaftlichen Auswirkungen der größten „global player“ in den USA, die auf der Grundlage der betrieblichen Altersvorsorge in der Form von unternehmenseigenen Aktien dramatisch waren[75]. Die soziokulturelle Verknüpfung mit der Wirtschaftsverfassung des jeweiligen Landes und zunehmend auch der Weltwirtschaft ist keineswegs auf börsennotierte Unternehmen zu beschränken. In möglicherweise weniger leicht identifizierbaren Strukturen existiert diese Verbindung auch bei kleinen und mittleren Kapital- oder Personengesellschaften jenseits eines Kapitalmarktes im Kleineren. Die soziokulturelle Verantwortung der Wirtschaftseinheiten eines Landes werden gerade heute allenthalben betont[76].

---

70 Zur historischen Verknüpfung beider Wissenschaften: *Hopt*, Ideelle und wirtschaftliche Grundlagen der Aktien-, Bank- und Börsenrechtsentwicklung im 19. Jahrhundert, S. 128 (S. 167).

71 Siehe zur allgemeinen Einleitung die Darstellung von *Ballwieser*, BFuP 1996, S. 503.

72 Einen guten Überblick über die institutionsökonomischen und informationsökonomischen Ansätze vermittelt *Ruhnke*, Rechnungslegung nach IFRS und HGB, S. 24 ff.

73 Vgl. *Hellermann*, Die Publizität des Jahresabschlusses geschlossener Kapitalgesellschaften, S. 91 ff., 193 ff.; *Meier-Schatz*, Wirtschaftsrecht und Unternehmenspublizität, S. 218 ff., 251 ff., 294 ff. Grundlegend zur ökonomischen Theorie einer marktbezogenen Betrachtung der Publizitätspflichten *Merkt*, Unternehmenspublizität, S. 207 ff. Eine eher zivilrechtliche Analyse des Publizitätsbedürfnisses der einzelnen Adressatenkreise findet sich bei *Fehrenbacher*, Registerpublizität und Haftung im Zivilrecht, S. 403 ff.

74 *Perrot*, Ein parlamentarisches Votum über das Aktienwesen, S. 36.

75 Im Fall Enron wurde am 31.12.2001 für die unternehmerische Altersvorsorge ein Aktienanteil von 62 % an eigenen Aktien gehalten. Der Wert pro Aktie verringerte sich von 80 US-$ im Januar 2001 auf 70 US-Cent im Januar 2002. Siehe hierzu *Purcell*, The Enron Bankruptcy and Employer Stock in Retirement Plans.

76 Auf der Ebene der Europäischen Union wird dieses Thema unter dem Stichwort „corporate social responsibility – CSR“ diskutiert. Im Jahr 2001 erschien ein Grünbuch der Kommission „Europäi-

Die historische Verbundenheit, die zwischen der Sozialwissenschaft und der Wirtschaftswissenschaft besteht, zeigt sich vorbildlich in den Beiträgen der Sozial- und Moralphilosophen für die Weiterentwicklung der Nationalökonomie. Namen wie *Smith* und *Maltheus* sind Zeugnis dieser Verbundenheit. In Ihrer Tradition steht die Lehre vom gemeinwirtschaftlichen „Unternehmensrecht", die ihre Wurzeln in der Zeit nach dem zweiten Weltkrieg hat und in den 1950er Jahren ihren Höhepunkt fand. Parallel zum Mitbestimmungsrecht der Arbeitnehmer wurde gefordert, dass auch das „öffentliche Interesse" institutionell in der Verfassung großer Unternehmen integriert werden müsste und dass die Publizität als soziale Institution[77] zumindest auf alle Großunternehmen auszuweiten sei.

III. Ökonomische Grundlagen

Die Einleitung betonte bereits die ökonomische Dimension der Publizitätsdebatte. Eine kritische Diskussion der Strukturprinzipien der Jahresabschlusspublizität habe ihren Maßstab im Zusammenspiel zwischen der Rechts- und Wirtschaftswissenschaft zu finden. Dass der betrachtete Teilausschnitt aus unserer Rechtsordnung, das Recht der Jahresabschlüsse, in Wirtschaftsprozesse eingreift, ist trivial. Dennoch berührt es den Kernpunkt: Zu betrachten sind einerseits die Wirtschaftsprozesse der betroffenen Rechtssubjekte, andererseits der institutionelle Rahmen, der die Prozesse einem rechtlichen Gefüge unterwirft.

1. Zur Ausrichtung der Fragestellung

Mit Wirtschaftsprozessen sind grundsätzlich das rechtliche Verhältnis innerhalb publizitätspflichtiger Unternehmen, zwischen ihnen und den übrigen Marktteilnehmern bzw. „Dritten" gemeint. Welcher Art diese Verhältnisse sind, ist grundsätzlich offen. Sie können einseitig auf Entscheidungen und Handlungen beruhen, die die Rechtssphäre Dritter berühren, oder aus rechtsgeschäftlichen Verhältnissen innerhalb eines Unternehmens bzw. zwischen Unternehmen und Dritten erwachsen. Diese Verhältnisse umgeben einen formellen Rahmen, der in vielfältiger Weise auf die Entscheidungsprozesse der Marktteilnehmer Einfluss nimmt[78]. Die Vielfalt entspricht dabei der der Rechtsbeziehung und der tatsächlichen Verhältnisse innerhalb eines Unternehmens und solchen zwischen Unternehmen und Dritten.

Im Zusammenhang mit der Jahresabschlusspublizität beschränkt sich die Betrachtung des institutionellen Rahmens auf den Teilbereich der den Jahresabschluss und seine Publizität regelnden rechtlichen Vorschriften. In Abhängigkeit vom Kreis der mit dem publizierten Jahresabschluss adressierten Personen[79] bestimmen sich die betroffenen Rechtssubjekte und Rechtsverhältnisse. Unterstellt, der publizierte Jahresabschluss diene der Information der Gesellschafter und generell der Marktteilneh-

---

sche Rahmenbedingungen für die soziale Verantwortung der Unternehmen", KOM(2001) 366 endg.

77 In diesem Sinne interpretiert *Kraske*, Die Publizität der Grossunternehmung, S. 50, die aktienrechtliche Publizität.

78 Zu erinnern ist beispielsweise an den Einfluss steuerrechtlicher Rahmenbedingung auf Unternehmensentscheidungen oder den Einfluss des Arbeitsrechts auf Einstellungsentscheidungen.

79 Zur Diskussion über die Jahresabschlussadressaten im Aktienrecht siehe unten Zweiter Teil, V. 5. b) und c). Zu den Vorgaben des europäischen Gesellschaftsrechts für die Definition des Adressatenkreises siehe unten Zweiter Teil, VI.

mer[80], so sind einerseits die Institution[81] Unternehmen und andererseits vertragliche Rechtsverhältnisse zwischen dem Unternehmen und allen Dritten betroffen. Wie im Folgenden noch zu zeigen sein wird, kann für die kritische Beleuchtung der Strukturprinzipien die ökonomische Analyse des Verhältnisses zwischen der Unternehmensführung und den Gesellschaftern ausgeblendet werden[82]. Im Fokus der Diskussion müssen vielmehr die vertraglichen und vorvertraglichen Beziehungen zwischen publizitätspflichtigem Unternehmen und anderen Marktteilnehmern stehen. Gegenstand der rechtsökonomischen Betrachtung ist in diesen besonderen Fällen also primär die Vertragsökonomie[83]. Diese ermöglicht die Betrachtung der Vertragsverhältnisse unter Einbeziehung weiterer gesellschaftsrechtlicher Normen und wirtschaftlicher Realitäten jenseits der gesellschaftsrechtlichen Dogmatik, die abseits des Rechts der Jahresabschlüsse stehen. Zu denken ist dabei vor allem an Sekundärvorschriften, die Verletzungen von Rechten ausgleichen und sanktionieren[84], und an Macht- und Abhängigkeitsverhältnisse, die auf die Gestaltung der vertraglichen Vereinbarung Einfluss nehmen.

Für die Ausrichtung der ökonomischen Betrachtung lässt sich also festhalten, dass Grundlage weiterer Wertungen die vertraglichen Rechtsbeziehungen zwischen publizitätspflichtigen Unternehmen und Marktteilnehmern darstellen. Auf diese wirkt der Gesetzgeber durch die Anordnung der Jahresabschlusspublizität.

2. Der Maßstab für gesetzgeberische Eingriffe in Marktprozesse

Die Anordnungen des Gesetzgebers erfüllen keinen Selbstzweck. Als ordnungspolitisches Instrument stellen sie ein Mittel für die Verwirklichung bestimmter Ziele dar. Die Jahresabschlusspublizität steht damit in einem funktionellen Zusammenhang mit den zu Grunde liegenden Marktprozessen[85]. Als ordnungspolitisches Instrument muss sie den gesetzgeberischen Zwecken dienen. Welche Ziele der Staat verfolgt bzw. verfolgte, gilt es im Folgenden auf der Basis der historischen Entwicklung der speziellen Publizitätsform zu ermitteln. Die Zieldefinition der Jahresabschlusspublizi-

---

80 Zum Ergebnis der historischen Bestandsaufnahme siehe unten Dritter Teil.

81 Zum Begriff der Institution als einem System formgebundener und formungebundener Regeln einschließlich der Vorkehrungen zu deren Durchsetzung (Verfassung, Gesetz, individuelle Verträge, Gesellschaften) siehe *Richter/Furubotn*, Neue Institutionsökonomik, S. 7 f.

82 Als Ergebnis einer ökonomischen Analyse geschlossener Kapitalgesellschaften stellt *Hellermann*, Die Publizität des Jahresabschlusses geschlossener Kapitalgesellschaften, S. 117 f., fest, dass die gesellschaftsrechtlichen Informationsrechte mit Blick auf den Gesellschafterschutz die Berechtigung einer gesetzlichen Publizitätspflicht versagen. Aus historischer Perspektive siehe unten Dritter Teil.

83 Einleitend zur Vertragsökonomie *Schäfer/Ott*, Lehrbuch der ökonomischen Analyse des Zivilrechts, S. 393 ff. Zur ökonomischen Analyse der Haftungsbeschränkung *Adams*, Eigentum, Kontrolle und beschränkte Haftung, S. 193-225.

84 *Fehrenbacher*, Registerpublizität und Haftung im Zivilrecht, S. 31, nennt als Anlass für seine haftungsspezifische Analyse der Publizitätspflichten die „fehlende gesetzliche Regelung im Hinblick auf die Haftung für unterlassene oder fehlerhafte Informationen aus der Rechnungslegung". Mit Blick auf die amerikanische Literatur stimmt es verwunderlich, dass in der deutschen Diskussion Informationsasymmetrien fast ausschließlich nur in einen Zusammenhang mit der rechtspolitischen Option der Publizität gebracht werden.

85 *Nowotny*, Funktion der Rechnungslegung im Handels- und Gesellschaftsrecht, S. 218 f. Hinsichtlich der Kapitalmarktpublizität grundlegend: *Hopt*, Der Kapitalanlegerschutz im Recht der Banken, S. 425 ff., der auf die betriebliche und finanzielle Tragbarkeit verweist; *ders.*, ZGR 1980, 225 (235 f.); *Assmann*, Prospekthaftung, S. 24; *Maier-Schatz*, Unternehmenspublizität, S. 143 ff.

tät ist Dreh- und Angelpunkt der historisch ausgeprägten Strukturprinzipien der Publizität. Die kritische Würdigung der bestehenden Regelungen kann sich erst aus der Synthese zwischen einer rechtshistorischen Normanalyse und ihrer ökonomischen Bewertung ergeben.

Für die Bewertung der Umsetzung der ermittelten Ziele in den Publizitätsvorschriften ist ein Maßstab heranzuziehen. Hierzu stellt die Ökonomie ein Gedankengebäude zur Verfügung, das erlaubt, die Marktprozesse und ihre Abweichungen durch staatliche Eingriffe zu verstehen. Quasi der Boden dieses Gedankengebäudes ist unsere grundsätzliche freiheitlich ausgerichtete Wirtschaftsordnung, der auch Verfassungsrang zukommt[86]. In seinen wesentlichen Aussagen betont die Wirtschaftsverfassung die Freiheit des Bürgers in Art. 1 und 2 GG. Leitbild ist der selbstverantwortliche Staatsbürger. Die eigenverantwortliche Freiheit findet ihre natürliche Grenze in den Freiheiten anderer Bürger, so dass die Aussage „Freiheit in Gleichheit" die Prinzipien einer gemeinsamen Zielsetzung verdeutlicht[87]. Das der Verfassung vorangestellte Freiheitspostulat wird einschränkend ergänzt durch die Sozialstaatsklausel der Art. 14 II, 20 I, 28 I und 79 III GG[88]. Die Väter des Grundgesetzes – beeinflusst insbesondere von der Freiburger Schule – sahen die Notwendigkeit eines rechtsstaatlichen Ordnungsrahmens, der das gedeihliche Zusammenleben der Gemeinschaft eines Staates verwirklichen sollte. Der zu lösende Grundkonflikt unserer Wirtschaftsverfassung besteht in der Herausforderung, einerseits das Freiheitssystem zu erhalten, andererseits die Freiheit in den Bereichen durch staatliche Eingriffe einzugrenzen, wo das wohlstandsfördernde freiheitliche System punktuell versagt. Basis dieser Grundstruktur der Wirtschaftsverfassung als soziale Marktwirtschaft ist die nationalökonomische These, dass der Markt eine „präsumtiv soziale Institution" darstelle[89]. Im Verhältnis zwischen Bürger und Staat wird also die naturgegebene Freiheit betont. Diese zu schützen ist die eine gesetzesgeberische Aufgabe der Wirtschaftsverfassung. Die andere besteht darin, in einer Eingriffsordnung mit gezielten ordnungspolitischen Instrumenten die Freiheit an den Stellen zu schützen, an denen der Markt in seiner sozialen Funktion versagt[90]. In der Erfüllung beider Aufgaben unterliegt der Gesetzgeber auf Grundlage der Rahmenvorgaben der Wirtschaftsverfassung einer weiten wirtschaftspolitischen Freiheit[91].

Die wesentliche Schwierigkeit der staatlichen Eingriffsordnung besteht in der Bestimmung, wann ein Marktversagen vorliegt, das einen gesetzgeberischen Eingriff rechtfertigt. Hierzu bedarf es wiederum eines ökonomischen Maßstabs, der nur in einer Synthese mit einer rechtswissenschaftlichen Würdigung ein gesetzgeberisches Tätigwerden empfehlen kann.

Unter welchen Umständen und in welchem Umfang der Gesetzgeber auf die Wirtschaftsabläufe Einfluss nehmen soll, entzieht sich bis auf Grenzfälle einer rechtlichen Würdigung. Ein Maßstab von „richtig" und „falsch" steht nicht zur Verfügung. Eine

---

[86] Zum Begriff der Wirtschaftsverfassung siehe die Darstellung von *Fikentscher* (Wirtschaftsrecht, S. 24) mit einer umfassenden Literaturangabe auf den S. 22 ff.

[87] Vgl. *Fikentscher*, Wirtschaftsverfassung, S. 58.

[88] Vgl. *Bachof*, Begriff und Wesen des sozialen Rechtsstaats, S. 37 ff.; *Forsthoff*, Begriff und Wesen des sozialen Rechtsstaats, S. 8 ff.

[89] Siehe *Fikentscher*, Wirtschaftsrecht, S. 32.

[90] So *Fikentscher*, Wirtschaftsrecht, S. 60. Zur „governance structure" siehe *Williamson*, The Economic Institutions of Capitalism, insbesondere S. 72 ff., 392 f.

[91] Vgl. BVerfGE 4, 7 ff. Hierzu siehe *Fiktentscher*, Wirtschaftsrecht, S. 33.

gesetzgeberische Entscheidung kann vielmehr aus wirtschaftswissenschaftlicher Sicht als überzeugend oder weniger überzeugend gewertet werden. Letztlich liegen der Bewertung der Strukturprinzipien und ihrer Umsetzung „nur" modelltheoretische Überlegungen zu Grunde[92]. Dies gilt umso mehr, als eindeutige empirische Ergebnisse zur Jahresabschlusspublizität insbesondere jenseits des Kapitalmarktes nicht zur Verfügung stehen. Dies macht die Frage über den richtigen Umfang der Jahresabschlusspublizität letztlich zu einer rechtspolitischen.

3. Privatautonomie, Entscheidungen und Informationen

Die verfassungsrechtlich geschützte Freiheit des eigenverantwortlichen Staatsbürgers findet ihre Entsprechung im schuldrechtlichen Fundamentalprinzip der Privatautonomie bzw. der Vertragsfreiheit. Es geht um die Freiheit eines jeden, privatrechtliche Rechtsverhältnisse nach dem eigenen Willen selbst zu gestalten[93]. Eine sachgerechte Interessenvertretung setzt aber eine freie Entscheidungsfindung voraus. Diese kann durch verschiedene Umstände gestört werden. Eine Störung kann vorliegen, wenn über den Vertragsgegenstand oder den Vertragspartner nicht alle entscheidungserheblichen Informationen vorhanden sind. Eine dennoch getroffene Entscheidung bindet grundsätzlich beide Parteien, auch wenn die insoweit unterlegene Partei in Kenntnis aller Umstände eine andere Entscheidung getroffen hätte. Der Einfluss von Informationen auf Entscheidungen untersucht die Entscheidungslehre[94].

In diesem Kontext bewegt sich der Untersuchungsgegenstand der Jahresabschlusspublizität. Sie vermittelt ihren Adressaten Informationen über eine Wirtschaftseinheit, die als Vertragspartei in Erscheinung tritt. Inhaltlich behandelt die Frage nach den Strukturprinzipien die Problematik, die Vertragsfreiheit in ihrer sozialstaatlichen Dimension zu schützen.

4. Die ökonomische Wirkungsweise der Publizität

Im Bereich des Gesellschaftsrechts hatte der Gesetzgeber in der Vergangenheit „Privilegien" und institutionelle Ungleichheiten der Marktteilnehmer durch Transparenz auszugleichen gesucht. Der Grund für diesen Vorzug des staatlichen Eingriffs gegenüber direkt regulierenden Maßnahmen liegt in der Wirkungsweise der Publizität. Die von der Publizität ausgehenden Wirkungen wurden an verschiedenen Stellen beschrieben[95]. Hier soll daher der Verweis auf die Arbeit von *Hellermann* genügen[96]. Ausgewiesen werden dort drei Wirkungsweisen: die Informations-, die Verhaltensteuerungs- und die Durchsetzungswirkung.

Nach der ersten Wirkungsweise gleicht die Publizität bestehende Informationsasymmetrien aus. Der Publizitätsadressat wird auf diese Weise in die Lage versetzt, Handlungsalternativen vor dem Hintergrund „vollständiger" Information abzuwägen und die eigenen Interessen selbst zu vertreten. Damit bedarf es nicht mehr eines Eingriffs in das Verhalten des Publizierenden.

---

92 *Easterbrook/Fischel*, Va.L.Rev. 70 (1984), 669 (714); *Meier-Schatz*, Wirtschaftsrecht und Unternehmenspublizität, S. 204.

93 *Medicus*, Schuldrecht I, Rn. 63 ff.

94 Siehe oben Erster Teil, II. 3. b).

95 Statt vieler siehe *Meier-Schatz*, Wirtschaftsrecht und Unternehmenspublizität, S. 143 ff.

96 Zum Folgenden siehe *Hellermann*, Die Publizität des Jahresabschlusses geschlossener Kapitalgesellschaften, S. 33-36.

Ist mit der Publizitätspflicht eine Verhaltenssteuerung beabsichtigt, so zielt der Markteingriff nicht lediglich auf einen sachgerechten Interessenausgleich, den die Beteiligten selbst erzielen können. Der Gesetzgeber versucht vielmehr, das sich erklärende Unternehmen in seinem Marktauftritt zu ändern. Erhofft wird von der Transparenz eine Verhaltensänderung des Unternehmens, ohne dass Ge- oder Verbotsregelungen eingesetzt werden[97].

Die verbleibende Wirkung der Publizität betrifft die staatliche Durchsetzung von Ge- und Verbotsvorschriften. So dient die presserechtliche Pflicht zum Abdruck eines Impressums der Verfolgbarkeit zivilrechtlich oder strafrechtlich erheblicher Taten[98].

IV. Ursprünge der Registerpublizität

Die Untersuchung der Entwicklung der Jahresabschlusspublizität beinhaltet auch die Thematisierung der Entwicklung der Registerpublizität in einem den Jahresabschluss betreffenden Teilausschnitt. Wie schon zuvor auf den funktionalen Zusammenhang zwischen dem ordnungspolitischen Instrument und seiner Regelungsmaterie hingewiesen wurde, soll nun auf den technischen Zusammenhang zwischen der Publizität des Jahresabschlusses und vergleichbaren handelsrechtlichen Instituten hingewiesen werden, die ihre Transparenz über die Einrichtung des Registers erzielen[99]. Das Anstreben einer hinreichend genauen Skizze der rechtshistorischen Entwicklung der einzelnen Formen der Unternehmenspublizität würde den Rahmen dieser Arbeit überschreiten. Es soll dennoch nicht versäumt werden, auf Umstände und Entwicklungen hinzuweisen, die für die Bewertung der Entwicklung der Jahresabschlusspublizität von Bedeutung sind.

Eine wesentliche Parallele in der Entwicklung der Formen der Registerpublizität stellt die Motivation ihrer jeweiligen Einführung dar. Das Handelsregister und das Grundbuch basieren auf dem ureigenen Bedürfnis der am Geschäftsverkehr Beteiligten nach Rechtssicherheit und Vereinfachung. Im Immobiliarrecht brauchte mit der Einführung eines entsprechenden Registers teilweise schon im 14. Jahrhundert ein Rechtsgeschäft nicht weiterhin vor einer größeren Anzahl Zeugen oder in der Öffentlichkeit, etwa dem Marktplatz, abgeschlossen zu werden[100]. Die Innovation der Registererrichtung schuf einen Rechtsrahmen, in dem die Rechte der an dem jeweiligen Rechtsgeschäft Beteiligten und Dritten geschützt wurden. Nicht länger waren das Vertrauen in die Ehrlichkeit des Einzelnen, sondern objektiv nachprüfbare Umstände tragende Säule des Geschäftsverkehrs. Die an unbeweglichen Sachen bestehenden Rechtsverhältnisse waren für den Rechtsverkehr geklärt. Das entsprechende Risiko der jeweiligen Handelsgeschäfte wurde minimiert. Es entwickelte sich eine Rechtssicherheit, die zur Grundlage des erwachenden Kreditverkehrs wurde.

Der sich in der Neuzeit ausweitende Handel stellte den Geschäftsverkehr darüber hinaus vor eine weitere Herausforderung: Die Anonymität der am Rechtsgeschäft

---

[97] Als Stichwort ist auf die *enforced self regulation* zu verweisen. Unter diese Regelungen fällt auch die Entsprechungserklärung nach § 161 AktG. Siehe zur Kritik an der Funktionstüchtigkeit dieser Wirkungsweise *Nowak/Rott/Mahr*, ZGR 2005, 252 ff.

[98] Vgl. Löffler/*Ricker*, Handbuch des Presserechts, 13. Kapitel, Rn. 2.

[99] Der folgenden Darstellung liegt die Bearbeitung von *Merkt*, Unternehmenspublizität, S. 31 ff., zu Grunde.

[100] Siehe zur Entwicklung der Gerichtsbücher, insbesondere des Grundbuchs *Stobbe*, Handbuch, § 67, S. 635 ff.; *Pflug*, Das Prinzip der Publizität in Deutschland, mit besonderer Berücksichtigung seiner Bedeutung für das Privatrecht, S. 9 ff.

Beteiligten, insbesondere beteiligte Handelsgesellschaften. Es bestand die Unsicherheit, wer Beteiligter eines Rechtsgeschäfts war, wenn nicht alle Gesellschafter einer Gesellschaft einen Vertrag abschlossen. Aus diesem Bedürfnis heraus entwickelte sich eine kaufmännische Publizität der Firma, der Kaufleute, entstand eine Markt-, Mess- und Börsenpublizität und zuletzt die Jahresabschlusspublizität.[101]

Die Motivation des Eigenschutzes durchzog insbesondere die Entwicklung der kaufmännischen Register, die sich bereits im 14. und 15. Jahrhundert in Italien entwickelten. Sie waren ausgestaltet als Personenregister der kaufmännischen Gilden und Zünfte. Bedeutung kam ihr vor allem für die Gilde-, Zunft- und Handelsgerichtsbarkeit zu[102]. Ihre Wirkung entfalteten sie zunächst im Gesellschafterschutz. Später trat der Schutz Dritter in den Vordergrund. Parallel zu den Personenregistern entwickelte sich das das Vertrauen des Geschäftsverkehrs schützende Vollmachtsregister[103].

Im Heiligen Römischen Reich Deutscher Nation bildete sich die kaufmännische Publizität relativ spät heraus. Dem gemeinen Recht war etwa die Gründungspublizität einer Gesellschaft fremd[104]. Gesellschaftsregister konnten sich aber schließlich, motiviert durch die Erschütterung des Handelsverkehrs im Dreißigjährigen Krieg im 17. Jahrhundert, durchsetzen. *His* berichtete über eine Entwicklung in Frankfurt am Main, die in der Handels- und Wechselordnung von 1666 und der revidierten Wechselordnung von 1739 zur „Hebung des Handels" ein Protokoll über Vollmachten und Sozietäten vorsah[105]. Es hatte sich gezeigt, dass insbesondere der Kaufmannschaft daran gelegen war, die Haftungsverhältnisse der am Wechselverkehr Beteiligten offen zu legen. Bereits die Eintragung in das öffentlich zugängliche Ragionenbuch von 1684 der Stadt Augsburg sah zusätzlich die Bekanntmachung der Eintragung in Rundschreiben vor[106]. Diese Skizze zur Entwicklung der Registerpublizität zeigt, dass anders als die Entwicklung der Jahresabschlusspublizität möglicherweise suggeriert, die Vermittlung von transparenten Marktverhältnissen zunächst im Interesse der Gewerbetreibenden lag.

V. Arbeitshypothese

Nach der Zielsetzung dieser Arbeit soll auf der Basis der Erkenntnisse der historischen Entwicklung der Jahresabschlusspublizität ihre gegenwärtige Struktur innerhalb unserer Wirtschaftsverfassung einer kritischen Prüfung unterzogen werden. Der erste Überblick über die geschichtliche Entwicklung zeigt, dass die Ausweitung der Jahresabschlusspublizität nach Maßstab der Gesellschaftsform letztlich stringent erscheint. Dabei fußt das Urteil auf der Überzeugung, dass die Publizität der Preis der Haftungsbeschränkung sei. Dementsprechend wird die Struktur der Jahresabschlusspublizität von der heutigen juristischen Literatur überwiegend nicht in Frage gestellt. Dennoch werden die Vorschriften der Jahresabschlusspublizität von einem Teil der Literatur in ihrer Weite als unangemessen gebrandmarkt. Aus dieser Gegensätzlichkeit der Bewertung heraus ist in Anbetracht des historisch zu bezeichnenden Rechtsstreits über die Reichweite der Jahresabschlusspublizität und in Anbetracht

---

[101] Siehe hierzu die detailreiche Darstellung von *Merkt*, Unternehmenspublizität, S. 32 ff.

[102] *Mayer*, GrünhutsZ 32 (1906), 245 (288).

[103] *Rintelen*, Untersuchung über die Entwicklung des Handelsregisters, S. 9.

[104] *Renaud*, Das Recht der Actiengesellschaften, S. 345 m. w. N.

[105] *His*, Vorbemerkungen, S. 2 m. w. N. und einer umfassenden geschichtlichen Aufarbeitung.

[106] *Rintelen*, Untersuchung über die Entwicklung des Handelsregisters, S. 115 ff.

der wirtschaftlichen Extreme, die zwischen dem deutschen und US-amerikanischen System liegen, zu vermuten, dass nicht die Haftungsbeschränkung das publizitätsentscheidende Merkmal sein muss. Es scheint daher wenig sinnvoll, die Struktur der Jahresabschlusspublizität mit einem groben Maßstab, der letztlich an der Rechtsform einer Gesellschaft anknüpft, zu hinterfragen. Viel feiner und entsprechend flexibler ist die Denkform des Typus[107]. Mit diesem Instrument wird es vor allem möglich, in einer historischen Betrachtung den Kreis der in diesem Sinne publizitätspflichtigen Gesellschaften zu identifizieren. Es verspricht die Möglichkeit alternative Strukturmerkmale zu ermitteln. Können diese alternativen Merkmale historisch belegt werden, lassen sich möglicherweise Brüche der Gesetzesentwicklung erkennen. Die Bewertung dieser Merkmale könnte dann ergeben, dass der deutsche und damit auch der europäische Weg in seinem Ergebnis einen Irrweg darstellen.

1. Der Typusbegriff

Die Frage nach den Strukturprinzipien der Jahresabschlusspublizität beinhaltet die Frage nach dem Kreis der Gesellschaften, die entsprechend eines logisch-systematischen Wertesystems ihre Jahresabschlüsse ganz oder teilweise offen legen sollen. Für diese Betrachtung sind die gesetzlichen Regelungen nicht Ausgangspunkt sondern Gegenstand der kritischen Würdigung. Dementsprechend entzieht sich die Abgrenzung des Kreises einer abstrakt-allgemeinen Begrifflichkeit. Es geht vielmehr um „eine Bündelung und Verallgemeinerung von sachverhaltlichen Umständen“[108]. Gefragt wird nach einem gedanklich erfassten, in seiner Besonderheit erkannten Typus publizitätspflichtiger Gesellschaften[109]. Es gilt demnach charakterisierende Besonderheiten einerseits und abgrenzende Merkmale andererseits zu benennen. Hierzu muss die Frage der Strukturprinzipien abstrahiert betrachtet und kennzeichnende Merkmale benannt werden.

2. Die Typizität publizitätspflichtiger Gesellschaften

Für die Frage nach den Strukturprinzipien der Jahresabschlusspublizität bedeutet dies, dass losgelöst von der konkreten Gesellschaft der Typus publizitätspflichtiger Gesellschaften über die Benennung von charakterisierenden und abgrenzenden Besonderheiten bestimmt werden muss. Eine rechtshistorische Betrachtung muss also den jeweiligen Typus der publizitätspflichtigen Gesellschaft bestimmen und die historische Entwicklung dieses Typus identifizieren. Die sich abzeichnenden Typen bieten sodann eine Hilfestellung bei der Beantwortung der Frage nach den aus heutiger Sicht sachgerechten Strukturprinzipien. Denn bei der historischen Identifizierung bleibt unbeantwortet, welcher Typus und damit welche Strukturprinzipien die gebotenen sind. Diese ergeben sich erst aus einem systematisch-logischen Wertesystem, dem der Gesetzgeber zu folgen hat. Diese Bewertung soll in Teil vier dieser Arbeit vorgenommen werden.

---

[107] Vgl. zu den Grenzen der Rechtsformsystematik *Schmidt*, Gesellschaftsrecht, S. 49 ff.

[108] So die begriffliche Bestimmung des Typus von *Fikentscher*, Dogmatischer Teil, S. 213.

[109] Zu den Verwendungsarten von Typen *Wolff*, Studium Generale Bd. 5, S. 195 ff. Zu der hier gebrauchten Art auch *Larenz*, Methodenlehre, S. 445.

Zweiter Teil:

Genese der Jahresabschlusspublizität in Deutschland

I. Einleitung

Die Rechtsgeschichte der Jahresabschlusspublizität lässt sich am besten in fünf Teilen aufarbeiten. Eine exakte Aufteilung verhindern die überwiegend gleitenden Entwicklungen bis zum Beginn des 19. Jahrhunderts. Die Wegpunkte der Rechtsgeschichte, die Gesetzesakte und Novellen, sind in diesem Jahrhundert im Zusammenhang mit einem rechtszersplitterten Staatenbund zu betrachten. Grundüberzeugungen und Ideale wurden gefasst und zur Entscheidungsreife gebracht. Ihre Umsetzung erstickte jedoch in den widerstreitenden Interessen. Offensichtlich wird dies mit Blick auf die Reichseinheit im 19. Jahrhundert, die von entsprechenden Bestrebungen bis zu ihrer Vollendung einer rund 70-jährigen Entwicklung bedurfte, und die reichseinheitliche Gesetzgebung im Handels- und Gesellschaftsrecht sowie im bürgerlichen Recht[110].

Ausgangspunkt der Betrachtung – Teil II – ist die Rechtsentwicklung bis zu Beginn des 19. Jahrhunderts, die insbesondere durch den Zusammenbruch des Heiligen Römischen Reiches Deutscher Nation in einer Phase teilweise aufklärerischen Denkens geprägt war und einen Reformprozess einleitete. Es folgte – Teil III – in der ersten Hälfte des 19. Jahrhunderts eine Phase der Zersplitterung mit vorwiegend preußischen, österreichischen und französischen Einflüssen. Einzelstaatlich suchte man den Herausforderungen der einsetzenden Industrialisierung gerecht zu werden. Das 1806 diskutierte und auf einer vorwiegend naturrechtlichen Basis stehende Ziel der Rechtseinheit wurde in der Phase der Hochindustrialisierung Deutschlands – Teil IV – verwirklicht[111]. Die Rechtsentwicklung war dabei geprägt von den Anforderungen, die die Industrialisierung gegen Ende der ersten Hälfte dieses Jahrhunderts an den Gesetzgeber stellte. Der Endpunkt dieser Entwicklung war die Rechtseinheit sowohl im bürgerlichen Recht als auch im Handels- und Gesellschaftsrecht. Sie führte zur ersten bundeseinheitlichen Kodifikation der Jahresabschlusspublizität. Mit den Entwicklungen der Weimarer Republik und des Deutschen Reiches – Teil V – erfolgte in der Rechtsentwicklung der Jahresabschlusspublizität eine Hinwendung zu einem gemeinwirtschaftlichen Unternehmensverständnis. Die letzten rund 50 Jahre – Teil VI – sind endlich geprägt durch eine Europäisierung des Gesellschafts- und Handelsrechts und eine drastische Ausweitung der Publizitätspflicht. In dieser Zeit nahm die Zahl der publizitätspflichtigen Gesellschaften in der Bundesrepublik Deutschland von rund 2 000 auf über 1 000 000 zu.

II. Situation zu Beginn des 19. Jahrhunderts

Sachgerechter Ansatzpunkt für die Betrachtung der Entwicklung der Jahresabschlusspublizität ist die Phase der Entwicklung marktwirtschaftlicher Strukturen nach

---

[110] So gefordert von *Thibaut*, Ueber die Notwendigkeit eines allgemeinen bürgerlichen Rechts für Deutschland, in: Stern (Hrsg.), Thibaut und Savigny, S. 35 (S. 47). Vgl. auch *Goldschmidt*, Handbuch des Handelsrechts, S. 59.

[111] Zu den Hintergründen der rechtspolitischen Zielsetzung im historischen Zusammenhang *Getz*, Die deutsche Rechtseinheit im 19. Jahrhundert als rechtspolitisches Ziel, S. 13 ff.; Siehe insbesondere den Aufruf von *Thibaut*, Ueber die Notwendigkeit eines allgemeinen bürgerlichen Rechts für Deutschland, in: Stern (Hrsg.), Thibaut und Savigny, S. 35 ff. Speziell zur Reichseinheit siehe einen einleitenden Überblick bei *Getz*, Die deutsche Rechtseinheit im 19. Jahrhundert als rechtspolitisches Ziel, S. 20 ff., mit Verweis auf die Bemühungen von Freiherr Karl von und zum Stein, Wilhelm von Humboldt und Karl August von Hardenberg.

heutiger Vorstellung; die Phase des Übergangs vom Merkantilismus zu einer liberaleren Wirtschaftsordnung. Ende des 18. Jahrhunderts ist die Wirtschaftsordnung durch eine feudalständische Gesellschaft geprägt, die weder Freiheit, Gleichheit noch Privateigentum nach heutigem Verständnis als Grundwerte kannte. Es stellt sich die Frage, welche Rolle das ordnungspolitische Instrument der Jahresabschlusspublizität in diesem wirtschaftspolitischen Umfeld einnehmen konnte.

1. Staatsrechtliche Entwicklungen

Mitte des Jahres 1806 befand sich das ehemalige Heilige Römische Reich Deutscher Nation in einem Zustand größter innen- und außenpolitischer Schwächung, größter Rechtszersplitterung und in einer Phase fundamentaler gesellschaftlicher und wirtschaftlicher Umwälzungen. Nach militärischen Niederlagen gegenüber Frankreich führte der Friedensvertrag von Lunéville (1801) zum Verlust des gesamten linken Rheinufers. Mit dem Reichsdeputationshauptschluss vom 25. Februar 1803 setzte eine Phase der Säkularisation und Mediatisierung ein. Es wurde also die landesherrliche Gewalt der geistlichen Reichsfürsten aufgehoben und weltlichen Landesherren, die teilweise selbst Territoriumsverluste hinnehmen mussten, zugeteilt. Eine Stärkung der Mittelstaaten war die Folge. Das bis zu diesem Zeitpunkt noch bestehende Heilige Römische Reich Deutscher Nation beendete – in wohl nicht rechtmäßiger Weise[112] – seine Existenz im August 1806. Am 1. August erklärten 16 Rheinbundstaaten gegenüber dem Reichstag die Trennung vom Reich. Mit mehr oder weniger Souveränität unterlagen diese Staaten dem Protektorat Frankreichs[113]. Am 6. August erklärte Kaiser Franz II., von Napoleon aufgefordert, die Niederlegung der Kaiserkrone und entband die Kurfürsten, Fürsten und andere Reichsstände sowie die Reichsgerichte von ihren verfassungsmäßigen Rechten und Pflichten[114]. Das Heilige Römische Reich Deutscher Nation war nach etwa 1 000-jähriger Existenz aufgelöst.

Es verblieben neben dem Rheinbund und weiteren Kleinstaaten die mittlerweile zusammengebrochenen Großmächte Österreich und Preußen. Mit diesem Zusammenbruch standen auch die jeweilige Gesetzgebung und Politik isoliert nebeneinander. Vereinende Staatsorgane existierten nicht. Neben den Reichsständen und einem Teil des Bürgertums wirkte insbesondere Frankreich mit seiner Hegemonialpolitik unitaristischen Tendenzen und dem damit in Verbindung gebrachten Risiko einer radikalen Revolution entgegen.

2. Wirtschaftsverfassung

Losgelöst von der militärischen Niederlage und dem völligen politischen Zusammenbruch bestimmte insbesondere eine schwere Krise der wirtschaftlichen Strukturen das Schicksal der Staaten des einstigen Reiches[115]. Das Entwicklungspotential und die Entwicklungsnotwendigkeit der deutschen Volkswirtschaft wirkten als Katalysator für die gesellschaftliche Weiterentwicklung, in der dem Individuum und einem „freien" Markt eine tragende Rolle zufiel. Bevor auf die Aktiengesellschaft zu sprechen gekommen werden kann, in deren Verfassung sich die Jahresabschlusspublizität erst-

---

[112] So *Eisenhardt*, Deutsche Rechtsgeschichte, Rn. 402 mit weiterer Begründung.

[113] Grundlage dieser Verbindung ist die Rheinbundakte 12. Juli 1806, *Huber*, Dokumente, Bd. 1, S. 28 ff.

[114] Vgl. *Huber*, Dokumente, Bd. 1, S. 37 f.

[115] *Eisenhardt*, Deutsche Rechtsgeschichte, Rn. 403, 419.

mals gesetzlich entwickelte, soll ein kurzer Überblick über die neuzeitliche Wirtschaftsordnung und Wirtschaftswissenschaft gegeben werden. In dieser Wirtschaftsordnung und den wirtschaftswissenschaftlichen Überzeugungen liegt der Grund für die epochale Leistung der Gesetzgeber des 19. Jahrhunderts.

a) Die neuzeitliche Wirtschaftsordnung

Im ausgehenden 18. Jahrhundert lag der Schwerpunkt der wirtschaftlichen Betätigung des Heiligen Römischen Reiches Deutscher Nation in der Landwirtschaft feudalistischer Prägung in guts- und grundherrlichen Rechtsverhältnissen[116]. Der in einem Hofverband eingegliederte grundholdene Bauer musste seinem Gutsherren Fronarbeit leisten und ihm, dem Staat und der Kirche aus dem Ertrag des zur Verfügung gestellten Landes Abgaben zahlen. Der Abzug von der Scholle war lediglich durch schwerlich realisierbares Freikaufen möglich. Wiederkehrende Agrarkrisen zwangen zu einer Intensivierung der Bodenbewirtschaftung und damit zu einer Kapitalisierung der Produktion. Es verblieb eine von Unfreiheit und Unwirtschaftlichkeit geprägte Landwirtschaft, die den Anforderungen der damaligen Zeit nicht gerecht werden konnte.[117]

Neben der Landwirtschaft erlangte langsam auch das Gewerbe volkswirtschaftliche Bedeutung. Trotz einer geringeren Einbindung in das Feudalsystem unterlag das Gewerbe einer unfreien obrigkeitlichgenossenschaftlichen Gewerbeverfassung, die der Berufsfreiheit entgegenstand[118].

Im Bergbau und der Verhüttung trat zunehmend eine Trennung von Arbeit und Kapital ein, die für das Wirtschaftswachstum des 18. Jahrhunderts von grundsätzlicher Bedeutung war. Die Entwicklungssprünge der damaligen Zeit fußten auf dem Bevölkerungswachstum, der Zunahme des internationalen Handels, dem technischen Fortschritt und dem wirtschaftlichen Nachholbedarf, der durch den Dreißigjährigen Krieg und Epidemien ausgelöst wurde. Kennzeichen für den Großteil der Betriebe war die Herausforderung der Effizienzsteigerung ihrer Tätigkeit in einer Situation steigender Konkurrenz. Kapital und organisatorisch-technischer Fortschritt erlangten vorher unbekannte Bedeutung. Im Bergbau und im Hüttenwesen beispielsweise zwangen schon ab dem Mittelalter Investitionen in Entwässerungssysteme, Fördersysteme mit tieferer Eindringtiefe und neue Verhüttungsverfahren zur Kapitalisierung der Montanwirtschaft. Die Investitionen gelangen aber nur unzureichend, vor allem im europäischen Vergleich.

Trotz der weitläufigen Vernetzung der Handelsbeziehungen war der Handel der damaligen Zeit durch verschiedene staatliche Einflüsse gehemmt. Zu ihnen gehörten die Rechtszersplitterung und die Handelshemmnisse[119] (vor allem Zölle und Steuern – beispielsweise Landzoll, Wasserzoll, Akzise, Imposten, Umgeld; Gelder und Ge-

[116] *North*, Von der Atlantischen Handelsexpansion bis zu den Agrarreformen, S. 112 (S. 129); Die Ausgestaltung dieser Herrschaftsbeziehung variiert regional in erheblichem Maße.

[117] Siehe zur differenzierten Entwicklung der Landwirtschaft bis zum Ende des 18. Jahrhunderts *Jenks*, Von den archaischen Grundlagen bis zur Schwelle der Moderne, S. 15 (S. 41-53); *North*, Von der Atlantischen Handelsexpansion bis zu den Agrarreformen, S. 112 (S. 129-138).

[118] Vgl. *Eisenhardt*, Deutsche Rechtsgeschichte, Rn. 31 f. Zu Entwicklung des Gewerbes im 19. Jahrhundert *North*, Von der Atlantischen Handelsexpansion bis zu den Agrarreformen, S. 112 (S. 143 ff.).

[119] Eine differenzierte grobe Übersicht findet sich bei *Walter*, Wirtschaftsgeschichte, S. 28.

bühren – beispielsweise Weg-, Straßen- und Chausseegeld, Brückengeld, Flusskonzessionsgelder und Floßgebühren) der vielen Territorialstaaten.

Abschließend lässt sich festhalten, dass die Wirtschaft der deutschen Territorialstaaten zum Ende des 18. Jahrhunderts durch ihre feudalständische Prägung der Arbeitsteilung und der Trennung von Arbeit und Kapital entgegenstand. Die Unfreiheiten der Landwirtschaft und des Gewerbes blockierten eine Intensivierung, für die die haftungsbeschränkte Gesellschaftsform eine Notwendigkeit darstellte. Insoweit bestanden in dem weit überwiegenden Bereich der Wirtschaft weder die tatsächlichen noch die rechtlichen Voraussetzungen für einen (auch gesellschaftsrechtlichen) Konzentrationsvorgang oder die kapitalmäßige Beteiligung der Masse der Bevölkerung an Großgesellschaften. Eine Ausnahme bildeten die Schlüsselindustrien, die auf Grund ihres Gegenstandes und ihrer Ziele Großunternehmen darstellten. Diesen Unternehmen kam auch in der Wirtschaftspolitik der damaligen Zeit eine Sonderstellung zu, in der die Funktion der Publizität ihre Berechtigung finden könnte. Hierzu sogleich mehr.

b) Wirtschaftswissenschaft und Wirtschaftspolitik

Der eben skizzierte Zustand der Wirtschaft fand seine Ordnung in der Wirtschaftspolitik der absolutistischen Staaten, dem Merkantilismus. Dieses wirtschaftswissenschaftliche Ordnungsmodell war der prägendste Einflussfaktor der damaligen gesellschaftsrechtlichen Realität. Gleichzeitig leitete die Wirtschaftswissenschaft abweichende Entwicklungen ein, die zur Grundlage einer modernen Nationalökonomie wurden. Sie lösten sich von der staatspolitischen Zielsetzung und widmeten sich der marktwirtschaftlichen Ordnung. Die Grundrichtungen dieser verschiedenen Wirtschaftstheorien lassen erkennen, inwieweit die Jahresabschlusspublizität in den Ordnungsrahmen der Wirtschaftspolitik Eingang finden konnte.

aa) Das merkantilistische Verhältnis zur Eigenverantwortung

In der Zeit vor Beginn der zu Anfang des 19. Jahrhunderts einsetzenden Reformphase war das absolutistische Wirtschaftsverständnis der Herrscher von wesentlichem Einfluss auf die wirtschaftliche Entwicklung der Territorialstaaten. Allgemein wird die Handlungsweise dieser Zeit als Merkantilismus zusammengefasst. Ein fest umrissenes Verständnis dieses ökonomischen Denkens besteht nicht. Der Merkantilismus ist vielmehr der Inbegriff bestimmter wirtschaftspolitischer Maßnahmen[120]. Im Folgenden soll der Teilbereich skizziert werden, der zum Verständnis der wirtschaftlichen Ausgangssituation der gesellschaftsrechtlichen Ordnungspolitik des absolutistischen Staates erforderlich ist.

Leitmotiv des merkantilistischen Wirtschaftsverständnisses ist die Aufgabe, „die wirtschaftlichen Kräfte im Dienste einer sich ausweitenden politischen und militärischen Macht, dem Aufkommen des absolutistischen Staates, zu mobilisieren“[121]. Je größer der Reichtum eines Landes war, desto größer war sein Macht[122]. Hierzu hiel-

[120] *Walter*, Wirtschaftsgeschichte, S. 22. als umfassende Staats- und Volkswirtschaftsbildung in seiner geschichtlichen Entwicklung siehe *Dittrich*, Die deutschen und österreichischen Kameralisten, S. 25 ff.

[121] *Blaich*, Die Epoche des Merkantilismus, S. 80.

[122] Siehe zur Wirtschafts- und Machtpolitik Österreichs *Otruba*, Wirtschaftspolitik, S. 30 ff. Nach naturrechtlichem Verständnis sollte die Macht nach außen und die Wohlfahrt des Staates vergrößert werden, vgl. *Dittrich*, 54.

ten die Merkantilisten bestimmte Ziele für erforderlich. Zu ihnen gehörten eine aktive Handelsbilanz[123], Bevölkerungswachstum, ein möglichst niedriges Lohn- und ein hohes Beschäftigungsniveau. Zur Verwirklichung dieser Ziele nahm nicht der Markt sondern der Staat die zentrale (interventionistische) Stellung ein. Er erfüllte seine Rolle insbesondere in der Verwendung von Handelshemmnissen, tarifärer und nichttarifärer Art. Zu der letzten Sorte zählen unter anderem die Schaffung von Handels- und Produktionsmonopolen[124] und die Forderung nach einer unternehmerischen Tätigkeit des Staates[125].

Diese Grundannahmen der absolutistischen Wirtschaftspolitik standen der physiokratischen und nationalökonomischen Überzeugung der selbstregulierenden Natur der freien Kräfte des Marktes gegenüber[126]. Die ordnungspolitische Bedeutung der Marktteilnehmer war in der Wissenschaft zum Ende des 18. Jahrhunderts zwar bekannt. In der Parallelität zum Freiheitsverständnis des Einzelnen konnte sich ein entsprechendes Bild in der Gesetzgebung aber nicht durchsetzen.

Die merkantilistische Wirtschaftspolitik zeigte sich in verschiedenen nationalen Ausprägungen. In England und Holland entwickelte sich der Handelsmerkantilismus, in Frankreich der Colbertismus (Gewerbemerkantilismus) und in Deutschland setzte sie sich in der Form des Kameralismus durch[127]. Die deutsche Besonderheit wurde durch die Kleinstaaterei bedingt. In der neuzeitlichen Abkehr von der Stadtwirtschaft begründete der fürstliche Flächenstaat eine Neuorganisation der Verwaltung zur Erfüllung der wachsenden zentralen Staatsaufgaben[128]. Die Auswirkungen der Lehre vom fürstlichen Haushalt auf die Wirtschaftspolitik können an dieser Stelle aber vernachlässigt werden.

Festzuhalten ist für alle Ausprägungen des Merkantilismus, dass die merkantilistische Wirtschaftspolitik der ertragreichen Gestaltung der Staatseinkünfte diente. Auch wenn vom Wohle des Volkes gesprochen wurde, so ist dennoch das Staatsverständnis von der dienenden Rolle des Volkes gegenüber dem Herrscher geprägt[129]. Die oben beschriebene Unfreiheit in Landwirtschaft und Gewerbe reduzierte die Entwicklung des Unternehmertums auf eine kleine Schicht. Zu dieser gehörte vor allem die fürstliche unternehmerische Betätigung[130].

Aus einer publizitätsdogmatischen Perspektive bedeutsam ist die Zielrichtung dieses Wirtschaftsverständnisses. Von vordergründigem Interesse ist die Machtstellung des absolutistischen Herrschers. Wie im Folgenden noch gezeigt wird, ist diese Machtstellung der regulierende Faktor der Marktprozesse.

---

123 Minimierung der Einfuhr von Fertigwaren, Förderung der Einfuhr von Rohstoffen, Minimierung der Ausfuhr von Rohstoffen, Förderung der Ausfuhr von Fertigwaren; Vgl. *Walter*, Wirtschaftsgeschichte, S. 28.

124 Siehe zu dem Verhältnis der gleichzeitigen Monopolverbote *Blaich*, Die Epoche des Merkantilismus, S. 152.

125 *Blaich*, Die Epoche des Merkantilismus. S. 87.

126 Eine Auflistung der bedeutsamsten Autoren der damaligen Zeit findet sich bei *Walter*, Wirtschaftsgeschichte, S. 37. Siehe *Smith*, The Wealth Of Nations; *Mill*, Principles of Political Economy; *Malthus*, Principles of Political Economy.

127 Vgl. *North*, Von der Atlantischen Handelsexpansion bis zu den Agrarreformen, S. 112 (S. 181 ff.); *Blaich*, Die Epoche des Merkantilismus, S. 10. Siehe mit Verweis auf kameralistische Schriften und weitere Sekundärliteratur *Dittrich*, Die deutschen und österreichischen Kameralisten.

128 *Dittrich*, Die deutschen und österreichischen Kameralisten, S. 28.

129 *Eisenhardt*, Deutsche Rechtsgeschichte, S. 310.

130 Siehe hierzu *Lütge*, Deutsche Sozial- und Wirtschaftsgeschichte, S. 268 ff.

bb) Die Physiokratie und Geburtsstunde der klassischen Nationalökonomie – ihre publizitätsdogmatische Bedeutung

Eine Gegenbewegung zur merkantilistischen Wirtschaftsordnung stellt die Entwicklung der Physiokratie dar. Sie hat ihren Ursprung in Frankreich und ist im Zusammenhang mit den Idealen der französischen Revolution und der Naturrechtslehre zu sehen[131]. Die auf die Betonung der Landwirtschaft ausgerichtete Lehre suchte die natürlichen Gesetzmäßigkeiten des Wirtschaftsprozesses[132]. Die Physiokratie kann in verschiedenen Zusammenhängen (makroökonomische Darstellung eines Wirtschaftskreislaufs; Gleichgewichtsgedanke) als Wegbereiter der modernen Wirtschaftswissenschaft bezeichnet werden.[133] Im Gegensatz zum Merkantilismus betonte die Physiokratie insbesondere das Eigentum und die freie Konkurrenz als die der Nation und dem Staat nützlichste Gestaltungsform[134]. Diese naturrechtliche, wirtschaftswissenschaftliche Entwicklung wurde damit zur Grundlage des ordnungspolitischen Instruments der Jahresabschlusspublizität.

Insbesondere die moralphilosophischen und sozialphilosophischen Grundlagen verbanden die Physiokraten und die nationalökonomischen Klassiker[135]. Die grundlegenden Schriften beider Theorien wurden in zeitlicher Nähe ab etwa 1765 (Physiokraten) bzw. 1776 (A. Smith) veröffentlicht[136]. Inhaltlich sahen die damaligen Nationalökonomen im freien Wettbewerb der natürlichen privaten Interessen den für die Gesamtgesellschaft vorteilhaftesten Zustand[137]. So schrieb *Ricardo*: „Wir kommen sehr bald zu der Einsicht, dass Ackerbau, Handel und Industrie am besten blühen, wenn von Seiten der Regierung keine Einmischung stattfindet“ [138].

Diese Überzeugung liegt auch den nationalökonomischen Anfängen zu Grunde. Die regulierende Funktion kam im nationalökonomischen Wirtschaftsverständnis dem Einzelnen bzw. dem Kollektiv, dem Markt, zu. Erst dieses Verständnis ermöglichte als logische Voraussetzung den Einsatz ordnungspolitischer Instrumente zur Eigensicherung individueller Interessen, die dem Funktionsschutz eines Marktes dienten. Der systematische Einsatz der Jahresabschlusspublizität ist einem merkantilistischen Wirtschaftsverständnis fremd.

---

[131] Seine einflussreichsten Vertreter und gedanklichen Wegbereiter sind *Quesnay*, Tableau économique (1765); *John Locke*, Two Treatises of Government“ (1689); *Mercier de la Rivière*, L' ordre naturel et essential des sociétés politiques (1767).

[132] Der „produit net“, der in der Landwirtschaft erzielt werde, sei das Ergebnis des natürlichen Mehrwertes, der in den Naturkräften des Bodens enthalten sei. Alleine der durch die landwirtschaftliche Arbeit erzielte Reichtum werde auf andere Berufsklassen übertragen. Vgl. *Diehl*, Theoretische Nationalökonomie, S. 147 mit Verweis auf „Tableau économique“ von Quesnay.

[133] *Walter*, Wirtschaftsgeschichte, S. 32 f.; *Diehl*, Theoretische Nationalökonomie, S. 146 ff.

[134] *Diehl*, Theoretische Nationalökonomie, S. 150. Philosophischer Ausgangspunkt ist das natürliche Freiheitsprinzip und der Individualismus. Siehe hierzu insbesondere den Verweis auf *Mercier de la Rivière* von *Diehl*, Theoretische Nationalökonomie, S. 154 ff.

[135] Zum Einfluss der physiokratischen Schriften auf das ökonomische Hauptwerk von Adam Smith siehe die kritische Darstellung von *Diehl*, Theoretische Nationalökonomie, S. 157 f. Zum Einfluss der englischen Moralphilosophen Jeremy Bentham und James Mill siehe in einem kurzen Überblick, *Diehl*, Theoretische Nationalökonomie, S. 165 ff.

[136] Zur Einführung in die Schriften von Adam Smith und David Ricardo siehe *Diehl*, Theoretische Nationalökonomie, S. 157 ff.

[137] Vgl. *Diehl*, Theoretische Nationalökonomie, S. 162.

[138] zitiert nach *Diehl*, Theoretische Nationalökonomie, S. 168.

Gesetzgeberische Bedeutung erlangte dieses grundlegende Wirtschaftsverständnis im Deutschen Bund aber erst zögerlich in der ersten Hälfte des 19. Jahrhunderts.

c) Frühformen der Aktiengesellschaft

In der Einführung wurde die Bedeutung der rechtsgeschichtlichen Entwicklungen der Kapitalgesellschaften für die Ausprägung der Jahresabschlusspublizität betont. Dabei steht die Aktiengesellschaft, zumindest bis zur Entwicklung der GmbH 1892, im Zentrum der Betrachtung. Die Ursprünge ihrer über mehrere Jahrhunderte dauernden Entwicklung liegen auch heute noch überwiegend im Dunkeln. Sie werden hinsichtlich einiger ihrer Wesensmerkmale bis in das Mittelalter zurückverfolgt[139]. An dieser Stelle soll aber nicht die Entwicklung hin zur ersten Aktiengesellschaft betrachtet werden, in der sich die heutigen Wesensmerkmale herausgebildet hatten[140]. Ausgangspunkt der vorliegenden Betrachtung ist vielmehr eine Rechtsepoche, die als die Geburtsstunde der Aktiengesellschaft heutiger Prägung und damit als Geburtsstunde der juristischen Person des „Privatrechts" gilt. Mit der Ausprägung dieser Rechtsform, deren bedeutsamstes Wesensmerkmal historisch die haftungsbeschränkte Beteiligung einer Vielzahl von Personen darstellt, kam erstmals der Frage des Schutzes der Anleger und Dritter, vor allem der Gläubiger, eine rechtspolitisch bedeutende Rolle zu. In dieser Epoche konnte die Jahresabschlusspublizität erstmals ihre Wirkung als ordnungspolitisches Instrument entfalten.

Als eben diese Geburtsstunde der heutigen Aktiengesellschaft gilt das 17. und 18. Jahrhundert, in dem den neuzeitlichen Vorgängern der Aktiengesellschaft, den Handelskompagnien, erstmals eine signifikante wirtschaftliche Bedeutung zukam[141]. Damit verwirklichte sich auch der „originelle[ ] Versuch[ ], Erwerbsunternehmungen ausschließlich aus Geldbeiträgen zu bilden, das Geld selbst zum Unternehmen zu machen"[142]. Die Person trat als Säule der Erwerbsgesellschaft unter bestimmten Umständen zurück.

aa) Begriffe der Aktie, Aktiengesellschaft und der Kompagnie

Die Bezeichnung der Vorgängergesellschaften der heutigen Aktiengesellschaft als „Kompagnie" zeigt, dass neben einer gesellschaftsverfassungsrechtlichen Entwicklung auch eine terminologische stattgefunden hatte.

Die Bezeichnungen „Aktie" und „Aktionär" (urspr. „Aktionist") verweist auf einen dominierenden niederländischen Einfluss bei der Entwicklung der Aktiengesellschaft. In den Niederlanden wurde im Zusammenhang mit der Niederländisch-Ostindischen Compagnie seit 1610 kontinuierlich von „Aktie" gesprochen. Demgegenüber kam in Italien lange Zeit die Terminologie „luogho" und „luogatario" zur Verwendung. Hier konnte die niederländische Begrifflichkeit erst ab 1715 nachgewiesen werden. Als

---

139 *Roesler*, ZHR 4 1861, 298 Fn. 100. will in der griechischen Antike die Rechtsform einer Kolonialgesellschaft auf Aktien erkannt haben. Hierzu kritisch *Lehmann*, Das Recht der Aktiengesellschaften, S. 5 ff.

140 Diese Fragestellung nimmt in der älteren aktiengesellschaftsrechtlichen Literatur einen breiten Raum ein. So etwa ausführlich *Lehmann*, Das Recht der Aktiengesellschaften, S. 4-67; *Renaud*, Das Recht der Actiengesellschaften, S. 17; *Bösselmann*, Die Entwicklung des deutschen Aktienwesens im 19. Jahrhundert, S. 50 ff., jeweils mit weiteren Nachweisen.

141 Als erste heute bekannte Aktiengesellschaft gilt die St. Georgsbank in Genua (gegr. 1407).

142 *Klein*, Die neuen Entwicklungen in Verfassung und Recht der Aktiengesellschaft, S. 5.

„Geldanspruch" ist der Ausdruck „Aktie" bereits 1611 im Geldrischen Landrecht in Erscheinung getreten[143].

Der Begriff der „Compagnie"[144] tauchte nicht nur im Zusammenhang mit den Handelsgesellschaften der damaligen Zeit auf, sondern auch im Zusammenhang mit anderen Gesellschaften unterschiedlicher Ausrichtung. In seiner ursprünglichen Bedeutung drückte er eine durch Eid begründete Brüderschaft aus[145]. Im 17. und 18. Jahrhundert wurden mit diesem Begriff vorwiegend staatlich privilegierte Handelsgesellschaften bezeichnet. Sie erhielten ihre Privilegien, etwa die Haftungsbeschränkung, mittels einer Octroi, einem hoheitlichen Akt. Dabei bedeutete die Bezeichnung als Kompagnie nicht zwangsläufig, dass es sich bei der Gesellschaft um eine Aktiengesellschaft im technischen Sinne gehandelt hatte[146]. Der Begriff der „Handelskompagnie" wurde also sehr vielseitig mit mangelnder inhaltlicher Konsistenz verwandt.

bb) Zielsetzung und wirtschaftliche Bedeutung der Kompagnien

Einleitend wurden Funktion und Wirkungsweise der Jahresabschlusspublizität nach heutigem Verständnis in grobem Umriss skizziert. Hierbei wurde deutlich, dass Dritten, insbesondere Gläubigern der Gesellschaft, eine tragende Rolle innerhalb der Mechanismen eines Marktes zugewiesen wird. Das diesen Vorstellungen zu Grunde liegende Markt- und Menschenbild kann jedoch in der erfolgreichsten Ära der großen Handelskompagnien nicht erkannt werden. Dies hat die Skizze der neuzeitlichen Wirtschaftsverfassung deutlich gemacht. Die Teilnahme am Handel blieb insbesondere höheren Gesellschaftsschichten vorbehalten. Entsprechend den merkantilistischen Idealen nahm der Staat die zentrale Rolle der wirtschaftlichen Entwicklung und damit auch der Herausbildung von Handelskompagnien ein. In der Organisationsform der „Aktiengesellschaft" betrieb der Staat wirtschaftliche Eigenbetätigung. Mit wechselnder Intensität wurde der Einfluss der Monarchen auf die Errichtung und den Betrieb der Gesellschaften geltend gemacht.[147]

Die Ära der Handelskompagnien begann Anfang des 17. Jahrhunderts. 1602 erhielt die Niederländisch-Ostindische Compagnie ihre Oktroi. Es folgten weitere staatlich privilegierte Gesellschaften in Dänemark, Schweden, Portugal, Frankreich und England. Im Deutschen Reich entstand 1647 nach niederländischem Beispiel die erste Handelskompagnie unter kurbrandenburgischer Privilegierung, die Kurbrandenburgische-Ostindische Compagnie. In Ermangelung einer ausreichenden Zeichnung ihrer Aktien war ihr aber kein Erfolg beschieden[148]. Handelskompagnien dominierten in der ersten Hälfte des 17. Jahrhunderts. In der Folgezeit kamen vor allem Assekuranzkompagnien und Banken hinzu. Die erste Assekuranzkompagnie ent-

---

143 So *Bösselmann*, Die Entwicklung des deutschen Aktienwesens im 19. Jahrhundert, S. 53.

144 Mit der Zeit entwickelte sich der Begriff weiter in „Kompagnie". Teilweise spricht man auch synonym von „Kompanie".

145 *Gmür*, Emdener Handelscompagnien, S. 167 (S. 168). Nach ihm leitet sich der Ausdruck „Compagnie" aus dem italienischen Wort „compania" (= Brotgemeinschaft) ab.

146 *Lehmann*, Das Recht der Aktiengesellschaften, S. 65.

147 Zur Rolle der Aktiengesellschaft in der merkantilistischen Wirtschaftspolitik *Klein*, Die neuen Entwicklungen in Verfassung und Recht der Aktiengesellschaft, S. 6 f. Er spricht in diesem Zusammenhang auf S. 58 von der „politischen Periode der Aktiengesellschaft". *Gmür*, Emdener Handelscompagnien, S. 167 (S. 174 ff, 184 f., 193 ff.); *Bösselmann*, Die Entwicklung des deutschen Aktienwesens im 19. Jahrhundert, Einleitung S. IX.

148 Zum Hintergrund der Entwicklung der Handelskompagnien im Deutschen Reich *Gmür*, Emdener Handescompagnien, S. 167 (S. 172).

stand 1765 in Hamburg[149]. Langsam weitete sich die Rechtsform der Aktiengesellschaft im gesamten gewerblichen Leben aus. Neben den Handelskompagnien wurden in Preußen im ausgehenden 18. Jahrhundert weitere Aktiengesellschaften gegründet, die überwiegend staatliche Monopole (Handel mit Wachs, Salz, Tabak, Holz usw.) bewirtschafteten[150].

Das wirtschaftliche Bild der Vorläufer der Aktiengesellschaften belegt die knappe Skizze der merkantilistischen Wirtschaftsideologie und präsentiert eine enge Verknüpfung zwischen Staat und Unternehmen bzw. zwischen machtpolitischen und unternehmerischen Interessen.

cc) Rechtscharakter der Handelskompagnien

Als Kennzeichen eines merkantilistischen Staatsverständnisses wurde auf die Verknüpfung zwischen den Herrschern und den Handelskompagnien hingewiesen. Diese Verknüpfung war die Ursache für die in der Literatur geführte Diskussion um den Rechtscharakter der Kompagnien[151]. Es stand zur Diskussion, ob diese Gesellschaftsform privatrechtlicher- oder doch öffentlichrechtlicher Natur sei. Die Beantwortung dieser Frage ist vorliegend unbeachtlich, doch prägen die Ausformungen der staatlichen „Eingriffe" das Verständnis von der Unfreiheit des Einzelnen und der Entfernung der Wirtschaftsverfassung der damaligen Zeit von einem marktwirtschaftlichen Grundverständnis. In welchem Umfang sie vorkamen, bestimmte sich von Fall zu Fall nach den Zwecken der jeweiligen Unternehmung.

Eine weitgehende Annahme der damaligen Zeit, dass die Erteilung einer Octroi Voraussetzung für die Errichtung einer Kompagnie/Aktiengesellschaft sei[152], führte schon in der Gründungsphase zur Einbeziehung staatlicher Organe in die Verfassung der Gesellschaft. Interventionistische Instrumente wurden in den Satzungen und dem Octroi festgelegt. Zu der Machtfülle des Staates gehörte die Überwachung der Gründung und Dividendenverteilung, die vollständige oder teilweise Ernennung des Vorstandes oder die Ernennung eines den Vorstand kontrollierenden Gouverneurs. Die Monarchen konnten sich die Zustimmung zu Änderungen der Satzung vorbehalten, Mitteilungen von den Ergebnissen der Unternehmungen verlangen, die Generalversammlung persönlich oder durch Kommissare leiten oder beherrschen lassen und die Buchführung beaufsichtigen[153]. Ob diese Eingriffsmöglichkeiten tatsächlich den Vorstellungen einer unfreien Wirtschaftsverfassung entsprechend in Anspruch genommen wurden, ist im Einzelfall schwer nachprüfbar. So verweist *Gmür* in seiner rechtshistorischen Untersuchung der Emdener Handelskompagnien des 17. und 18. Jahrhunderts auf eine zurückhaltende Ausübung der Rechte durch den Monarchen. Demgegenüber spricht *Lehmann* im Zusammenhang mit dem Staat vom „Obervormund"[154]. Unabhängig von der Vorzugswürdigkeit der beiden Thesen ist vorliegend die Ausprägung der Wirtschaftsverfassung und des Gesellschaftstypus von entscheidender Bedeutung. Diese zeigen die mannigfaltigen Eingriffsmöglichkei-

---

[149] Im Überblick siehe *Lehmann*, Das Recht der Aktiengesellschaften, S. 60 m. w. N.

[150] *Bösselmann*, Die Entwicklung des deutschen Aktienwesens im 19. Jahrhundert, S. 23, 59; *Lehmann*, Das Recht der Aktiengesellschaften, S. 61.

[151] Siehe hierzu *Lehmann*, Aktiengesellschaften, S. 227 ff.

[152] Vgl. *Gmür*, Die Emdener Handelscompagnien, S. 167 (S. 182); *Bösselmann*, Die Entwicklung des Deutschen Aktienwesen im 19. Jahrhundert, S. 67 f.

[153] *Lehmann*, Das Recht der Aktiengesellschaften, S. 61.

[154] *Lehmann*, Das Recht der Aktiengesellschaften, S. 285 f.

ten des Staates, die einer kontinuierlichen Regulierung dienten. Der Staat nutzte nicht erst eine vermittelnde Ebene der Marktteilnehmer, sondern vertraute auf die Richtigkeit der eigenen Wahrnehmung und Wertung. Er entschied nach anderen als ökonomischen Kriterien, wann Personengruppen zu schützen waren. Der Schwerpunkt der Interessen lag, dem Merkantilismus entsprechend, in der Wahrung der Kompagnie-Interessen gegenüber ausländischen Mächten[155].

Die Gründung der Handelskompagnien verfolgte nicht ausschließlich den Zweck des privaten Betriebs von Handel oder Produktion. Vielmehr wurden diesen Gesellschaften hoheitliche Macht und Aufgaben übertragen, zu deren Erfüllung Privatpersonen Anteile erwarben. Der Zweck der Gesellschaften bestand etwa in der Gründung und Verwaltung von Kolonien[156], in dem Betrieb von Außenhandel[157] oder der Pacht bzw. dem Kauf öffentlicher Einkünfte[158]. Der Zweck der Handelskompagnien folgte damit auch obrigkeitlichen Interessen[159].

Diese Einbindung des Staates in die Unternehmensverfassungen der privilegierten Gesellschaften erübrigte eine gesetzgeberische Regelung eines sachgerechten Interessenausgleiches, dem letztlich die Jahresabschlusspublizität dient. Vielmehr substituierten die jeweiligen Einzelfallentscheidung der Octroi eine allgemeingültige Regelung. Die Octroi sind damit die Rechtsquelle einer historischen Würdigung des Aktienrechts.

d) Zur Bedeutung der Aktiengesellschaften am Anfang des 19. Jahrhunderts

In Preußen waren um die Jahrhundertwende gerade einmal fünf Aktiengesellschaften gegründet worden. In anderen deutschen Staaten waren es sogar weniger[160]. In der Folgezeit nahm die Bedeutung der Aktiengesellschaft in kapitalintensiven Wirtschaftszweigen zu. Bis 1835 wurden in Preußen 28 weitere Gesellschaften registriert[161]. Es handelte sich bei diesen um Versicherungen, Industrieunternehmen, Bergbau- und Verkehrsgesellschaften, Dampfschifffahrtsgesellschaften, Banken und Handelsunternehmen[162]. Welche Rolle die Rechtsform für die Industrialisierung spielte, lässt sich dem Plan von Camphausen entnehmen, 1838/39 in Köln eine Mobiliarkreditanstalt zur Finanzierung vor allem von Bahnunternehmungen zu gründen. Hinsichtlich des Zwecks des Vorhabens sprach er von der „Wiederbelebung des Geistes der Assoziation für solche große Unternehmungen, welche ohne Zusammenfluss vieler Kapitale Einzelner nicht zustande zu bringen sind[163]." Die deutsche Volkswirtschaft war also für die kapitalintensive Industrialisierung auf die Finanzierung über

---

155 *Gmür*, Die Emdener Handelscompagnien, S. 167 (S. 186).

156 *Renaud*, Das Recht der Actiengesellschaften, S. 39.

157 Ludwig XIV. sah es als seine Pflicht an, sich (durch staatliche Intervention) dem Aufblühen des Handels in seinem Reich zu widmen; Vgl. *Renaud*, Das Recht der Actiengesellschaften, S. 39.

158 Siehe mit Verweis auf italienische „Montes" *Renaud*, Das Recht der Actiengesellschaften, S. 24.

159 *Lehmann*, Das Recht der Aktiengesellschaften, S. 61, 285 ff.

160 *Martens*, Die Aktiengesellschaft in der Kritik der ersten drei Viertel des 19. Jahrhunderts, S. 7, stellt in seiner historischen Untersuchung fest, dass um 1800 die Aktiengesellschaft für das Wirtschaftsleben kaum eine Rolle spiele.

161 In Sachsen bestanden 1836 18 Aktiengesellschaften, *Baums-Stammberger*, Der Versuch einer Aktiengesetzgebung in Sachsen 1836/37, S. 50.

162 *Bösselmann*, Die Entwicklung des deutschen Aktienwesens im 19. Jahrhundert, Anlage 2 S. 199 f.; *Hopt*, Ideelle und wirtschaftliche Grundlagen der Aktien- Bank- und Börsenrechtsentwicklung im 19. Jahrhundert, S. 128 (S. 135).

163 *Schwann*, Ludolf Camphausen Denkschriften, Nr. 40 ,S. 200 (S. 205).

eine Vielzahl von Personen und damit die Organisationsform der Aktiengesellschaft angewiesen[164]. Dies kommt auch in der preußischen Ministerialinstruktion über die Konzessionierung von Aktiengesellschaften aus dem Jahr 1845 zum Ausdruck. Demnach sollte für die Konzessionierung unter anderem vorausgesetzt werden, dass die Form der Aktiengesellschaft wegen der Höhe des erforderlichen Kapitals oder der Natur des Unternehmens notwendig war[165]. Trotz der begreiflichen Argumente für den Durchbruch der Aktiengesellschaften, bedurfte es geraumer Zeit, um die Bedenken aufzuweichen. Hierbei standen insbesondere die Sorge der Machtanhäufung jenseits der wirtschaftlichen Betätigung und die Sorge des Schutzes der Vielzahl der notwendigen Anteilseigner[166].

e) Ordnungspolitische Herausforderung zu Beginn des 19. Jahrhunderts

Die ordnungspolitische Herausforderung des 19. Jahrhunderts diktierte die Naturrechtslehre in der Forderung nach gesellschaftlichem und wirtschaftlichem Liberalismus. Die Grundwerte der französischen Revolution waren in den wirtschaftlich und politisch zerrütteten losen Staatenverbund einzuführen. Zugleich galt es, die staatlichen Interventionen auf die Erfüllung von notwendigen Schutzfunktionen zu reduzieren. Damit erwuchs der Jahresabschlusspublizität erstmals eine ordnungspolitische Bedeutung.

3. Rechtslage

Neben der wirtschaftsgeschichtlichen Bestandsaufnahme der Ausgangslage für die Entwicklung einer gesetzlichen Jahresabschlusspublizität soll im Folgenden auch in rechtlicher Hinsicht eine Bestandsaufnahme des Gesellschaftsrechts vorgenommen werden. Das vorgefundene Gesellschaftsrecht bildete die Grundlage für ihre Weiterentwicklung, in der sich die gesetzliche Pflicht zur Jahresabschlusspublizität ausprägte. Aus ihren Veränderungen sollen Rückschlüsse auf die Strukturprinzipien der hier untersuchten Publizitätspflicht gezogen werden. Die größte handels- und gesellschaftsrechtliche Kodifikation der damaligen Zeit, das Allgemeine Landrecht für die Preußischen Staaten von 1794[167], enthielt nur in Einzelregelungen Bezugspunkte zur gesellschaftsrechtlichen Realität der Aktiengesellschaften[168].

---

[164] Siehe in diesem Zusammenhang die Forderung der Ältesten der Berliner Kaufmannschaft nach mehr Transparenz von 1830 *Gans* (Hrsg.), Beiträge zur Revision der Preußischen Gesetzgebung, S. 177 ff. (184 ff.).

[165] Instruktion, die Grundsätze in Ansehung der Konzessionierung von Aktiengesellschaften betreffend, vom 22.02.1845, abgedruckt in: *Weinhagen*, Das Recht der Aktien-Gesellschaften nach dem allgemeinen deutschen Handelsgesetzbuch und dem preußischen Gesetze vom 15. Februar 1864, Anhang S. 41-43.

[166] Zu den Bedenken gegen die Aktiengesellschaften siehe *Hopt*, Ideelle und wirtschaftliche Grundlagen der Aktien- Bank- und Börsenrechtsentwicklung im 19. Jahrhundert, S. 128 (S. 146 ff.), *ders*, Der Kapitalanlegerschutz im Recht der Banken, S. 16 ff. (S. 30 m. w. N.).

[167] Einen Überblick über diese Kodifikation gibt *Eisenhardt*, Deutsche Rechtsgeschichte, Rn. 293 ff. Detaillierter *Kleinheyer*, Das Allgemeine Landrecht für die Preußischen Staaten vom 1. Juni 1794.

[168] Differenzen zur heutigen Form der juristischen Person der Aktiengesellschaft lassen sich vor allem an den rechtsdogmatischen Diskussionen über das Verhältnis der übrigen Gesellschaftsformen zu der Aktiengesellschaft beziehungsweise in den Diskussionen über das Wesen der Aktiengesellschaft im Zuge der Kodifikationsbemühungen erkennen. Siehe hierzu *Baums*, Gesetz über die Aktiengesellschaften für die königlich preußischen Staaten vom 9. November 1843, S. 31 ff. Zur rechtlichen Natur der Aktiengesellschaft und ihre Entwicklung siehe *Flume*, Savigny und die Lehre

a) Skizze des Gesellschaftsrechts der damaligen Zeit – insbesondere das Allgemeine Landrecht für die Preußischen Staaten von 1794

Die grundlegende Systematisierung der heutigen Gesellschaftsformen in die Kategorien der Personen(handels)gesellschaften und Kapitalgesellschaften war der damaligen Zeit fremd. Die Theorie der juristischen Person hatte sich zu Beginn des 19. Jahrhunderts noch nicht vollends herausbilden können. Insbesondere die Zersplitterung der Rechtsordnung unter prägendem Einfluss des römischen, germanischen und kanonischen Rechts im Mittelalter und der Neuzeit stand einer übersichtlichen Systematisierung der Gesellschaftsformen entgegen. Stellvertretend für die verschiedenen Rechtsordnungen innerhalb des deutschen Reiches soll das Gesellschaftsrecht der preußischen Staaten – das aus gesetzeshistorischer Sicht bedeutsamste Gesellschaftsrecht – skizziert werden. Dabei kann auf eine Kodifikation zurückgegriffen werden, die in ihrer Zielrichtung insbesondere auf die Ordnung des vorhandenen Rechts ausgerichtet war[169]. Es handelt sich dabei um das Allgemeine Landrecht für die Preußischen Staaten (im Folgenden: ALR) von 1794.

Die Materie des Gesellschaftsrechts wurde im ALR an zwei verschiedenen Stellen kodifiziert. Einerseits im Teil I 17. Titel §§ 169 ff ALR, in dem das gemeinschaftliche Eigentum geregelt wurde („Gemeinschaften, welche durch Vertrag entstehen"), und andererseits im Teil II 6. Titel, der die Personenverbindungen „mehrerer Mitglieder des Staats zu einem gemeinschaftlichen Endzwecke" regelte. Die Personenverbindungen unterteilte der Gesetzgeber weiter in „erlaubte Privatgesellschaften", „privilegierte Gesellschaften" und die „Korporationen und Gemeinen". In welchem Verhältnis aber diese Gesellschaften gegenüber den Gesellschaften nach Teil I 17. Titel §§ 169 ff ALR standen, war umstritten[170]. Überlagert wurde dieser Streit von der grundlegenden Aufgabe des Gesellschaftsrechts: Anpassung an die Anforderung der wirtschaftlichen Entwicklung.

aa) Gesellschaften nach I 17 §§ 169 ff ALR

Nach der ursprünglichen Gesetzesintention sollten die §§ 169 ff. des 1. Teils, 17. Titel des ALR ausschließlich Erwerbsgesellschaften regeln. Historisches Vorbild stellt die societas des römischen Rechts dar. Ihre Verfassung unterwarf die Gesellschafter, die an dem Gesellschaftsvermögen Miteigentum hatten, einer gesamtschuldnerischen Haftung. Darüber hinaus setzte die Aufnahme weiterer Gesellschafter eine Neugründung der Gesellschaft voraus. Das Gesellschaftsrecht bot daher Rahmenbedingungen, die den Anforderungen der wirtschaftlichen Entwicklung nicht gerecht werden konnten.

bb) Erlaubte Privatgesellschaften

Mit einer gegenüber den Gesellschaften des 1. Teils des ALR abweichenden Verfassung muss den „erlaubten Gesellschaften" ein anderer Anwendungsraum verbleiben. Einerseits haften die Gesellschafter zunächst nur mit dem Gesellschaftsvermögen,

---

von der juristischen Person, S. 340 ff.; *Kiefner*, Personae vice fungitur, S. 263 ff.; *Schumacher*, Entwicklung der inneren Organisation der Aktiengesellschaft.

169 So nachzulesen in der Richtlinie vom 27. Juli 1780 über die „Grundsätze des Verfahrens bei Sammlung und Verbesserung der Gesetze", abgedruckt bei *Stobbe*, Rechtsquellen, S. 460.

170 Siehe hierzu und zu der folgenden Systematisierung: *Röh*, Die allgemeinen und besonderen Gesellschaften des Allgemeinen Landrechts für Preußische Staaten von 1794, S. 18 ff.

andererseits bildet die „erlaubte Gesellschaft" ein über dem Einzelnen stehendes Rechtswesen, das vom Ein- und Austritt seiner Mitglieder unberührt bleibt[171]. In seiner Ausgestaltung steht diese Gesellschaftsform der römisch-rechtlichen universitas nahe. Mit der Qualifikation als „erlaubte Gesellschaft" erwarben diese Gesellschaften aber keine Teilrechtsfähigkeit. Berechtigt oder verpflichtet werden konnte nur die Gesamtheit der Mitglieder einer Gesellschaft (Teil II 6. Titel §§ 12 f.). Nach der gesetzgeberischen Zielsetzung sollte diese Gesellschaftsform Gesellschaften bestimmter Zielsetzung zur Verfügung stehen. Einerseits mussten es Gesellschaften sein, die staatlich geduldet wurden, also deren Zweck im Einklang mit dem gemeinen Wohl stand (Teil II 6.Titel § 2). Gesellschaften waren unzulässig, wenn deren Zweck und Geschäfte der gemeinen Ruhe, Sicherheit und Ordnung widersprachen (Teil II 6. Titel § 3). Andererseits mussten sie immaterielle Gemeinzwecke verfolgen. So ist insbesondere aus den Stellungnahmen *Svarez* zu entnehmen, dass lediglich Zwecke wissenschaftlicher, künstlerischer und geselliger Art verfolgt werden durften.

Diese Unterteilung musste aber auf Grund der wirtschaftlichen Entwicklung der damaligen Zeit rasch kritisiert werden. Gerade Erwerbsgesellschaften waren auf eine körperschaftlich ausgerichtete Gesellschaftsverfassung angewiesen. Neben dem Erwerb bzw. der Produktion bekam die Einbindung Dritter in Unternehmen zunehmend Bedeutung. Aus logischer Konsequenz musste demnach das Abgrenzungskriterium von der Zweckbestimmung auf die Ausgestaltung der Gesellschaftsverfassung weichen. Dennoch blieb auch weiterhin im 19. Jahrhundert die Abgrenzung umstritten.

cc) Privilegierte Gesellschaften

Die Unzulänglichkeit der erlaubten Privatgesellschaften im Wirtschaftsleben zwang den Staat zu einer Abänderung der Rechtslage im Einzelfall. Sie erfolgte durch eine staatliche Genehmigung, die der genehmigten Gesellschaft bestimmte Rechte[172] verlieh; der Staat schuf so im Einzelfall Handelskompagnien. Entsprechende Gesellschaften hießen „privilegierte Gesellschaften". Neben wirtschaftlichen Privilegien (Ausschließlichkeitsrechte bzgl. ihrer Handelstätigkeit, staatlich unterstützte Kolonialisierung usw.) stehen insbesondere rechtliche (Steuerbefreiungen, Erlaubnis zur Kriegsführung, Recht zum Abschluss völkerrechtlicher Verträge, Ausübung eigener Gerichtsbarkeit)[173]. Entsprechend römisch-rechtlicher Tradition sollte eine körperschaftliche Verfassung einer Gesellschaft nur vom Staat verliehen werden können. So stellte sich auch die Haftungsbeschränkung als ein Privileg des Staates dar – eine Terminologie, die sich auch in heutigen Debatten wieder finden lässt.

---

[171] Diese Eigenschaft ermöglichte noch keine Kapitalakkumulation, die die Industrialisierung voraussetzte. Sie erleichterte in ihrer Organisation wohl aber den Betrieb kleinerer Gewerbe.

[172] Vgl. zu den Privilegien *Baums*, Gesetz über die Aktiengesellschaften für die königlich preußischen Staaten vom 9. November 1843, S. 13; *Primker*, Die Aktiengesellschaft, S. 490 ff., *Gmür*, Emdener Handelscompagnien, S. 167 (S. 184 f, 193 ff.).

[173] Vgl. *Wiethölter*, Interessen und Organisation der Aktiengesellschaft, S. 60 f.

dd) Aktienrechtliche Bestimmungen (I 2 § 12; I 11 § 793; I 12 § 415)

Die Gesetzgeber des Allgemeinen Deutschen Landrechts hatten aber auf eine weitere Regelung der Aktiengesellschaften verzichtet. Die Kodifikation enthielt lediglich Einzelbestimmungen über die Aktie als Gegenstand des Handelsverkehrs[174].

b) Octroi-System

Die ordnungspolitische Einflussnahme des Staates erfolgte bei der Aktiengesellschaft auf der Ebene der Prüfung der gesellschaftlichen Statuten vor Erteilung einer landesherrlichen Genehmigung einer privilegierten Gesellschaftsform. Die Privilegierung in den Octroi setzte jeweils eine Einzelfallentscheidung voraus. Eine Regelung für eine unbestimmte Vielzahl von Fällen war entbehrlich[175].

Wesensmerkmal der Aktiengesellschaft der damaligen Zeit ist die Befreiung von der Unzulänglichkeit der übrigen Gesellschaftsformen in Teilbereichen der wirtschaftlichen Betätigung. Diese mit der Befreiung gleichgesetzte Privilegierung bedurfte eines hoheitlichen Aktes, der Erteilung eines Octroi. Ein Octroi ist „die über die Genehmigung einer privilegierten Handelsgesellschaft ausgestellte obrigkeitliche Urkunde, durch welche alle den Beteiligten und deren Rechtsnachfolgern bewilligten Ausnahmen von der Anwendung des allgemeinen Rechtes fixiert“ sind[176]. Die privilegierte Gesellschaft setzte jedoch keine juristische Person voraus. Vielmehr war es auch möglich, Personengesellschaften Privilegien zu verleihen. Tatsächlich war aber mit der Privilegierung regelmäßig die Verleihung der „constitutio personalis“ verbunden[177].

Die mit dem Octroi verbundenen Regelungen[178] definierten zumindest vom allgemeinen Recht abweichende Bestimmungen des Außenverhältnisses der Gesellschaft[179]. Eher auf das Innenverhältnis bezogen sind die Statuten der Gesellschaften. Ihre Prüfung ging der Erteilung der Octroi voraus. Sie enthielten vor allem Regelungen über die Bilanzierung und den informationsbezogenen Umgang mit der jährlichen Bilanz. Dabei wird in den Statuten grundsätzlich nur dem Interesse der Anteilseigner Rechnung getragen und der Geschäftsführung eine Informationspflicht nur hinsichtlich dieses Adressatenkreises eingeräumt. Der Inhalt der durch die Einzelakte der Genehmigung geprägten Statuten kann als eine vorgesetzliche hoheitliche Entscheidung über Vorformen der Jahresabschlusspublizität gelten. Dies gilt umso mehr, als der Staat, also auch die Monarchen des Heiligen Römischen Reiches Deutscher Nation, in weiten Teilen Inhaber oder aber Teilhaber der Frühform der Aktiengesellschaft war beziehungsweise waren. In einem großen Umfang erschienen diese Gesellschaften „Erfüllungsgehilfen“ des Staates zu sein.

Die in den verschiedenen Phasen der aktienrechtlichen Entwicklung vor dem 19. Jahrhundert enthaltenen Regelungen, die die Information/Publizität zum Gegenstand

---

174 Ein Abdruck dieser Vorschriften findet sich bei *Bösselmann*, Die Entwicklung des deutschen Aktienwesens im 19. Jahrhundert, Anlage 4, S. 203 f.

175 Vgl. *Renaud*, Das Recht der Actiengesellschaften, S. 557.

176 *Primker*, Die Aktiengesellschaft, S. 487.

177 *Lehmann*, Das Recht der Aktiengesellschaften, S. 61.

178 Zu den in den Octroi gewährten Privilegien vergleiche oben die Ausführung zu der privilegierten Gesellschaft.

179 Dieses merkantilistische Wirtschaftsverständnis der Rolle des Staates im Recht der Gesellschaften impliziert eine schwache Stellung des Bürgers und Gesellschafters. Ein Umstand, der der Wirkungsweise von Publizität fast diametral entgegensteht; Siehe unten e) Zwischenergebnis.

hatten, werfen die immer noch aktuelle Frage nach den Adressaten der Schutzvorschriften auf. Die Beantwortung ergibt sich mit dem Blick auf die damalige Wahl des Informationsträgers. Dabei wird offenkundig, dass eine einheitliche Übung nicht vorlag. Nach den Erfahrungen des durch den Mississippi-Schwindel ausgelösten Börsenkraches wurde 1725 der Compagnie des Indes[180] per Edikt verpflichtet, Übersichten über das Gesellschaftervermögen jährlich öffentlich anzuschlagen und in öffentlichen Blättern bekanntzumachen (Art. 43 der Statuten)[181]. Adressaten dieser Regelung sind also auch Dritte, nicht an der Gesellschaft gesellschaftsrechtlich Beteiligte (beispielsweise Gläubiger)[182]. Dies entspricht dem Ziel der Entscheidungselite, das Vertrauen der Öffentlichkeit in die Funktionsfähigkeit des Kapitalmarktes zu stärken. Die Information gegenüber Dritten blieb damit aber die Ausnahme und war den Umständen des Aktienschwindels geschuldet. Die übliche Informationspflicht beinhaltete die Übersendung der Unternehmensinformationen an den Staat[183]. Entsprechend der in der Praxis gelebten Aufsichtsfunktion des Staates konnte dieser notfalls die Gewinnverteilung, wesentliche Grundsatzentscheidungen der Unternehmung und auch die Liquidierung der Gesellschaft bestimmen; dies war der Preis der gesellschaftsrechtlichen Privilegierung mittels der Octroi. Einige wenige Octroi trugen der Beteiligung einer Vielzahl räumlich verstreuter Personen Rechnung und verpflichteten die Kompagnien zur Information gegenüber den Aktionären über den Weg der Öffentlichkeit. Technisch erfolgte die Informationsweitergabe entweder über die Zustellung oder die Auslage beim Unternehmen.

Die in Octroi und/oder den Statuten getroffene Balance zwischen dem Aktionärschutz und dem Schutz des Gesellschaftsinteresses schlug in der Praxis jedoch oft zu Gunsten der als Geschäftsgeheimnis erfassten betrieblichen Tätigkeit aus. In diesem Sinne verweigerten beispielsweise die Direktoren der Englischen-Ostindischen Compagnie im Jahre 1733 in der Generalversammlung die Erläuterung der Bilanz[184]. So wurde verbreitet die Ansicht vertreten, dass die betriebliche Tätigkeit Geschäftsgeheimnis sei, das zum Wohle der Gesellschaft auch vor den Aktionären zu schützen sei. Im merkantilistischen Verständnis wurde diese Haltung, ganz im Sinne der Monarchen, mit Hinweis auf die internationale Konkurrenz begründet[185].

c) Zwischenergebnis

Die Rechtslage zu Beginn des 19. Jahrhunderts bot keinen ordnungspolitischen Rahmen für die Entwicklung von Publizität. Die Verknüpfung von staatlichen und wirtschaftlichen Interessen und das interventionalistische Staatsverständnis hinterließen keinen entsprechenden regelungsbedürftigen Freiraum. Unterhalb der Schwelle zur Publizität spielten hingegen Informationspflichten eine erhebliche Rolle im Gesellschaftsrecht dieser Kapitalgesellschaften. Jenseits der Information des

---

[180] Zwischen ihrer Gründung 1717 und 1719 firmierte die Gesellschaft unter dem Namen „Compagnie d'Occident. Umgangssprachlich wurde dieses Unternehmen auch „Mississippi-Gesellschaft" genannt.

[181] *Renaud*, Das Recht der Actiengesellschaften, S. 17 ff.

[182] So in der Wertung auch *Renaud*, Das Recht der Actiengesellschaften, S. 29.

[183] *Renaud*, Das Recht der Actiengesellschaften, S. 552, *Merkt*, Unternehmenspublizität, S. 43.

[184] Vgl. *Geldmacher*, Die wirtschaftliche Bedeutung der Publizitätspflichten im neuen Aktienrechtsentwurf, S. 51.

[185] Vgl. *Geldmacher*, Die wirtschaftliche Bedeutung der Publizitätspflichten im neuen Aktienrechtsentwurf, S. 51.

Staates kam dem Aktionärsschutz eine bedeutsame Rolle zu. In der heute diskutierten Adressatentrias der Anteilseigner, Gläubiger und Dritter lässt sich feststellen, dass sich historisch die Information der Anteilseigner über die finanzielle und wirtschaftliche Situation der Gesellschaft herausgebildet hat. Der Geschäftsverkehr wurde hingegen mittels der Gründungspublizität geschützt. Von herausragender Bedeutung blieb für den Schutz des Geschäftsverkehrs die Interventionsmacht des Staates.

Aus den aufgezeigten Vorformen einer Jahresabschlusspublizität lassen sich aus der Perspektive der deutschen Wirtschaftsverfassung keine Rückschlüsse ziehen. Zwar ließe sich argumentieren, die staatliche Oberaufsicht sei ein Korrelat der Haftungsbeschänkung der Kompagnien. Diese Verknüpfung greift aber zu kurz. Zum einen würden die staatlichen Eigeninteressen ökonomischer und machtpolitischer Art unberücksichtigt bleiben. Zum anderen handelt es sich bei den Vorgängen der Aktiengesellschaften vorwiegend um „Kapitalmarktunternehmen". Der letzte Punkt zwingt also, den unternehmensverfassungsrechtlichen Aspekt der Haftungsbeschränkung von der Teilnahme am Kapitalmarkt zu unterscheiden. In diesem Zusammenhang verlangt der Umstand Beachtung, dass sich die Haftungsbeschränkung bei den Vorläufern der Aktiengesellschaft erst spät herausgebildet hatte[186]. Gleichzeitig sind die Elemente der Marktbeanspruchung und der Haftungsbeschränkung deckungsgleich. Wie beide Elemente im Begründungszusammenhang der gesetzlichen Informationspflicht zueinander stehen, lässt sich aus den Umständen nicht entnehmen.

Die Kodifikationsaufgabe der Gesetzgeber hinsichtlich des Rechts der Kapitalgesellschaften begründet die Pflicht zur Systematisierung und theoretischen Fundierung des Verhältnisses zwischen Kapital- und Personengesellschaften. Die Auseinandersetzung mit dem Rechtscharakter der juristischen (moralischen) Person und seinem Verhältnis zum Staat sind die legislatorischen Herausforderungen des beginnenden 19. Jahrhunderts und von grundlegender Bedeutung für ordnungspolitische Zusammenhänge.

4. Zusammenfassung

Die Bestandsaufnahme der Rechts- und Wirtschaftsordnung zu Beginn es 19. Jahrhunderts zeigt eine merkantilistisch geprägte Gesellschaftsordnung, die auf Grund der allem übergeordneten Macht der Staates (besser: der landesherrlichen Gewalt) die Entwicklung eines Unternehmerstandes nach heutigem Verständnis verhinderte. Historisch prägten Rentabilitätserwägungen die Leitung dieser Betriebe ebenso wenig, wie eine durch Wettbewerb erzwungene Produktionsinnovation, eine Preissenkung oder eine Qualitätsverbesserung. Freie Kräfte des Marktes wurden verfassungsrechtlich nicht garantiert oder durch die Wirtschaftsordnung gefördert. Die staatliche Wirtschaftspolitik der damaligen Zeit war nicht in der Lage, die ordnungspolitischen Herausforderungen zu erfüllen. Die deutschen Staaten drohten auf Grund mangelnden Kapitals und fehlender privater Initiative in einem wirtschaftlichen Wettbewerb zwischen den europäischen Staaten jeden Anschluss zu verlieren. Als dringendste Aufgaben verblieben den Gesetzgebern die gesellschaftliche und gesellschaftsrechtliche Liberalisierung.

Grundlage der gesellschaftsrechtlichen Bewertung sind die Octroi. Ihr Regelungsgegenstand betrifft die Verfassung von Gesellschaften, die nach heutigem Schema zu einem großen Teil kapitalmarktorientiert waren. Jedenfalls gemeinsam ist allen

186 Vgl. *Lehmann*, Das Recht der Aktiengesellschaften, S. 54 f.

Gesellschaften die intensive und überdurchschnittliche Beanspruchung des Marktes. Privilegierte Gesellschaften, die nur aus wenigen Gesellschaftern bestanden und in wirtschaftlicher Hinsicht lediglich von lokaler Bedeutung waren, widersprachen der Funktion und Struktur der Kompagnie. Diese Ausgestaltung der der Aktiengesellschaft vorausgegangenen Rechtsform existierte folglich noch nicht. Als Gesellschaft wurden damit lediglich Vorbilder der heutigen kapitalmarktorientierten Aktiengesellschaft betrieben. Vorläufer von solchen Gesellschaften, die örtlich begrenzt ohne Beanspruchung eines organisierten Marktes für Gesellschaftsbeteiligungen agierten, gab es in romanistischer Tradition nicht. Die vorgefundenen Formen von Jahresabschlussinformation bzw. –publizität standen unter diesem Einfluss. Die Informationsvermittlung der privilegierten Unternehmen richtete sich vereinzelt (unmittelbar oder mittelbar) auch an Dritte. Mit unbedeutenden Ausnahmen wurden die Vermögensverhältnisse einer Aktiengesellschaft aber nicht einem unbeschränkten Adressatenkreis – der Definition von Publizität entsprechend – zugänglich gemacht. Vielmehr diente die Offenlegung, so sie nicht mit Verweis auf die Gefährdung von Geschäftsgeheimnissen gänzlich verweigert wurde, der Befriedigung des Informationsinteresses der Anteilseigner. Das Regulativ des Marktes war demnach gesetzgeberisch noch nicht genutzt worden. Publizität nach heutigem Verständnis unter Ausnutzung des Marktes konnte sich daher nicht entwickeln.

III. Entwicklungen in der ersten Hälfte des 19. Jahrhunderts

Wie schon in der früheren Geschichte des Heiligen Römischen Reiches Deutscher Nation standen die Staaten des ehemaligen Reiches zu Beginn des 19. Jahrhunderts wieder vor der allen Fragen voranstehenden Aufgabe zu entscheiden, wie unitaristisch ein möglicher Staat oder wie souverän die Mitgliedstaaten sein sollen. Es kollidierte in diesem Zusammenhang der Demokratisierungswille eines Teils des Bürgertums und der Studentenschaft nach den Idealen der Aufklärung mit einer zunehmenden nationalen Individualität mit dem beabsichtigten Machterhalt der Reichsstände. Dabei wirkte die gesellschaftliche Umwälzung als Katalysator der Weiterentwicklung der Rechtssysteme. In diesem Zusammenhang nahm die Phase der Industrialisierung eine entscheidende Größe auch für ihre rechtshistorische Interpretation ein. Mit ihr erwuchs unter anderem der Anspruch auf die Anpassung des Rechts der Handelsgesellschaften. Die staatsrechtliche Entwicklung lieferte eine Begründung für die zögerliche Entwicklung der gesetzgeberischen Reformen und die späte Herausbildung einer gesetzlichen Pflicht zur Jahresabschlusspublizität.

1. Staatsrechtliche Entwicklungen

Nach dem Wegfall der das Römische Reich zusammenhaltenden Macht des Kaisers standen die ehemaligen Mitgliedstaaten vor der Frage ihres zukünftigen Zusammenhalts.

Der in den napoleonischen Kriegen zum Ausdruck kommende Hegemonialanspruch Frankreichs in Europa fand in den Befreiungskriegen der Jahre 1813 und 1814 und in deren Folge auch der Rheinbund sein Ende. Der Deutsche Bund wurde ermöglicht. Mit der Deutschen Bundesakte von 1815 und der Wiener Schlussakte von 1820 wurde die Verfassung für den Deutschen Bund begründet. Die Gesetzgebungskompetenz blieb bei den Mitgliedstaaten. Die Bundesversammlung als oberstes Bundesorgan besaß gemäß Art. 6 und 7 der Bundesakte lediglich die Kompetenz „gemeinnützige Anordnungen" durch Mehrheitsbeschluss zu treffen. Art. 64 der Wiener Schlussakte beschränkte die Kompetenz der Bundesversammlung auf die Vorbereitung der einzelstaatlichen Gesetzgebung. Die Bundeskompetenz umfasste also den Beschluss von Gesetzesvorschlägen, die der einzelstaatlichen Umsetzung bedurften[187].

Mit der Entwicklung eines Deutschen Bundes und seiner Ausgestaltung in der Folgezeit standen sich, prägend für dieses Jahrhundert, der Liberalismus, Nationalismus, Sozialismus und Konservatismus gegenüber und kämpften um ihre Durchsetzung. Unter der Führung Österreichs mit seinem Staatskanzler *Fürst Metternich* und Preußen behielten die restaurativen Kräfte des Konservatismus, und damit der Geist des 18. Jahrhunderts, die Oberhand. Die Bevölkerung, insbesondere das Bürgertum, wurde, beeinflusst durch die französische Revolution und die Demokratisierungsprozesse Europas, politischer. Die Phase des Vormärz[188], mit dem Höhepunkt der gescheiterten Märzrevolution des Jahres 1848, war begleitet durch Wellen des Konstitutionalismus der Länder in den Jahren 1814-1818, 1830-1833 und 1848-50.

Parallel zu dieser Demokratisierung und Liberalisierung verlief der Streit der Rechtswissenschaft um die rechtsdogmatische Begründung kodifikatorischer Bemühungen des bzw. der Gesetzgeber. Auf rechtsphilosophischem Boden fochten die Naturrechtslehre, die romanische und die germanische historische Schule um die Meinungsführerschaft. Erst mit schwindender Macht der vor allem von Savigny vertretenen romanischen historischen Schule war der Weg für die Kodifikationsaufgabe der damaligen Gesetzgeber geebnet.[189]

2. Wirtschaft

Vergleichbar mit der staatsrechtlichen Entwicklung ist die Entwicklung der Wirtschaftsordnung[190]. Nach der Unterwerfung durch Frankreich waren insbesondere die Großmächte Preußen und Österreich sowohl hinsichtlich ihrer Wirtschaftsverfassung als auch hinsichtlich ihrer Rechts- und Gesellschaftsordnung im Mark getroffen. Obwohl sich Preußen am Ende des 18. Jahrhunderts von den Erschütterungen (Kriege, Seuchen) des 17. Jahrhunderts im Verhältnis zu anderen europäischen Großmächten erholt hatte, wurden die wirtschaftlichen Reserven durch die napoleonischen Kriege und die Niederlagen aufgezehrt. Die größten Kostenfaktoren der damaligen Zeit waren der Unterhalt des Heeres und die Reparationszahlungen nach der Niederlage gegenüber Frankreich.

Im Zusammenhang mit der Verarmung der Bevölkerung[191], dem erheblichen Bevölkerungswachstum[192] und der überlegenen europäischen Konkurrenz[193] – insbe-

[187] *Baums*, Entwurf eines allgemeinen Handelsgesetzbuches für Deutschland (1848/49), S. 15.

[188] Zu den Einzelheiten und der weiteren Entwicklung siehe *Huber*, Verfassungsgeschichte, Bd. II, S. 309 ff.

[189] Siehe hierzu *Getz*, Die deutsche Rechtseinheit im 19. Jahrhundert als rechtspolitisches Problem, S. 13 ff.

[190] Die Konkurrenz zwischen den reformorientierten und den restaurativen Kräften führte zu einer Reformbewegung in den ersten zwei Jahrzehnten des 19. Jahrhunderts, die anschließend aber zum Erliegen kam. Erst gegen Mitte des Jahrhunderts wurden die Reformbewegungen erfolgreich weiter geführt.

[191] Das Phänomen der Verarmung bei Bevölkerungswachstum wird auch unter dem Stichwort „Pauperismus" diskutiert, Vgl. *Ziegler*, Industrialisierung, S. 211.

[192] In einem „Essey on Population" wies der englische Landpfarrer Thomas Robert Malthus auf die zunehmende Schere zwischen dem drastischen Bevölkerungszuwachs und dem begrenzten Nahrungsspielraum hin. In diesen Umständen sah er ein unlösbares Problem. Dieses Problem wurde

sondere von England und Frankreich –, bot sich ein revolutionärer Nährboden. Aus den Erfahrungen Frankreichs gewarnt, suchten auch die restaurativen Kräfte eine Neuordnung der Rechts- und Wirtschaftsordnung[194].

a) Die Wirtschaftsordnung der Reformphase

Die wirtschaftliche Entwicklung der ersten Hälfte des 19. Jahrhunderts durchlief strukturell drei Phasen. In der ersten wurde der Übergang von der merkantilistischen zu einer liberaleren (nicht liberalen) Wirtschaftsordnung vorbereitet. Die Industrialisierung der deutschen Wirtschaft begann in der zweiten Phase etwa in den 1840er Jahren und ging in die dritte Phase, die Hochphase der Industrialisierung, ab den 1870er Jahren über. Diese Struktur fand ihre Entsprechung unter anderem in der gesellschaftsrechtlichen Entwicklung.

aa) Vorindustrielle Phase – ordnungspolitische Rahmenbedingungen

Die vorindustrielle Phase des 19. Jahrhunderts war geprägt von der Weichenstellung der ordnungspolitischen Rahmenbedingungen für eine Abkehr vom Merkantilismus hin zu einer Liberalisierung und damit Betonung der Bedeutung des Einzelnen in Übereinstimmung mit den gesellschaftspolitischen Idealen der Aufklärung und den wirtschaftspolitischen des Liberalismus. Zu den wesentlichsten Reformschritten gehörten, beruhend auf den Reformbemühungen von Stein und Hardenberg[195]:

Die Bodenreform (Wandlung einer Vielfalt feudaler Ansprüche in kapitalistische Eigentumsrechte)
Gewährleistung uneingeschränkter Dispositionsfreiheit über die eigene Arbeitskraft
Beseitigung gewerblicher Zutrittsbeschränkungen
Schaffung eines einheitlichen Wirtschaftsraums
Reform des Steuerstaates

Mit dem Ideal der Liberalisierung war die Gebundenheit der unfreien Bauern unvereinbar[196]. In Preußen hob das Oktoberedikt des Jahres 1807 die Beschränkung der persönlichen Freiheit auf. Mit dem Edikt aus dem Jahr 1811 wurde den Bauern ermöglicht, sich freizukaufen. Diese Umordnung hatte aber eine Schattenseite zur Folge, ein ausgeprägtes ökonomisches Ungleichgewicht von Eigentum. Um sich aus der feudalen Verpflichtung herauszukaufen, war eine Entschädigung durch Landabtretung oder durch Kapitalersatz (teilweise das 25-fache der geschätzten jährlichen Arbeitsrente) notwendig. Gleichzeitig verloren die Bauern den Schutz der Scholle. Beeinflusst von weiteren Faktoren der wirtschaftlichen Umwandlung führte vor allem

---

auch als „Malthusianische Falle" bezeichnet. Vgl. *Ott/Winkel*, Geschichte der theoretischen Volkswirtschaftslehre, S. 89 ff.

193 *Bösselmann*, Die Entwicklung des deutschen Aktienwesens im 19. Jahrhundert, S. 4.

194 Zuvorderst ist hier an die von Karl August von Hardenberg und von Karl von und zum Stein entwickelte Rigaer Denkschrift vom September 1807 zu erinnern. Sie fixierte den Kerngedanken der preußischen Reformbürokratie.

195 *Ziegler*, Industrialisierung, S. 248 f. m. w. N.

196 Zum Inhalt der Bauernbefreiung *Henning*, Industrialisierung, S. 37 ff.

auch die „Bauernbefreiung" zur Urbanisierung und letztlich zur Industrialisierung[197]. Parallel zur Umwälzung des Agrarsektors verlief ebenso schleppend mit erheblichen regionalen Unterschieden die Einführung der Gewerbefreiheit. Die Abschaffung des Konzessionswesens und des Zunft- bzw. Innungswesens stellte die Weichen für die Frühindustrialisierung[198]. Der Agrar- und der Industriesektor konnten sich im internationalen Wettbewerb nur auf der Grundlage eines einheitlichen deutschen Binnenmarktes entwickeln. Hierzu mussten die Hemmnisse der nationalen Wirtschaft abgebaut werden. Die Überwindung des Nebeneinanders einer Vielzahl von Territorialwirtschaften beruhte auf der Überwindung einer merkantilistischen Zollpolitik. Der Weg zu einem Binnenmarkt erfolgte über den 1834 gegründeten deutschen Zollverein, dem in der Folgezeit der Großteil der Einzelstaaten beitrat[199]. Damit wuchsen die Chancen für größere Unternehmen, letztlich auch für Industrieunternehmen. Der Verzicht der Gesetzgeber auf einen Teil ihrer Souveränität unterstreicht den „Liberalisierungsgedanken" der damaligen Zeit und die Priorität eines dauerhaften wirtschaftlichen Aufschwunges. Damit hatten die Staaten Rahmenbedingungen für industrielle Revolutionen geschaffen. Das Kapitalgesellschafts- und das Kapitalmarktrecht mussten als Motor für die Entwicklung noch gefördert werden.

Diese Veränderungen dürfen aber nicht verkennen lassen, dass weiterhin konservative Kräfte eine Umformung der Gesellschaft nach französischem und englischem Vorbild zu verhindern wussten[200]. Die deutsche Rechts- und Wirtschaftsordnung entwickelte sich damit, einer Evolution gleich, stetig im Wechselspiel zwischen Reformern und restaurativen Kräften weiter[201]. Ebenso ist auch die Liberalisierung der Wirtschaft nicht als Revolution zur neoklassischen Wirtschaftsordnung zu verstehen[202]. Wirtschaftshistoriker betonen in dieser Phase der Entwicklung die Beeinflussung der Marktprozesse durch den Staat im Interesse der Unterstützung der Indust-

---

197 Zum Zusammenhang zwischen der „Bauernbefreiung" und der Industrialisierung *Coing*, Europäisches Privatrecht, S. 79. Die preußischen Edikte stellen den Ausgangspunkt einer gesellschaftlichen und wirtschaftlichen Umwälzung dar. Ihre tatsächliche Umsetzung finden die Edikte erst in einem Jahrzehnte dauernden Prozess.

198 Zum Begriff und der Entwicklung der Gewerbefreiheit siehe *Henning*, Industrialisierung, S. 59 ff. Preußen legte mit dem Gewerbesteueredikt vom 28. Oktober 1810 und dem Gewerbepolizeiedikt vom 7. September 1811 die rechtlichen Grundlagen. Ihre Umsetzung war jedoch ein langwieriger gesellschaftlicher und politischer Prozess.

199 Der Weg einer gemeinsamen Zollpolitik wurde bereits auf dem Wiener Kongress (1814/15) formuliert (siehe hierzu mit Verweis auf Friedrich List als Urheber dieser Idee *Walter*, Wirtschaftsgeschichte, S. 75). Eine Vorreiterrolle übernahm auch in diesem Bereich der Wirtschaftspolitik der preußische Staat. Er hob am 26.05.1818 die Binnenzölle zwischen seinen Provinzen auf. Über die Zwischenschritte weiterer zollpolitischer Einigungen wurde 1834 ein unvollständiger deutscher Zollverein gegründet. Nach und nach traten weitere Staaten dem Zollverein bei und schufen einen großen Binnenmarkt. 1854 fehlten im Wesentlichen nur Österreich und die Hansestädte. Vgl. *Ziegler*, Industrialisierung, S. 199 f.

200 Neben der Befürchtung der Verschiebung der Kräfte zu Gunsten einer demokratischen Staatsform bestand die Befürchtung, dass die Assoziation des Kapitals die Macht des Bürgertums als Nebenregiment im Staate bewirke. Eine dahingehende Warnung enthielt die Julirevolution 1830 in Frankreich. Vgl. *Bösselmann*, Die Entwicklung des deutschen Aktienwesens im 19. Jahrhundert, S. 7; *Großfeld*, Aktiengesellschaft, Unternehmenskonzentration und Kleinaktionär, S. 123 ff.

201 Zur gleitenden Entwicklung einer Evolution siehe *Eisenhardt*, Deutsche Rechtsgeschichte, Rn. 419. Bis über die Mitte des 19. Jahrhunderts ist rechtsdogmatisch und –systematisch der Weg zur Rechtseinheit über die Gesetzeskodifikation umstritten.

202 Als rationaler von oben gesteuerter Prozess beschrieben von *Jecht*, Dt. Wirtschaftsgeschichte, S. 17.

rialisierung. So behielt der Staat im Bergrecht beispielsweise bis in die zweite Hälfte des 19. Jahrhunderts die wirtschaftliche Leitung privater Gruben.[203]

Neben dem technischen Fortschritt, dem Angebot an Arbeitskräften, Rohstoffen und weiterer Faktoren für die Industrialisierung Preußens bildeten insbesondere das Staatsdefizit Preußens und die zu seiner Bekämpfung gewählte Wirtschafts- und Finanzpolitik die Rahmenbedingungen für die rasche Entwicklung der Aktiengesellschaften und damit letztlich auch für die Ausprägung der Jahresabschlusspublizität. Um den Finanzbedarf des Staates Preußen nach den napoleonischen Kriegen zu decken, nahm der Staat im Ausland – vor allem in England und Holland – Anleihen auf. 1820 wurde mittels einer Verordnung zur Konsolidierung des Haushaltes die Aufnahme weiterer Staatsschulden untersagt. Ausnahmen waren zum Zwecke des Gemeinwohls nur mit Zustimmung und Garantie der künftig einzuberufenden Reichsstände vorgesehen. Damit wurde Preußen aber auch in seiner finanziellen Handlungsfähigkeit beschränkt, den Anforderungen der Industrialisierung des Landes gerecht zu werden[204]. Diese Umstände begründeten, dass der Eisenbahnbau bis zur Revolution von 1848 nicht vom Staat, sondern von aktienrechtlich organisierten Gesellschaften übernommen wurde[205]. Der Eisenbahnboom war auch für den Staat erkennbar nur dann möglich, wenn der Privatwirtschaft eine geeignete Organisationsform und Rechtsordnung gewährt würde, mit der die erforderliche Kapitalakkumulation ermöglicht werden könnte. Der Preußische Staat hatte mit der Beschränkung der Staatsschulden einen bestehenden Mangel an Kapital in der Wirtschaft noch verstärkt und darüber indirekt die Unternehmensfinanzierung über die Beteiligung einer Vielzahl von Bürgern gestärkt.

bb) Frühindustrialisierung

Die erste Hälfte des 19. Jahrhunderts war geprägt von den strukturellen Veränderungen des Marktes. Das vorindustrielle Gewerbe trat in Konkurrenz zur industriellen Fertigung. Es kam zu einer Verschiebung der profitablen handwerklichen Berufsbilder. Den Entwicklungschancen, vor allem in den Ballungsgebieten, standen die Wettbewerbsverluste aus der Konkurrenz mit der neuen Industrie gegenüber. Zwar stieg die Zahl der Handwerker. Auf Grund ihrer Unterbeschäftigung waren mit der Entwicklung aber vorwiegend Einkommensverluste verbunden[206]. Eine Entspannung trat erst mit der Einstellung von Arbeitslosen oder Unterbeschäftigten durch die Industrie nach 1848 ein.[207]

---

203 Vgl. *North*, Das Zeitalter der Industrialisierung, S. 253 ff.

204 Dennoch betrieb Preußen eine aktive Wirtschaftspolitik zur Förderung der Industrialisierung. Siehe hierzu *Ziegler*, Industrialisierung, S. 253 ff.

205 Siehe zur riskanten wirtschaftlichen Investition im Bahnsektor zu Beginn der Geschichte der Bahn, zum Bau von Staatsbahnen und zur Verstaatlichung der Bahngesellschaften *Klee*, Preußische Eisenbahngeschichte (insbesondere S. 97 ff., 157 ff.); *Bösselmann*, Die Entwicklung des deutschen Aktienwesens im 19. Jahrhundert, S. 4 f.

206 Die gesellschaftliche Wirkung der Verarmung der Bevölkerung – Pauperismus (siehe oben) - wurde noch durch Missernten 1816, 1844/46 und den Börsenkrach 1844 verstärkt.

207 Vgl. zur Entwicklung des vorindustriellen Gewerbes *Ziegler*, Industrialisierung, S. 226 ff.

cc) Eisenbahnbau als Initiator der Industrialisierung und der gesellschaftlichen Entwicklung

In der wirtschaftshistorischen Forschung wird die Bedeutung der Entwicklung der Eisenbahn für die Förderung der Industrialisierung betont. Mit der Entwicklung dieses Führungssektors ist die Entwicklung der Aktiengesellschaft als gesellschaftsrechtliche Stütze der Volkswirtschaft verbunden. Nicht ohne Grund ist im preußischen Eisenbahngesetz 1838 eine aktienrechtliche Gesetzgebung zu sehen. Als Führungssektor entwickelte sich die schwerindustrielle Infrastruktur ab Mitte der 30er Jahre. Binnen eines Jahrzehnts vergrößerte sich die Leistungsabgabe der Eisenbahn ab 1840 explosionsartig[208]. Mit dieser lange andauernden Entwicklung waren extrem hohe Investitionen zunächst primär privater Unternehmungen verbunden. Diese waren notwendig, um die vom Eisenbahnsektor abhängigen Kopplungseffekte zu erzielen[209]. Die Industrialisierung hing buchstäblich am Tropf der Finanzierung dieser Unternehmen, also an der Entwicklung des Kapitalmarktes.

b) Der Kapitalmarkt

Die wirtschaftliche Herausforderung, vor der die deutschen Staaten standen, war verknüpft mit der Kapitalisierung der Unternehmen. Die Infrastrukturprojekte sollten auf der Grundlage des Staatsschuldenedikts in Preußen nicht vom Staat durchgeführt oder finanziert werden. In den 30er Jahren des 19. Jahrhunderts sagte die Politik der Eisenbahn noch eine unsichere wirtschaftliche Zukunft voraus und hielt andere Bauten für dringender[210]. Der Eisenbahnboom konnte damit nur auf privater Initiative fußen. Hierzu waren, wie auch in anderen technisch weiterentwickelten Industrien, hohe Investitionskosten zu tragen. Die klassischen Gesellschaften waren diesen Anforderungen nicht gewachsen. Aus verschiedenen Gründen[211] – insbesondere die unterentwickelte Industriefinanzierung durch die bestehenden Banken, das undurchsichtige Münzwesen und Geldknappheit – konnte der „alte" Geldmarkt die Fremdfinanzierung der Investitionen nicht hinreichend sicherstellen. Diese Situation wurde noch verschärft durch das Bestreben des Staates, das Geldwesen weiterhin in den Händen zu halten[212]. Dem gegenüber lag der organisierte Kapitalverkehr überwiegend in den Händen der Privatbankiers. Diese konnten hinreichende Ressourcen über die Organisation in Aktienkreditbanken sicherstellen[213]. Der Schwerpunkt ihrer Tätigkeit lag unter anderem in der Effektenspekulation. In den ersten Jahrzehnten dominierte noch der Handel mit den Staatspapieren. Erst allmählich wurden auch die Aktien neuer privater Gesellschaften gezeichnet. Diese Umorientierung nahm in der

---

208 Zur Entwicklung der Eisenbahnindustrie *Ziegler*, Industrialisierung, S. 230 f.

209 Siehe zu den Vorwärts- und Rückkopplungseffekten *Ziegler*, Industrialisierung, S. 232 ff.

210 Vgl. *Berger*, Der alte Harkort, S. 238.

211 Eine übersichtliche Behandlung dieser Problematik in Preußen findet sich in *Bösselmann*, Die Entwicklung des deutschen Aktienwesens im 19. Jahrhundert, S. 16 ff. Zur Praxis der Banken in der ersten Hälfte des 19. Jahrhunderts, vor allem der zögerlichen Umstellung vom Staatsanleihengeschäft zum Kreditgeschäft und später dem Gründungsgeschäft *Krüger*, Das Kölner Bankiergewerbe vom Ende des 18. Jahrhunderts bis 1875, S. 11 ff., 89 ff., 130 ff., 138 ff.

212 *Hopt*, Ideelle und wirtschaftliche Grundlagen der Aktien-, Bank- und Börsenrechtsentwicklung im 19. Jahrhundert, S. 128 (145). Zu den Bestrebungen des Staats siehe den Immedialbericht des Präsidenten der Königlichen Bank in Berlin Friese 1832, *Poschinger*, Bankwesen und Bankpolitik in Preussen, S. 220.

213 Vgl. *Ziegler*, Industrialisierung, S. 237.

Folgezeit an Dynamik zu und mündete in dem Börsenkrach von 1844. Diesen hatte der preußische Staat durch seine Wirtschaftspolitik mit zu verantworten. In seiner Folge führte der Börsenkrach zu einem generellen Vertrauensverlust der Bevölkerung gegenüber dem Aktienmarkt[214]. Es war mithin eine drängende ordnungspolitische Aufgabenstellung, das Vertrauen in den Aktienmarkt zu stärken und die Beteiligung Privater an der Industriefinanzierung zu fördern.

3. Rechtslage

Die Zeit der Reformen nach 1806 war geprägt von der Rechtszersplitterung nach dem Untergang des Heiligen Römischen Reiches Deutscher Nation. Auch die Gründung des Deutschen Bundes führte zu keiner grundsätzlichen Änderung dieser Situation. Kodifikationen und Reformen waren auf den Territorialstaat (Ausnahme: Rheinbundstaaten) begrenzt.

a) Code de Commerce (1807)

Unter dem Eindruck der französischen Revolution nahmen die Werte Freiheit und Gleichheit eine übergeordnete Stellung in der französischen Rechtsordnung ein. In ihrer Interpretation wirkten sie parallel zu wirtschaftspolitischen Erwägungen auch auf das Gesellschaftsrecht. Institutionen und Körperschaften waren als Einrichtungen der Macht unerwünscht. Es wurde befürchtet, dass sie die eben den absolutistischen Herrschern entrissene Macht in Teilen übernahmen. In wirtschaftspolitischer Hinsicht wurden in einer Linie mit der Kritik von Adam Smith an Monopolen Privilegierungen aufgehoben. So wurden mit Dekret im Jahr 1793 neue oktroyierte Aktiengesellschaften für alle Zukunft verboten und bestehende zerschlagen.[215]

Sehr bald wurde aber eingesehen, dass letztlich der Wohlstand der Bevölkerung und ihre Freiheit von der Gewerbefreiheit und der in ihrem Interesse erforderlichen Vereinigungsfreiheit abhingen. 1796 wurde das Verbot wieder aufgehoben. Am 1. Januar 1808 trat dann der Code de Commerce (im Folgenden: C.d.C.) in Kraft. Er stellte die „société anonyme“, die der deutschen Aktiengesellschaft entspricht, den übrigen Handelsgesellschaften rechtlich gleich. Die société anonyme bedurfte jedoch der Anerkennung des Staates (Art. 37 C.d.C.). In dieser Regelung kam die Oberaufsichtsfunktion des Staates zum Ausdruck. Sie stand im Zusammenhang mit der gesetzlichen Verfassung der société anonyme, die einerseits eine Haftungsbeschränkung der Anteilseigner auf ihren Anteil an der Gesellschaft (Art. 32 f. C.d.C.), andererseits fehlende Festsetzungen eines Grundkapitals oder Regelungen der Kapitalaufbringung oder -erhaltung charakterisiert.

Im Übrigen wurde der korporative Aufbau der Gesellschaft beseitigt. Der C.d.C. spricht lediglich von Gesellschaftern und auf Zeit bestellten Vertretern[216]. Im Detail ergibt sich eine Regelung des Innenverhältnisses nach Art. 18 C.d.C. durch einen Verweis auf die Regeln der Sozietät des Code Civil (Art. 1832 ff.). Die Rechtsverhält-

[214] Zu den Umständen des Börsenkrachs von 1844 *Leiskow*, Spekulationen und öffentliche Meinung in der ersten Hälfte des 19. Jahrhunderts, S. 8 ff.; *Hopt*, Ideelle und wirtschaftliche Grundlagen der Aktien- Bank- und Börsenrechtsentwicklung im 19. Jahrhundert, S. 128 (S. 158 f.).

[215] *Baums-Stammberger*, Aktiengesetzgebung in Sachsen 1836/37, S. 27 m. w. N. in Fn. 3.

[216] Unabhängig von der gesetzlichen Regulierung bildete sich die Gliederung in Generalversammlung, Verwaltungsrat und Direktorium heraus. Zur Verfassung der Aktiengesellschaften unter dem Code de Commerce siehe *Sehrt*, Aktiengesellschaften unter dem Code de Commerce, S. 53-75; *Martens*, Die Aktiengesellschaft in der Kritik der ersten drei Viertel des 19. Jahrhunderts, S. 14-20.

nisse im Außenverhältnis sollten sich nach den für alle geltenden Vorschriften und den individuellen Statuten bestimmen. Auch nach Abmilderung des Dekrets aus dem Jahr 1793 wurde mit dem C.d.C. an der „abolition de toute association" dahingehend festgehalten, dass die société anonyme nicht als juristische Person, vielmehr als „moralische Person" konzipiert wurde[217].

Publizitätsregeln beschränkten sich auf die Gründungspublizität (Vgl. Art. 40, 45 C.d.C.). Regelungen der Jahresabschlusspublizität waren auf statuarische Vorschriften beschränkt. Dies kann auch hinsichtlich der Restriktion in der Zulassung von Aktiengesellschaften nicht verwundern. Dem Staat oblag nach der instruction du Ministre de l'intérieur sur le décret du 16 Janvier 1808 eine umfassende Prüfung innerhalb des Anerkennungsverfahrens. Es wurden unter anderem die Nützlichkeit des Geschäfts, der wahrscheinliche Erfolg und neben weiteren Informationen die finanzielle Situation der Bittsteller geprüft[218]. In vergleichbarer Funktion zu der Kapitalaufbringung im Normativsystem wurden durch eine umfassende staatliche Aufsicht andere Marktteilnehmer geschützt. Zudem wurde der Kreis der Aktiengesellschaften auf kapitalintensive Zwecke beschränkt. Über ein staatliches Eingriffsrecht während des Betriebs ist hingegen nichts bekannt.

b) Sächsischer Entwurf eines Aktiengesetzes (1836/37)

Der Herausforderung eines zeitgemäßen Gesellschaftsrechts stellte sich auch Sachsen[219]. Auslöser einer über das Gesellschaftsrecht hinausgehenden Gesetzesreform waren neben volkswirtschaftlichen Erwägungen auch der Druck einer 1830 einsetzenden Volksbewegung. Sie forderte, beeinflusst von der Pariser Julirevolution, eine stärkere Förderung der Indus-trie[220]. In diesem Zusammenhang sollte das Aktiengesellschaftsrecht in den Jahren 1836/37 kodifiziert werden. Zum Zeitpunkt des Gesetzesvorhabens existierten in Sachsen 18 Aktiengesellschaften, die über die staatliche Privilegierung, den oktroyierten Aktiengesellschaften entsprechend, gegründet wurden und ihre Regelung auf dem römischen Recht der universitas basierte[221]. Das Vorhaben scheiterte aber letztlich nach fast vollständiger Beendigung des Gesetzgebungsverfahrens auf Grund eines Streites zwischen der Regierung und den Ständen in Fragen zur Inhaberaktie[222]. Basierend auf dem Code de Commerce wurde beabsichtigt, die Unzulänglichkeiten des damaligen Gesellschaftsrechts auszugleichen. Abweichungen finden sich in der für die „Aktienvereine" maßgeblichen Rechtsgrundlage (kein Verweis auf das Recht der anderen Handelsgesellschaften), des Verhältnisses zwischen Staat und Aktiengesellschaft und der Haftungsbeschränkung.

In Übereinstimmung mit der romanistischen Korporationstheorie[223] setzt der sächsische Gesetzesentwurf in § 1 Abs.1 S. 1 für die Errichtung der Aktiengesellschaft

---

217 So im Ergebnis *Baums-Stammberger*, Aktiengesetzgebung in Sachsen 1836/37, S. 35 f.

218 *Locré*, Esprit du Code de Commerce, S. 153 ff.

219 Zur wirtschaftlichen Entwicklung Sachsens im Überblick *Baums-Stammberger*, Aktiengesetzgebung in Sachsen, S. 46 ff.

220 *Baums-Stammberger*, Aktiengesetzgebung in Sachsen 1836/37, S. 52.

221 *Baums-Stammberger*, Aktiengesetzgebung in Sachsen 1836/37, S. 50, 35.

222 *Baums-Stammberger*, Aktiengesetzgebung in Sachsen 1836/37, S. 85 ff.

223 Einen Überblick über ihre Entwicklung m. w. N. findet sich bei *Baums-Stammberger*, Aktiengesetzgebung in Sachsen 1836/37, S. 37 ff.; Wie schon beim Gesetzgebungsverfahren zum ALR trafen auch in Sachsen im Wesentlichen die römisch-rechtliche Sozietätslehre und die naturrechtliche Korporationslehre aufeinander. Die jeweiligen Ergebnisse sind geprägt von einem Kompromiss zwischen beiden Lehren.

mit seinen Privilegien einen Bestätigungsakt des Staates voraus. Abweichend zum C.d.C. und der vorherigen Rechtspraxis der Einzelprivilegierung in Sachsen kann nach der Schlussfolgerung in der Dissertation von *Baums-Stammberger* über § 1 Abs. 1 S. 2 des Entwurfes eine Aktiengesellschaft auch ohne entsprechende Genehmigung errichtet werden[224]. Entgegen einer verbreiteten Ansicht in der Rechtswissenschaft sollte ein staatlicher Mitwirkungsakt für die „Schöpfung" einer juristischen Person nicht vorausgesetzt werden. In diesem Fall sollte im Weiteren nicht das Gesetz über die Aktiengesellschaften, sondern die Grundsätze des gemeinen Rechts für das Rechtsverhältnis gegenüber Dritten Anwendung finden. Eine weitere Besonderheit befindet sich in der Regelung der Haftungsbeschränkung. Erstmals enthält ein Entwurf eines Aktiengesetzes Kapitalerhaltungsvorschriften. Nach § 4 sollte im Falle eines Rückgewährs des Anteils an einen Gesellschafter dieser mit seinem Anteil verpflichtet bleiben. Des Weiteren wird die Haftungsbeschränkung im Falle eines Betruges ausgesetzt.

Im Hinblick auf die Entwicklung der Jahresabschlusspublizität lässt sich lediglich feststellen, dass weder dem Gesetzesentwurf noch dem Rechtsstreit über die Ausgestaltung der Aktiengesellschaft im Rahmen des Gesetzgebungsverfahrens entsprechende Regeln diskutiert wurden. Es fehlt in dem Entwurf gar an einer Vorschrift über den Jahresabschluss. Immer noch sieht sich der Gesetzgeber in der tragenden Rolle des Wächters über die Aktiengesellschaften. Auch wenn er den Nutzen umfassender Publizität nicht erkannt hatte, so steht doch der Schutz der Kreditgeber und Aktionäre im Vordergrund der Rechtsentwicklung[225]. Davon zeugen die Kapitalerhaltungsregelungen und die Gründungspublizität.

Bemerkenswert ist hinsichtlich der Motivation der Gesetzgeber der Kreis der von einer Kodifikation betroffenen Gesellschaften. Zu Beginn des Gesetzgebungsverfahrens existierten in Sachsen gerade einmal 18 Aktiengesellschaften[226]. Sie wurden zur Gründung und den Betrieb von Industrie-, Bergwerks-, Handels-, Versicherungs-, Bank- und Eisenbahnunternehmungen errichtet. Ausweislich der Erläuterungen und Motive zum sächsischen Gesetzesentwurf war der Zweck der Gesellschaftsform und damit auch der Kodifikation die „Ausführung größerer Unternehmungen"[227]. Die Kräfte, die in einem harten Wettbewerb zwischen den Marktteilnehmern und für die Finanzierung innovativer Technik und damit gestiegenem Risiko aufzubringen sind, mussten auf andere Weise aufgebracht werden. „Der Einzelne vermag dies nicht, und es wird daher immer notwendiger und gewöhnlicher, dass viele gemeinschaftlich ein Kapital zusammenschießen, ein Unternehmen wagen ..."[228]. Deutlicher als zuvor beim Erlass des Code de Commerce betonte der Gesetzgeber die Finanzierungs-

---

224 Diese Schlussfolgerung scheint mir angesichts der Erläuterung des Gesetzgebers zweifelhaft. Dort heißt es, dass die bestätigende Behörde prüft, ob ein Aktienverein vorliegt. Wird die Bestätigung versagt, gelte „der Verein zwar nicht als Aktienverein, aber doch als gewöhnliche Societas". Motive, in: *Baums-Stammberger*: Aktiengesetzgebung in Sachsen 1836/37, S. 127.

225 Der Gesetzgeber sieht sich in der Pflicht, „entgegen zu wirken, dass das Publikum durch Unbesonnenheit oder unrechtliche Gewinnsucht einzelner Unternehmer nicht in Schaden gebracht werde", Motive, in: *Baums-Stammberger*: Aktiengesetzgebung in Sachsen 1836/37, S. 126. Vgl. *Hopt*, Ideelle und wirtschaftliche Grundlagen der Aktien- Bank- und Börsenrechtsentwicklung im 19. Jahrhundert, S. 128 (S. 142.).

226 *Baums-Stammberger*, Der Versuch einer Aktiengesetzgebung in Sachsen 1836/37, S. 50.

227 Motive, in: *Baums-Stammberger*, Aktiengesetzgebung in Sachsen 1836/37, S. 124.

228 Motive, in: *Baums-Stammberger*, Aktiengesetzgebung in Sachsen 1836/37, S. 126.

funktion der Organisation als Aktiengesellschaft. Eine Einstellung, die sicherlich auf die zwischenzeitlich einsetzende vorindustrielle Phase zurückzuführen ist.

c) Preußisches Eisenbahngesetz (1838)

Die oben angedeutete wirtschaftliche Bedeutung der Eisenbahn spiegelt sich in dem Umstand wider, dass der Gesetzgeber das Recht der Eisenbahn-Unternehmungen kodifiziert[229]. Auf Grund der überwiegenden gesellschaftsrechtlichen Organisation dieser Unternehmungen als Aktiengesellschaften ist diesem Gesetz eine grundsätzliche Bedeutung für die Entwicklung des Rechts der Aktiengesellschaften beizumessen[230]. So regelte das preußische Eisenbahngesetz bereits (für Eisenbahn-Unternehmen) das Konzessionsverfahren. Gleichwohl überlagert ihre gesellschaftliche Funktion den Rechtscharakter der Aktiengesellschaft[231]. Bereits aus dieser Ausrichtung heraus war eine staatliche Aufsicht für notwendig erachtet worden[232]. Bedeutsamer als die Verfassung der Eisenbahngesellschaften – sie erlaubte die Ausgabe von Inhaberaktien – war eine bahnbrechende Forderung, die im Zusammenhang mit einer wirksamen Kontrolle dieser gesellschaftlich bedeutsamen Unternehmen stand. Es ist die Forderung von *Hansemann* nach einer Rechnungslegungspublizität für Eisenbahngesellschaften. „Zu den Mitteln, die Verwaltung einer großen Aktien-Gesellschaft rechtlich und tüchtig zu erhalten, gehört, dass sie in gewissem Maße der Oeffentlichkeit anheim gegeben werden. Es ist dieß eine wirksame Kontrolle“[233]. Auswirkungen auf die aktienrechtlichen Kodifikationen ergaben sich jedoch nicht.

d) Preußisches Aktiengesetz (1843)

Am 9. November 1843 erließ Friedrich Wilhelm, König von Preußen, das Gesetz über Aktiengesellschaften. Es war das erste und einzige erlassene Aktiengesetz der deutschen Staaten bis zur Verabschiedung des ADHGB[234]. Ausgelöst wurden die Kodifikationsbemühungen durch einen Streit zwischen dem preußischen Staat und der Zuckersiedereigesellschaft auf Aktie, in dem es um die Verleihung von Korporationsrechten ging. Daraufhin erging am 13.07.1837 eine Allerhöchste Cabinetts-Ordre, dass eine Verordnung über die Aktiengesellschaft entworfen werden solle[235]. Bereits nach der Gründung des deutschen Bundes wurde 1817, jedoch ohne Erfolg, die An-

---

229 „Gesetz über die Eisenbahn-Unternehmungen“ vom 03.11.1838, GS 1838, abgedruckt in: *Weinhagen*, Das Recht der Aktien-Gesellschaften nach dem allgemeinen deutschen Handelsgesetzbuch und dem preußischen Gesetze vom 15. Februar 1864, Anhang, S. 5.

230 In den Jahren 1800-35 wurden in Preußen Aktiengesellschaften mit einem Gesamtkapital von 12. Mio Talern gegründet. In den Jahren 1835-40 summierte sich das Kapital auf 25 Mio. Taler bis 1845 waren es gar 77 Mio Taler. Dabei machten Eisenbahngesellschaften 1850 einen Anteil von 60 %, später sogar 85 %, aus. Siehe *Bösselmann*, Die Entwicklung des deutschen Aktienwesens im 19. Jahrhundert, S. 200.

231 *Auerbach*, Das Gesellschaftswesen in juristischer und volkswirthschaftlicher Hinsicht unter besonderer Berücksichtigung des allgemeinen deutschen Handelsgesetzbuchs, S. 305.

232 So *Auerbach*, Das Gesellschaftswesen in juristischer und volkswirthschaftlicher Hinsicht unter besonderer Berücksichtigung des allgemeinen deutschen Handelsgesetzbuchs, S. 303 ff.

233 *Hansemann*, Die Eisenbahnen und deren Aktionäre in ihrem Verhältniß zum Staat, S. 104 (§ 109).

234 *Martin*, VSWG 1969, 499 (508 ff.).

235 Zur Entstehungsgeschichte des preußischen Aktiengesetzes von 1843 siehe die Motive, in: *Baums*, Gesetz über die Aktiengesellschaften für die königlich preußischen Staaten vom 9. November 1843, 54 ff.

passung des Landrechts angeordnet. Eine Beschwerde der Zuckersiedereigesellschaft beim König war der Auslöser für eine Kodifikation, die teilweise als nicht dringend bezeichnet wurde[236]. Verständlich wird diese Bewertung nur aus der geschichtlichen Tradition, die gesellschaftlichen Statuten in einem Genehmigungs- bzw. Privilegierungsverfahren zu prüfen und der gewährten Privilegierung unter Umständen Bedingungen anzufügen. Auch das mit dem Aktiengesetz eingeführte Konzessionsverfahren gewährleistete weiterhin die Einzelfallentscheidung.

aa) Verfassung der Aktiengesellschaften

In der Entwicklung der gesetzlichen Verfassung der Aktiengesellschaften waren in der Tradition der ersten Hälfte des 19. Jahrhunderts die Kernfragen der korporativen Struktur, der rechtlichen Verfassung der Organisationsform und die Haftungsbeschränkung Gegenstand einer umfassenden Auseinandersetzung. Grundsätzliche Einigkeit herrschte hinsichtlich der Funktion der Oberaufsicht des Staates. So sollte die landesherrliche Genehmigung (Konzessionierung) Voraussetzung für den Erwerb korporativer Rechte sein. Wann eine Genehmigung jedoch zu erteilen war, blieb umstritten. So sprachen sich einige Staatsminister für die Konzessionierung unabhängig davon aus, ob das jeweilige Unternehmen gemeinnützige Zwecke verfolgte. Die Staatsminister *Mühler* und *von Alvensleben* hielten hingegen an der einschränkenden Bedingung fest. Mit dieser Auffassung standen sie in der Tradition der Genehmigungspraxis[237]. In dieser Situation plädierte der zum Minister der Gesetzes-Revision ernannte Savigny, im Interesse der wirtschaftlich notwendigen Kapitalakkumulation, für eine restriktive Prüfung der Zulassungsvoraussetzungen und gegen das Erfordernis eines gemeinnützigen Zwecks. Tatsächlich entschied sich der Staatsrat schließlich, entsprechend des Plädoyers Savignys, gegen dieses Erfordernis. Dennoch wurde zwei Jahre später per Erlass die gesetzgeberische Entscheidung wieder umgekehrt und die Gemeinnützigkeit des verfolgten Zweckes wieder vorausgesetzt[238].

Getrennt von dieser Frage der Konzessionierungsvoraussetzungen steht die Frage der Rechtsfolge für das Gebilde Aktiengesellschaft. Ob diese Organisation nun eine modifizierte societas, eine juristische oder moralische Person darstellt, wurde weder damals einheitlich gesehen[239] noch werden heute rückblickend einzelne Rechtsauffassungen einheitlich bewertet[240].

---

[236] Motive, in: *Baums*, Gesetz über die Aktiengesellschaften für die königlich preußischen Staaten vom 9. November 1843, S. 57.

[237] *Martin*, VSWG 1969, 499 (530).

[238] Circularverfügung an sämtliche Kgl. Oberpräsidenten die Konzessionierung von Aktiengesellschaften betreffend vom 22.04.1845. Abgedruckt bei *Weinhagen*, Das Recht der Aktien-Gesellschaften nach dem allgemeinen deutschen Handelsgesetzbuch und dem preußischen Gesetze vom 15. Februar 1864, Anhang, S. 41 ff. Eine Gesellschaft ist nach I. nur dann zur „Berücksichtigung geeignet", wenn unter anderem der Unternehmenszweck aus allgemeinen Gesichtspunkten nützlich und „der Beförderung werth erscheint". Nach II. sollte nur „ausnahmsweise aus besonderen Gründen" eine Genehmigung erteilt werden, wenn unter anderem „ das Unternehmen über den Kreis örtlicher Wirksamkeit und Nützlichkeit hinausgeht, und im höheren Interesse des Gemeinwohls besondere Begünstigung verdient".

[239] § 8 preuß. AktG 1843 spricht von „juristischer Person" und zählt wesentliche Rechte auf. Daneben bestätigt § 9 Abs. 1 AktG 1843 „kaufmännische Rechte und Pflichten" allen Gewerbe- und Handelsunternehmungen.

[240] Siehe zur Bewertung der Bedeutung Savignys in der Entwicklung der juristischen Person des Privatrechts *Kiefner*, Personae vice fungitur?, insbesondere die Zusammenfassung S. 274; *Flume*,

In dem zuvor erwähnten Plädoyer für eine erleichterte Bildung der Aktiengesellschaft brach Savigny auch mit einer überkommenen Auffassung, dass die Haftungsbeschränkung ein staatlich verliehenes Privileg sei. Letztlich beschränkte § 15 AktG 1843 die Haftung der Aktionäre auf den Nominalbetrag der Aktie. Die rechtsdogmatische Rechtfertigung sah er in einer Parallele zur stillen Gesellschaft. Auch spätere wissenschaftliche Beiträge ziehen zur Rechtfertigung der Haftungsbeschränkung eine Parallele zur stillen Gesellschaft bzw. zur Ausgestaltung der Kommanditistenstellung. In diesen Fällen gewährte der Gesetzgeber ohne eine entsprechende Privilegierung eine Haftungsbeschränkung[241].

bb) Publizität

Trotz der unübersehbaren Liberalisierungstendenzen vertrat der preußische Staat bis zu seiner Reform des Aktienrechts 1870 eine konservative Position, die Anklänge spätmerkantilistischen Gedankenguts aufwiesen. In seinem Aufsichtsrecht prüfte der Staat die Statuten der Aktiengesellschaften und behielt diese Organisationsform überwiegend gemeinnützigen Zwecken vor. Welche Zwecke gemeinnützig waren, unterlag seinem Ermessen. Ökonomische Erfordernisse bestimmte nicht der Markt, sondern der Staat in seiner gesonderten Wahrnehmung. Auf der anderen Seite lässt die Gesetzgebungsvorbereitung erkennen, dass die Unternehmerinitiative zu stützen war und die kapitalintensive Industrialisierung veränderte Finanzierungsverfahren bedingte. So wurde beispielsweise die Abweichung vom römischrechtlichen Grundsatz der solidarischen Haftung mit wirtschaftlicher Notwendigkeit begründet. Die Teilhabe einer Masse kleinerer Vermögen an der Finanzierung wirtschaftlicher Unternehmungen wurde als Fakt anerkannt. In diesem Kontext stehen auch die Bestimmungen des Jahresabschlusses[242]. Die Einbeziehung kleiner Vermögen in das

---

Savigny und die Lehre von der juristischen Person, S. 358; *Baums*, Gesetz über die Aktiengesellschaften für die königlich preußischen Staaten vom 9. November 1843, S. 38 ff.

241 *Vogt*, Zur Theorie der Handelsgesellschaften, S. 493 ff.; *Fick*, Ueber Begriff und Geschichte der Aktiengesellschaften, S. 10 ff.

242 Die den Jahresabschluss betreffenden Vorschriften des preußischen Aktiengesetzes von 1843 sind im Wesentlichen die folgenden (Quelle: *Baums*, Gesetz über die Aktiengesellschaften für die königlich preußischen Staaten vom 9. November 1843, S. 50 ff.):

§. 2.

Der Gesellschaftsvertrag ist gerichtlich oder notariell aufzunehmen oder zu vollziehen. Derselbe muß insbesondere bestimmen:

1)...

2)die Grundsätze, nach welchen die Bilanz (§. 24.) aufzunehmen ist.

3)...

9) die öffentlichen Blätter, in welchen die von der Gesellschaft ausgehenden Bekanntmachungen erfolgen sollen.

§. 24.

Der Vorstand ist schuldig, die zur Uebersicht der Vermögenslage erforderlichen Bücher zu führen, auch in den ersten drei Monaten eines jeden Geschäftsjahres eine Bilanz des Gesellschaftsvermögens zu ziehen, und in ein dazu bestimmtes Buch einzutragen. Die Bilanz ist der Regierung mitzutheilen, in deren Bezirk die Gesellschaft ihren Sitz hat.

unternehmerische Risiko führte nicht zu einer Stärkung ihrer Position in Form von Kontrollaufgaben des Marktes. Die Bestimmungen verdeutlichen vielmehr, dass der zentrale Punkt im Recht der Aktiengesellschaften nicht das Regulativ des Marktes, vielmehr das Regulativ des Staates darstellte. Von daher werden Vorschriften der Jahresabschlusspublizität nach heutigem Vorbild an dieser Stelle vergebens gesucht. Weiterhin wurde in der Tradition der Handelskompagnien dem Staat die Oberaufsicht zugesprochen. So wie in dieser Phase des Gesellschaftsrechts die meisten Statuten die Meldung der Bilanz an „den Staat" vorsahen, so wurde 1843 diese Pflicht gesetzlich fortgeschrieben. Eine Diskussion über die Bilanzadressaten ist den Materialien nicht zu entnehmen. Das hierzu vorausgesetzte marktwirtschaftliche Verständnis war aber den Verantwortlichen nicht fremd. So betont die Mehrheit einer eingesetzten Gesetzgebungskommission bei der Frage der Erforderlichkeit von Beschränkungen der Konzessionsvoraussetzungen: „Bei allen industriellen Unternehmungen ist es zunächst auf den Vortheil der Theilnehmer abgesehen; allein dieser Vortheil kommt wiederum dem Lande selbst zu Gute"[243]. Dabei verwundert es, dass die von *Hansemann* in seiner Arbeit zu den Eisenbahngesellschaften aufgestellte Forderung nach einer allgemeinen Publizität der Rechnungslegung nicht diskutiert wurde.

Nichtsdestotrotz ist der Bilanz mit dem AktG 1843 auch ohne Jahresabschlusspublizität eine Bedeutungssteigerung zuzumessen. Insbesondere im Gutachten der vereinigten Abteilungen für Finanzen und Justiz wurde der Wert der Bilanz betont[244]. Nach niederländischem Beispiel wurde in § 25 Abs.1 AktG 1843 eine Publizitätspflicht im Falle der hälftigen Reduzierung des Haftungskapitals zum Schutz der Aktionäre und der Gläubiger eingeführt. In diesem Zusammenhang ist zu lesen, dass den Bilanzierungsvorschriften eine besondere Aufgabe zukommt. Aus diesem Grunde wurde eine neue Vorschrift in den ursprünglichen Entwurf eingearbeitet, dass eine entsprechende Regelung der Bilanzvorschriften in den Statuten der Aktiengesellschaften erhalten sein musste.

Es sollte noch bis in das Jahr 1856 dauern, bis das marktwirtschaftliche Wirtschaftsverständnis auch bei dem Gesetzgeber für die Aktiengesellschaft Einzug fand. In der Circular-Verfügung vom 7.3.1856 betreffend die Bedingungen, von welchen die Genehmigung zur Errichtung von Aktien-Gesellschaften abhängig ist, beugte sich die Ministerialverwaltung den wirtschaftlichen Entwicklungen[245]. Mit Verweis

---

§. 25.

Ergibt sich aus der letzten Bilanz, daß sich das Grundkapital um die Hälfte vermindert hat, so muß der Vorstand dies unverzüglich öffentlich bekannt machen.

Die Regierung muß in diesem Fall von den Büchern der Gesellschaft Einsicht nehmen und kann nach Befinden der Umstände die Auflösung der Gesellschaft verfügen.

[243] Motive in: *Baums*, Gesetz über die Aktiengesellschaften für die königlich preußischen Staaten vom 9. November 1843, S. 65.; Diese Aussage bezweifelt aber eine Mindermeinung ausdrücklich: Motive, *ebenda*, S. 71 f.

[244] Gutachten der vereinigten Abteilungen für die Finanzen und für die Justiz, in: *Baums*, Gesetz über die Aktiengesellschaften für die königlich preußischen Staaten vom 9. November 1843, S. 141, 146 f.; Bilanzrecht als Maßnahme zum Schutz der Aktionäre und der Gläubiger betonten bereits die Motive in: *Baums*, Gesetz über die Aktiengesellschaften für die königlich preußischen Staaten vom 9. November 1843, S. 69.

[245] Abgedruckt bei *Weinhagen*, Das Recht der Aktien-Gesellschaften nach dem allgemeinen deutschen Handelsgesetzbuch und dem preußischen Gesetze vom 15. Februar 1864, Anhang S. 79 f.

auf die praktischen Schwierigkeiten der bislang geforderten Konzessionierungsvoraussetzungen sollte die Genehmigungspraxis einen Wendepunkt durchlaufen. Die Genehmigung sollte in der Zukunft „von solchen Bedingungen abhängig [gemacht werden], welche geeignet sind, das Publikum möglichst gegen Täuschungen zu sichern und demselben von der Geschäftsverwaltung wenigstens einige Kenntniß zu geben". Unter Bezugnahme auf entsprechende neu aufgekommene Forderungen schrieb die Verfügung – wohl nicht nur für Aktiengesellschaften mit Inhaberaktien – vor, dass eine Konzessionierung von einer satzungsgemäßen Pflicht zur öffentlichen Bekanntmachung der nach § 24 AktG 1843 zu erstellenden Bilanz abhängig gemacht werden sollte. Über das staatliche Kontrollorgan eines Kommissarius sollte Gesellschaften, die über Inhaberaktien verfügten, der Einfluss für eine entsprechende Satzungsänderung geltend gemacht werden.[246]

e) Entwicklungen in Frankreich und England

Im Vergleich zu dem Mittelweg, den Deutschland als Antwort auf die ordnungspolitische Herausforderung zu Beginn des Jahrhunderts wählte, gingen Frankreich und England weitgehend getrennte Wege[247].

Mit Einführung der Konzessionspflicht ging in Frankreich ab 1793 die Ära der mittels Octroi privilegierten Handelskompagnien zu Ende[248]. Die Einzelfallentscheidung wich damit deutlich früher als in Deutschland einer abstrakt generellen Regelung. Jedoch verlief dieser Übergang nicht ohne Einfluss der französischen Revolution. Zwischen 1793 und 1796 wurden neue oktroierte Aktiengesellschaften verboten und bestehende zerschlagen[249]. Nach Erlass des C.d.C. stand die Gründung einer société anonyme unter dem Vorbehalt der staatlichen Genehmigung[250]. Dieser Vorbehalt galt bis 1856 nicht für die Rechtsform der KGaA. Ihre Gründung war weiterhin frei[251]. 1863 wurden dann mit einem GmbH-Gesetz (loi sur les sociétés à responsabilité limitée) die Aktiengesellschaften, die ein Grundkapital von nicht mehr als 20 Millionen Francs aufwiesen, von der Konzessionspflicht befreit. Vier Jahre später wurden schließlich das Recht der Aktiengesellschaften und das der KGaA mit dem Gesetz „loi sur le société"[252] einheitlich kodifiziert. Dieses Gesetz führte noch einmal zu Modifikationen der Normativbestimmungen und insbesondere nach englischem Vorbild zur Streichung des obligatorischen Aufsichtsrats. Zur Wahrnehmung dieser Überwachungsfunktion sah Art. 35 eine Offenlegungspflicht für die Rechnungslegung vor. Diese musste mindestens 14 Tage vor der Hauptversammlung am Sitz der Gesellschaft für die Gesellschafter ausliegen. Auch schuf diese Vorschrift das Recht des Gesellschafters, sich eine Abschrift der Bilanz, sowie des Buchprüferberichts zusenden zu lassen. Der Adressat der Publizität blieb auf die Anteilseigner beschränkt. Der

---

246 Vgl. *Weinhagen*, Das Recht der Aktien-Gesellschaften nach dem allgemeinen deutschen Handelsgesetzbuch und dem preußischen Gesetze vom 15. Februar 1864, Anhang S. 79 f.

247 Zu den unterschiedlichen Entwicklungen siehe die prägnante Skizze m. w. N. von *Schubert*, ZGR 1981, 285 (289-292).

248 Ansätze einer Gründerpublizität zeigte bereits die Ordonance de Commerce von 1673. Bestimmte Unternehmensinformationen mussten drei Monate lang im Gerichtssaal öffentlich ausgestellt werden. Siehe *Merkt*, Unternehmenspublizität, S. 55.

249 Siehe oben Zweiter Teil, II. 3. a).

250 Vgl. Art. 19, 29 ff., 40, 45 C.d.C.

251 Siehe hierzu und zur weiteren Entwicklung unten Zweiter Teil, IV. 5.

252 Abgedruckt in ZHR, Beilageheft, Bd. 12 (1868), S. 98 ff.

Literatur ging dieser Schritt aber bald nicht weit genug. Es wurde auch eine Publizität der Bilanz und der Gewinn- und Verlustrechnung gegenüber der Allgemeinheit und den Gläubigern gefordert[253]. Ebenso wurden verschiedene Formen der Registerpublizität ins Spiel gebracht. Eine Verschärfung der Publizitätsvorschriften konnte sich aber auf Grund einer liberalen Gesetzgebung bis ins 20. Jahrhundert nicht durchsetzen.[254]

England hingegen führte bereits auf dem Höhepunkt der so genannten South Sea Bubble-Krise im Jahre 1720 mit dem Bubble Act das Konzessionssystem ein[255], das durch Emissions- und Handelsverbote ergänzt wurde. Verstöße gegen diese Verbote führten zu erheblichen Schadensersatzansprüchen und konnten sogar mit Strafe bewährt werden. Publizität als Maßname gegen Spekulation und Betrug wurde, anders als in Frankreich, hingegen nicht erwogen. In der Folgezeit wurde der Bubble Act von der Rechtspraxis weitgehend ignoriert. Verschiedene Versuche dem Geltungsverlust entgegenzuwirken blieben ohne Erfolg. 1825 wurde der Bubble Act schließlich aufgehoben. Im Zusammenhang mit dem Eisenbahn-Boom war 1844 der Joint Stock Companies Act erlassen worden[256]. Mit diesem Gesetz vollzog England den Wandel vom Konzessions- zum Normativsystem. Dieses setzte überraschend auf die wenig diskutierte Publizität. Mit der Kontrolle durch den Markt schuf England als erstes großes europäisches Land ein liberales Aktienrecht. In diesem nimmt bis heute die Publizität als „bestes Mittel gegen betrügerische Praktiken" eine grundlegende Stellung ein[257].

f) Zwischenergebnis

In seiner Chronologie vermittelt die aktienrechtliche Genese einen Eindruck zum einen von der Auseinandersetzung mit dem rechtlichen Charakter der Aktiengesellschaft und zum anderen von der wirtschaftlichen Bedeutung dieser Organisationsform in der ersten Hälfte des 19. Jahrhunderts. Der letzte Punkt gewinnt vor allem für die Bestimmung der Strukturprinzipien an Bedeutung. Im Zusammenhang mit der gesamtwirtschaftlich erforderlichen Finanzierungsfunktion der neu geschaffenen Gesellschaftsform und der Entwicklung der Schlüsselindustrien zeigt sich die Typizität der Aktiengesellschaft. Nach den Motiven des sächsischen Aktiengesetzentwurfes der Jahre 1836/37 und der preußischen Gesetzgebung von 1843 bzw. den untergesetzlichen preußischen Verwaltungsvorschriften sollte die Rechtsform der Aktiengesellschaften nur solchen Unternehmen zur Verfügung stehen, die bei einer alternativen Rechtsform ihre gesamtgesellschaftlich nützliche Tätigkeit nicht aufnehmen könnten. Auch wenn die diskutierten Regelungen nicht als Einzelfallgesetze bezeichnet werden können, weisen sie sich als Ausnahmeregelung aus. Die rechtsdogmatische Schwierigkeit der Erfassung der Kapitalgesellschaft in einer römisch-rechtlich geprägten Gesamtsystematik ist – wie schon zuvor bei den „privilegierten Gesellschaften" – Ausgangspunkt und Geburtsstunde des auch heute noch aktuellen Ver-

---

253 Vgl. *Diekmann*, Die Geschichte des französischen Bilanzrechts, S. 100, Fn. 215. Diekmann weist darüber hinaus auf die geringe Geeignetheit der Publizität mangels hinreichender Bewertungsvorschriften hin.

254 Siehe allgemein zur Entwicklung des französischen Bilanzrechts *Diekmann*, Die Geschichte des französischen Bilanzrechts. Siehe zu der Publizitätsdebatte des 19. Jahrhunderts ab S. 117.

255 Nicht erfasst wurden Gesellschaften, dessen Anteile nicht frei übertragbar waren.

256 Siehe zu diesen Entwicklungen eingehend *Davies*, Gower's Company Law, S. 39 ff.

257 *Davies*, Gower's Company Law, S. 39.

ständnisses der Haftungsbeschränkung als Privileg. Dieser Deutung widersprach bereits Savigny.

4. Zusammenfassung

Jenseits der traditionellen Formen der handelsrechtlichen Publizität im Sinne des heutigen § 15 HGB lässt sich zu Beginn des 19. Jahrhunderts keine wissenschaftliche Diskussion einer Form von Jahresabschlusspublizität nachweisen. Grundsätzlich weist die juristische Literatur in nur geringem Umfang inhaltliche Auseinandersetzungen mit der Aktiengesellschaft auf[258]. Gleichwohl hatte die Publizität das wissenschaftliche Fundament bereits in der klassischen Nationalökonomie erfahren. Auf dieser Grundlage hatte *Mirabeau* in seiner „Anklage gegen die Agiotage" (1787), einer Analyse der ruinösen Hochspekulation, für den Publikumsschutz Publizität gefordert. Unseriöse Handelspraktiken sollten mit freier Presseberichterstattung und durch die öffentliche Meinung bekämpft werden[259].

Deutschsprachige Beiträge lassen sich bis in das Jahr 1830 bzw. 1837 zurückverfolgen. Ein Gutachten der Ältesten der Berliner Kaufmannschaft betonte zunächst den Vorzug der Kontrolle von Aktiengesellschaften durch das Publikum vor staatlichen Stellen. 1837 forderte Hansemann im Zusammenhang mit der Spekulation mit Eisenbahnaktien die Publizität der Rechnungslegung der Eisenbahngesellschaften.

Trotz der förderlichen wirtschaftlichen Rahmenbedingung und der theoretischen Grundlagen, die die frühe Wirtschaftswissenschaft liefern konnte, entwickelte sich in der ersten Hälfte des 19. Jahrhunderts in Deutschland keine Jahresabschlusspublizität. Die Ursachen liegen in dem nur zögerlich zugelassenen Wandel der gesellschaftlichen und gesellschaftsrechtlichen Strukturen. Die Reduzierung der Unfreiheiten, insbesondere durch die Stein-Hardenberger Reformen und den Konstitutionalismus, konnten die spätabsolutistische Machtfülle der Herrscher nicht wesentlich reduzieren. Das Regulativ des Marktes blieb auch weiterhin der Staat. Das statuarisch bestimmte Öffentlichkeitsniveau bzw. die von kapitalmarktorientierten Unternehmen vom Staat geforderte „Transparenz" fand ihre Begründung in einer fortgeschrittenen Demokratisierung der Aktiengesellschaft[260], die sich einem Vergleich mit der Demokratisierungsdiskussion in den 1950er und 1960er Jahren entzieht[261]. Nichts desto trotz schuf der preußische Gesetzgeber mit dem Aktiengesetz die Grundlage für die Liberalisierung des Gesellschaftsrechts. Eine Entwicklung, die sich in den übrigen Territorialstaaten nicht vollzog. Ausnahmen bildeten die Rheinbundstaaten, die französisch geprägte liberalere Rechtsordnungen hervorbrachten. Erst die Bemühungen um eine bundeseinheitliche gesellschaftsrechtliche Gesetzgebung ermöglichten einen weit reichenden Wandel, vor allem durch die vorausgegangene Reformdiskussion.

IV. Das Ende des 19. Jahrhunderts

Mit der Gründung des Deutschen Reiches von 1871 trat eine verfassungsrechtliche Stabilisierung ein, die mit dem ersten Weltkrieg und der Auflösung des Deutschen

---

258 Vgl. *Reich*, Entwicklung des deutschen Aktienrechts, S. 247 f.

259 Zu dieser Frühform des funktionalen Einsatzes von Transparenz mit entsprechendem Nachweis *Merkt*, Unternehmenspublizität, S. 41.

260 *Martens*, Die Aktiengesellschaft in der Kritik der ersten drei Viertel des 19. Jahrhunderts, S. 20.

261 Vgl. zur Publizität als Korrelat von Kontrollrechten *Kronstein/Claussen*, Publizität und Gewinnverteilung im neuen Aktienrecht, insbesondere S. 19.

Reiches bzw. mit Gründung der Weimarer Republik ihr Ende fand. Die Kompromissformel, die zwischen den Staaten des Deutschen Bundes 1861 getroffen wurde, zeigte die Schranken einer einheitlichen Gesetzgebung des Deutschen Bundes. Gleichwohl ist diese Rechtsvereinheitlichung Ausdruck des zu Beginn der zweiten Hälfte des 19. Jahrhunderts überwundenen Widerstandes gegenüber der Kodifikation des deutschen Rechts. Über die Phase des Deutschen Bundes führte das Deutsche Reich schließlich in weiten Teilen zu einer Rechtsvereinheitlichung. Hierbei ist zuvorderst die Kodifikation und Novellierung des Gesellschaftsrechts zu erwähnen.

1. Staatsrechtliche Entwicklungen

Der nationalen Einheit vorgelagert war ein langwieriger Prozess, der in der „Märzrevolution" seinen Ausdruck fand und das weitere Geschehen, auch die Entwicklung des Gesellschaftsrechts, prägte. Auf Bundesebene leitete die Bundesversammlung am 10. März 1848 in einer nationalen Einheitsbewegung mit einem entsprechenden Beschluss die Vorbereitung zur Revision der Bundesverfassung ein[262]. In dem von der Bundesversammlung eingesetzten sog. „Siebzehnerausschuss" wurde ein Entwurf eines deutschen Reichsgrundgesetzes erarbeitet. Darüber hinaus beschloss dieser Ausschuss am 30. März 1848 auf Grund des Vertrauensverlustes der Bundesversammlung die Bundesregierungen aufzufordern, durch Wahlen die Bundesversammlung neu zu besetzten. Diese beriet, als einzig zuständiges Organ, weitere sechs Monate den Grundrechtsteil, der am 27. Dezember 1848 vor der übrigen Verfassung verabschiedet wurde. Am 28. März 1849 beschloss die Nationalversammlung die Verfassung des Deutschen Reiches[263].

Wesentlich für die Entwicklung auch des Gesellschaftsrechts war die neu geschaffene Gesetzgebungskompetenz des Reiches für die ihm „verfassungsmäßig übertragenen Befugnisse" (§ 62). Zu diesen Befugnissen gehörte nach § 64 der Verfassung der Erlass „allgemeiner Gesetzbücher über bürgerliches Recht, Handels- und Wechselrecht". Bereits nach dem Zusammentreten der Nationalversammlung in der Frankfurter Paulskirche hatte diese am 18. Mai 1848 bis zur Vollendung des Verfassungswerks eine provisorische Zentralgewalt eingesetzt[264]. Diese wurde dem von der Nationalversammlung gewählten Reichsverweser Erzherzog Johann von Österreich übertragen, der ein Reichskabinett einsetzte. Schon neun Monate vor der Verabschiedung einer Reichsverfassung beanspruchte die Nationalversammlung eine weitgehende Gesetzgebungskompetenz[265]. Vor diesem Hintergrund bildete die Nationalversammlung im Juni 1848 einen Gesetzgebungsausschuss zur Kodifikation des bürgerlichen Rechts[266] unter der Leitung von *Mittermaier*[267]. Die Arbeit dieses Ausschusses befasste sich aber nicht mit der Kodifikation eines einheitlichen Handels-

262 Der Beschluss ist abgedruckt bei *Huber*, Dokumente, Bd. 1, S. 330.

263 RGBl. 1849, S. 101 ff.; abgedruckt ebenfalls bei *Huber*, Dokumente, Bd. 1, S. 375 ff.

264 Reichsgesetz über die Einführung einer provisorischen Zentralgewalt vom 28. Juni 1848, RGBl. 1848, S. 3.

265 Zur Problematik der Gesetzgebungskompetenz der Bundesversammlung *Getz*, Die deutsche Rechtseinheit im 19. Jahrhundert als rechtspolitisches Problem, S. 105 ff.

266 Anders als heutige Ausschüsse hatte dieser Ausschuss freie Hand bei der Bestimmung der Gesetzesvorhaben, *Getz*, Die deutsche Reichseinheit im 19. Jahrhundert als rechtspolitisches Problem, S. 115.

267 Zum gesetzlichen Auftrag des Gesetzes siehe *Franz Wigard* (Hrsg.), Stenographischer Bericht über die Verhandlung der deutschen constituierenden Nationalversammlung zu Frankfurt am Main, 17. Sitzung (17.6.1848), S. 338 f.

gesetzbuches. In einem Bericht aus dem März 1849 wurde mit Verweis auf die Arbeit einer vom Reichsministerium seit längerem gebildeten Kommission die Beschäftigung mit dem Handelsrecht abgelehnt[268], auch verwies der Ausschuss auf die Verschiedenheit der Verhältnisse in den Einzelstaaten als Hinderungsgrund[269]. Der Ausschuss war also mit dem Ziel der Förderung der Rechtseinheit gescheitert.

Auf Anregung der Leipziger Wechselrechtskonferenz 1847 hatte der damalige Reichsjustizminister *Robert von Mohl* eine Kommission zur Ausarbeitung eines „Allgemeinen Gesetzbuchs für Deutschland" eingesetzt[270]. Diese wurde von Unterstaatssekretär *Wiedenmann* geleitet. Aus den Beratungen entstand ein Entwurf eines allgemeinen Handelsgesetzbuches für Deutschland - der sog. „Frankfurter Entwurf". Der fertig gestellte Teil, der keine gesetzliche Jahresabschlusspublizität kennt, ging fast wörtlich in den „Nürnberger Entwurf" ein.

Die beschlossene Reichsverfassung und der in ihr vorgesehene Kompetenzgewinn des Bundes scheiterten jedoch an der Frage nach dem Reichsoberhaupt. Zwar wurde mehrheitlich der preußische König *Friedrich Wilhelm IV.* zum Reichsoberhaupt gewählt. Dieser lehnte aber die Kaiserkrone ab und verwarf die Verfassung[271]. Mit dem Scheitern der Revolution war das Ziel eines einheitlichen Handelsgesetzes im Folgenden nicht verloren gegangen. In der neuen Regierung wurde dieses Ziel mit einer vom Justizministerium einberufenen Kommission weiter verfolgt[272].

Die Märzrevolution mündete verfassungsrechtlich in einer Bundesreform, die in der „Olmützer Punktation" 1850 beschlossen wurde. Sie scheiterte in der Folgezeit jedoch mit den verschiedenen auch kriegerischen Auseinandersetzungen zwischen Preußen und Österreich. Eine so genannte großdeutsche Lösung unter Einschluss Österreichs war damit ausgeschlossen. Sichtbar wurde dies mit dem Prager Frieden vom 12. August 1866, der die Gründung des Norddeutschen Bundes 1867 einleitete.

Am 18. August 1866 schlossen sich die Mehrzahl der norddeutschen Staaten zu einem Bündnis mit dem Ziel einer neuen, von einem aus gemeinsamen Wahlen hervorgegangenen Parlament beschlossenen Bundesverfassung zusammen. Der neu gewählte Reichstag verabschiedete am 16. April 1867 die Verfassung des Norddeutschen Bundes.[273]

Die Umbildung des Norddeutschen Bundes zum Deutschen Reich erfolgte in den sog. Novemberverträgen des Jahres 1870 mit den Staaten Hessen, Baden, Bayern und Württemberg. Auf der Basis der Verfassung des Norddeutschen Bundes trat am 1. Januar 1871 die Verfassung des Deutschen Reiches in Kraft. Die Proklamation des preußischen Königs Wilhelm I. zum Deutschen Kaiser ereignete sich am 18. Januar 1871 im Spiegelsaal des Schlosses von Versailles.[274] Sie sah, wie schon die

---

[268] Gemeint war wohl die von Wiedenmann geleitete Kommission, die im November 1848 ihre Arbeit aufnahm.

[269] Vgl. *Getz*, Die deutsche Rechtseinheit im 19. Jahrhundert als rechtspolitisches Problem, S. 116 f.; zur Kommission gehörten unter anderem Wiedenmann und Thöl.

[270] Siehe *Getz*, Die deutsche Rechtseinheit im 19. Jahrhundert als rechtspolitisches Problem, S. 136 f.

[271] Vgl. zum Scheitern der Reichsverfassung *Eisenhardt*, Deutsche Rechtsgeschichte, S. 360.

[272] Zu der Kommission gehörten Christian Wiedenmann, Johann Karl Anton Boicher, Franz Ferdinand Grimm und Johann Heinrich Thöl. Weitere Informationen zu den Kommissionsmitgliedern bei *Baums*, Entwurf eines allgemeinen Handelsgesetzbuches für Deutschland (1848/49), S. 37 ff.

[273] Abgedruckt bei *Huber*, Dokumente, Bd. 2, S. 272.

[274] Zu den Einzelheiten der Novemberverträge siehe *Huber*, Verfassungsgeschichte, Bd. III, S. 742 ff.

Paulskirchenverfassung eine entsprechende Gesetzgebungskompetenz des Bundes vor.

2. Wirtschaft

In wirtschaftspolitischer Hinsicht wurde mit der Gründung des Norddeutschen Bundes, der eine Öffnung für süddeutsche Staaten vorsah und wirtschaftlich mit diesen zusammenarbeitete, die Grundlage für eine bundeseinheitliche Gesetzgebung im Bereich des Handels- und Gesellschaftsrechts geschaffen. Die zweite Hälfte des 19. Jahrhunderts war die Zeit der Kodifikationen und der Entwicklung eines zusammenhängenden deutschen Binnenmarktes. Sie wird gewürdigt als die Zeit der Schwankung zwischen dem wirtschaftlichen Liberalismus – mit seiner Hauptphase in den 60er Jahren – und dem staatlichem Interventionismus. Eine pauschale Würdigung, die nur beschränkt auf die Entwicklung des Gesellschaftsrechts anzuwenden ist.

a) Industrialisierung

Ein jähes Ende nahm die mit der Entwicklung der Eisenbahngesellschaften eingesetzte dynamische Entwicklung im Börsenkrach von 1873, der zu der bis dahin schwersten Krise der Industriewirtschaft führte. In seiner Folge kippte die Freihandelsbewegung mit der Einführung von Schutzzöllen und Bismarck setzte in Preußen die Verstaatlichung der Eisenbahn durch. Die Verstaatlichung der Eisenbahn führte zu einem positiven Effekt bei der Finanzierung anderer Industriezweige. Das frei gewordene Kapital konnte nun über den Kapitalmarkt anderweitig investiert werden. Diese Finanzierungsmöglichkeiten wurden für Industrielle insbesondere vor dem Hintergrund der Folgen der Münzreform von 1871 – Umstellung von Silber- auf Goldwährung – bedeutsam. Im Zuge der Reform wurde der Silbermarkt überflutet, so dass sich die Währungsreserve verringerte und der Leitzins erhöht werden musste. Die Kreditfinanzierung von Unternehmungen wurde damit erschwert.

Der Hochindustrialisierung, die von der Entwicklung der Schwerindustrie geprägt war, folgte nach der Gründerkrise 1874 die „zweite industrielle Revolution". Es entwickelten sich Unternehmen und ganze Marktsegmente, die wissenschaftliche Forschung und damit den planmäßigen und gezielten Einsatz von Ressourcen voraussetzten. Den Investitionen standen daher keine unmittelbaren Erträge gegenüber. Zu den neuen Industrien gehörten die Elektro- und Chemieindustrie, die optische Industrie und die Automobilindustrie.

b) Wirtschaftspolitik

Wirtschaftspolitisch waren die 60er und frühen 70er Jahre des 19. Jahrhunderts eine Blütezeit des Liberalismus. Liberale Parlamentsmehrheiten trieben die stecken gebliebene Liberalisierung voran. Trotz der Konflikte zwischen den Liberalen und den von Bismarck vertretenen konservativen Kräften verwirklichten beide Lager in dieser Zeit ein gemeinsames liberales Wirtschaftsverständnis. Dieses ermöglichte eine Welle der Liberalisierung der Rechtsordnung, an deren Spitze – zumindest aus der hier vertretenen Perspektive – die Liberalisierung des Aktienrechts stand. Unter anderem beendete sie eine schleichende Verstaatlichung der Eisenbahngesellschaften durch den Ankauf von Aktien, schlossen liberale Handelsverträge mit Nachbarstaaten, liberalisierten das Bergrecht, stärkten die Freizügigkeit und prägten eine liberale Zollpolitik.[275]

In der Gründerkrise der Jahre 1873/74 zeigte sich die Kehrseite der liberalen Wirtschaftspolitik. Die geschaffene Freiheit wurde auch zum Missbrauch der Aktiengesellschaft ausgenutzt[276]. In der Folge verloren viele Privatanleger ihre Investitionen, Aktiengesellschaften mussten liquidiert werden oder Konkurs anmelden.

Die deutschen Staaten reagierten mit einer ausgeprägten Schutzpolitik; es folgte die Phase des Neomerkantilismus. 1876 leitete Bismarck diesen Kurswechsel in der Wirtschaftspolitik ein. Die Reichsregierung ließ sich von da an vorwiegend von fiskalischen Überlegungen leiten und besann sich auf eine ausgeprägtere Sozialpolitik. Die Reichsregierung fand einen Übergang zu einem „modernen Interventionsstaat"[277].

3. Rechtslage

Das Ende des 19. Jahrhunderts erwies sich als die Hauptreformphase dieses Jahrhunderts. Die angestauten Reformen erlangten ihre Umsetzung, nicht aber gleich ihre Vollendung. Eine mühsame Entwicklung eines bundeseinheitlichen Handelsgesetzbuches leitete eine Phase der Liberalisierung ein, die in einer wirtschaftslenkenden Eingriffspolitik des Staates endete. Mit der Abkehr von den liberalen Idealen gelangte auch die Jahresabschlusspublizität zum Durchbruch.

a) Bundeseinheitliches Handelsgesetzbuch

Zu den zentralen Figuren der Entwicklung einer reichseinheitlichen Gesetzgebung gehören *Thibaut*, *v. Kaptz* und *Savigny* [278]. In der Phase der Gründung des Deutschen Bundes konstatierte *Thibaut* 1814: „So ist also unser ganzes einheimisches Recht ein endloser Wust einander widerstreitender, vernichtender, buntschäckiger Bestimmungen, ganz dazu geartet, die Deutschen voneinander zu trennen, und den Richtern und Anwälten die gründliche Kenntniß des Rechts unmöglich zu machen"[279]. Auch wenn dieser Rechtszustand offensichtlich war, waren die wiederholten Bestrebungen der bundeseinheitlichen Gesetzgebung im Handelsrecht, das auch das Gesellschaftsrecht beinhaltete, ohne Erfolg[280]. Der Weg zum ADHGB sollte fast 50 Jahre dauern. Einen wesentlichen Schritt auf diesem Weg und Motor der Bestrebung stellte die Gründung des Zollvereins dar[281]. Das Beschlussorgan des Zollvereins war die Generalkonferenz, eine jährliche Versammlung der Bevollmächtigten der Mitgliedstaaten. Als beratendes und beschließendes Organ kam ihr für die bun-

---

[275] Vgl. *Ziegler*, Industrialisierung, S. 263 f.

[276] Zu betonen ist, dass die Einflüsse, die zu den Missbräuchen führten, zahlreich sind. Eine parallele Missbrauchswelle im österreichischen System der Konzessionierung sensibilisiert vor einer zu einseitigen Zuweisung der Ursache auf die Einführung des Normativsystems. Vgl. *Goldschmidt*, ZHR 30 (1885), 69 (76).

[277] *Ziegler*, Industrialisierung, S. 268.

[278] Zu den unterschiedlichen Auffassungen von Thibaut und Savigny in Fragen der Kodifikation siehe den Überblick m. w. N. bei *Eisenhardt*, Deutsche Rechtsgeschichte, S. 364 ff.

[279] *Thibaut*, Ueber die Notwendigkeit eines allgemeinen bürgerlichen Rechts für Deutschland, in: Stern (Hrsg.), Thibaut und Savigny, S. 35 (S. 42).

[280] Zu den verschiedenen Versuchen und Diskussionen siehe *Getz*, Die deutsche Reichseinheit im 19. Jahrhundert als rechtspolitisches Problem, S. 38 ff.

[281] Über seine Zuständigkeit bei der Weiterentwicklung des Rechts *Huber*, Deutsche Verfassungsgeschichte, Bd. II, S. 294 ff.

deseinheitliche Handelsgesetzgebung eine herausragende Stellung zu. In den verschiedenen Generalkonferenzen in den Jahren 1836 bis 1846 wurde von einigen Mitgliedern eine mehr oder weniger umfassende Rechtseinheit für Teilgebiete (beispielsweise Wechselrecht) oder gar das gesamte Handelsrecht gefordert[282]. Die erhebliche Verschiedenheit der einzelnen Zivilrechte nährte die Auffassung – auch Savignys –, dass eine völlige Übereinstimmung des Handelsrechts nicht anzustreben sei[283]. Die Diskussion über die Rechtseinheit beschränkte sich daher zunächst auf „gewisse Hauptgesichtspunkte"[284].

Die Unzulänglichkeit der partiellen Rechtsvereinheitlichung setzte sich letztlich mit zunehmenden Kodifikationsbemühungen auf der Basis des Zollvereins mit Blick auf eine Reichseinheit dennoch durch. So stellte das Königreich Württemberg auf einer von der achten Generalkonferenz beschlossenen Wechselkonferenz den Antrag, unter der Führung Preußens ein bundeseinheitliches Handelsrecht zu entwickeln[285]. Diese Bemühung wurde bald von der bürgerlichen Revolution 1848 „unterbrochen". Die gescheiterte Revolution führte aber nicht zum Abbruch der Bestrebungen. Vielmehr regte die Bundeszentralkommission, die interimistisch die Zuständigkeit der Bundesversammlung übertragen bekommen hatte, einen Kongress zur Ausarbeitung eines Handels- und Privatrechts an. Die auf Drängen Württembergs einberufene zehnte Zollvereinskonferenz forderte 1854 Preußen auf, in diesem Prozess eine Führungsposition einzunehmen. Diese Aufforderung ging letztlich auf eine Initiative Bayerns zurück[286]. Im Jahr 1857 veröffentlichte Preußen einen „Entwurf eines Handelsgesetzbuches für die Preußischen Staaten" mit Motiven[287]. Dieser wurde, neben einem württembergischen Entwurf aus dem Jahr 1839 und dem österreichischen Entwurf aus dem Jahr 1855[288], Grundlage der Nürnberger Konferenz zur Ausarbeitung eines allgemeinen deutschen Handelsgesetzbuches[289].

aa) Entwurf des königlichen Württembergs (1839 ff.)

Wie oben angemerkt, hatte das Königreich Württemberg auf nationaler Ebene in dem Organ der Generalkonferenz, vertreten durch den Obertribunalrat *Carl v. Hofacker*, eine länderübergreifende Gesetzgebung gefordert. Dieser Forderung lag die Überzeugung der ökonomischen Notwendigkeit eines kodifizierten moderneren Handels-

---

282 Ein Überblick m. w. N. befindet sich bei *Baums*, Entwurf eines allgemeinen Handelsgesetzbuches für Deutschland (1848/49), S. 16 ff.

283 *Savigny*, Vom Beruf unsrer Zeit für Gesetzgebung und Rechtswissenschaft, in: Stern (Hrsg.), Thibaut und Savigny, S. 69 (S. 80 ff, 136 ff.).

284 Vgl. *v. Hofacker*, Theil II, S. 10 f. In den 30er und 40er Jahren des 19. Jahrhunderts lag der Schwerpunkt der Kodifikationsbemühungen im Wechselrecht bzw. in der Reform des Kreditwesens (siehe *Henning*, Die Entwicklung der Aktiv- und Passivgeschäfte der Banken im 19. Jahrhundert in Deutschland, S. 55 ff.). Siehe zur „Leipziger Wechselrechtskonferenz" des Jahres 1847 *Thöl*, Das Handelsrecht, Bd. II, S. 28 ff.

285 *O. V.*, Protocolle der zur Berathung einer Allgemeinen Deutschen Wechsel-Ordnung in der Zeit vom 20. October bis zum 9. December 1847 in Leipzig abgehaltenen Conferenz, Protokoll Nr. 34 vom 8.12.1847, S. 246.

286 Siehe zur Entwicklung *Goldschmidt*, Handbuch des Handeslrechts, S. 87 f.

287 Siehe im Überblick zum Einfluss von Savigny auf die dem Entwurf zu Grunde liegende Rechtsquellenlehre *Baums*, Entwurf eines allgemeinen Handelsgesetzbuches für Deutschland (1848/49), S. 23 ff.

288 Der ursprüngliche ministerielle Entwurf wurde vom „Comité des Reichsraths" überarbeitet.

289 *Raisch*, Kodifikationsproblem im 19. Jahrhundert, S. 118.

und Gesellschaftsrechts zu Grunde[290]. Auf Landesebene wurde dieses Bestreben auf ein Gutachten von *v. Hofacker* gestützt. Dieses beinhaltete einen Gesetzesentwurf auf Grundlage des C.d.C., der in Württemberg umgesetzt werden sollte[291, 292].

(1) Über die Regelungen des Entwurfes

Der von *v. Hofacker* erarbeitete Entwurf beinhaltete auch eine Kodifikation des Gesellschaftsrechts. Das dritte Kapitel weist die Überschrift „Von dem Gesellschaftshandel" auf. Den getroffenen Regelungen liegen dabei vier Gesellschaftsformen zu Grunde[293]: die offene Gesellschaft, Gesellschaft unter einem Handlungsnamen (Firma), die stille Gesellschaft (Commandite). und die Actiengesellschaft (Art. 178). Das Recht der Aktiengesellschaft wurde in den Art. 243 bis 273 geregelt[294].

Eine Lektüre dieser Vorschriften zeigt, dass *v. Hofacker* einen Ausgleich zwischen den Gesellschafts- bzw. Gesellschafterinteressen und Gläubigern (Dritten) einerseits und zwischen der durch Verwalter vertretenen Gesellschaft (Art. 257 ff) und den Gesellschafterinteressen andererseits suchte. So dienten die Vorschriften über die Gründung (Art. 248: Gründungspublizität, Art. 249: Gründungshaftung), die Kapitalaufbringung (Art. 252 Abs. 2: beschränkte Veräußerbarkeit bei Inhaberaktien; Art. 254: Haftung des Aktionärs bis zum Nominalwert der Aktie, soweit eine Einzahlung unterblieben ist) und Kapitalerhaltung (Art. 261 Abs. 3, 263, 264) dem Schutz von Gläubigern. Der Entwurf suchte – mit aus heutiger Sicht rudimentären Mitteln – das Haftungskapital aufzubringen, zu erhalten und Beteiligte ggf. dafür haftbar zu machen. Die im Entwurf enthaltenen Vorschriften über die Rechnungslegung dienten diesem Ziel offensichtlich nicht. Art. 262 schreibt eine jährliche Rechenschaft der Verwalter über den Gewinn oder Verlust vor. Adressaten waren ausschließlich die

---

290 In diesem Sinne leitet der Justizminister *v. Schwab* den Entwurf von v. Hofacker ein. Siehe *v. Hofacker*, Theil I, Vorwort.

291 v. *Hofacker*, Entwurf eines Handelsgesetzbuches für das Königreich Württemberg mit Motiven, 1. und 2. Teil.

292 Zur Entstehung und Bedeutung des Entwurfes für darauf folgende Kodifikationen siehe *Raisch*, Kodifikationsproblem im 19. Jahrhundert, S. 71 ff.

293 Eine erschöpfende Regelung aller möglichen Gesellschaftsformen war nicht angestrebt, „um das Interesse Dritter möglichst zu wahren", *v . Hofacker*, Entwurf eines Handelsgesetzbuches für das Königreich Württemberg mit Motiven, 2. Teil, S. 161.

294 Die bedeutsamsten Bilanzvorschriften sind im Folgenden aufgeführt (Quelle: *v. Hofacker*, Entwurf eines Handelsgesetzbuches für das Königreich Württemberg mit Motiven, 1. Teil, S. 80 ff.):

Art. 262.
Vermögensberechnung.

Über den sich ergebenden Gewinn oder Verlust muß die Berechnung wenigstens alljährlich den Actionären vorgelegt werden.

Dieß geschieht entweder in einer allgemeinen Versammlung der Actionäre, oder durch Uebersendung einer Rechnungsübersicht an jeden Einzelnen, oder durch Auslegung der Rechnung zur Einsicht während einer bestimmten Zeit und nach vorheriger Bekanntmachung.

...

Art. 265.
Rechnungsabnahme.

Zur Abnahme und Anerkennung der Rechnung der Verwalter können nur solche Personen bestellt werden, welche an der Verwaltung nicht selbst Theil nehmen, wenn sie auch mit der Aussicht über die Verwalter beauftragt sind.

Aktionäre. Sie sollen in der Versammlung, durch Übersendung einer Rechnungsübersicht oder durch Auslegung der Rechnung zur Einsicht, informiert werden.

Die Bilanz dient als Informationsträger ausschließlich der Wahrung der Interessen der Aktionäre. Art. 262 des Entwurfes ist damit Ausdruck der Rechenschaftspflicht der Geschäftsführung gegenüber den Anteilseignern. *V. Hofacker* vertraute hinsichtlich des Informationsgehaltes der Bilanz auf die ordnungsgemäße Buchführung und Bilanzierung des Kaufmanns. Bilanzvorschriften für den Ansatz und den Ausweis von Bilanzpositionen kannte der Entwurf, der Zeit entsprechend, nicht. Die in dem Entwurf festgelegte geringe Transparenz stand damit weiter unter dem Eindruck und der Tradition der Schutz- und Aufsichtsfunktion des Staates[295].

(2) Zu den Motiven von v. Hofacker

Das gesetzliche Leitbild, das aus heutiger Sicht zu betonen ist, ergibt sich aus den Motiven über die Versagungsgründe der Genehmigung vor dem Hintergrund der Wirtschaftsgeschichte. *V. Hofacker* schrieb zu Art. 245, dass eine Genehmigung niemals willkürlich versagt werde, die Förderung der Industrie läge im Interesse der Regierung. Hieraus wird ersichtlich, dass die Kapitalakkumulation im Fokus der Kodifikationsbestrebung lag. Systematisch ist der Entwurf mit der Auseinandersetzung ausländischer Rechtsordnungen geprägt. In den Motiven zu Art. 262 (Vermögensberechnung) findet sich lediglich der Verweis auf eine weiter gehenden Vorschrift von Art. 55 des holländischen Handelsgesetzbuches. Eine inhaltliche Auseinandersetzung mit der Funktion der Bilanz findet an dieser Stelle aber nicht statt.

bb) Frankfurter Entwurf (1848/49)

Als „Frankfurter Entwurf"[296] bekannt wurde der von der *Wiedenmann*-Kommission erarbeitete Entwurf eines allgemeinen Handelsgesetzbuches für Deutschland, der aber nicht zu Vollendung kam[297]. Der Teil, der das Recht der Handelsgesellschaften betraf, wurde aber abgeschlossen und bildete die Grundlage der Entwicklung eines einheitlichen Gesellschaftsrechts. Der Entwurf konnte in seinen Regeln nicht den parallelen Entwicklungen des revolutionären Geschehens gerecht werden. Viel zu tief greifend war die Rechtszersplitterung und die Skepsis über die Kodifikationsfähigkeit eines für den ganzen Deutschen Bund geltenden Handelsrechts. Gleichzeitig drängte jedoch die wirtschaftliche Entwicklung zu einem entsprechenden Schritt[298].

Das Bild der Funktion des Staates im Wirtschaftsrecht bzw. im Gesellschaftsrecht trug auch weiterhin stark ausgeprägte spätmerkantilistische Züge. Am Konzessionssystem wurde festgehalten (Art. 74 Abs. 1 HGB-Entwurf 1848). Wenn in weiten Teilen der Rechtsordnung eine zumindest formale Liberalisierung zu verzeichnen war

---

[295] Der Württemberger Entwurf sah in Art. 244 die Genehmigungsbedürftigkeit für die Gründung voraus. Mit dieser Vorschrift sollte die nach alter Rechtslage mögliche genehmigungsfreie Errichtung einer Aktiengesellschaft für gewinnorientierte Unternehmen aufgehoben werden, vgl. *v. Hofacker*, Entwurf eines Handelsgesetzbuches für das Königreich Württemberg mit Motiven, 2. Teil, S. 218.

[296] Der Entwurf ist zusammen mit Motiven bei *Baums*, 1848/49, S. 59 ff., abgedruckt.

[297] Zu den Umständen der Einsetzung und ihrer Arbeit siehe oben Zweiter Teil. II. 1.

[298] Siehe zu dieser Problemstellung die dem Reichsjustizministerium übergebene Denkschrift der Handelskommission. Abgedruckt in *Baums*, Entwurf eines allgemeinen Handelsgesetzbuches für Deutschland (1848/49), S. 54 ff. Ein in der Literatur weniger diskutiertes Hemmnis für die Entwicklung eines einheitlichen Handelsrechts ist die Abhängigkeit der Handelsrechtsregelungen vom bürgerlichen Recht, das ebenso wenig kodifiziert wurde. Vgl. dort S. 55.

(beispielsweise freies Eigentum, Gewerbefreiheit) und parallel zur Kommissionsarbeit eine freiheitliche Grundordnung durch den Verfassungskonvent angestrebt wurde, so musste der Ordnung der Aktiengesellschaften eine Sonderstellung eingeräumt werden. Der Staat sollte nach den Motiven des Entwurfes auch weiterhin in seiner Schutzfunktion das Recht der letzten Entscheidung beibehalten. In Anbetracht der Bedrohung des kleinen Gewerbes durch Aktiengesellschaften ist dort zu lesen: „Diesem Uebel zu begegnen und überhaupt die Prüfung vorzunehmen, ob in dem allgemeinen Interesse die Errichtung einer Aktien-Gesellschaft zu gestatten sei, oder nicht, dazu muß die Staatsregierung die Macht haben.[299]" In diesem Prüfungsrecht sieht die Kommission eine Kompensation für die beschränkte Haftung: „Es muß untersucht werden, ob die Unternehmer mit Rücksicht auf ihre Person und ihr Vermögen für den guten Fortgang der Sache hinreichende Gewähr leisten, ob das Grundkapital mit dem Gegenstand der Unternehmung in dem richtigen Verhältnisse steht, ob ein entsprechender Theil des Capitals vorhanden, oder gedeckt ist ..."[300].

Gerade die Jahresabschlussvorschriften des Entwurfes sind Ausdruck eines auch weiterhin unfreien Gesellschaftsrechts. Eine Liberalisierung wurde nicht angestrebt. Der Wortlaut der Vorschriften steht in einer Linie mit dem Württemberger Entwurf 1839/40, weist aber auch Elemente des Preußischen Aktiengesetzes auf[301]. Als Entwicklungsstufe musste in der preußischen Rechtsfortbildung die Vorschrift des ge-

---

[299] *Baums*, Entwurf eines allgemeinen Handelsgesetzbuches für Deutschland (1848/49), S.153.

[300] *Baums*, Entwurf eines allgemeinen Handelsgesetzbuches für Deutschland (1848/49), S.153 f.

[301] Die im Folgenden zitierten Bilanzvorschriften des Entwurfes 1848/49 entsprechen mit geringen Abweichungen den im Württemberger Entwurf enthaltenen Regelungen der Art. 262 ff. (Quelle: *Baums*, Entwurf eines allgemeinen Handelsgesetzbuches für Deutschland (1848/49), S. 116 ff.). Angaben in () sind ergänzte nichtamtliche Überschriften:

Art. 75.
(Gesellschaftsvertraglicher Mindestinhalt)

Das Gesellschaftsrecht muß insbesondere bestimmen:

1) ...
4) die Höhe des Grundkapitals und der einzelnen Aktien;
5) ...
10) die öffentlichen Blätter, in welchen die von der Gesellschaft ausgehenden Bekanntma-
chungen erfolgen sollen.

Art. 100.
(Rechnungslegung)

Die Vorsteher müssen den Aktionären jährlich wenigsten einmal eine Berechnung über Gewinn oder Verlust des vergangen Jahres vorlegen.

Dies kann geschehen entweder in einer allgemeinen Versammlung der Aktionäre, oder durch Uebersendung der Berechnung an jeden einzelnen Aktionär, oder durch Auferlegung derselben zur Einsicht während der in der Gesellschaftsurkunde bestimmten Zeit und nach vorheriger Bekanntmachung.

Art. 101.
(Rechnungsprüfung)

Zur Abnahme und Anerkennung der von den Vorstehern zu legenden Rechnungen können Personen nicht bestellt werden, welche auf irgend eine Weise an der Verwaltung Theil nehmen.

Dieses Verbot bezieht sich nicht auf die Personen, welche die Aufsicht über die Verwaltung führen.

sellschaftsvertraglichen Mindestinhalts hervorgehoben werden. Dieser Gesetzgebungstechnik bediente sich auch Handelsrechtsentwurf, jedoch verzichteten die Autoren auf die Festlegung der Bilanzierungsvorschriften. Eine Konkretisierung der Bilanzaussagen in Form der zu Grunde gelegten Bilanzregeln war dem Adressaten der gesetzlichen Form der Bilanz nicht möglich. Der Entwurf vertraute dennoch auf die Freiwilligkeit entsprechender gesellschaftsvertraglicher Regelungen[302]. Insoweit ist in dem Entwurf gar ein Rückschritt in der Entwicklung zu sehen.

Abweichend gegenüber dem preußischen Aktiengesetz wurde in dem Frankfurter Entwurf gleich der Aktionär als Adressat der Gewinn- und Verlustrechnung aufgenommen (Art. 100 I HGB-E 1848) und auf ein gesetzliches Informationsrecht der Regierung verzichtet (vgl. § 24 S. 2 AktG 1843)[303]. Der Verzicht steht im Zusammenhang mit der gesetzlichen Auflösung der Aktiengesellschaft im Falle des Art. 103 I HGB-E 1848, der Verminderung des Grundkapitals um drei Viertel. Noch im preußischen AktG 1843 wurde die Auflösung in das Ermessen der Regierung gestellt, die im Falle der Halbierung des Grundkapitals die Vorteilhaftigkeit der Auflösung der Gesellschaft prüfen musste. Insoweit findet sich im Entwurf wiederum ein Rückschritt zur Rechtslage des Württemberger Entwurfes. Durch den Verzicht auf die Ermessensentscheidung ist ein Informationsrecht der Regierung grundsätzlich nicht notwendig. Damit reduzierte sich die Kontrollfunktion des Staates.

Die Vorschriften der Rechnungsprüfung (Art. 101 HGB-E 1848) und einer Gefährdungspublizität (Art. 102 HGB-E 1848) weisen keine wesentlichen inhaltlichen Änderungen auf. Anzumerken ist, dass die Kommission wiederum, wie schon *v. Hofacker*, auf das Medium der Registerpublizität neben Gesellschaftsblättern setzte.

Im Ergebnis ist der Frankfurter Entwurf aus publizitätshistorischer Sicht kein Meilenstein in der Entwicklung. Seine Bedeutung liegt vielmehr in der Schaffung einer einheitlichen Entwicklungsgrundlage. Auch ohne Vollendung des Entwurfes und Umsetzung in Gesetzesform wurde dieser Entwurf späteren Kodifikationsbemühungen zu Grunde gelegt.

cc) Preußischer Entwurf (1857)

Motiviert durch den wirtschaftlichen Aufschwung ab den 20er Jahren und durch die Rechtszersplitterung, die mit dem Erwerb der von französischem Recht geprägten westrheinischen Staaten einherging, bemühte sich die preußische Regierung zunächst um eine Gesamtrevision des ALR und schließlich um eine staatenübergreifende Rechtseinheit im Handelsrecht[304]. Der Forderung der zehnten Zollvereinskon-

[302] Vgl. Begründung zu Art. 100, HGB-Entwurf 1848. Sollte gesellschaftsvertraglich bestimmt die Bilanz öffentliche bekannt gegeben werden, so enthielt Art. 75 Nr. 10 HGB-Entwurf 1848 eine entsprechende Regelung über den Modus der Offenlegung.

[303] In Anbetracht der Genehmigungspraxis bedeutet dieser Schritt keine Beschneidung der staatlichen Kontrollrechte. Im Zweifelsfall wird das Genehmigungsverfahren zu dem Erfordernis von Informationsrechten führen. Wie zuvor im Octroi-System wird auch im Konzessionssystem nur ein beschränkter Teil der das Gesellschaftsrecht berührenden Vorschriften kodifiziert. Insbesondere die Kontroll- und Eingriffsrechte des Staates bleiben Fragen der Einzelentscheidung in dem jeweiligen Genehmigungsverfahren.

[304] So konstatierte der Gesetzgeber in der Vorbemerkung zum Entwurf, S. III, abgedruckt bei *Schubert*, Entwurf eines Handelsgesetzbuchs für die Preußischen Staaten. Nebst Motiven (1857): „Die Vorschriften des Allgemeinen Landrechts, ..., sind in vielen Beziehungen den Anforderungen der Gegenwart nicht mehr entsprechend." Weiter hieß es auf S. IV der Motive: „Die Nothwendigkeit

ferenz folgend wurde ein erster Entwurf 1856 einer durch das Justiz- und Handelsministerium einberufenen Kommission zur Begutachtung vorgelegt[305].

(1) Über die Regelung der Aktiengesellschaft

Das zweite Buch des Entwurfes befasst sich mit den Handelsgesellschaften. Wie schon der württembergische Entwurf so führt auch dieser neben den Handelsgeschäften für gemeinschaftliche Rechnung nur die offene Handelsgesellschaft, die stille Handelsgesellschaft und die Aktiengesellschaft auf (Art. 85 HGB-E 1857). In den Motiven heißt es hierzu, „nur diese Formen allein sollen zulässig sein; die allgemeine Sicherheit erfordert es namentlich, dass hinsichtlich etwaiger anderer Gestaltungen von gesellschaftlichen Verbindungen, durch welche man sich der persönlichen Verantwortlichkeit nach außen hin entziehen könnte, der Privatwillkür eine Schranke gezogen wird“[306]. Dieses Ziel der „allgemeinen Sicherheit“ spiegelt sich auch in den umfangreicheren Regeln über die Aktiengesellschaften wider und wird in den Motiven mit „der Sicherheit des Publikums“ umschrieben[307]. Es bleibt hingegen offen, welcher Personenkreis erfasst sein sollte. Im Bereich des Jahresabschlussrechts wird jedoch alsbald deutlich, dass diese Zielsetzung durch ein interventionistisches Staatsverständnis erreicht werden soll und nicht durch die Einbeziehung des Marktes. Zwar legt Art. 196 HGB-E 1857 fest, dass Adressat der Bilanz die Aktionäre sind. Die kontrollierende Instanz blieb aber dem Entwurf nach – wohl weiterhin – die Regierung. Dabei postulierten die Motive, dass die Staatsregierung eine Oberaufsicht über den Geschäftsbetrieb ermöglichen sollte[308].

(2) Zur Publizität der Aktiengesellschaft

Auch im preußischen Entwurf[309] lässt sich nicht von einem Durchbruch der Publizität sprechen. Weiterhin blieb der Staat Kontrollorgan des Marktes. So ist es zu verste-

---

einer einheitlichen Gesetzgebung ist in der Natur und dem Bedürfniß des Handelsverkehrs begründet...“

305 Über die Verhandlungen wurden 1856 die „Protokolle über die Berathungen mit den kaufmännischen Sachverständigen und praktischen Juristen, betreffend den Entwurf eines Handelsgesetzbuches für die Preußischen Staaten“ veröffentlicht.

306 Motive, S. 46, in: *Schubert*, Entwurf eines Handelsgesetzbuchs für die Preußischen Staaten.

307 Motive, S. 96, in: *Schubert*, Entwurf eines Handelsgesetzbuchs für die Preußischen Staaten.

308 Motive, S. 96, in: *Schubert*, Entwurf eines Handelsgesetzbuchs für die Preußischen Staaten.

309 Im Folgenden wird auszugsweise der preußische Entwurf, insoweit er das Bilanzrecht betrifft, zitiert (Quelle: *Schubert*, Entwurf eines Handelsgesetzbuchs für die Preußischen Staaten, S. 32 ff.). Angaben in () sind ergänzte nichtamtliche Überschriften :

Art. 182.
(Gesellschaftsvertraglicher Mindestinhalt)

Der Gesellschaftsvertrag muß insbesondere bestimmen:

1) ...
4) die Höhe des Grundkapitals und der einzelnen Aktien oder Aktienantheile;
5) ...
6) Die Grundsätze, nach welchen die Bilanz aufzunehmen und der Gewinn zu vertheilen, so wie die Art und Weise, wie den Aktionären die Bilanz zur Einsicht vorgelegt ist;
7) ...
11) die öffentlichen Blätter, in welchen die von der Gesellschaft ausgehenden Bekanntmachung er-folgen sollen.

hen, wenn es im Entwurf in Art. 197 Abs. 1 heißt: „Die jährliche Bilanz muß in den ersten vier Monaten eines jeden Geschäftsjahres der Regierung des Bezirks, in welchem die Gesellschaft ihren Sitz hat, durch den Vorstand eingereicht werden."
Hierzu führt die Begründung zu den Art. 197, 198 aus:

> „Da persönlich haftende Gesellschafter nicht vorhanden sind, so muß im Interesse der Sicherheit des Publikums der Staatsregierung eine Oberaufsicht über den Geschäftsbetrieb der Aktiengesellschaft ermöglicht werden. In der Regel wird die Regierung schon bei der Bestätigung des Gesellschaftsvertrages sich vorbehalten haben, zur Wahrnehmung dieses Oberaufsichtsrechts einen Kommissar zu bestellen, welchem das Recht der Einsicht der Bücher und Papiere der Gesellschaft und der Berufung von Generalversammlungen gegeben werden"[310].

Der Verweis auf die Verwaltungspraxis der Genehmigung spezifiziert die Sichtweise des Gesetzgebers. Art. 181 HGB-E 1857 setzte auch weiterhin eine landesherrliche Genehmigung voraus und bestätigte damit das bestehende Konzessionssystem. Viel bedeutsamer ist aber die Beantwortung der Frage, ob im ersten Satz der Begründung der historische Ursprung der Korrelation zwischen Haftungsbeschränkung und Publizität zu sehen ist. Zwar existierte keine gesetzliche Publizitätspflicht, doch übernahm die Aufsichtsfunktion des Marktes an dieser Stelle der Entwicklung immer noch

---

...

Art. 196.

(Rechnungslegung und –prüfung)

Der Vorstand muß den Aktionären jährlich wenigstens einmal eine Bilanz des vergangenen Geschäftsjahres vorlegen.

Zur Entlastung der Vorsteher bei Legung der Rechnung können Personen nicht bestellt werden, welche auf irgend eine Weise an der Verwaltung Theil nehmen.

Dieses Verbot bezieht sich nicht auf die Personen, welche die Aufsicht über die Verwaltung führen.

Art. 197.

(Staatliches Informationsrecht)

Die jährliche Bilanz muß in den ersten vier Monaten eines jeden Geschäftsjahres der Regierung des Bezirks, in welchem die Gesellschaft ihren Sitz hat, durch den Vorstand eingereicht werden.

Im Falle der Unterlassung hat die Regierung Einsicht von den Büchern zu nehmen.

Art. 198.

(Gefährdungspublizität und –Information)

Ergiebt sich aus der letzten Bilanz, dass sich das Grundkapital um die Hälfte vermindert hat, so muß der Vorstand sie unverzüglich öffentlich bekannt machen.

Die Regierung muß in diesem Falle von den Büchern der Gesellschaft Einsicht nehmen und kann nach Befinden der Umstände die Auflösung der Gesellschaft verfügen.

310 *Schubert*, Entwurf eines Handelsgesetzbuches für Preußische Staaten, S. 96. Die Heraushebung erfolgte durch den Verfasser.

der Staat. Wie noch in kommenden Gesetzgebungsverfahren, so wirft auch hier die Begrifflichkeit des „Publikums" erhebliche Konkretisierungsfragen auf. Welcher Personenkreis soll mit der Wortwahl erfasst werden? Eine Antwort verschließt sich auch nach der Studie der Materialien des Gesetzesentwurfes[311]. Systematisch beachtlich ist aber, dass mit Art. 197 eine Regelung getroffen wurde, die neben dem Informationsrecht der Aktionäre steht. Insoweit könnte angenommen werden, dass ein gegenüber den Aktionären abweichender Adressatenkreis in den Schutzbereich der Bilanzinformationen gezogen werden soll.

Der eigentliche Bedeutungszusammenhang wird aber wohl ein anderer gewesen sein. Vor dem Hintergrund der wirtschaftlichen Bedeutsamkeit der zu diesem Zeitpunkt noch übersichtlichen Zahl von Aktiengesellschaften für die volkswirtschaftliche Entwicklung und das interventionistische Staatsverständnis stellte die Informationspflicht des Art. 197 HGB-E 1857 ein neben der Konzessionierung der Gesellschaft bedeutsames Machtmittel dar. Mit seiner Hilfe konnte der preußische Staat über das Auflösungsrecht gegenüber der Aktiengesellschaft (Vgl. Art. 198 Abs. 1 HGB-E 1857) im laufenden Betrieb das Ende der werbenden Tätigkeit bestimmen. Letztlich behielt sich der Staat während des laufenden Betriebes die Kontrollmöglichkeit über ein in der Größe suspektes Machtgebilde der Volkswirtschaft vor. In seiner Konturlosigkeit steht über der Kontrollfunktion der in der Begründung zu Art. 197, 198 HGB-E 1857 zu lesende Begriff des Gemeinwohls.

Die gezeigten Umstände sprächen dagegen, dass sich der Staat alleine auf Grund der Haftungsbeschränkung zum Eingriff berechtigt fühlte. Begründende Elemente sind in diesem Zusammenhang wohl eher:

1. die Abhängigkeit des wirtschaftlichen Wohlstands der Bürger von dem soliden Betrieb der Aktiengesellschaften,
2. die mit der Größe der Unternehmungen zusammenhängende auch politische Macht und
3. das Bewusstsein einer Privilegierung (infolge einer Konzession).

Die Haftungsbeschränkung ist ein in der Entwicklung der Aktiengesellschaft sich nachträglich durchgesetztes und zweifellos notwendiges Element der Rechtsform. Von erheblicher, wenn nicht höherer Relevanz waren zu dieser Zeit aber wohl wirtschaftliche Eigenschaften. Es ist primär die Fähigkeit zur Kapitalakkumulation, die zur tragenden Säule der Industrialisierung wurde. Das Vorhandensein einer natürlichen persönlich haftenden Person hätte den Staat aus seiner Aufsichts- und Schutzpflicht nicht entlassen. Der Schutz des Gemeinwohls wäre durch eine natürliche Person nur in Ausnahmefällen sicherzustellen gewesen, sollte die Anwesenheit einer natürlichen Person nicht zum Formalkriterium degenerieren[312]. Der Begründungszusammenhang zwischen Haftungsbeschränkung und Gemeinwohlaspekten unterstreicht einen wirtschaftlichen Bedeutungszusammenhang. Dieser ist gekoppelt an die Eigenschaft, den Typus der Aktiengesellschaft. Mit den in der Folgezeit erlasse-

[311] Einen Hinweis könnte die Begründung des württembergischen Entwurfes zu Art. 264 geben, in der die Gruppe der Aktionäre neben dem Publikum verwandt wird. Dass dieses Verständnis aber den folgenden Reformen zu Grunde lag, kann jeweils nicht unterstellt werden.

[312] Es sei an die Entwicklung zur Gleichbehandlung der KGaA mit der AG in der Reform 1884 nach den Erfahrungen der Missstände in den Gründerjahren erinnert.

nen Circular-erlassen wurde entgegen des Plädoyers *von Savigny* der Kreis, der in ihrer korporativen Struktur privilegiert war, auf ein volkswirtschaftlich notwendiges Maß reduziert. Wie schon im Octroi-System blieb die Rechtsform der Aktiengesellschaft auf einen kleinen Kreis von Unternehmen beschränkt. Konzessionierte Aktiengesellschaften waren also solche, die ein volkswirtschaftlich erforderliches Unternehmen betrieben und der Finanzierung über eine Vielzahl von Personen bedurften.

Mit der Entscheidung, den Kreis der Adressaten der Unternehmensrechnung auf die Aktionäre beschränkt zu lassen, sprach sich der Gesetzgeber aber nicht grundsätzlich gegen Publizität oder im Spezielleren gegen Registerpublizität aus. Dem Verzicht auf eine weiter reichende Veröffentlichungspflicht war vielmehr eine differenzierte Entscheidung über das Schutzbedürfnis der verschiedenen mit der Aktiengesellschaft verknüpften Personengruppen verbunden. Es ist als bewusste Entscheidung anzusehen, dass Gläubiger, oder allgemein Dritte, nicht in den Kreis der Adressanten von Jahresabschlüssen einbezogen wurde.

In der Tradition der Gesetzgebungsgeschichte und mit Blick auf die Erfahrungen des Börsenkrachs früherer Zeiten wird an anderer Stelle die Eigenverantwortung der Bevölkerung innerhalb des Konzessionssystems gezeigt. Gemeint ist die Problematik der Gründung. Hier betont der preußische Entwurf die Notwendigkeit der Publizität. Die Regeln zeigen, welche Bedeutung der Registerpublizität im Kreis der Schutzvorschriften zuzumessen sind. So heißt es in den Motiven auf Seite VII: „Die bisherigen Bekanntmachungen durch Anschlag an der Börse, durch Mittheilung an die Kaufmannschaft des Orts, durch Cirkulare an die Geschäftsfreunde, erfüllen ihren Zweck nur unvollkommen ..."

Die Gründungspublizität zielte also offensichtlich auf einen, gegenüber den Adressaten des Jahresabschlusses abweichenden, Personenkreis, nämlich potentielle Aktionäre und Gläubiger. Nr. 6 der Vorschrift über die gesellschaftsvertragliche Pflichtbestimmungen (Art. 182 HGB-E 1857) stellte die Rechenschaft des Vorstandes gegenüber den Aktionären auch in qualitativer Hinsicht sicher[313]. Nach dieser Bestimmung mussten „die Grundsätze nach welchen die Bilanz aufzunehmen und der Gewinn zu vertheilen, so wie die Art und Weise, wie den Aktionären die Bilanz zur Einsicht vorzulegen ist" im Gesellschaftsvertrag enthalten sein.

Der preußische Entwurf zeugt also im Ergebnis von einem differenzierten Publizitätsverständnis. Während die Publizität im Zusammenhang mit der Gründung ausgebaut wurde, ist der Personenkreis der Adressaten der Jahresabschlussdaten gleich geblieben. Gleichwohl verbesserte sich mit den in der Satzung festzuschreibenden Bilanzregeln die Qualität der Information.

dd) Das Allgemeine Deutsche Handelsgesetzbuch (ADHGB)

Das ADHGB stellt die erste deutsche staatenübergreifende Kodifikation des 19. Jahrhunderts dar. Es ist der Schlusspunkt einer Jahrzehnte dauernden Kodifikationsbemühung der verschiedenen Mitgliedstaaten und steht im Lichte der erbrachten Vorarbeiten. Erarbeitet wurde dieses Gesetz in der Nürnberger Kommission[314], die sich im Januar 1857 in Nürnberg versammelte[315].

---

313 Vgl. *Klein*, Die neueren Entwicklungen in Verfassung und Recht der Aktiengesellschaft, S. 16 f.

314 So spricht man bei dem Entwurf von dem „Nürnberger Entwurf".

315 Der Weg zum ADHGB und die Kommissionsarbeit waren weiterhin geprägt von den zwischenstaatlichen Konflikten. Siehe hierzu *Schubert*, Protokolle der Commission zur Berathung eines allgemeinen deutschen Handelsgesetz-Buches, Bd. 1, S. XI ff.

In der Kommissionsarbeit stellte sich die Frage nach dem anzuwendenden Gründungsrecht als größtes Problem für eine Einigung zwischen den Staaten heraus. Während vorwiegend die Hansestädte ein liberales formelles Normativsystem anstrebten, wollten Österreich und Preußen am Konzessionssystem und der staatlichen Oberaufsicht festhalten. Eine Einigung kam nicht zustande. Das Ergebnis war vielmehr der sog. Konzessionssystemkompromiss. Als Grundsatz galt hiernach das Konzessionssystem. Den Mitgliedstaaten des Norddeutschen Bundes wurde freigestellt, durch jeweiliges Landesrecht ein Normativsystem einzuführen. Hiervon machten vor allem die Hansestädte Hamburg und Bremen[316], Oldenburg und weitgehend auch Sachsen, Baden und Württemberg seit 1862[317] Gebrauch. Dies bedeutete jedoch noch keinen grundsätzlichen Paradigmenwechsel im Aktienrecht. Die Kompromissformel lässt sich zwar rückblickend als Wegbereiter der späteren aktienrechtlichen Novelle von 1870 sehen. Die bedeutsamsten Staaten des späteren deutschen Reiches, vor allem Preußen und Bayern, hielten weiterhin am Konzessionssystem fest. Hinsichtlich der abweichend handelnden Hansestädte ist ein Verweis auf die geschichtliche Sonderstellung angebracht. Im Zusammenhang mit der Hanse kennzeichnete diese Städte im Interesse ihres wirtschaftlichen Vorsprungs ein deutlich liberaleres Handels- und Gesellschaftsrecht als andere Staaten des Heiligen Römischen Reiches Deutscher Nation.

Entsprechend der grundsätzlichen Beibehaltung am Konzessionssystem wurde das Jahresabschlussrecht auch nur moderat verändert[318]. Gegenüber dem preußi-

---

316 *Fick*, Aktiengesellschaften, S. 60.

317 *Schubert*, Aktienrechtsnovelle von 1870, S. 287.

318 Die im Folgenden zitierten Normen befassen sich als Auszug des Gesetzes mit dem Recht des Jahresabschlusses (Quelle: *o.V.*, Allgemeines Deutsches Handelsgesetzbuch von 1861, S. 41 ff.). Angaben in () sind ergänzte nichtamtliche Überschriften:

Art. 209.
(Gesellschaftsvertraglicher Mindestinhalt)

Der Gesellschaftsvertrag, dessen Genehmigung erfolgen soll, muß insbesondere bestimmen:

1) ...
4) die Höhe des Grundkapitals und der einzelnen Aktien oder Aktienantheile;
5) ...
6) die Grundsätze, nach welchen die Bilanz aufzunehmen und der Gewinn zu berechnen und aus-zuzahlen ist, sowie die Art und Weise, wie die Prüfung der Bilanz erfolgt;
7) ...
11) die Form, in welcher die von der Gesellschaft ausgehenden Bekanntmachungen erfolgen, so-wie die öffentlichen Blätter, in welche dieselben aufzunehmen sind.

Art. 239.
(Buchführungs-, Rechnungslegungspflicht und Prüfung)

Der Vorstand ist verpflichtet, Sorge zu tragen, dass die erforderlichen Bücher der Gesellschaft geführt werden. Es muß den Aktionären spätestens in den ersten sechs Monaten jedes Geschäftsjahres eine Bilanz des verflossenen Geschäftsjahres vorgelegt werden.

Zur Entlastung des Vorstandes bei Legung der Rechnung können Personen nicht bestellt werden, welche auf irgend eine Weise an der Geschäftsführung Theil nehmen.

Dieses Verbot bezieht sich nicht auf die Personen, welchen die Aufsicht über die Geschäftsführung zusteht.

Art. 240.

schen Entwurf wurde die Vorschrift des gesellschaftsvertraglichen Pflichtinhaltes in zweifacher Weise geändert. Zum einen wurde auf den die Einsichtnahme regelnden Passus verzichtet, zum anderen die Verpflichtung zur Regelung der Umstände der Bilanzprüfung eingeführt (Art. 209 Nr. 6 ADHGB). Hinsichtlich der Rechenschaftspflicht der Unternehmensführung gegenüber den Aktionären führte der Art. 239 Abs. 1 ADHGB eine sechsmonatige Veröffentlichungsfrist ein. Diese Bestimmung bzw. die Verpflichtung des Vorstandes zur Offenlegung waren in den Kommissionsberatungen umstritten. Es wurde befürchtet, dass bestimmte Aktiengesellschaften binnen einer vier- oder sechsmonatigen Frist die Bilanz nicht veröffentlichen könnten.

Mit dem ADHGB sollte auch noch im Recht des Jahresabschlusses eine geringfügige Liberalisierung eintreten. Die Kommission verzichtete auf das noch im preußischen Entwurf enthaltene Informationsrecht. Art. 297 des preußischen HGB-E 1857 wurde zögerlich gestrichen[319]. Dies wurde einerseits auf Grund des fehlenden zivilrechtlichen Charakters der Regelung, andererseits – dies klingt vor dem Hintergrund der aktiengesellschaftlichen Entwicklung plausibler – auf Grund der erwarteten Überlastung der Regierung befürchtet[320].

Für das damalige Bilanz- und Publizitätsverständnis aufschlussreich sind die Veränderungen des Art. 198 HGB-E 1857. Die Kommission verzichtete auf eine Veröffentlichung der hälftigen Verminderung des Grundkapitals. In diesem Fall sollen mit dem ADHGB lediglich die Aktionäre und die zuständige Verwaltungsbehörde informiert werden. Die Verwaltungsbehörde konnte[321] dann in die Bücher Einsicht nehmen und nach ihrem Ermessen die Auflösung der Aktiengesellschaft verfügen. Hierzu ist der ersten Kommissionslesung die Begründung zu entnehmen, dass eine obligatorische Publizitätspflicht eine „unnötige Härte" darstelle. Die Kommission sah Gläubiger durch die übrigen Vorschriften hinreichend geschützt. Man wollte der Gesellschaft die wirtschaftliche Erholung ermöglichen[322]. Aus wirtschaftlichen Überlegungen wurde also auf eine „Gefährdungspublizität" verzichtet. Gleichwohl heißt es zu Art. 196 Preuß-E, dass in der Regelung der Prüfung der Bilanz „... zur Sicherung der Gläubiger der Gesellschaft ... Vorsorge dafür getroffen werden (müsse), dass die Bilanz möglichst richtig aufgestellt und möglichst gründlich geprüft werde"[323]. Dieses Interesse ergab sich aber nicht aus einer Informationsfunktion für Gläubiger sondern aus der Kontrollpflicht des Staates im Interesse der Gesellschaftsgläubiger. Mit anderen Worten bestätigt die Kommission das vergangene Staats- und Gesellschaftsverständnis, nach dem nicht dem Marktteilnehmer, sondern dem Staat die marktregulierende Rolle zufällt.

Ergiebt sich aus der letzten Bilanz, dass sich das Grundkapital um die Hälfte vermindert hat, so muß der Vorstand unverzüglich eine Generalversammlung berufen und dieser sowie der zuständigen Verwaltungsbehörde davon Anzeige machen.

Die Verwaltungsbehörde kann in diesem Falle die Auflösung der Gesellschaft verfügen.

Ergiebt sich, dass das Vermögen der Gesellschaft nicht mehr die Schulden deckt, so muß der Vorstand hiervon dem Gericht behufs der Eröffnung des Konkurses Anzeige machen.

319 Nichts desto trotz betont die Kommission in der Diskussion zu dieser Vorschrift die Funktion des Staates als Aufsichtsbehörde über die Aktiengesellschaften.

320 Protokolle der Handelsrechtskommission, S. 354.

321 Im preußischen Entwurf bestand noch eine Pflicht der Regierung zur Einsichtnahme in die Bücher.

322 Vgl. Protokolle der Handelsrechtskommission, S. 356.

323 Protokoll der XXXIX Sitzung, in: *Schubert*, Protokolle der Commission zur Berathung eines allgemeinen deutschen Handelsgesetz-Buches, Bd. 1, S. 353.

Letztlich lässt sich feststellen, dass die Jahresabschlusspublizität des ADHGB in ihrer Qualität hinter der des preußischen Aktiengesetzes (1843) in der mit den Circularverfügungen modifizierten Form zurückblieb. Die Gesetzgeber beließen die Funktion der Bilanz in der Rechenschaft des Vorstandes gegenüber den Aktionären. Die Offenlegung, sei es auch nur gegenüber der Bezirksregierung, war darüber hinaus nicht erforderlich. Anders als im preußischen Vorbild war die öffentliche Bekanntmachung nicht gesetzlich gefordert.

ee) Zwischenergebnis

Die mit den preußischen Verwaltungsvorschriften zum Aktiengesetz von 1843 erweckten Erwartungen einer Liberalisierung des Aktienrechts hatte der Prozess der bundeseinheitlichen Handelsgesetzgebung zumindest in der Frage der Jahresabschlusspublizität zerschlagen. Die liberale Hochphase der 1860er Jahre hatte sich auch in der Entwicklung des Aktienrechtes angekündigt. Trotz einer führenden Rolle Preußens zeugen die Materialen auf dem Weg zum ADHGB aber nicht von einem geänderten Marktverständnis. Liberalere Vorstellungen der Hansestädte wurden zu unterdrücken versucht. Eine gesetzliche Publizitätspflicht entwickelte sich nicht. Diese historische Perspektive relativiert die Bedeutung der Einführung einer Jahresabschlusspublizität in der preußischen Circulaverfügung von 1856. Sie kann daher nicht als Ausdruck grundlegender marktwirtschaftlicher Tendenzen verstanden werden, die das Gesellschaftsrecht in seiner Gesamtheit betraf. Die Verwaltungsvorschriften betonen aber den Typus der Aktiengesellschaft als originäre Rechtsform des Kapitalmarktes. Die Ausweitung der Publizität scheint mithin dem Bedeutungsgewinn und der gestiegenen Gefahr des Kapitalmarktes geschuldet zu sein[324]. Als ergänzende Maßnahme zur Staatskontrolle stellen die Vorschriften gleichwohl einen bedeutenden Schritt in Richtung eines Normativsystems dar.

Die Frage, inwieweit den Informationspflichten der Aktiengesellschaften (gegenüber den Aktionären und dem Staat) eine gläubigerschützende Funktion zukommt, gestaltet sich schwierig. Im Gegensatz zu anderen Stimmen des Schrifttums[325] scheint diese Schlussfolgerung die vorliegenden Materialien zu überinterpretieren. Die Gesamtheit aller Umstände legen es nahe, dass nicht der heute diskutierte Gläubigerschutz im Mittelpunkt stand, sondern der übergeordnete Schutz der Volkswirtschaft. Zwar führten die Informationsregeln und insbesondere die preußische Publizitätspflicht auch zum Schutz des Gläubigers. Durch den Gläubigerschutz waren aber vielmehr Entscheidungen zur Unternehmensverfassung motiviert. Von weit größerer Bedeutung erscheint für die Jahresabschlusspublizität im Hinblick auf die Wirtschaftsgeschichte der Schutz des Vertrauens der Marktteilnehmer und insbesondere der Vertrauensschutz der Aktionäre zu sein.

Die übergeordnete Kontrollfunktion des Staates in Gänze mit der potentiellen Gefährdung der Bevölkerung zu begründen, ließen die wirtschaftspolitischen Vorstellungen der Gesetzgeber außer Acht. Ein solcher Begründungszusammenhang fände die Parallele in der heutigen Verknüpfung von Haftungsbeschränkung und Publizität. Unbeachtet blieben in diesem Falle aber einerseits das immer noch spätmerkanti-

---

324 Zur kapitalmarktregelnden Funktion des Aktienrechts siehe *Merkt*, Beiträge zur Börsen- und Unternehmensgeschichte, S. 205 ff.

325 *Großfeld/Diekmann*, WPg 1988, 419 (420); *Merkt*, Beiträge zur Börsen- und Unternehmensgeschichte, S. 41.

listische Wirtschaftsverständnis des Staates und andererseits das Grundverständnis von der juristischen Person, die immer noch einem Fremdkörper des Gesellschaftsrechts gleichkam. Die sich in Krisenzeiten gezeigte Abhängigkeit des Wohlstandes der Bevölkerung von einer relativ geringen Zahl von Unternehmen lässt die Spekulation zu, dass solche Unternehmensgebilde auch bei Vorhandensein einer persönlich haftenden natürlichen Person unter einer besonderen Aufsicht des Staates gestanden hätten. Letztlich bewahrheitete sich diese Auffassung bei der Gleichstellung der Kommanditgesellschaft auf Aktien mit den Aktiengesellschaften.

b) Aktienrechtliche Novelle vom 11.06.1870[326]

Die fortschreitende Industrialisierung hatte die Staatsverwaltung unter erheblichen Druck gesetzt. Das Konzessionssystem erwies sich einerseits für die Interessen der Gesellschaften und andererseits für eine effektive Überwachung der Gesellschaften und Schutz des Publikums als zu schwerfällig und ungeeignet[327]. Die Erfahrungen der österreichischen Gründungsepoche ließen lediglich den Schluss zu, dass der Staat ein nur ineffektives Überwachungsorgan darstellte[328]. Auch dort hatte es in großem Umfang Missstände gegeben, trotz eines aktienrechtlichen Konzessionssystems. Hierzu heißt es in den Motiven zum Gesetzesentwurf über die im Konzessionssystem zum Ausdruck kommende Fürsorge gegenüber dem Publikum: „Sie *vermehrt* die Opfer des Schwindels und der Unsolidität, statt sie zu *verhüten*“[329]. Die Verknüpfung der staatlichen Aufsicht mit der Unternehmensführung hatte zu einem besonderen Vertrauen der Aktionäre und des Publikums geführt[330]. Immense Schäden von Aktionären und Gesellschaftsgläubigern konnten nicht verhindert werden.

Hinzu kommt, und das ist für die rechtsdogmatische Beurteilung der Regelungen noch wichtiger, dass das Konzessionssystem mit dem Postulat der liberalen Wirtschaftspolitik unvereinbar war. Bereits seit der Mitte des Jahrhunderts drängten zunehmend wirtschaftstheoretische Postulate nach mehr Freiheit im Bereich des Aktienrechts den Gesetzgeber zur Reform[331]. Auch wenn der Staat den Aktionären und dem Kapitalmarkt mehr Verantwortung übertrug, sah *Klein* ihn immer noch in der Verpflichtung, „für die Sicherheit des in Aktienunternehmen angelegten Rationalkapitales und um dessenwillen zugleich für eine ordnungsgemäße, redliche Verwaltung zu sorgen“[332]. Weiter heißt es: "nicht aus dem Gesichtspunkte des Gläubigerschutzes“. Er hält rückblickend auf die Reform fest: „Ihr Leitstern ist Aktionärschutz“. Ob dies stimmt, soll nun geprüft werden.

---

326 „Gesetz betreffend die Kommanditgesellschaften auf Aktien und Aktiengesellschaften“, BGBl. 1870, S. 375-386.

327 „... die staatliche Genehmigung der Aktiengesellschaften mit ihren Konsequenzen sei keineswegs geeignet, die Erreichung ihres wesentlichen Zwecks, die Aktionäre und Gläubiger vor Ausbeutung und Verlusten zu schützen, im hinreichenden Maße zu sichern.“ – erste Lesung, Drucksache Nr. 158, 1870, S. 1056; *Goldschmidt*, ZHR 30, 69 (75) sieht aus der Perspektive des versagenden Staates die Gesetzgebung von 1870 im nachhinein als „Notgesetz“ an.

328 *Auerbach*, Das Actienwesen, S. 8 f; *Goldschmidt*, ZHR 30, 69 (76).

329 Protokolle über die Verhandlung des Bundesraths des Norddeutschen Bundes, Nr. 86/1869, S. 14.

330 Protokolle über die Verhandlung des Bundesraths des Norddeutschen Bundes, Nr. 86/1869, S. 15.

331 Zur wissenschaftlichen Vorbereitung siehe *Auerbach*, Das Gesellschaftswesen in juristischer und volkswirthschaflicher Hinsicht unter besonderer Berücksichtigung des allgemeinen deutschen Handelsgesetzbuchs, S. 282 ff.

332 *Klein*, Die neuen Entwicklungen in Verfassung und Recht der Aktiengesellschaft, S. 12.

aa) Über das Verfahren

Die Initiative zur Liberalisierung des Aktienrechts stammte vom preußischen Handelsminister *von Itzenplitz*. Zwei von Räten seines Ministeriums angefertigte Gutachten kamen hinsichtlich der Beibehaltung am Konzessionssystem zu unterschiedlichen Ergebnissen[333]. Unbeeindruckt von der abweichenden Empfehlung wurde in seinem Ministerium von *Karl Rudolf von Jacobi* ein Gesetzesentwurf erarbeitet. Mit diesem setzte sich insbesondere der Justizminister *Leonhardt* auseinander. Inhaltlich stellte er die Schärfe der vorgeschlagenen Normativbestimmungen in Frage. Seiner Ansicht nach seien die Gläubigerinteressen, deren Schutz die Normativbestimmungen bezweckten, durch eine im Gesetzesentwurf vorgesehene Jahresabschlusspublizität hinreichend geschützt[334]. Die Regeln für die Sacheinlage sollten hingegen verschärft werden. Abweichend von früheren Gesetzgebungsakten trat das Gläubigerinteresse mit der Liberalisierung in das Blickfeld der Diskussionen. Als Kompensation für den Wegfall des Einschreitens des Staates forderte *Leonhardt* eine Stärkung der Rechte der Aktionäre, insbesondere ein Klagerecht gegen den Vorstand oder den Aufsichtsrat. Auf der Grundlage der Stellungnahme des Innenministers *Eulenburg* wurden in der kommissarischen Beratung der beteiligten Ministerien Grundsätze über die Aufstellung der Bilanz in den Entwurf aufgenommen[335]. Die Stellungnahmen der Justiz- und Innenminister führten demnach zu einer ordnungspolitischen Entscheidung zu Gunsten der Jahresabschlusspublizität.

Im Bundesrat äußerten die Hansestädte, Sachsen und Oldenburg hinsichtlich des Grundkonzepts der Normativbestimmungen erhebliche Kritik. Ihre Sorge galt dabei der Verschiedenheit der betroffenen Gesellschaften. Diese sei so erheblich, dass eine einheitliche Regelung ausgeschlossen sei[336]. Der Bundesrat wies den Entwurf nach Eingang Stellung nehmender Gutachten dem Justizausschuss zu. In der Ausschussarbeit wurde deutlich, dass die Liberalisierung des Gesellschaftsrechts ihren Höhepunkt im 19. Jahrhundert gefunden hatte. Der Lübecker Vertreter brandmarkte die bisherigen Regeln im ADHGB als „tote Buchstaben". Die aus heutiger Sicht für die Liberalisierung grundlegende Einführung des Normativsystems wurde vielmehr als „Bevormundungssystem" erfasst, das zu mehr Unfreiheit führe. Die Replik des preußischen Vertreters auf die Lübecker Kritik ist für das Verständnis der endgültigen Reformbestimmungen erheblich. Er bezog sich bei der Verteidigung der Bestimmungen auf die Erfahrungen Preußens. Nach diesen sei eine Kontrolle der „Interessenten" über das Unternehmen bei einer entsprechenden räumlichen Streuung der Aktien nur eingeschränkt möglich. Nach weiteren Diskussionen schloss sich die Mehrheit des Ausschusses dem preußischen Entwurf an. Bedeutsam ist die Replik des preußischen Vertreters aus zweierlei Gründen. Erstens wurde nicht das Interesse weiterer Marktteilnehmer zur Begründung der Normativbestimmungen herangezogen, sondern die der „Interessenten". Gemeint werden damit aktuelle und zukünftige Aktionäre sein. Zweitens wurde die zahlenmäßige und räumliche Streuung des Aktien-

---

[333] Ernst Eck sprach sich für den Fortfall der staatlichen Genehmigung aus, Karl von Achenbach dagegen.

[334] Vgl. *Schubert*, ZGR 1981, 285 (294 f.). Zur Jahresabschlusspublizität der Reform siehe den folgenden Abschnitt.

[335] Ihr Zweck besteht nach *Jacobi* darin zu verhindern, „daß nicht ein Theil des Grundkapitals als Gewinne unter die Aktionäre vertheilt werde." – erste Lesung, Drucksache Nr. 158, 1870, S. 1056.

[336] Vgl. die Stellungnahme des Abgeordneten *Meier* (Bremen), erste Lesung, Drucks. Nr. 158, 1870, S. 1059.

besitzes zur Begründung herangezogen. Der Gesetzgeber hatte damit als gesellschaftliche Grundform die Publikumsgesellschaft vor Augen, bei der primär die Normativbestimmungen aber auch die Publizitätsregelung für den Jahresabschluss dem Schutz der Aktionäre gelten.

Nach Mehrheitsbeschluss des Bundesrates wurde anschließend Preußen zur Überarbeitung seines Entwurfes anhand der eingegangenen Bemerkungen aufgefordert. Der dem Bundesrat übergebene revidierte Entwurf enthielt nur wenige Änderungen der Normativbestimmungen. Auch in dem zum zweiten Mal angerufenen Justizausschuss konnten sich die Einwände der Hansestädte grundsätzlich nicht durchsetzen[337]. Die inhaltlichen Auseinandersetzungen wurden dem Plenum des Bundesrates in einem Bericht dargestellt. Auch die Diskussion im Plenum führte zu keiner grundsätzlichen Änderung des preußischen Entwurfes[338].

Im Reichstag des norddeutschen Bundes wurde abschließend das Novellierungsgesetz in zwei Lesungen, wie Großfeld feststellte, durchgepeitscht. Nach seiner Wertung dürfte „die Leichtfertigkeit, mit der man dabei vorging, ... in der neueren Gesetzgebungsgeschichte ihresgleichen suchen"[339]. Die von *Schubert* aufgearbeiteten grundsätzlichen Auseinandersetzungen im Bundesrat, vor allem zwischen Preußen und den Hansestädten, korrigieren diesen Eindruck und unterstreichen die grundlegende Bedeutung dieses Gesetzes. Hier sei noch einmal an den Ausgangspunkt der Reform erinnert. *Auerbach* sah die deutsche Volkswirtschaft „... vor einem Abgrund (stehen), welcher Glück und Wohlstand zu verschlingen droht(e). Rathlos und verzweifelnd häuft man Klagen und Anklagen, bricht den Stab über Verführer und Verführte und über die Zeit, wo solche Verführungen in so grossem Maasstabe fast zur Tagesordnung gehören"[340].

bb) Die Jahresabschlusspublizität

Basierend auf einer etwa zwei Jahrzehnte geführten rechtlichen, wirtschaftlichen und politischen Diskussion und den Erfahrungen insbesondere Österreichs übertrug der Staat die Verantwortung für eine ordnungsgemäße Verwaltung der Aktiengesellschaften im Rahmen eines schützenden Normativsystems zu einem großen Teil auf die Aktionäre und das Publikum. Mit dieser Reform erfolgte allerorts der Übergang vom Konzessions- zum Normativsystem. Neben neu geschaffenen oder erneuerten Kapitalaufbringungs- und Kapitalerhaltungsvorschriften wurde vor allem das Kontrollrecht des Aktionärs gestärkt. Dieses wurde mit der erstmals für alle Mitgliedstaaten begründeten Offenlegungspflicht des Jahresabschlusses verbunden[341]. Art. 239 Abs.

---

337 Siehe hierzu die Verhandlung vom 01.05.1870 in: Sten. Berichte über die Verhandlungen des Reichstages, 1. Leg.-Per., Sess. 1870, Nr. 62.

338 Zu den wesentlichen strittigen Bestimmungen siehe *Schubert*, ZGR 1981, 285 (302 ff.).

339 *Großfeld*, Aktiengesellschaft, Unternehmenskonzentration und Kleinaktionär, S. 142; relativierend durch das Bundesratsverfahren *Schubert*, ZGR 1981, 285 (286).

340 *Auerbach*, Das Actienwesen, Vorwort S. III.

341 Im Folgenden werden auszugsweise die bilanzrechtlichen Vorschriften des Allgemeinen Deutschen Handelsgesetzbuches in der Fassung vom 11.6.1870 zitiert. Der kursiv geschriebene Einschub ist der wesentliche Zusatz durch das Gesetz vom 11.6.1870 (Quelle: *Schubert/Hommelhoff*, Hundert Jahre modernes Aktienrecht, S. 107 ff.):

Zweiter Abschnitt

Von der Kommanditgesellschaft auf Aktien insbesondere.

2 ADHGB verpflichtete die Offenlegung des Jahresabschlusses in den Blättern, die im Statut der Aktiengesellschaft festgelegt waren.

Zum Bedeutungswandel des Gesellschaftsrechts im Normativsystem ist in den Motiven zu lesen: Die „Hauptaufgabe des zu erlassenen Gesetzes (besteht) darin, ... im Einklang mit der rechtlichen Natur und der volkswirtschaftlichen Bedeutung der in Rede stehenden Gesellschaften zum Schutze des Publikums gegen Uebervorteilung und Täuschung einen geeigneten Ersatz zu schaffen für diejenige Fürsorge, welche bisher in der Form von Konzessionsbedingungen bei der staatlichen Prüfung und Feststellung des einzelnen Status geübt wurde“[342]. Mit der unbestimmten Umschreibung der Publizitätsadressaten als „Publikum“ ist in dieser Reform der Ausgangspunkt eines mehr als 130 Jahre dauernden Streites zu sehen. Insbesondere die Schriften von *Moxter*[343], *Döllerer*[344] und *Caemmerer*[345] beteiligen sich an der Streit-

---

...

Artikel 185.

Die persönlich haftenden Gesellschafter sind verpflichtet, dem Aufsichtsrath und den Kommanditisten spätestens in den ersten sechs Monaten jedes Geschäftsjahres eine Bilanz des verflossenen Geschäftsjahres vorzulegen.

...

Dritter Titel.
Von den Aktiengesellschaften.

...

Dritter Abschnitt.
Rechte und Pflichten des Vorstandes.

...

Artikel 239.

Der Vorstand ist verpflichtet, Sorge zu tragen, dass die erforderlichen Bücher der Gesellschaft geführt werden. Er muss den Aktionairen spätestens in den ersten sechs Monaten jedes Geschäftsjahres eine Bilanz des verflossenen Geschäftsjahres vorlegen und solche innerhalb dieser Frist in der Form *und in den öffentlichen Blättern, welche für die Bekanntmachungen der Gesellschaft in dem Gesellschaftsvertrage bestimmt sind, veröffentlichen.*

Zur Entlastung des Vorstandes bei Legung der Rechnung können Personen nicht bestellt werden, welche auf irgend eine Weise an der Geschäftsführung Theil nehmen.

Dieses Verbot bezieht sich nicht auf die Personen, welchen die Aufsicht über die Geschäftsführung zusteht.

Artikel 239 a.

Für die Aufstellung der Bilanz sind folgende Vorschriften maassgebend:

1) kurshabende Papiere dürfen höchstens zu dem Kurswerthe, welchen dieselben zur Zeit der Bilanzaufstellung haben, angesetzt werden;
2) die Kosten der Organisation und Verwaltung dürfen nicht unter die Aktiva aufgeführt werden, müssen vielmehr ihrem vollen Betrage nach in der Jahresrechnung als Ausgabe erscheinen;
3) der Betrag des Grundkapitals und des etwa im Gesellschaftsvertrage vorgeschriebenen Reserve- oder Erneuerungsfonds ist unter die Passiva aufzunehmen;
4) der aus der Vergleichung sämmtlicher Aktiva und sämmtlicher Passiva sich ergebende Gewinn oder Verlust muss am Schlusse der Bilanz besonders angegeben werden.

Artikel 240.

Ergiebt sich aus der letzten Bilanz, dass sich das Grundkapital um die Hälfte vermindert hat, so muss der Vorstand unverzüglich eine Generalversammlung berufen und dieser davon Anzeige machen.

Ergiebt sich, dass das Vermögen der Gesellschaft nicht mehr die Schulden deckt, so muss der Vorstand hiervon dem Gericht behufs der Eröffnung des Konkurses Anzeige machen.

...

[342] Zitiert nach *Göllert*, Sozialbilanzen, S. 60.

[343] *Moxter*, Bilanzlehre, S. 421 f.

[344] *Döllerer*, BB 1958, 1281 (1281 f.).

frage, ob eine allgemeine Öffentlichkeit oder eingeschränkter die Aktionäre und Gläubiger Adressaten der Schutzbestimmungen seien[346]. Dieser Debatte liegt historisch eine Diskussion über die neu eingeführten Strafvorschriften in den Entwurfsberatungen zu Grunde[347]. Der Abgeordnete *Miquel* sah für den Vorstand der AG keine Informationspflicht gegenüber der weiten Öffentlichkeit, sondern nur gegenüber den Aktionären. Anderenfalls müssten alle Großunternehmen publizitätspflichtig sein[348]. Der Abgeordnete *Jacobi* und mit ihm die Mehrheit des Reichstages sahen auch „... die Interessen des Publikums, der Gläubiger, der dritten Personen, die mit der Gesellschaft in Verbindung treten ..." als schutzbedürftige Adressaten der Publizität an[349].

(1) Strukturprinzipien der Jahresabschlusspublizität

Für die in der Einleitung gestellte Frage nach den Strukturprinzipien der Jahresabschlusspublizität ist es nicht alleine gewinnbringend, durch Auslegung des Gesetzes und der Materialien den Begriff des „Publikum(s)" inhaltlich zu konkretisieren und somit nach den Adressaten der Publizität zu fragen. Hierfür kann auf die umfangreiche Literatur vor allem der 1960er Jahre hingewiesen werden[350]. An dieser Stelle soll die Novelle des Jahres 1870 nach der vom Gesetzgeber getroffenen Systematik überprüft werden.

Welche Strukturprinzipien der gesetzgeberischen Entscheidung zu Grunde lagen, lässt sich der Interpretation der Materialen des Gesetzgebungsverfahrens nicht unmittelbar entnehmen[351]. Daher soll zunächst noch einmal die historische Entwicklung der entscheidenden Vorschriften vor Augen geführt werden. In den vergangenen Gesetzen und Gesetzesentwürfen ergänzten sich Rechenschaftsregelungen gegenüber den Aktionären und Informationsregeln gegenüber dem Staat. Mit zunehmender Verbreitung der Rechtsform der Aktiengesellschaft wurden die Kontrollmöglichkeiten des Staates nach dem bisherigen Konzessionssystem überschritten. Entsprechend den Anmerkungen der Diskussionen dienten die Normativvorschriften und die Publizitätsregelung dem Ausgleich verringerter staatlicher Kontrolle. Die Ausweitung der Schutzvorschriften (Normativ- und Publizitätsvorschriften) steht damit bei historischer Auslegung funktional im Zusammenhang mit den früheren Informationspflichten der Gesellschaften gegenüber dem Staat. Die vorherige Untersuchung hatte jedoch ergeben, dass die Vorschriften nicht in der Nähe zu einer bestimmten Adressatengruppe standen. Überlegungen zum Schutz des Kapitalmarktes dominierten. In der Nähe zu diesen Überlegungen des Funktionsschutzes stehen die eingeführten Schutzvorschriften. Der Funktionsschutz, die Ordnung eines Marktsegmentes, war auch vorrangiges Ziel dieser Reform[352]. Es ging ausschließlich um Unternehmungen, die nur mit Hilfe der Kapitalakkumulation über die Aktiengesellschaft durchgeführt werden

345 *V. Caemmerer*, Publizitätsinteressen der Öffentlichkeit und Gesellschaftsrecht, S. 159 ff.

346 Siehe unten V. 5. c). Die Auswirkungen dieses Streites zeigen sich auch noch im 21. Jahrhundert bei der Frage der Reichweite der Offenlegungspflicht der Kapitalgesellschaften & Co.

347 Siehe zum Problem der Interpretation des Begriffs „Publikum" *Göllert*, Sozialbilanzen, S. 61 ff.

348 Sten. Berichte über die Verhandlungen des Reichstages, I. Leg.-Per., Sess. 1870, S. 1067.

349 Sten. Berichte über die Verhandlungen des Reichstages, I. Leg.-Per., Sess. 1870, S. 1068.

350 Zur Diskussion über die Adressateneigenschaft der Öffentlichkeit siehe unten Zweiter Teil, V. 5. c).

351 Vgl. *Göllert*, Sozialbilanzen, S. 62.

352 Vgl. *Hopt*, Ideelle und wirtschaftliche Grundlagen der Aktien-, Bank- und Börsenrechtsentwicklung im 19. Jahrhundert, S. 128 (S. 155).

konnten[353]. Geschlossene Aktiengesellschaften lagen außerhalb der gesetzgeberischen Beachtung. Setzt man diese Zielsetzung des Gesetzgebers mit der Publizitätsregelung des Jahresabschlusses in Verbindung, so lassen sich folgende Schlüsse ziehen:

1. Die Jahresabschlusspublizität kompensierte die verringerte Kontrollmöglichkeit des Staates im Rahmen des Normativsystems.
2. Wenn für die wirtschaftliche Betätigung im Interesse der Wohlfahrtssteigerung Handlungsalternativen erweitert werden, dürfen diese den Marktteilnehmer nicht unverhältnismäßig gefährden und schädigen.
3. Der Grund für ein Kontrollsystem liegt in der Missbrauchsanfälligkeit des Aktienmarktes.

In der heutigen Situation, in der für die Rechtfertigung der Jahresabschlusspublizität allzu leicht auf die Haftungsbeschränkung verwiesen wird, bekommt die rechtshistorische Entwicklung bis zur Aktiennovelle des Jahres 1870 einen aktuellen Bezug. Sie zeigt, dass die angeführte Pauschale in dieser Phase der Rechtsentwicklung zu kurz greift. Aus der Zielsetzung des Gesetzgebers ist zunächst abzuleiten, dass ein weniger weitreichend schützender und regulierender Eingriff des Staates durch eine Stärkung der übrigen schwächeren Marktteilnehmer ausgeglichen werden musste. Der Schutz und die Regulierung erfolgen dabei nicht zum Selbstzweck, sondern stehen in einem gleich bleibenden ordnungspolitischen Zusammenhang. Die Offenlegung des Jahresabschlusses diente der ehedem dem Staat zugewiesenen Aufgabe[354]. Insbesondere in der Phase der wirtschaftlichen Entwicklung mit einsetzender Industrialisierung kam der Kapitalakkumulation eine grundlegende volkswirtschaftliche Bedeutung zu. Sie war die Voraussetzung für einen wirtschaftlichen Aufschwung des Landes und die damit einhergehende Wohlfahrtssteigerung. Die Zielsetzung des historischen Gesetzgebers betonte eben diesen funktionalen Zusammenhang mit der Rechtsform der Aktiengesellschaft. Eine funktionsschützende Betrachtung ist somit die für Publizitätsvorschriften zunächst maßgebliche. Gesetzgeberisches Ziel und Wertungsmaßstab in Publizitätsfragen ist zu allererst die sachgerechte Funktion des Aktienmarktes. Diese Feststellung beinhaltet zwangsläufig weitere Schlussfolgerungen. Wenn es nun heißt, dass Publizitätsvorschriften auch dem Schutz der Gläubiger oder dem Schutz der Öffentlichkeit dienten, so kann dies als richtig gewertet werden. Dies ergibt sich aber nicht daraus, dass der Gesetzgeber primär den Schutz der Gläubiger oder der Öffentlichkeit anstrebte. Dies ergibt sich vielmehr daraus, dass der Gesetzgeber den Schutz von Gläubigern oder der Öffentlichkeit als notwendige Ergänzung des Funktionsschutzes des Aktienmarktes ansah. Der Funktionsschutz des Aktienmarktes war also das die verschiedenen Adressaten verbindende Element. Er rechtfertigte erst die Einbeziehung dieser Adressaten.

Fraglich bleibt nun noch, ob der Funktionsschutz des Aktienmarktes das einzige Strukturprinzip der 1870 geschaffenen Jahresabschlusspublizität darstellt, oder ob

---

353 *Jakobi*, Sten. Berichte über die Verhandlungen des Reichstages, 1. Leg.-Per., Sess. 1870, Nr. 158, S. 1071.

354 Gleichwohl wurde auch berücksichtigt, dass die Übertragung der Verantwortung auf Dritte mittels Offenlegung auch negative Effekte mit sich bringt. Siehe hierzu den Einwand des Abgeordneten *Sybel*, Sten. Berichte über die Verhandlungen des Reichstages, 1. Leg.-Per., Sess. 1870, Nr. 158, S. 1066. In diesem Sinne beschränkend wirkte auch der Abgeordnete *Miquel*, Sten. Berichte über die Verhandlungen des Reichstages, 1. Leg.-Per., Sess. 1870, Nr. 158, S. 1067.

dieses von einem weiteren gestützt wird. Angeführt werden könnte an dieser Stelle eine Kompensation der Haftungsbeschränkung durch eine Offenlegung der Schulddeckungspotentiale in der jährlichen Bilanz. Die Einfügung der Gläubiger in den Kreis der Adressaten spricht dafür. Den Materialien der Gesetzgebung in seinem Gang sind entsprechende Grundlagen jedoch nicht zu entnehmen. Unbestreitbar sollte mit der Reform auch der Kreis der Gläubiger geschützt werden. Die Vorschriften über die Sicherung der Haftungsmasse dienten unter anderem auch diesem Zweck. Doch ist fraglich, ob auch die Vorschrift der Jahresabschlusspublizität die Kompensation der Haftungsbeschränkung darstellen sollte.

(2) Kurze Anmerkung zur Adressatendiskussion

Sieht man in der Frage des Adressaten nicht die entscheidende, sondern nur in der Frage nach dem die Publizitätspflicht rechtfertigenden Strukturprinzip, so ergibt sich die Unzulänglichkeit der Diskussion zwischen *Miquel* und *Jacobi*. Die Einbeziehung eines Adressatenkreises in die Pflicht zur Offenlegung bedarf einer Rechtfertigung, die sich nicht aus sich selbst heraus ergibt. Diese kann vielmehr nur aus dem rechtfertigenden Strukturprinzip abgeleitet werden. Es ist zu fragen, ob der jeweilige Adressatenkreis für den Funktionsschutz des Aktienmarktes mit den Informationen der Bilanz versehen werden muss. Dies setzt selbstverständlich voraus, dass die Funktionszusammenhänge eines Aktienmarktes erkannt und benannt werden.

Verbindendes Moment der Begründungszusammenhänge stellt der Kapitalmarkt dar, auf den die Gesetzesreform ausgerichtet war. In diesem Systematisierungszusammenhang ergibt sich die Antwort auf die Frage nach den Adressaten der Jahresabschlusspublizität. Von vorrangiger Bedeutung für den Aktienmarkt ist der Aktionär, der zu allererst Leittragender eines Aktienmissbrauchs war. Der Gesetzgeber sah es schon in der Vergangenheit als vordringliche Aufgabe an, den teilweise unwissenden und unkritischen Aktionär zu schützen. Abgeleitet werden kann die Adressateneigenschaft auch für die Öffentlichkeit. Die Erfahrungen eines Börsenkrachs ließen erkennen, in welchem Umfang die Volkswirtschaft von der Funktionsfähigkeit des Kapitalmarktes abhängt. Bei einem umfassenden Vertrauensverlust der Anleger droht die wirtschaftliche Entwicklung in ihrer internationalen Konkurrenz Schaden zu erleiden. So direkt die wirtschaftlichen Zusammenhänge der beiden erstgenannten Gruppen der Gesetzesreform zu Grunde lagen, so unscharf wurde der Zusammenhang zwischen der Gläubigergefährdung und der Gefährdung der Funktionsweise des Aktienmarktes gesehen. Dabei diente weniger der Kapitalmarkt, vielmehr die Privilegierung der Rechtsform zur unmittelbaren Begründung einer gesonderten Schutzbedürftigkeit. Der entscheidende Bezug zum Kapitalmarkt ergibt sich unter dem Aspekt des Vertrauens in den Kapitalmarkt. Die Einbeziehung der Gesellschaftsgläubiger in das System der Kapitalmarktbeziehungen relativiert eine Gläubiger schützende Funktion, die zum Annex des Kapitalmarktschutzes reduziert wird.

(3) Zwischenergebnis

Die grundlegende Reform des Aktienrechts erwies sich als Ausgangspunkt der Frage nach den Adressaten der Publizitätsregelung und damit nach der Frage der Strukturprinzipien einer Regelung, die sich erstmals heutigen Regelungen annäherte. In der zeitgenössischen Debatte zeigte sich eine mangelnde Auseinandersetzung der Forschung und Lehre mit dieser Problemstellung. Die Diskussion zwischen *Miquel* und *Jacobi* ist Ausdruck einer mangelnden rechtsdogmatischen Auseinandersetzung mit den Publizitätsvorschriften des Jahresabschlusses. Die Auseinandersetzung der beteiligten Personen zeigte aber auch die Notwendigkeit einer differenzierten Regelung. So mahnten im Verfahren Stimmen die übermäßige Belastung kleiner Aktiengesellschaften[355].

Wenn nachträglich der Publizität die Funktion als Kontrollinstrument einer Haftungsbeschränkung zugemessen wurde[356], so verkürzt und verzerrt dieses Ergebnis die vorgefundene Lage. Es hatte sich gezeigt, dass die Publizitätspflicht primär den Schutz des Marktes[357] und individualisierend den Schutz des Aktionärs bezweckte. Gleichzeitig wurden, darauf verwies *Leonhardt*, auch die Gläubiger von der Offenlegung geschützt. Eine entscheidungstragende Wirkung ist dieser Funktion aber nicht zuzumessen.

c) Aktiennovelle vom 18.7.1884

Das heutige Recht der Aktiengesellschaften verdankt seine wesentliche Prägung der Novellierung des Aktienrechts aus dem Jahr 1884[358]. So würdigt *Hommelhoff* die Gesetzesreform in einem rechtsdogmatischen Überblick als „Jahrhundertwerk"[359]. 14 Jahre nach Einführung des Normativsystems sah sich der Gesetzgeber abermals gezwungen, Unzulänglichkeiten des Gesellschaftsrechts mit einer Novellierung zu begegnen. Im Gegensatz zu der vorherigen Reform war die Novellierung des Jahres 1884 gründlicher vorbereitet. Dies ist vor allem das Verdienst des Bestrebens der preußischen Regierung, eines umfangreichen Gutachtens des Reichsoberhandelsgerichts und einer einberufenen Sachverständigenkommission.

aa) Ausgangssituation

Die Liberalisierung des Aktienrechtes 1870 läutete die sog. „Gründerjahre" ein. Gemeint ist der Boom der Gründung von Aktiengesellschaften. Alleine zwischen 1870 und 1873 vervierfachte sich die Anzahl an Aktiengesellschaften[360]. Dass diese Gründungswelle nicht auf wirtschaftlich gesunden Beinen stand, zeigte sich bald: Jede vierte Gesellschaft wurde liquidiert, jede dreizehnte verschwand durch Konkurs[361]. Die Verluste der Aktionäre beliefen sich in dieser Zeit auf eine halbe Milliarde Mark. Für diese Welle des Missbrauchs und der Misswirtschaft gab es im Wesentlichen zwei Gründe. Einerseits die überwiegend unkritische Risikobereitschaft der Kapitalanleger und andererseits die große Zahl von Unternehmern mit zweifelhaften, wenn nicht gar kriminellen Intentionen[362]. Das Rechtsgutachten des Reichsoberhandelsgerichts (ROHG) berichtet von einer Gründungswelle von Aktiengesellschaften durch

---

355 Vgl. *Schubert*, ZGR 1981, 285 (296 ff.)

356 In diesem Sinne *Fehrenbacher*, Registerpublizität und Haftung im Zivilrecht, S. 290 f. m. w. N.

357 So auch *Vallenthin*, Aktienrechtsreform und Kapitalmarkt, S. 36.

358 „Gesetz betreffend die Kommanditgesellschaft auf Aktien und die Aktiengesellschaften.", RGBl. 1884, v. 18.7.1984, No. 22, Nr. 1559, S. 123 ff.

359 *Hommelhoff*, Eigenkontrolle statt Staatskontrolle, S. 105.

360 *Reichsjustizamt*, Entwurf eines Gesetzes, betreffend die Kommanditgesellschaften auf Aktien und die Aktiengesellschaften vom 7. März 1884, S. 408.

361 *Reichsjustizamt*, Entwurf eines Gesetzes, betreffend die Kommanditgesellschaften auf Aktien und die Aktiengesellschaften vom 7. März 1884, S. 410 f.

362 *ROHG*, Gutachten über die geeignetsten Mittel zur Abhülfe der nach den Erfahrungen des Reichs-Oberhandelsgerichts bei der Gründung, der Verwaltung und dem geschäftlichen Betriebe von Aktienunternehmungen hervorgetretenen Uebelstände (im Folgenden zitiert: *ROHG*, Gutachten), abgedruckt in: *Schubert/Hommelhoff*, Hundert Jahre modernes Aktienrecht, S. 160.

Syndikate. Sie hätten die Gesellschaften „nur zur Schaffung von Actien als Börsenware, welche dann durch alle Mittel der Agiotage ... ins Publikum geworfen wurden ..."[363] errichtet. Die Gründungen dieser Gesellschaften unterliefen die Vorschriften der Kapitalaufbringung. Sie befreiten sich nach der Gründung von der Verpflichtung aus der Zeichnung i.H.d. statuarisch bestimmbaren 60 %. Die Einzahlung weiterer 30 % des Grundkapitals hing „davon ab, ob und wann die Unterbringung der Actien im Publikum gelang"[364]. Voll- oder Teileinzahlungen wurden fingiert, geleistete Einzahlungen wieder ausgekehrt. Anlagevermögen wurde erheblich überbewertet und dadurch „eine ungeheure Menge scheinbare(r) Werthe in Actien geschaffen". In entsprechenden Prospekten wurden diese Aktien anschließend feilgeboten[365]. Die Denkschrift Preußens stellte hierzu fest: „Bei den Vorgängen in den Jahren 1872/73 ist regelmäßig der wahre Sachverhalt in ein gewisses Dunkel gehüllt, welches zum großen Schaden der Betheiligten sich später aufklärte ..."[366]. Aus dem Zusammenhang mit den geschilderten Missbräuchen wird für das weitere Verfahren die Forderung nach Offenlegung verständlich. Sie bezog sich zunächst überwiegend auf die Gründung und stand ausschließlich im Zusammenhang mit den dem Kapitalmarkt innewohnenden Missbrauchsmöglichkeiten. Angesichts des Schadens in der Bevölkerung und den dadurch verursachten Vertrauensverlusten müssen Aussagen über den Zusammenhang zwischen Haftungsbeschränkung und Publizität auch jenseits der Kapitalmarktgesellschaften nachgewiesen werden. Dies be-stätigt auch die inhaltliche Kritik an der Geschäftsführung. Entsprechend der preußischen Denkschrift versagte das Zusammenwirken der verschiedenen Organe der Gesellschaft[367]. Der Gläubigerschutz im Zusammenhang mit der Geschäftsführung erstreckte sich auf die Verbesserung der Funktionsweise der Leitung und der Kontrolle der Geschäftsführung. Veränderungen der Offenlegung der Bilanz standen im Zeichen der Stärkung der Rechte der Generalversammlung[368]. Wenn Justizrath *Wiener* in seinem Gutachten über das Aktienrecht in den Gründerjahren auf die Offenlegung zu sprechen kommt, dann steht diese nur im Zusammenhang mit dem Gründungsrecht[369].

Die gemachten Erfahrungen führten aber nicht zu einem Automatismus einer restriktiveren Gesetzgebung. Es wurde stattdessen in vielfältiger Weise über die Balance zwischen einer auf der Vertragsfreiheit basierenden liberalen Wirtschaftsverfassung und der staatlichen Aufsichts- und Schutzpflicht des Gesetzgebers diskutiert[370]. Wie ein roter Faden durchzog diese Gratwanderung sämtliche Debatten. Auf

---

363 *ROHG*, Gutachten, in: *Schubert/Hommelhoff*, Hundert Jahre modernes Aktienrecht, S. 162; Denkschrift (Antrag Preußens beim Bundesrath), in: *Schubert/Hommelhoff*, Hundert Jahre modernes Aktienrecht, S. 133.

364 *ROHG*, Gutachten, in: *Schubert/Hommelhoff*, Hundert Jahre modernes Aktienrecht, S. 160.

365 *ROHG*, Gutachten, in: *Schubert/Hommelhoff*, Hundert Jahre modernes Aktienrecht, S. 161.

366 Antrag Preußens beim Bundesrath, betreffend die Reform der Aktiengesetzgebung nebst der denselben motivierten Denkschrift (im Folgenden zitiert: Denkschrift), abgedruckt in: *Schubert/Hommelhoff*, Hundert Jahre modernes Aktienrecht, S. 140.

367 Denkschrift, abgedruckt in: *Schubert/Hommelhoff*, Hundert Jahre modernes Aktienrecht, S. 147.

368 Denkschrift, abgedruckt in: *Schubert/Hommelhoff*, Hundert Jahre modernes Aktienrecht, S. 152.

369 *Wiener*, Gutachten über das Actiengesellschaftswesen, S. 5 ff.

370 So berichtet *Wiener*, Gutachten über das Actiengesellschaftswesen, S. 1 f. in seinem Gutachten von beachtenswerten Auffassungen, die jeden Eingriff des Gesetzgebers für wirkungslos und gefährlich halten. In reiner Form der nationalökonomischen Ideale verweist auch Wiener auf die Befürwortung anderer für eine uneingeschränkte Vertragsfreiheit. Dem steht vor allem *Wagner*, Jahrbücher für Nationalökonomie und Statistik 1873, S. 333 f. mit seiner liberalkritischen Haltung gegenüber. Um Ausgleich zwischen beiden Seiten bemüht ist das ROHG in seinem Gutachten. Sie-

der einen Seite befürchteten insbesondere die Hansestädte und Vertreter der Wirtschaft eine Beeinträchtigung der wirtschaftlichen Entwicklung. Auf der anderen Seite standen Preußen und weitere konservative Staaten, die die soziale Verantwortlichkeit des Gesetzgebers betonten.

bb) Über das Verfahren; insbesondere über die Diskussion der Typenwahlfreiheit

Das Verfahren der Gesetzesrevision, das in der Reform von 1884 endete, fand seinen Ursprung in den Missständen unmittelbar nach dem Übergang zum Normativsystem 1870. Die Reduzierung der staatlichen Einflussnahme in der Phase der Gründung führte zu einer Gründungswelle. In dieser traf ein unkritisches Anlageverhalten der Bürger – in manchen Bereichen gar ein ungezügelter Spekulationswille – auf einen unsoliden und teilweise kriminellen Kreis von Unternehmungen. Die Motive des Gesetzes führen beeindruckend und umfangreich die Folgen der vielen Liquidationen und Konkurse der Aktiengesellschaften auf. Von diesen Missständen erschüttert, forderte Anfang 1873 die nationalliberale Fraktion des preußischen Abgeordnetenhauses hinsichtlich der Konzessionierung der Eisenbahngesellschaften die Einsetzung eines Untersuchungsausschusses[371]. Dieser hätte, da die Unternehmen ganz überwiegend in der Rechtsform der Aktiengesellschaft organisiert waren, die zukünftige Politik in der Rechtsform der Aktiengesellschaft festgelegt. Diesen Überlegungen kam aber die preußische Regierung mit der Ankündigung und Einsetzung einer entsprechenden Kommission zuvor[372]. Aus gesellschaftsrechtlicher Sicht war der beschränkte Untersuchungsauftrag unbefriedigend. Daher konkretisierte die nationalliberale Fraktion die Probleme Ende März 1873 in einer Anfrage. Es wurde aufgeworfen, ob Missbräuche, welche im Zusammenhange mit dem jetzigen Zustande und der üblichen Handhabung der Gesetze über das Aktienwesen bei der Gründung und Verwaltung von Aktiengesellschaften obwalten und zur Schädigung der Interessen des Publikums gereichen, zur Kenntnis der Reichsregierung gekommen seien[373]. Gleichzeitig erarbeitete der preußische Handelsminister auf der Basis einer Anfrage an sämtliche Handelskammern und kaufmännische Korporationen ein ausführliches Votum, das Grundlage für die 1876 dem Bundesrat übermittelte preußische Denkschrift werden sollte. Die in dieser Schrift enthaltenen Vorschläge zur Weiterentwicklung des Normativsystems gingen vor allem dem traditionell liberalen Wirtschaftsverständnis der Hansestaaten zu weit. Man fürchtete um die „freie Bewegung des Verkehrs"[374].

Im Folgenden entbrannte ein Streit über die Dringlichkeit der Gesetzesrevision in Anbetracht einer befürchteten Überregulierung im Eindruck der Missstände und der angedachten Revision des Handelsgesetzbuches[375]. Der Reformprozess kam ins

---

he das auszugsweise zitierte Begleitschreiben in: *Schubert*, Die Entstehung des Aktiengesetzes vom 18. Juli 1884, S. 17.

371 Vgl. m. w. N. *Schubert*, Die Entstehung des Aktiengesetzes vom 18.7.1884, S. 1 (S. 3).

372 Vgl. m. w. N. *Schubert*, Die Entstehung des Aktiengesetzes vom 18.7.1884, S. 1 (S. 3).

373 Sten. Berichte über die Verhandlungen des Reichstages, IV. Leg.-Per., Sess. 1873, Nr. 30, S. 154.

374 Zitat nach *Schubert*, Die Entstehung des Aktiengesetzes vom 18. Juli 1884, S. 8; Siehe zur Gegenauffassung *Wiener*, Gutachten über das Actiengesellschaftswesen, S. 4 ff., der heftige Kritik am wirtschaftlichen Liberalismus übt.

375 Vgl. Votum des Justizministers vom Mai 1874, teilweise zitiert von *Schubert*, Die Entstehung des Aktiengesetzes vom 18. Juli 1884, S. 10.

Stocken. Zwei Jahre später kam dieser auf Grund eines Votums des preußischen Handelsministers wieder in Gang. Auf Beschluss des preußischen Staatsministeriums wurde der Bundesrat zur sofortigen Reform des Aktienrechts, gestützt auf die bereits erwähnte Denkschrift, aufgefordert. Der Bundesrat nahm einen entsprechenden Antrag nach Beratungen in Ausschüssen und Plenum im März 1877 an. Zuvor hatte bereits das Reichskanzleramt das Reichsoberhandelsgericht um ein Gutachten zur Geeignetheit und zum Umfang eines Zwischengesetzes gebeten[376]. Das Gutachten ging über die Forderungen der preußischen Denkschrift hinaus und forderte beispielsweise auch die Einbeziehung des Rechts der Kommanditgesellschaften auf Aktien in die Reformüberlegungen[377]. Das mit dem Beschluss des Bundesrates zur Erarbeitung eines Gesetzes beauftragte Reichsjustizamt zögerte die Entwicklung eines Gesetzesentwurfs heraus[378]. Nach verschiedenen Mahnungen und der Auswechslung des Staatssekretärs kam die Arbeit wieder in Gang. Im Juni 1880 wurde dann ein Gesetzesentwurf, der vom Gutachten des ROHG geprägt war, zur Grundlage der weiteren Beratungen[379]. Im Dezember 1880 wurde dieser Entwurf, nach zwei Lesungen des Reichsjustizamts, dem Reichskanzleramt übersandt. Sechs Monate später nahm mit grundsätzlich übereinstimmendem Tenor das Reichs-amt des Innern Stellung[380]. Es sollten, so waren sich die Reichsämter einig, wirtschaftliche und sachliche Verständige gehört werden[381]. Im März 1882 wurde eine Sachverständigenkonferenz einberufen[382]. Auf der Basis der Beschlüsse dieser Konferenz erarbeitete das Reichsjustizamt einen weiteren Gesetzesentwurf, der allerdings vom Reichsamt des Innern angegriffen wurde. Zwischen beiden Ämtern wurde daraufhin ein Kompromiss erarbeitet, der zu einem abgeänderten Entwurf im Juli 1883 führte[383].

---

376 Das ROHG sprach sich entgegen den Forderungen des Vereins für Socialpoltik gegen die obligatorische Bestellung von Bilanzrevisoren aus. Es lehnte ein unmittelbares Klagerecht des einzelnen Aktionärs auf Schadensersatz ab. Geringere Beachtung erfuhr die Absicherung der Kapitalausstattung der AG in der Gründungsphase. Aus der breiten Behandlung dieses Themengebietes der Geschäftsführung ist die bezweckte Stärkung der am Wohl der Gesellschaft orientierten Entscheidungen des Vorstandes zu betonen.

377 *ROHG*, Gutachten, abgedruckt in: *Schubert/Hommelhoff*, Hundert Jahre modernes Aktienrecht, S. 157 f.

378 Siehe zur Blockadepolitik des Reichsjustizamtes *Schubert*, Die Entstehung des Aktiengesetzes vom 18. Juli 1884, S. 20 ff.

379 Der Entwurf enthielt in Art. 239 die Veröffentlichung einer halbjährlichen summarischen Übersicht über die Vermögenslage der Gesellschaft, die so genannte Semestralbilanz. Im weiteren Verlauf der Beratungen wurde auf diese Informationsquelle verzichtet. Nach Art. 239 a sollte einem Drittel der anwesenden Aktionäre das Recht zur Überprüfung bemängelter Bilanzposten durch gewählte Revisoren zugewiesen werden.

380 Hinsichtlich der KGaA bestand Einigkeit, dass sie der AG vergleichbaren Regeln unterliegen müssen, um Vermeidungsstrategien auszuschließen; vgl. *Schubert*, Die Entstehung des Aktiengesetzes vom 18. Juli 1884, S. 26, 28.

381 *Reichsjustizamt*, Entwurf eines Gesetzes, betreffend die Kommanditgesellschaften auf Aktien und die Aktiengesellschaften vom Januar 1882, S. 263 ff. Herauszuheben ist die mehrheitliche Ablehnung der Einführung von Bilanzformularen, nach der Art der Gesellschaft differenzierende Bilanzvorschriften. Eine weitere Verschärfung der Bilanzbestimmungen konnte sich nicht durchsetzen. Vgl. Verhandlungen der Aktienrechtskommission, in: *Schubert/Hommelhoff*, Hundert Jahre modernes Aktienrecht, S. 360 ff.

382 Siehe die Protokolle der Verhandlungen der Aktienrechtskommission, in: *Schubert/Hommelhoff*, Hundert Jahre modernes Aktienrecht, S. 288 ff.

383 Vgl. m. w. N. *Schubert*, Die Entstehung des Aktiengesetzes vom 18.7.1884, S. 1 (S. 32 ff.). Nach dem Kompromiss sollte der Bundesanzeiger zum obligatorischen Publizitätsorgan festgeschrieben

Der zum Bundesrat geleitete Entwurf wurde dort in Ausschüssen im Februar 1884 beraten[384] und anschließend im Plenum diskutiert. Hamburg lehnte dort, unzufrieden insbesondere über die haftungsrechtliche Verantwortung des Vorstandes und des Aufsichtsrates, das Gesetz erfolglos ab. Im Reichstag wurde nach der ersten Lesung wiederum eine Kommission einberufen. Sie musste in schwierigen Verhandlungen den erheblichen Bedenken der liberalen Parteien und der Presse gerecht werden[385]. Endlich wurde in dritter Lesung am 28.6.1884 die abgeänderte Vorlage mit großer Mehrheit angenommen. Zustimmung erfuhr die Vorlage auch vom Reichstag am 18.7.1884, so dass das vom Kaiser ausgefertigte Gesetz am 31.7.1884 im Reichsblatt veröffentlicht werden konnte.

Typenwahlfreiheit

Bei der Diskussion um die geeigneten Maßnahmen zur Modernisierung des Gesellschaftsrechts ging es auch um die zukünftige Existenz der Rechtsform der Aktiengesellschaft[386]. Es wurde gar die rechtspolitische Forderung nach Abschaffung der Rechtsform erhoben[387], die aber nicht ernstlich diskutiert wurde. Umstrittener war schon die Forderung, die Typenwahlfreiheit einzuschränken und die Aktiengesellschaft nur für bestimmte Zwecke zur Verfügung zu stellen. Ob diese öffentliche oder privatrechtliche Zwecke sein sollten, wich in den Forderungen voneinander ab[388]. Beide Ansätze drehen sich um die Frage, wie insbesondere der Spekulation von Aktien entgegnet werden soll. Kleinere Unternehmen jenseits des Kapitalmarktes standen außerhalb jeder Betrachtung, innerhalb und außerhalb dieser Diskussion. Eine Entscheidung für die Beschränkung der Rechtsform auf solche Unternehmen, die öffentliche Zwecke verfolgen, führte zum Protektionismus des Konzessionssystems. Das Normativsystem würde damit faktisch wieder aufgehoben werden[389]. Die umgekehrte Forderung nach Beschränkung der Rechtsform für nicht öffentliche Zwecke verfolgende Unternehmen ist eine Forderung nach Akzeptanz der Spekulation.

Die geforderten Einschränkungen des Anwendungsgebietes der Aktiengesellschaft setzten sich im Reformprozess aber nicht durch. Mit dieser Entscheidung sprach sich der Gesetzgeber für die freie Entscheidung der Unternehmer über die Organisationsform ihrer Unternehmung. In den Diskussionen formte sich die Erkenntnis heraus, dass der Staat nicht in der Lage ist zu entscheiden, welche unternehmerische Zwecksetzung eine öffentliche ist und der Umsetzung durch die Vorzü-

---

werde. Anstatt eine Bilanzgliederung per Gesetz vorzugeben, sollte der Reichskanzler ermächtigt werden, verbindliche Bilanzformulare für einen vergleichbaren Bilanzausweis aufzustellen.

[384] Umfassend wurde vor allem die Frage der Höhe des Mindestnominalbetrages diskutiert.

[385] Vgl. *Schubert*, Die Entstehung des Aktiengesetzes vom 18.7.1884, S. 1 (S. 36 ff.).

[386] Grundlage dieser Diskussion ist die Feststellung, dass auch solche Unternehmungen in den Gründerjahren in der Rechtsform der Aktiengesellschaft gegründet wurden, „welche schon mit den Mitteln Einzelner oder doch mit denen einer einfachen Handels- oder Kommanditgesellschaft oder wirtschaftlichen Genossenschaften erreichbar gewesen wären." So die Begründung des Gesetzesentwurfes vom 8.3.1884, in: *Schubert/Hommelhoff*, Hundert Jahre modernes Aktienrecht, S. 409.

[387] *Perrot*, Ein parlamentarisches Votum über das Aktienwesen, S. 115.

[388] Bei dieser Diskussion muss nach heutiger Dogmatik klar zwischen der Zwecksetzung und der Abgrenzung zwischen dem öffentlichen und dem privaten Recht unterschieden werden. Auch eine unternehmerische Ausrichtung auf öffentliche (vereinfachend: gemeinwohlfördernde) Zwecke kann dem privaten Recht zugeordnet werden.

[389] So zutreffend in der Diskussion *Reich*, Die Entwicklung des deutschen Aktienrechts, S. 271 f.

ge der Aktiengesellschaft bedarf. Es wurde vielmehr der Wirtschaft überlassen, eine entsprechende Antwort zu finden. Auch wenn dies nicht erörtert wurde, so müsste diese Aussage auch auf die Unterscheidung innerhalb der Gruppe privatrechtliche Zwecke verfolgender Unternehmungen zutreffen. Wenn also der Staat für ungeeignet gehalten wurde zwischen öffentlichen und privaten Zwecken zu unterscheiden, so müsste es ihm erst recht unmöglich gewesen sein, eine weitere unbestimmte Abgrenzung zwischen Unternehmen zu treffen, die der Organisationsform bedurften und solchen, die sich in anderen Rechtsformen organisieren konnten. Das heißt nach der Lesart des Gesetzgebers der Reform von 1884, dass sich auch kleine Unternehmen in der Rechtsform der Aktiengesellschaft organisieren können mussten[390]. In der Begründung des Gesetzesentwurfs heißt es, dass „der Gesetzgeber nicht in der Lage (sei), den Umfang einer jeden Industrie und die Form, in welcher sie wirtschaftlich betrieben werden soll, richtig und dauernd festzustellen“[391].

Der Reformprozess begegnete den Missbräuchen mit einer Ausweitung des Normativsystems. In grundsätzlicher Übereinstimmung sollten das Gründungsrecht, die Verfassung der Aktiengesellschaft und die Aktionärsrechte detaillierter geregelt werden[392]. Den Diskutanten und dem Gesetzgeber war dabei bewusst, dass diese Detailtiefe einen Eingriff in die Privatautonomie der beteiligten Personen darstellte. Bei ökonomischer Lesart können den Beiträgen von *Klein*[393] und *Goldschmidt*[394] die Feststellung eines Marktversagens durch Informationsasymmetrien als Rechtfertigungsgrund entnommen werden. Nach altem Recht sei das Publikum nicht in der Lage, die Gründung und Verwaltung der Aktiengesellschaft zu kontrollieren und auf sie Einfluss zu nehmen. In dieser Situation sehe sich der Gesetzgeber verpflichtet, sowohl die Institution der Rechtsform, und damit den entsprechenden Markt, als auch das betroffene Individuum zu schützen[395].

cc) Die Jahresabschlusspublizität

Die Novellierung des Aktienrechts hat die Systematik des Gesetzes, insbesondere die Unterteilung in das Recht der Kommanditgesellschaft auf Aktien und das Recht der Aktiengesellschaft, beibehalten. Das Bilanzrecht, eingeschlossen die Pflicht zur Offenlegung, wurde um einige Bestimmungen ergänzt[396]. Die Reform des Bilanz-

---

390 *Reichsjustizamt*, Entwurf eines Gesetzes, betreffend die Kommanditgesellschaften auf Aktien und die Aktiengesellschaften vom 7. März 1884, Dort ist zu lesen: „Die Wahl der wirthschaftlichen Form, in welcher der Gegenstand eines Unternehmens zu bestreiten ist, muß ... in jedem einzelnen Falle den betheiligten Persönlichkeiten überlassen bleiben.“

391 *Reichsjustizamt*, Entwurf eines Gesetzes, betreffend die Kommanditgesellschaften auf Aktien und die Aktiengesellschaften vom 7. März 1884, S. 413.

392 Gegenüber der vorherigen Rechtslage wurde die Anzahl der die KGaA und die AG regelnden Artikel von 86 auf 145 erhöht. Zu den drei Bereichen siehe die detaillierte Aufarbeitung von *Hommelhoff*, Eigenkontrolle statt Staatskontrolle, S. 64 ff.

393 *Klein*, Die neuen Entwicklungen der Aktiengesellschaften, S. 25.

394 *Goldschmidt*, ZHR 30 (1885), 66 (77).

395 *Reichsjustizamt*, Entwurf eines Gesetzes, betreffend die Kommanditgesellschaften auf Aktien und die Aktiengesellschaften vom 7. März 1884, S. 408. Zur Verantwortung des Gesetzgebers siehe *ROHG*, Gutachten, in: *Schubert/Hommelhoff*, Hundert Jahre modernes Aktienrecht, S. 183 f. Kapitalmarktrechtliche Anstöße konstatierte *Wiedemann*, Gesellschaftsrecht, 1980, Bd. I, S. 477 f. erst für einen sehr viel späteren Zeitpunkt.

396 Im Folgenden werden auszugsweise die bilanzrechtlichen Bestimmungen des Gesetzes, betreffend die KGaA und AG vom 18.7.1884 zitiert (Quelle: Reichsgesetzblatt, No. 22, S. 123 ff.):

Zweiter Abschnitt
Von der Kommanditgesellschaft auf Aktien insbesondere.

...

Artikel 185.

Die persönlich haftenden Gesellschafter sind verpflichtet, spätestens in den ersten sechs Monaten jedes Geschäftsjahres für das verflossene Geschäftsjahr eine Bilanz, eine Gewinn- und Verlustrechnung, sowie einen den Vermögensstand und die Verhältnisse der Gesellschaft entwickelnden Bericht dem Aufsichtsrathe und mit dessen Bemerkungen der Generalversammlung der Kommanditisten vorzulegen.

Artikel 185 a.

Für die Aufstellung der Bilanz kommen die allgemeinen Vorschriften des Artikels 31 mit folgenden Maßgaben zur Anwendung:

1. Werthpapiere und Waaren, welche einen Börsen- oder Marktpreis haben, dürfen höchstens zu dem Börsen- oder Marktpreise zur Zeit der Bilanzaufstellung, sofern dieser jedoch den Anschaffungs- oder Herstellungspreis übersteigt, höchstens zu letzterem angesetzt werden;
2. andere Vermögensgegenstände sind höchstens zu dem Anschaffungs- oder Herstellungspreise anzusetzen;
3. Anlagen und sonstige Gegenstände, welche nicht zur Weiterveräußerung, vielmehr dauernd zum Geschäftsbetriebe der Gesellschaft bestimmt sind, dürfen ohne Rücksicht auf einen geringeren Werth zu dem Anschaffungs- oder Herstellungspreise angesetzt werden, sofern ein der Abnutzung gleichkommender Betrag in Abzug gebracht oder ein derselben entsprechender Erneuerungsfonds in Ansatz gebracht wird;
4. die Kosten der Organisation und Verwaltung dürfen nicht als Aktiva, müssen vielmehr ihrem vollen Betrage nach in der Jahresrechnung als Ausgaben erscheinen;
5. der Betrag des Gesamtkapitals der Kommanditisten, der Antheil der persönlich haftenden Gesellschafter am sonstigen Gesellschaftsvermögen und der Betrag eines jeden Reserve- und Erneuerungsfonds sind unter die Passiva aufzunehmen;
6. der aus der Vergleichung sämmtlicher Aktiva und sämmtlicher Passiva sich ergebende Gewinn oder Verlust muß am Schlusse der Bilanz besonders angegeben werden.

Art. 185 b.

Zur Deckung eines aus der Bilanz sich ergebenden Verlustes ist ein Reservefonds zu bilden; in denselben ist einzustellen:

1. von dem jährlichen Reingewinn mindestens der zwanzigste Theil solange, als der Reservefonds den zehnten oder den im Gesellschaftsvertrage bestimmten höheren Theil des Gesamtkapitals nicht überschreitet;
2. der Gewinn, welcher bei Errichtung der Gesellschaft oder einer Erhöhung des Gesamtkapitals durch Ausgabe der Aktien für einen höheren als den Nominalbetrag erzielt wird.

Art. 185 c.

Nach erfolgter Genehmigung durch die Generalversammlung sind die Bilanz, sowie die Gewinn- und Verlustrechnung ohne Verzug von dem persönlich haftenden Gesellschafter in den hierzu bestimmten öffentlichen Blättern bekannt zu machen und zu dem Handelsregister einzutragen.

Im Übrigen werden die Grundsätze, nach welchen die Bilanz aufzunehmen, Reservefonds zu bilden und anzulegen sind und die Prüfung der Bilanz zu erfolgen hat, durch den Gesellschaftsvertrag bestimmt.

...

Dritter Titel.
Von den Aktiengesellschaften.

...

Dritter Abschnitt.
Rechte und Pflichten des Vorstandes.

...

Art. 239.

Der Vorstand ist verpflichtet, Sorge zu tragen, daß die erforderlichen Bücher der Gesellschaft geführt werden.

Er muß in der durch den Gesellschaftsvertrag bestimmten Frist, welche über die ersten sechs Monate des Geschäftsjahres nicht erstreckt werden kann, und in Ermangelung einer solchen Frist in den ersten drei Monaten desselben für das verflossene Geschäftsjahr eine Bilanz, eine Gewinn- und Verlustrechnung, sowie einen den Vermögensstand und die Verhältnisse der Gesellschaft entwickelnden Bericht dem Aufsichtsrath und mit dessen Bemerkungen der Generalversammlung vorlegen. Er hat die Vorlagen mindestens zwei Wochen vor der Versammlung in dem Geschäftslokale der Gesellschaft zur Einsicht der Aktionäre auszulegen.

rechts flankierte eine umfassende Aktualisierung des Aktienrechts[397]. So wurde das Gründungsrecht entsprechend den analysierten Ursachen für die Betrugshandlungen der Gründungsjahre überarbeitet und hier eine erhöhte Transparenz anvisiert (Art. 209 ff ADHGB). Das Schutzinteresse des Gesetzgebers wird in besonderem Maße durch Art. 207 a Abs. 1 ADHGB plastisch. Gemäß dieser Vorschrift sind Aktien auf einen Betrag von mindestens 1 000 Mark auszustellen. Damit setzte sich ein geringerer Betrag durch als der zwischenzeitig wiederholt geforderte. Zum Schutz des „kleinen Kapitals" vertrat insbesondere das Reichsamt des Innern die Auffassung, dass der Mindestnominalbetrag von Inhaberaktien mit 5 000 Mark festgesetzt werden müsse. Erhebliche Änderungen erfuhr auch die Organisationsverfassung, in der die Rechte der Generalversammlung[398], in geringem Umfange auch die der Minderheitsaktionäre[399], gestärkt wurden. Zur Durchsetzung der eingeführten Schutzbestimmungen wurden die Strafvorschriften (Art. 149 ff. ADHGB) erheblich ausgeweitet.

Den oben geschilderten Missständen wurde darüber hinaus mit einer Verschärfung des Bilanzrechts begegnet[400]. Einerseits sollten umfangreichere Bilanzierungsvorschriften ein den tatsächlichen Verhältnissen entsprechendes Bild der Unternehmung gewährleisten, andererseits sollte die Übersichtlichkeit durch eine einheitliche Gliederung verbessert werden[401]. Die erste Forderung wurde im Recht der KGaA in den Art. 185 a und 185 b ADHGB umgesetzt[402]. Hinsichtlich der Forderung nach ei-

---

Jeder Aktionär ist berechtigt, auf seine Kosten eine Abschrift der Bilanz, der Gewinn- und Verlustrechnung, sowie des Geschäftsberichts zu verlangen.

Art. 239 a.

Zur Prüfung der Bilanz können durch die Generalversammlung besondere Revisoren bestellt werden.

Die Verhandlung ist zu vertagen, wenn dies mit einfacher Stimmenmehrheit beschlossen oder von einer Minderheit, deren Antheile den zehnten Theil des Grundkapitals darstellen, verlangt wird, auf Verlangen der Minderheit jedoch nur, soweit von ihr bestimmte Ansätze der Bilanz bemängelt werden.

Ist die Verhandlung auf Verlangen der Minderheit vertagt, so gilt bezüglich der nicht bemängelten Ansätze der Bilanz die Entlastung des Vorstandes als erfolgt.

Art. 239 b

Die Vorschriften der Artikel 185 a, 185 b, 185 c über die Bilanz und den Reservefonds finden entsprechende Anwendung.

Art. 240.

Erreicht der Verlust, welcher aus der Jahresbilanz oder einer im Laufe des Geschäftsjahres aufgestellten Bilanz sich ergiebt, die Hälfte des Grundkapitals, so muß der Vorstand unverzüglich die Generalversammlung berufen und dieser davon Anzeige machen.

Sobald Zahlungsunfähigkeit der Gesellschaft eintritt, muß der Vorstand die Eröffnung des Konkurses beantragen; dasselbe gilt, wenn aus der Jahresbilanz oder einer im Laufe des Geschäftsjahres aufgestellten Bilanz sich ergiebt, daß das Vermögen nicht mehr die Schuld deckt.

397 Eine kritische Analyse der Auswirkung des vorherigen Aktienrechts auf die Gründerjahre und eine umfassende Auseinandersetzung mit der liberalen Wirtschaftspolitik findet sich bei *Wagner*, Jahrbücher der Nationalökonomie und Statistik 1873, 271 ff.

398 Zu erwähnen sind das zwingende Recht, die Mitglieder des Aufsichtsrats zu wählen (Art. 224, 191 Abs. 1 ADHGB).

399 Anfechtungsrecht (Art. 222, 190 a ADHGB), Anspruch auf Verfolgung von Ersatzansprüchen einer 20%igen Minderheit (Art. 123 ADHGB), Recht einer 5%igen Minderheit auf Einberufung der Generalversammlung (Art. 237 Abs. 1 ADHGB).

400 Siehe Art. 185 a, 185 b, 185 c, 239 b ADHGB.

401 *Reichsjustizamt*, Entwurf eines Gesetzes, betreffend die Kommanditgesellschaften auf Aktien und die Aktiengesellschaften vom 7. März 1884, S. 472.

402 Auf diese Vorschriften wird für die Aktiengesellschaft in Art. 239 a ADHGB verwiesen.

ner gesetzlichen Bilanzgliederung scheiterte der Entwurf aber schon in der Kommissionsberatung. Damit enthielt das beschlossene Gesetz keine ursprünglich vorgesehene Ermächtigung für die Aufstellung einer formularmäßigen Gliederung von Bilanz und Gewinn- und Verlustrechnung[403]. Darüber hinaus spielte die Prüfung der Bilanzen eine entscheidende Rolle, vor allem zur Wahrung der Rechte der Aktionäre, auch der Minderheitsaktionäre[404]. Ein Prüfungszwang konnte sich allerdings nicht durchsetzen. Es blieb bei der Regel des neu eingeführten Art. 239 a Abs. 1 ADHGB, der die Frage der Prüfung der Generalversammlung anheim stellt. Zur funktionalen Bedeutung schreibt *Behrend* in seinem Gutachten 1873: „In jedem Geschäftsbetrieb bildet die Bilanz ... den Prüfstein sowohl für die Grundlage wie für den Erfolg des Unternehmens. Wenn bei unseren Actiengesellschaften diese Selbstkritik wirklich immer, wie es in den Statuten heißt, „nach den gesetzlichen Bestimmungen und soliden Kaufmännischen Prinzipien" geübt werden würde, so wäre damit dem ganzen Gründungsschwindel von vorn herein die Thür verschlossen"[405]. Den Schwerpunkt des Verbesserungsbedarfs sah er in der Aufstellung und insbesondere der Prüfung der Bilanzen[406]. Dies heiß im Umkehrschluss aber auch, dass funktionierende Nominalbestimmungen einen ausreichenden Schutz auch für Dritte darstellen können.

Offenlegung

Die Reform des Jahres 1884 führte auch zu einer Ausweitung der Offenlegung. Die Kommanditgesellschaft auf Aktien wird erstmals verpflichtet, die Bilanz, die Gewinn- und Verlustrechnung und den Entlastungsbeschluss in den hierzu bestimmten Blättern und im Handelsregister zu publizieren (Art. 185 c ADHGB). Hierzu und insbesondere zur Einführung eines Reservefonds (Art. 185 b ADHGB) heißt es in der bewusst zwischen den Bestimmungen wenig differenzierenden Begründung: „Denn auch bei ihnen bedürfen, wenngleich die solidarische Haftpflicht des Komplementärs für die Schulden der Gesellschaft und daher sein eigenes Interesse die Gefahr verringert, die Gläubiger der Gesellschaft eines Schutzes gegen die Gefahr, dass durch zu hohe Dividendenvertheilung das Kapital der Kommanditisten, welches vielleicht und sogar zumeist das wesentlichste Haftobjekt bildet, angegriffen wird"[407]. Die heißt im Umkehrschluss zweierlei. Erstens: Die wirtschaftliche Bedeutung beider Rechtsformen – AG und KGaA – bedingen einen überwiegenden Gleichklang der gesetzlichen Entscheidungen. Zweitens: Das Vorhandensein eines persönlich haftenden Gesellschafters schützt Dritte, auch Gläubiger. Ihr Vorhandensein stellt aber für sich keine ausreichende Gewähr für einen ausreichenden Schutz dar.

Der bedeutende Stellenwert der Aktionäre und des Organs der Generalversammlung für den Funktionsschutz des Aktienrechts spiegelt sich auch in der differenzierten Offenlegung wider. Während den Aktionären in Art. 239 Abs. 2 ADHGB ein vierzehntägiges Einsichtsrecht in die Bilanz, die Gewinn- und Verlustrechnung, einen

---

403 Vgl. *Simon*, Die Bilanzen der Aktiengesellschaften, S. 55 m. w. N.

404 Hierzu wurden in Art. 239 a Abs. 2 ADHGB den Aktionären das Recht zur Vertagung der Generalversammlung eingeräumt. Dieses diente der Überprüfung der Bilanz und gegebenenfalls der gerichtlichen Überprüfung einzelner Bilanzpositionen. Vgl. *Petersen/Pechmann*, Gesetz betreffend die Kommanditgesellschaft auf Aktien und die Aktiengesellschaften – 18. Juli 1884, S. 537.

405 *Behrend*, Gutachten über die Actiengesellschaften, S. 78.

406 *Behrend*, Gutachten über die Actiengesellschaften, S. 78 ff.

407 *Reichsjustizamt*, Entwurf eines Gesetzes, betreffend die Kommanditgesellschaften auf Aktien und die Aktiengesellschaften vom 7. März 1884, S. 492.

den Vermögensstand und die Verhältnisse der Gesellschaft entwickelten Bericht, sowie in die Bemerkungen des Aufsichtsrates zum Letzteren gewährt wird, ist diese Einsicht anderen, insbesondere Gesellschaftsgläubigern, nicht gestattet[408]. Diese Vorschrift diente der Rechenschaft des geschäftsführenden Vorstandes gegenüber den kapitalbeteiligten Aktionären. Gemäß Art. 239 c i.V.m. Art. 285 c ADHGB hatten Dritte auch weiterhin die Möglichkeit, sich über die satzungsgemäßen öffentlichen Blätter und das Handelsregister zu informieren. An dieser Stelle haben sowohl die AG als auch die KGaA ihre Bilanz und Gewinn- und Verlustrechnung binnen spätestens eines halben Jahres zu veröffentlichen.

Zur Dogmatik der Jahresabschlusspublizität

Zur ersten Hälfte des 19. Jahrhunderts wurde festgestellt, dass eine wissenschaftliche Durchdringung des Rechts der Aktiengesellschaft nicht stattgefunden hatte. Dieses Urteil gilt für das Ende des 19. Jahrhunderts beziehungsweise Anfang des 20. Jahrhunderts noch hinsichtlich des Teilbereichs der Jahresabschlusspublizität[409]. Dem Kompendium von *Rehm* über die Bilanzen der Aktiengesellschaften und weiterer Gesellschaftsformen aus dem Jahr 1903 ist nur beiläufig zu entnehmen, dass die Bilanz dem Schutz der Allgemeinheit diene[410]. Ein Rückschluss auf die Bewertung des ordnungspolitischen Instruments ist ausgeschlossen. Eine etwas später erschienene Arbeit von *Passow* befasst sich schon ausführlicher mit der Jahresabschlusspublizität. Er erfasste es auch als wirtschaftsregulierendes Instrument und beschrieb ökonomische Zusammenhänge zwischen der Publizität und der Selektion des Marktes. Doch auch *Passow* stellte nur unkritisch fest, dass die Publizität der personalisierten Aktiengesellschaft nicht dienlich sei[411]. Strukturprinzipien, die als Maßstab einer Bewertung der gesetzlichen Regelung zugeführt werden könnten, wurden nicht erarbeitet.

Im Übrigen ist auffällig, dass die Aktienrechtsreform im Lichte des Individual- und Funktionsschutzes des Aktienmarktes stand. Alle übrigen Neuerungen dieser Reform jenseits des Bilanzrechts dienten diesen Zwecken. So befasst sich die Bestandsaufnahme *Goldschmidts* 1873 – wie in den meisten Darstellungen dieser Zeit – ausschließlich mit der Gründung, der Errichtung und dem Geschäftsbetrieb. Eine Schädigung Dritter, nicht an der Aktiengesellschaft Beteiligter, spielte in seinem Gutachten über das Aktienwesen keine Rolle[412].

Zusammenfassend lässt sich feststellen, dass die für unser heutiges Aktiengesellschaftsrecht prägendste Gesetzesreform aus dem Jahr 1884 für die heute überwiegend zugrunde gelegten Strukturprinzipien der Publizität nicht angeführt werden

408 *Petersen/Pechmann*, Gesetz betreffend die Kommanditgesellschaft auf Aktien und die Aktiengesellschaften – 18. Juli 1884, S. 530.

409 Für ihre rechtsdogmatische Handhabung ist die Behandlung der Offenlegungspflichten eines Normativsystems als „Grundsatz der Publizität" wenig gewinnbringend. So aber *Lehmann*, Das Recht der Aktiengesellschaften, S. 292. Grundsätzlich ebenso *Klein*, Die neuen Entwicklungen in Verfassung und Recht der Aktiengesellschaft, S. 16, 20 ff, 25. Üblich ist in der Literatur die generelle Forderung nach einer umfassenden Publizität. Vgl. etwa *Wagner*, Jahrbücher für Nationalökonomie und Statistik 1873, 271 (276 f).

410 *Rehm*, Die Bilanzen der Aktiengesellschaften, S. 801.

411 *Passow*, Die Bilanzen der privaten Unternehmungen, S. 232.

412 *Goldschmidt*, Actiengesellschaftswesen, S. 30 f. Zur Frage der Präzisierungsnotwendigkeit des Grundsatzes der Öffentlichkeit verweist *Goldschmidt* nicht auf die Notwendigkeit der Einbeziehung weiterer Kreise im Bereich der Jahresabschlusspublizität. S. 34 f.

kann. Die Schlussfolgerungen der Reform erstrecken sich vielmehr ausschließlich auf das Recht des Kapitalmarktes. Die Auffassung von *Gessler* und *Witte* und weitere Vertreter der Rechts- und Wirtschaftswissenschaft, die aktienrechtlichen Bestimmungen würden ihre Existenz dem Schutz der Gläubiger verdanken, muss zurückgewiesen werden[413]. Strukturprinzipien des Kapitalmarktes können nicht ohne weiteres auf das gesamte Gesellschaftsrecht übertragen werden. Angesichts des Umfangs der Missbräuche stellte die Begründung des Gesetzesentwurfs vom 7. März 1884 die Forderung auf, dass „die Rechnungslegung ... der schärfsten Kontrolle unterzogen und, soweit mit dem Geschäftsinteresse der Gesellschaft vereinbar, der weitesten Offenlegung unterbreitet werden"[414]. Damit verweist der Gesetzgeber auf die allem zu Grunde liegende Verhältnismäßigkeitsfrage und betont die Schutzbedürftigkeit der Unternehmerinteressen an der Geheimhaltung der Jahresabschlussinformationen. Ein Ansatzpunkt dafür, dass auch kleine und geschlossene Kapitalgesellschaften der Offenlegungspflicht unterworfen werden müssen, existiert in der Aktienrechtsreform von 1884 nicht.

d) GmbHG

Durch das Reichsgesetz vom 20. April 1892 wurde die Rechtsform der Gesellschaft mit beschränkter Haftung geschaffen[415]. Nach *Cosack* konnte die Gesellschaft auf keine Geschichte zurückblicken, „sie ist eine freie Erfindung der neuesten Gesetzgebung"[416]. Ausgangspunkt dieser Schöpfung war das festgestellte Bedürfnis einer Risikobegrenzung für Unternehmen, die sich von der AG mit einem kleinen Teilnehmerkreis und einem geringeren Kapitalbedarf abgrenzten[417]. Die Ausgestaltung der Verfassung dieser Gesellschaft war in der Gesetzesgeschichte umstritten. Im Kern ging es um die Frage, wie „kollektivistisch" oder wie „individualistisch" die GmbH ausgerichtet sein sollte.

aa) Zur Entstehungsgeschichte

Das oben als Wendepunkt beschriebene Jahr 1876, in dem sich eine wirtschaftspolitische Abkehr von einem klassisch liberalen Staatstypus abzeichnete, markierte keine gleichgerichtete Entwicklung des Gesellschaftsrechts. So würdigte die nationalliberale „Nationalzeitung" am 3.11.1891 den GmbH-Entwurf mit den Worten[418]; „...daß die neue Gesellschaftsform ihren wirtschaftlichen Zweck verfehlen würde, wenn die Erleichterungen, die sie gewährt, behufs Erweiterung des Kreises nutzbringender Unternehmungen, vollständig auf der anderen Seite wieder durch lästige Bedingun-

---

[413] *Gessler*, Der Bedeutungswandel der Rechnungslegung im Aktienrecht, S. 129 (S. 135); *Witte*, Die Vertretung des öffentlichen Interesses in der privaten Unternehmung?, S. 129.

[414] Begründung des Gesetzesentwurfes vom 7.3.1884, in: *Schubert/Hommelhoff*, Hundert Jahre modernes Aktienrecht, S. 473. Aus der Sicht heutiger Diskussionen ist es beachtlich, dass zum damaligen Zeitpunkt, als die Aktiengesellschaft grundsätzlich nur zu einer sonst nicht möglichen Kapitalakkumulation diente, diese Einschränkung schon getroffen wurde.

[415] „Gesetz, betreffend die Gesellschaften mit beschränkter Haftung", v. 20.4.1892, RGBl. 1982, No. 24, Nr. 2018, S. 477 ff.

[416] *Cosack*, Handelsrecht, S. 688.

[417] *Reichsjustizamt*, Entwurf eines Gesetzes betreffend die Gesellschaft mit beschränkter Haftung, Sten. Berichte über die Verhandlungen des Reichstages, VIII. Leg.-Per., Sess. 1890-92, Anlage Nr. 660, S. 3715 (S. 3725).

[418] Zitiert nach *Annecke/Bueck*, Die Erweiterung des Handelsrechts durch Einführung neuer Gesellschaftsformen, S. 117.

gen oder Beschränkungen aufgewogen würden, die das Kapital abschrecken, statt es anzuziehen."

In der parlamentarischen Diskussion wurde das Gesetzgebungsverfahren durch den nationalliberalen Abgeordneten *Oechelhäuser* initiiert und geprägt. Dieser forderte vom Deutschen Reich bereits in der Beratung der Aktienrechtsnovelle von 1884 den Eintritt in einen europäischen Wettbewerb der Gesellschaftsformen[419] – eine Forderung, die im Hinblick auf die heutige Mindestkapitaldebatte für Kapitalgesellschaften an Aktualität kaum verloren hat. Eine Ausweitung der Rechtsformen wurde bereits auch in der Begründung des Regierungsentwurfes zur aktienrechtlichen Novelle von 1884 aufgeworfen, aber zunächst zurückgestellt[420]. Aus Anlass der Kolonialisierungsbestrebungen des Deutschen Reiches ist die Frage der Verfassung einer neben der Aktiengesellschaft stehenden Rechtsform zum Gegenstand der rechtswissenschaftlichen Auseinandersetzung geworden[421].

Den Bedarf einer neuen Rechtsform und ihre erforderliche Verfassung wurde vom preußischen Ministerium für Handel und Gewerbe in einem offenen Verfahren festgestellt. Im April 1888 forderte es die preußischen Handelskammern, kaufmännische Kooperationen und den Ausschuss des Deutschen Handelstages auf, zu dieser Problematik Stellung zu nehmen. Die Stellungnahmen spiegelten das Meinungsspektrum der rechtswissenschaftlichen Literatur wider. So sahen mehr als ein Drittel der Handelskammern keine Notwendigkeit für die Einführung einer weiteren haftungsbeschränkten Rechtsform. Von besonderem Einfluss auf den Gesetzesentwurf war das Gutachten des Ausschusses des Deutschen Handelstages, das im Dezember 1888 vorgelegt wurde[422]. Den Entwurf eines GmbHG veröffentlichte dann das Reichsjustizamt im Dezember 1891[423]. Im Februar wurde der Gesetzesentwurf in den Reichstag eingebracht und nach erster Lesung einer Kommission unter dem Vorsitz von *Oechelhäuser* überwiesen. Im März 1891 erstattete die Kommission Bericht[424]. Binnen weiterer sechs Tage wurde das Gesetz in zweiter und dritter Lesung im März 1891 en bloc angenommen[425]. Am 19. Mai 1892 trat dann das GmbHG in Kraft.

Unabhängig von den Fragen der konkreten Verfassung einer GmbH bestand, von auch bedeutsamen Ausnahmen abgesehen[426], ein weitreichender Konsens über die

---

419 *Oechelhäuser*, Sten. Berichte über die Verhandlungen des Reichstages, V. Leg.-Per., Sess. 1884, S. 221.

420 Sten. Berichte über die Verhandlungen des Reichstages, V. Leg.-Per., Sess. 1884, Anl. Nr. 21, S. 237.

421 Siehe *Fränkel*, Die Gesellschaft mit beschränkter Haftung, S. 7 ff.

422 Das Gutachten ist als Anlage in der amtlichen Begründung der Reichstagsvorlage widergegeben, Sten. Berichte über die Verhandlungen des Reichstages, VIII. Leg.-Per., Sess. 1890/92, Anlage Nr. 660, Anlage A, S. 3760 ff.

423 Abgedruckt in: Sten. Berichte über die Verhandlungen des Reichstages, VIII. Leg.-Per., Sess. 1890-92, Anlage Nr. 660, S. 3715. Zuständig für den Entwurf war *Eduard Hoffmann*. Er hatte bis Dezember 1890 die Grundzüge des GmbH-Gesetzes ausgearbeitet.

424 Sten. Berichte über die Verhandlungen des Reichstages, VIII. Leg.-Per., Sess. 1890/92, Anl. 744.

425 RT. VIII. LegPer. Sess. 1890/92. StenBer. 4304 ff. (erste Lesung) und 4878 f. (zweite Lesung), 4881 ff. (dritte Lesung)

426 *Bähr*, Die Grenzboten 51 (1892), S. 210 ff.; *Fränkel*, Die Gesellschaft mit beschränkter Haftung S. 10 ff.; *Goldschmidt*, Alte und neue Formen der Handelsgesellschaft, S. 321 ff., spricht sich nicht grundsätzlich gegen eine Gesellschaft mit beschränkter Haftung aus, diese will er aber auf einen besonders kleinen Kreis von Unternehmen beschränkt wissen. Als gewichtigstes Argument führte Goldschmidt die „Gefahr einer Verdrängung dieser prinzipiell solideren Gesellschaftsformen" (ge-

Notwendigkeit einer neuen Rechtsform. Der Abgeordnete *Hammacher* stellte hierzu fest, dass die Typizität der Aktiengesellschaft (die „Natur der AG") nur beschränkt für die praktisch notwendigen Fälle der Haftungsbeschränkung geeignet ist[427]. Sie sollte eine „Lücke" zwischen der personalistischen offenen Handelsgesellschaft und der kapitalistischen Handelsgesellschaft ausfüllen. Spätestens nach der aktienrechtlichen Reform des Jahres 1884 erwuchs in verschiedenen Geschäftsfeldern der Wunsch nach einer flexibleren Gesellschaftsform, die den Anforderungen eines variablen Kapitalbedarfs gerecht werden konnte[428]. Einen weiteren Kerngedanken der Reform betrifft die Zielvorstellung, im Sinne des Gemeinwohles weitere bislang unterdrückte Unternehmen zu fördern[429]. Der „Unternehmergeist" sollte, so *Hammacher*, gestärkt werden[430]. Dies sollte einerseits geschehen durch eine Beschränkung des Haftungsrisikos und andererseits durch die Gewinnung fremden Vermögens unabhängig einer persönlichen Beteiligung an der Geschäftsführung.

bb) Der Normaltypus der GmbH von 1892

Die umstrittenste Aufgabenstellung bestand in der Bestimmung der Art der Gesellschaftsform und ihrer Zwecke. Drei Grundformen (Typen) standen zur Diskussion. Einerseits wurden die Forderungen erhoben, nach dem Gedanken der Industriegesellschaft eine Gesellschaftsform kapitalistischer Prägung zu schaffen. Sie sollte sich dadurch auszeichnen, dass sie auf eine größere Zahl sich wechselnder Mitglieder ausgerichtet war, die nicht selbst für das Unternehmen tätig wurden. Gesehen werden kann diese Gesellschaftsstruktur als „kleine Aktiengesellschaft", die sich durch eine höhere Flexibilität auszeichnen sollte. Grundlage dieser Bestrebung ist die Arbeit von *Ludolf Parisius*, der bereits 1876 eine entsprechende Forderung erhob[431]. Ihm folgend äußerten sich im Rahmen der Kolonialisierungsdiskussion auch *Robert Esser*[432], *Victor Ring*[433] und *Hermann Veit Simon*[434]. Nach dem GmbH-Gesetzesentwurf von *Esser* etwa sollte die GmbH im Gegensatz zur AG eben nicht der Akkumulation kleiner Kapitalien dienen (Mindesteinlage: 5 000 Mark)[435].

---

meint waren Personenhandelsgesellschaften, S. 335), gleichzeitig erkannte er nicht ein breites wirtschaftspolitisches Bedürfnis für die GmbH (S. 341). Der Kreis der Kritiker der Rechtsform der GmbH wuchs ab den 1930er Jahren. Siehe vor allem *Großmann-Doert*, Reform des Gesetzes, betreffend die Gesellschaft mit begrenzter Haftung, S 165 ff. und v. *Frankenberg und Pröschlitz*, Die nationale Wirtschaft, Jg. 1/2 (1933/34), S. 177 ff. und *Bachmann*, der, so *Schubert*, Entwurf des Rechsjustizminsteriums zu einem Gesetz über die Gesellschaften mit beschränkter Haftung von 1939, S. 38, die GmbH beseitigt wissen will.

427 Vgl. *Schubert*, Die GmbH von 1888-1902, S. 1 (S. 14).

428 *Ring*, Deutsche Kolonialgesellschaften, S. 5 ff.; *Hammacher*, Sten. Berichte über die Verhandlungen des Reichstages, VII. Leg.-Per., Sess. 1887/88, S. 710 f.

429 *Oechelhäuser*, Sten. Berichte über die Verhandlungen des Reichstages, V. Leg.-Per., Sess. 1884, S. 220 f.; *Deutsch Handelstag*, Entwurf eines Gesetzes betreffend die Gesellschaften mit beschränkter Haftung nebst Begründung und Anlage, S. 31 f.

430 Vgl. Zitat in *Schubert*, Die GmbH von 1888-1902, S. 1 (S. 16).

431 *Parisius*, Die Genossenschaftsgesetze im Deutschen Reich, S. 140.

432 *Esser*, Die Gesellschaft mit beschränkter Haftung, S. 7 ff..

433 *Ring*, Deutsche Kolonialgesellschaften, S. 36 f. (zu Fragen der Bilanz siehe S. 88 f.).

434 Kritisch zur Ausgestaltung des Vorschlags von Esser *Simon*, ZHR 34 (1888), 85 (133). Zum Ausgleich für die Flexibilisierung gegenüber der Aktiengesellschaft sah Simon eine Konzessionspflicht für die neue Gesellschaftsform vor.

435 *Esser*, Die Gesellschaft mit beschränkter Haftung, S. 11 (Art. 1 Abs. 2 des Entwurfes). In diesem Sinne äußerte sich auch *Ring*, Deutsche Kolonialgesellschaften, S. 69 f.

Andererseits trat *Oechelhäuser* für einen Gesellschaftstypus individualistischer Prägung ein. Im Sinne einer haftungsbeschränkten offenen Handelsgesellschaft war eine Trennung von Kapital und Arbeit nicht vorgesehen. Vielmehr sollte der mit der neuen Rechtsform angesprochene Adressat dem Unternehmen seine Arbeitskraft persönlich zur Verfügung stellen[436].

Neben die beiden Grundformen trat eine Mischform in Erscheinung, die letztlich Gesetz wurde und auf Grund ihrer Mittelstellung die Grundlage für die Reformdiskussion in der Folgezeit darstellte. In diesem Sinne befürworteten 49 von 81 Handelskammern eine Rechtsform, die nach ihrer Verfassung den Gesellschaften offen lässt, ob sie sich im Geschäftsbetrieb oder ausschließlich mit Vermögen beteiligen. Zudem sollte die Rechtsform auch für die Aufnahme einer größeren Zahl von Mitgliedern geeignet sein[437].

Dieser Streit um den Normaltypus der GmbH sollte die Auseinandersetzung der Literatur mit der neu geschaffenen Rechtsform bis in die 1930er Jahre prägen. Die gesetzgeberische Entscheidung für den Mittelweg stellte die Beteiligten vor die Herausforderung, welche individualistischen Elemente und welche kapitalistischen Elemente in die Mischform aufgenommen werden sollten. Im Wesentlichen offenbarte sich dieses Problem in der Frage des Gläubigerschutzes und damit unter anderem auch in der Frage nach Notwendigkeit einer Jahresabschlusspublizität.

cc) Zur Publizitätsfrage

Die Schwierigkeiten der gesellschaftsrechtlichen Typisierung einer gesetzgeberischen Schöpfung, die auf keine Handelspraxis zurückgreifen konnte, zeigten sich in der Debatte um die Offenlegungspflichten der Jahresabschlüsse der GmbH. Im Vorfeld der Gesetzgebung wurde etwa die Forderung nach Jahresabschlusspublizität von den oben genannten Wegbereitern der Rechtsform GmbH, *Oechelhäuser*[438], *Esser*[439] und *Ring*[440], erhoben[441]. Gleichwohl ist ihre jeweilige Grundlage, das Typusverständnis der GmbH, eine verschiedene[442]. Verdeckt von der Typusfrage offenbart sich bei der Publizitätsdebatte die Frage nach den rechtfertigenden Strukturprinzipien der Jahresabschlusspublizität. Der Aktionärsschutz, der Schutz einer vorhandenen anonymen Vielzahl von weitgehend unbeteiligten Aktionären, und der Ka-

---

436 *Oechelhäuser*, Sten. Berichte über die Verhandlungen des Reichstages, V. Leg.-Per., Sess. 1884, S. 220 f.

437 Vgl. *Deutscher Handelstag*, Entwurf eines Gesetzes betreffend die Gesellschaften mit beschränkter Haftung nebst Begründung und Anlage, S. 39.

438 *Oechelhäuser*, Sten. Berichte über die Verhandlungen des Reichstages, V. Leg.-Per., Sess. 1884, S. 221.

439 Esser beschränkte seine Publizität auf den Adressatenkreis der Gesellschafter: *Esser*, Die Gesellschaft mit beschränkter Haftung, S. 24.

440 *Ring*, Deutsche Kolonialgesellschaften, S. 83 ff. Gleichzeitig sieht er aber Platz für besondere Grundsätze für kleine Gesellschaften (S. 104).

441 Im Sinne einer Einreichung in das Handelsregister äußerten sich die Handelskammern Magdeburg, Saarbrücken und Mannheim. Für eine Veröffentlichungspflicht sprachen sich die Handelskammern Düsseldorf und Darmstadt aus. Vgl. *Feine*, Die Gesellschaft mit beschränkter Haftung, S. 21, Fn. 2, 3.

442 Eine Erläuterung des Zusammenhangs befindet sich bei *Hellermann*, Die Publizität des Jahresabschlusses geschlossener Kapitalgesellschaften, S. 45 f.; Zur Debatte über den kollektivistischen oder individualistischen Charakter der GmbH siehe den die Gesetzesmaterialien behandelnden Aufsatz von *Schubert*, Das GmbH-Gesetz von 1892, S. 1 ff.

pitalmarktschutz standen als rechtfertigendes Element nicht zur Verfügung. Die Haftungsbeschränkung und ggf. ein allgemeines öffentliches Interesse verbanden beide Kapitalgesellschaftsformen als den größten gemeinsamen Nenner. Der Gesetzgeber und die Fachkreise standen also vor einem Scheideweg.

Für einen Unterausschuss des Deutschen Handelstages äußerte sich die Berliner Kaufmannschaft, die für die AG in den 1830er Jahren die Jahresabschlusspublizität gefordert hatte, kritisch zu einer Offenlegungskultur in allen Bereichen der Industrie: „Die bei der Form der Actiengesellschaft vorgeschriebenen Veröffentlichungen gewähren in jedem Schritt, welchen die Industrie einer Branche thut, allen Konkurrenten und – was besonders bedenklich sei – auch der ausländischen Konkurrenz freien Einblick“[443]. Die Kaufmannschaft betonte damit einen Aspekt innerhalb der Abwägungsentscheidung, der von vielen Kritikern der Jahresabschlusspublizität auch heute noch entscheidend betont wird. In diesem Sinne begrüßte auch die Presse den Schutz der Gesellschaften. Die nationalliberale „Nationalzeitung“ würdigte den Gesetzesentwurf des Reichsjustizamts, dass er „lästige und doch für die Sicherstellung der Gläubiger unnöthige Bedingungen, wie die Einreichung und Veröffentlichung der Bilanzen, wie überhaupt den ganzen Formalismus vermeidet, welcher bei der Aktiengesellschaft erforderlich sein mag, für kleine Unternehmungen aber ebenso hinderlich als entbehrlich ist.“ Trotz dieser kritischen Töne gegenüber einer Jahresabschlusspublizität war es nicht zu erwarten gewesen, dass der Gesetzgeber auf diese verzichten würde. Zu einflussreich waren die Befürworter einer Publizitätspflicht in den übrigen Aspekten gewesen. Der Entwurf des Reichsjustizamtes verzichtet dennoch auf eine verpflichtende Jahresabschlusspublizität. In einer gegenüber dem Normaltypus der Aktiengesellschaft differenzierenden Betrachtung wog er die Interessenkollision in dieser Frage zu Gunsten der Gesellschaften ab. Wesentliche Argumente für die Publizitätspflicht der Aktiengesellschaften seien bei der GmbH unterzugewichten[444]. Trotz einer Haftungsbeschränkung der GmbH und der Abgrenzung als juristische Person gegenüber den Personenhandelsgesellschaften lehnte der Gesetzgeber den Gedanken eines Kompensationsgrundes ab. Als auffälligstes Merkmal bezog sich der Gesetzgeber auf den hinreichend geschützten und begrenzten Mitgliederkreis. Aus Sicht des Gesellschafterschutzes sei eine Publizität der Unternehmensdaten nicht erforderlich, da sich die GmbH an einen begrenzten, nur geringen Veränderungen unterworfenen Mitgliederkreis richte und in diesem sich das Kapitalbedürfnis erschöpfte[445]. Hinsichtlich des Argumentes der Gläubigergefährdung verweist die Begründung auf die grundsätzliche Kreditrisikobewertung der Teilnehmer des Geschäftsverkehrs. Die Informationsmöglichkeit über die wirtschaftliche Situation einer GmbH sei gegenüber unbeschränkt haftenden Personen gleich[446]. Trotz der interventionalistischen Grundausrichtung der damaligen Wirtschaftspolitik verwies der Gesetzgeber auf die wohlstandsfördernde Wirkung von Wettbewerb.

---

[443] *Berliner Kaufmannschaft*, in: Mittheilungen des Deutschen Handelstages an die Mitglieder, Jg. XXVIII, Nr. 18, S. 4.

[444] *Reichsjustizamt*, Sten. Berichte über die Verhandlungen des Reichstages, VIII. Leg.-Per., Sess. 1890-92, Anlage Nr. 660, S. 3715 (S. 3749).

[445] *Reichsjustizamt*, Sten. Berichte über die Verhandlungen des Reichstages, VIII. Leg.-Per., Sess. 1890-92, Anlage Nr. 660, S. 3715 (S. 3749).

[446] Vgl. *Hellermann*, Die Publizität des Jahresabschlusses geschlossener Kapitalgesellschaften, S. 46. Diese Gleichstellung mit den übrigen Rechtsformen bestätigt *Liebmann*, DJZ 1902, 327 (329), bei seiner zehnjährigen Bestandsaufnahme der Rechtspraxis der GmbH.

Zwar sei mit der Haftungsbeschränkung auch eine Gefährdung des Gläubigers verbunden. Dieser sei aber auf Grund anderer Schutzmaßnahmen in der Lage, sein Interesse selbst abzusichern. Dem insgesamt geringeren Schutzbedürfnis stellte das Reichsjustizamt die gesellschaftergefährdenden Risiken einer Jahresabschlusspublizität entgegen. Es stellte fest, „daß eine Maßnahme, welche auch jedem Unberufenen den Einblick in die Verhältnisse der Gesellschaft ermöglicht, für die Entwicklung eines Unternehmens in vielen Fällen von Nachteil sein kann"[447]. Anders als noch 1884 wird in der Gesetzgebungsentwicklung zum GmbHG weder die Gefährdung eines Marktes noch das in diesem Zusammenhang stehende öffentliche Interesse in der Abwägung herangezogen. Dies lässt den Rückschluss zu, dass der Gesetzgeber von 1892, wiederum anders als acht Jahre zuvor, keine funktionsschützenden Überlegungen im Bereich der Jahresabschlusspublizität für erforderlich hielt.

dd) Schlussfolgerungen

Die gegenüber der Aktienrechtsreform von 1884 leicht zeitversetzte Gesellschaftsrechtsreform der Jahre 1891/92 reflektiert aus einer anderen Perspektive die gesetzgeberischen Beweggründe zu Gunsten der ausgebauten Publizität des Aktienrechts. Trotz einer sehr individualschützenden Betrachtung bestätigt die Begründung des GmbHG die zuvor aufgestellten Schlussfolgerungen, dass der Gläubigerschutzgedanke im Zusammenhang mit der Rechtfertigung der Jahresabschlusspublizität in der Vergangenheit überbewertet wurde[448]. Aus den Begründungen wird ersichtlich, dass auch im Aktienrecht die Haftungsbeschränkung nicht isoliert zur Rechtfertigung der Publizitätspflicht herangezogen wurde. Der Gläubigerschutz im Aktienrecht ist damit historisch zu reduzieren auf das Produkt des Funktionsschutzes des Kapitalmarktes.

e) HGB-Reform 1897

Die HGB-Reform des Jahres 1897[449] diente vorwiegend der Harmonisierung der Vorschriften des Handelsrechts mit neu geschaffenem Bürgerlichen Gesetzbuch[450]. Seine Änderungen waren daher auch vorwiegend formaljuristischer Natur. Eine Reformbedürftigkeit des Kapitalgesellschaftsrechts bestand nicht. Weder bei den Aktiengesellschaften noch bei den GmbH traten auffällige Missbräuche auf. Die Aktienrechtsreform von 1884 hatte Wirkung gezeigt und das Vertrauen in den Kapitalmarkt gestärkt. Gleichwohl sollte auch das Aktienrecht publizitätsbezogene Veränderungen erfahren.

aa) Erweiterung des offenlegungspflichtigen Inhaltes

Der Gesetzgeber nutzte den Anlass des HGB-Erlasses, die Transparenz für die Adressaten des Jahresabschlusses zu verbessern. Einerseits verpflichtete § 265 Abs. 2

---

[447] *Reichsjustizamt*, Sten. Berichte über die Verhandlungen des Reichstages, VIII. Leg.-Per., Sess. 1890-92, Anlage Nr. 660, S. 3715 (S. 3749).

[448] Hierzu bereits *Göllert*, Sozialbilanzen, S. 70. *Buschmeyer*, Publizität als Korrelat der Haftungsbeschränkung, S. 72, sieht gar einen Widerspruch zwischen der Aktienrechtsreform von 1884 und dem GmbHG von 1892.

[449] Handelsgesetzbuch v. 10.5.1897, RGBl. 1897, Nr. 23, Nr. 2388, S. 219 ff.

[450] Siehe allgemein *Schubert*, Die Entstehungsgeschichte des Handelsgesetzbuchs vom 10. Mai 1897, S. 1 ff.

S. 1 HGB die Bekanntmachung (Veröffentlichung der Bilanz und der Gewinn- und Verlustrechnung in den Gesellschaftsblättern), den Geschäftsbericht und die Bemerkungen des Aufsichtsrates dem Handelsregister einzureichen. Die gesetzliche Publizitätspflicht erstreckte sich damit erstmals auf den Geschäftsbericht und die Bemerkungen des Aufsichtsrates, die bislang von der Veröffentlichungspflicht ausgeklammert waren. Andererseits verdeutlichten § 265 Abs. 1 und 2 HGB, dass eine Identität zwischen dem veröffentlichten Jahresabschluss in den Gesellschaftsblättern und im Handelsregister vorliegen muss. Eine in der Praxis sich abzeichnende Differenzierung der Jahresabschlüsse in Anhängigkeit vom Adressatenkreis sollte durch die Vorgabe der Identität gestoppt werden. Der umfangreichere und detailliertere Jahresabschluss, der in der Generalversammlung offen gelegt wird, wurde aber nicht zum zukünftigen Maßstab. Gleichzeitig wurde befürchtet, dass sich in der Praxis nur eine verkürzte Bilanz durchsetzen werde, die die Generalversammlung nicht hinreichend informieren könnte[451]. Es wurde also vom Gesetzgeber in Kauf genommen, dass die Unternehmen lediglich eine verkürzte Bilanz publizieren würden. Der Gesetzgeber vertraute aber darauf, dass auf Grund der vorgeschriebenen Identität eine dem Zweck der Offenlegung entgegenstehende Verkürzung des Jahresabschlusses unterbleiben werde und die Aussagefähigkeit der Unterlagen erhalten bleibe.

In Verbindung mit § 14 HGB erfuhr das Registergericht ein gestärkte Verfahrensposition. Es war ihm erstmals möglich mittels Ordnungsstrafen die ordnungsgemäße Veröffentlichung der Jahresabschlüsse zu erzwingen[452]. Die Durchsetzungsmöglichkeiten beschränkten sich lediglich auf die Vollständigkeit der Unterlagen. Ein materielles Prüfungsrecht erhielt das Registergericht nicht[453].

Das bereits in den Entwürfen der Gesetzesrevision von 1884 enthaltene Bilanzgliederungsschema konnte sich im Übrigen wiederum nicht durchsetzen. Im Interesse verbesserter Kontrolle wurden aber die Aktionärsrechte in § 266 Abs. 2 HGB gestärkt. Eine Minderheit von 10% der Geschäftsanteile ist berechtigt, Revisoren zur Prüfung der Bilanz oder von Vorgängen der Gründung oder der Geschäftsführung einzuführen.

bb) Zwischenergebnis

Mit den Veränderungen des Publizitätsrechts durch das HGB beschritt der Gesetzgeber den bereits eingeschlagenen Weg im Interesse der zuvor definierten Ziele. Er erhöhte und sicherte die Transparenz. Umgehungsversuchen der Wirtschaft wurde entgegengewirkt. Die Durchsetzung wurde gestärkt.

4. Typus publizitätspflichtiger Gesellschaft Ende des 19. Jahrhunderts

Die gesellschaftsrechtliche Entwicklung des 19. Jahrhunderts, insbesondere die Einführung und Ausweitung der Publizitätspflicht bestimmter Gesellschaftsformen bzw. die Ablehnung einer Publizitätspflicht für die Rechtsform der GmbH, ermöglichte eine Typisierung der publizitätspflichtigen Gesellschaft des 19. Jahrhunderts. Die historische Bestandsaufnahme zeigt, dass der Typus der in der zweiten Hälfte des 19.

---

451 *Reichsjustizamt*, Entwurf eines Handelsgesetzbuchs, S. 146. Speziell zu den Handelsgesellschaften *Schubert*, Zur Entstehung des Zweiten Buches: Handelsgesellschaften und stille Gesellschaft, S. 51 ff.

452 *Reichsjustizamt*, Entwurf eines Handelsgesetzbuchs, S. 146 f.

453 *Staub*, Kommentar zum Handelsgesetzbuch, § 265 Anm. 3.

Jahrhunderts publizitätspflichtigen Gesellschaften mit dem der in der Rechtsform der Aktiengesellschaft organisierten Unternehmen identisch war.

Bis zum Übergang des Konzessionssystems in das Normativsystem beherrschte das staatliche Privilegierungsverfahren den Charakter der Aktiengesellschaften. Wie bereits zu Zeiten des klassischen Merkantilismus, in der Phase des Octroisystems, beschränkte etwa Preußen noch 1856 den Kreis der Aktiengesellschaften eng auf staatlich unterstützte Vorhaben. Diese waren zunächst wirtschafts- und machtpolitisch bedeutsame Unternehmungen in den zwischenstaatlichen Auseinandersetzungen, in denen die Interessen der herrschenden Schicht dominierten, und schließlich die Verwaltung von Monopolen. In der Phase der Industrialisierung waren es Schlüsselindustrien, die in ihrer Beschäftigungsfunktion gesamtgesellschaftliche Bedeutung für die Bevölkerung erfuhren. Letztmals war diese Beschränkung der Aktiengesellschaften der Verwaltungspraxis von Preußen 1856 vorgeschrieben worden. Der Nachweis eines besonderen öffentlichen Interesses war zu dieser Zeit immer noch eine Voraussetzung für die Genehmigung einer Aktiengesellschaft. Der eben beschriebene Kreis von Unternehmen blieb im gesetzgeberischen Normaltypus der Aktiengesellschaft erhalten, wenn auch auf ein staatliches Genehmigungserfordernis verzichtet wurde.

Parallel zur Prüfung des Gesellschaftszwecks galt ein Subsidiaritätsprinzip. Danach hatte ein Unternehmen grundsätzlich die Rechtsform einer Personenhandelsgesellschaft anzunehmen. Lediglich in dem Fall, dass die geförderte Tätigkeit mit einer anderen Rechtsform nicht aufgenommen und durchgeführt werden könnte, erteilte der Staat unter weiteren Voraussetzungen die Privilegierung. In der Mehrzahl der Privilegierungen war die Wahl einer anderen Rechtsform ausgeschlossen, weil ein erheblicher Kapitalbedarf nur durch die Beteiligung eines größeren Publikums gedeckt werden konnte[454]. Die Unzulänglichkeit der aktienrechtlichen Regeln für kleinere, regional begrenzt tätige Unternehmen zwang den Gesetzgeber eine eher personalistische Rechtsform, die GmbH, zu schaffen. Sie unterlag nicht der Offenlegungspflicht. Die Rechtsform der GmbH war trotz des Kompromisses des Gesetzgebers auf Unternehmen ausgerichtet, die einen beschränkten und weniger Wechseln unterliegenden Gesellschafterkreis aufwiesen. Der Anlass der Reform von 1884 und die Gesetzessystematik bestimmten den Schwerpunkt der offenlegungspflichtigen Unternehmen mit dem Merkmal der Kapitalmarktorientierung[455]. Die publizitätspflichtige Gesellschaft des 19. Jahrhunderts hatte also die Unternehmensinformationen an eine schwerlich begrenzte Vielzahl zu richten. Die Information der Aktionäre beinhaltete die Information der Öffentlichkeit. Die Öffentlichkeit war im Übrigen auch aus funktionsschutzbezogenen Überlegung in die Publizitätspflicht einbezogen. Das Vertrauen der Bevölkerung in die Funktionsweise des Kapitalmarktes hatte der historische Gesetzgeber über Jahrhunderte zu stärken. Dieser letzte Punkt steht in unmittelbarem Zusammenhang mit dem betroffenen öffentlichen Interesse.

Die Besonderheit der Aktiengesellschaft gegenüber den anderen Gesellschaften zeichnete sich einerseits durch eine selbständige Rechtspersönlichkeit, andererseits

---

[454] Nach dem Abgeordneten Jakobi bestimmte sich in diesem Umstand „die historische Natur der Aktiengesellschaft". *Jakobi*, Sten. Bericht über die Verhandlungen des Reichstages, Leg.-Per., Sess. 1870, Nr. 158, S. 1071.

[455] *Klein*, Die neueren Entwicklungen in Verfassung und Recht der Aktiengesellschaft, S. 48 f, kam unter dem Eindruck der Ereignisse 1904 zu dem Ergebnis, dass der Gesetzgeber in publizitätsrechtlicher Hinsicht zwischen kapitalmarktorientierten Unternehmen und allen übrigen unterschied.

durch ihre Haftungsbeschränkung aus. Der letzte Aspekt wird von der Literatur wiederholt als Strukturprinzip der Publizität angeführt. Die gesetzgeberische Entscheidung gegen eine gesetzliche Publizitätspflicht der GmbH kann historisch dieses Prinzip nicht bestätigen. Zwar wurde auch im Zusammenhang mit der Aktiengesellschaft eine Gläubigergefährdung angeführt[456]. Doch auch dann waren sie nicht für die Einführung einer Publizitätspflicht tragend gewesen[457]. Ein engerer Zusammenhang entwickelte sich vielmehr zwischen den Gläubigerinteressen und den Fragen der Unternehmensverfassung.

Es bleibt daher festzuhalten, dass sich der Typus des publizitätspflichtigen Unternehmens zum Ende des 19. Jahrhunderts zum einen durch seine volkswirtschaftliche Bedeutung und zum anderen durch seine Kapitalmarktorientierung auszeichnete.

5. Exkurs: Die Kommanditgesellschaft auf Aktien

Neben der Aktiengesellschaft erlangte auch die Rechtsform der Kommanditgesellschaft auf Aktien (kurz: KGaA), trotz der geringen Beachtung in der Publizitätsdiskussion, eine erhebliche Bedeutung in der Ermittlung der Strukturprinzipien der Jahresabschlusspublizität. Ihrer Struktur nach ist die KGaA eine Mischform aus Kommanditgesellschaft und Aktiengesellschaft. Sie verbindet den persönlichen Kredit und die Selbstorganschaft der Komplementäre – definitionsgemäß ein persönlich haftender Gesellschafter – mit der Kapitalausstattung der Aktiengesellschaft[458]. Ihre Mittelstellung zwischen Personenhandelsgesellschaft und Kapitalgesellschaft verdeutlicht die systematischen Schwierigkeiten der heute geltenden gesetzlichen Strukturprinzipien der Jahresabschlusspublizität, die sich vorwiegend an der Rechtsform orientiert. Die Rechtsform der KGaA ist daher geeignet in einer historischen Perspektive die gesetzgeberischen Entscheidungen kritisch zu hinterfragen. Einschränkend ist für Deutschland die Lage bis zum Ende der 1990er Jahre zu betrachten. 1997 bestätigte der BGH die Rechtmäßigkeit der Gestaltung einer KGaA ohne natürliche Person als Komplementär[459]. Bedeutsam für die Betrachtung ist der bis dahin gültige gesetzliche Normaltypus, der eine natürliche Person als persönlich haftenden Gesellschafter vorsah[460].

Eine wirtschaftliche Bedeutung erfuhr die KGaA erstmals in der ersten Hälfte des 19. Jahrhunderts in Frankreich und Preußen. Das beginnende 19. Jahrhundert ist daher der Ausgangspunkt dieses Exkurses[461].

---

[456] Vgl. die Erwägungen des preußischen Entwurfes eines HGB von 1857, Motive, S. 91, in: *Schubert*, Entwurf eines Handelsgesetzbuchs für die Preußischen Staaten.

[457] *Hopt*, Ideelle und wirtschaftliche Grundlagen der Aktien- Bank- und Börsenrechtsentwicklung im 19. Jahrhundert, S. 128 (S. 147 f.), sieht den Gläubigerschutz durch den Sparer- und Anlegerschutz verdängt.

[458] *Schmidt*, Gesellschaftsrecht, S. 971 f. Vgl. *Philbert*, Die Kommanditgesellschaft auf Aktien zwischen Personenhandelsrecht und Aktienrecht, S. 38 ff.

[459] BGH v. 24.2.1997 – II ZR 11/96, BGHZ 134, 392 ff = GmbHR 1997, 595 ff. Zur atypischen/kapitalistischen KGaA m. w. N. Schütz/Bürgers/Riotte–*Fett*, Die Kommanditgesellschaft auf Aktien, S. 3 f., 23 f. *Raiser/Veil*, Recht der Kapitalgesellschaften, S. 347 f.

[460] So hieß es noch in der zweiten Auflage von 1991 bei *Raiser*, Recht der Kapitalgesellschaften, S. 244: „Juristische Personen können nicht Komplementär einer KGaA sein."

[461] Siehe hierzu *Auerbach*, Das Gesellschaftswesen in juristischer und volkswirthschaflicher Hinsicht unter besonderer Berücksichtigung des allgemeinen deutschen Handelsgesetzbuchs, S. 417 ff.

a) Rechtliche Entwicklungen in Frankreich

Nach der Einführung der Konzessionspflicht für die société anonyme durch den C.d.C. stand den Unternehmern eine nur unzureichend flexible Gesellschaftsform für die Anforderungen des Industrialisierungsprozesses zur Verfügung. Dennoch suchten nicht der Staat sondern die Gewerbetreibenden einen Ausweg. Den fanden sie in der Rechtsform der KGaA, die der staatlichen Genehmigung nicht unterlag[462]. Es erfolgte ein Boomphase dieser Gesellschaftsform, in der über 1 000 Gesellschaften gegründet wurden[463], die durch Spekulationen und betrügerisches Handeln geprägt gewesen waren[464]. Es zeigte sich, dass die Haftung des Komplementärs, unabhängig seiner finanziellen Ausstattung, den Gläubigern nur unzureichend Schutz bot[465]. Der C.d.C und die sich an ihm orientierten mitteleuropäischen Gesetzgeber sahen die Kommanditgesellschaft auf Aktien als eine zunächst weniger regulierungsbedürftige Abart der Kommanditgesellschaft[466].

Erst 1856 reagierte der Gesetzgeber auf diese Missstände und den ungenügenden Gläubigerschutz. Zuvor wurde 1838 ein Gesetzesvorschlag abgelehnt, der die Abschaffung des Rechtsform der KGaA vorsah[467]. Nun normierte er die KGaA als eine Spielart der Aktiengesellschaft[468]. Mit dem Gesetz vom 17. Juli 1856 (loi sur les sociétés en commandite par actions) wurde die KGaA einer detaillierten Neuregelung unterworfen[469]. Dabei wechselte die Verantwortung für die Unternehmen vom Staat zunächst auf die Anleger und später auch auf die Allgemeinheit. Geregelt wurden unter anderem der Nominalwert, die Zeichnung und Ausgabe der Aktien und eine verschärfte zivil- und strafrechtliche Haftung der Gründer. Neu eingeführt wurde ein obligatorischer Aufsichtsrat. Grundlegendes ordnungspolitisches Instrument wurde die Gründungspublizität. Ab dem Jahr 1867 unterwarf das französische Recht sowohl die KGaA als auch die AG einer einheitlichen Regelung. Diese beschränkte – wie oben bereits dargestellt – den Adressatenkreis der Bilanzinformationen, trotz anders lautender Forderungen der Literatur, auf die Anteilseigner. Dritten gegenüber entstand keine Transparenz der Vermögens-, Finanz- und Ertragslage des Unternehmens.

Diese knappe Skizze der Entwicklung der gesetzlichen Behandlung der KGaA verweist auf einen Aspekt, dem in der auch aktuellen Publizitätsdebatte zu Unrecht weit überwiegend keine Beachtung geschenkt wird. Mit den Entscheidungen des französischen Gesetzgebers, trotz vieler Vorbehalte gegen kapitalstarke Gesellschaften, zunächst auf eine Konzessionierung und die Verpflichtung zur Offenlegung von Jahresabschlüssen zu verzichten und später die KGaA der AG gleichzustellen, wurde die Alleingültigkeit der Haftungsbeschränkung als Strukturprinzip der Jahresabschlusspublizität für den französischen Gesetzgeber historisch ausgeschlossen. Eine

---

[462] Vgl. *Hopt*, Ideelle und wirtschaftliche Grundlagen der Aktien-, Bank- und Börsenrechtsentwickung im 19. Jahrhundert, S. 128 (S. 138) m. w. N.

[463] 1838 soll es in Frankreich bereits mehr als 1 000 KGaA gegeben haben, Motive zur Aktienrechtsnovelle 1883, S. 370.

[464] Vgl. *Hergenhahn*, ZHR 1894, 69 (70) m. w. N.

[465] Historisch aufarbeitend *Ripert*, Aspects, S. 60 ff.

[466] *Lehmann*, Das Recht der Aktiengesellschaften, S. 276.

[467] Vgl. *Hergenhahn*, ZHR 1894, 69 (70).

[468] *Lehmann*, Das Recht der Aktiengesellschaften, S. 277.

[469] Einen Überblick vermittelt *Hergenhahn*, ZHR 1894, 69 (70 f.).

wirtschaftliche Betrachtungsweise führte letztlich zu dieser Gleichstellung unabhängig von der persönlichen Haftung des natürlichen Komplementärs.

b) Entwicklungen in Deutschland

Nicht nur in Frankreich, auch in Preußen unterlag die Rechtsform der KGaA zunächst keiner Beschränkung in der Gründung[470]. Sie entwickelte sich daher ebenso zu einer beliebten Rechtsform. 1856 unternahm der Finanzminister *von der Heydt* einen Versuch, mittels einer Verordnung die KGaA einer staatlichen Genehmigung und Aufsicht zu unterwerfen[471]. Dieser Vorstoß fand aber keine Zustimmung bei den übrigen Ministern. In diesem Sinne enthielt auch der preußische Entwurf eines Allgemeinen Deutschen Handelsgesetzbuches keine rechtliche Einschränkung der Freiheiten[472]. Gleichwohl waren die Missbrauchsgefahren in der Entwurfsbearbeitung realistisch diskutiert worden[473]. Mit Verweis auf den Schutz durch die übrigen Bestimmungen der Art. 156 ff. ADHGB-E wurde der „Erleichterung des Verkehrs" der Vorrang eingeräumt[474]. Kontroverser wurde die Regelungsbedürftigkeit auf der Nürnberger Konferenz diskutiert. Neben Preußen lehnten auch weitere Länder die Gleichstellung der KGaA mit der AG ab. Verwiesen wurde einerseits auf die oft gemeinnützige Art der von den Gesellschaften übernommenen Aufgaben, andererseits auf die strukturellen Unterschiede gegenüber der Aktiengesellschaft. Das Vorhandensein einer natürlichen Person als persönlich haftender Gesellschafter vermeide die Probleme, die sich aus der Abweichung von Eigentum und Kontrolle ergebe. So wurde von einem Teil das Bedürfnis nach einer Gleichstellung abgelehnt[475]. Der andere betonte weiterhin die von der KGaA ausgehende Gefährdung für die Anleger. Letztlich setzte sich im ADHGB ein Kompromiss durch. Während Art. 174 ADHGB bestimmte: „Kommanditgesellschaften auf Aktien können immer mit staatlicher Genehmigung errichtet werden", fügte Art. 206 ADHGB die Einschränkung ein. Nach ihr blieb es den Landesgesetzen vorbehalten zu bestimmen, dass es der staatlichen Genehmigung zur Errichtung von Kommanditgesellschaft auf Aktien nicht bedürfe. Von diesem Wahlrecht machte Preußen im Folgenden Gebrauch.

In der Aktienrechtsreform von 1870 ging der Gesetzgeber davon aus, dass sich KGaA nicht mehr oder doch nur noch in verschwindender Zahl bildeten, und dass „sie letztlich überhaupt nur stellenweise Wurzel gefasst hat"[476]. Die Regelungen des

---

470 Vgl. *Passow*, Die Aktiengesellschaft, S. 559, mit einer übersichtlichen Skizze der Rechtsentwicklung.

471 *V. Delbrück*, Lebenserinnerungen, Bd. 2, S. 82 ff.

472 Motive, S. 81 f., in: *Schubert*, Entwurf eines Handelsgesetzbuchs für die Preußischen Staaten.

473 Motive, S. 81, in: *Schubert*, Entwurf eines Handelsgesetzbuchs für die Preußischen Staaten.

474 Motive, S. 81, in: *Schubert*, Entwurf eines Handelsgesetzbuchs für die Preußischen Staaten.

475 Vgl. zu dieser Auffassung mit sehr kritischen Wortbeiträgen *Schubert*, Protokolle der Commission zur Berathung eines allgemeinen deutschen Handelsgesetz-Buches, Bd. 1, S. 374 ff.; *Schubert*, Protokolle der Commission zur Berathung eines allgemeinen deutschen Handelsgesetz-Buches, Bd. 3, S. 1111 ff.

476 Sten. Berichte über die Verhandlungen des Reichstages, 1 Leg.-Per., Sess. 1870, Nr. 158, S. 653. Auf Grund des Übergangs zum Normativsystem wurde unterstellt, dass die Attraktivität der KGaA nachlassen werde. Eine Annahme, die sich bestätigte. Siehe die allgemeine Begründung des Entwurfs eines Gesetzes, betreffend die Kommanditgesellschaft auf Aktien und die Aktiengesellschaften vom 7.3.1884, § 15 I., in: *Schubert/Hommelhoff*, Hundert Jahre modernes Aktienrecht, S. 477.

novellierten ADHGB enthielten daher weder ein Genehmigungserfordernis für ihre Gründung, noch der Regelung der AG vergleichbare Normativbestimmungen.

Mit Aktienrechtsnovelle des Jahres 1884 übertrug der Gesetzgeber die Normativbestimmungen und damit auch die gesetzliche Publizitätspflicht auf die KGaA. Der leitende Gedanke dieser Gleichstellung war die Vermeidung von Umgehungsmöglichkeiten für die strenger regulierten Aktiengesellschaften[477]. Betont wurde der nahe Zusammenhang zwischen KGaA und AG auf dem wirtschaftlichen Gebiet. Gleichzeitig sollte den bestehenden wirtschaftlichen Unterschieden beider Rechtsformen Rechnung getragen werden[478]. § 185 c ADHGB führte daher erstmals die Publizitätspflicht ein[479].

c) Die Publizitätspflicht der KGaA

Dieser Exkurs beschreibt ein Problemfeld der dogmatischen Begründung der Jahresabschlusspublizität. Trotz der persönlichen Haftung einer natürlichen Person erfolgt gesetzessystematisch in publizitätsrechtlicher Hinsicht eine Gleichstellung mit der Rechtsform der Aktiengesellschaft. Der Grund kann aber offensichtlich nicht in der Gläubigergefährdung liegen, die in der überkommenen Debatte mit dem Fehlen einer persönlich haftenden natürlichen Person verknüpft wird. Die historisch sich parallel zur Aktiengesellschaft ereigneten Missbrauchsfälle zeugen von einer anderen Wertung. Nach dieser ist die Existenz eines persönlich haftenden Gesellschafters bei einer bestimmten Typologie Unternehmen unbeachtlich. Dies heißt aber nicht, dass die Gläubigergefährdung nicht doch ein begründendes Element der Publizitätsdogmatik spielt. Dieser Aspekt der Gefährdung ist aber in jedem Fall jenseits der Kategorien von Personenhandelsgesellschaften und Kapitalgesellschaften und dem Merkmal der Haftungsbeschränkung zu berücksichtigen. Die Haftungsbeschränkung ist also kein Definitionselement dieser typologischen Einheit der Ende des 19. Jahrhunderts offenlegungspflichtigen Unternehmen.

Die Gleichstellung von Aktiengesellschaft und Kommanditgesellschaft auf Aktien kann nur mit Blick auf ihre jeweilige wirtschaftliche Bedeutung begründet werden. Als Merkmale des Typus publizitätspflichtiger Gesellschaften kommen bis dato zwei Aspekte in Frage. Zum einen die Kapitalmarkorientierung (Fungibilität der Aktien) und zum anderen die gesamtwirtschaftliche Bedeutung. Parallel zur vorherigen typologischen Betrachtung zeigen sich auch bei der Kommanditgesellschaft auf Aktien die Faktoren der volkswirtschaftlichen Bedeutung und des Öffentlichkeitsbezugs kapitalmarktorientierter Unternehmen[480]. So umfassend die Diskussion über die Geeignetheit der Publizitätspflicht für solche Gesellschaftsformen ist, bei denen kein unbeschränktes Privatvermögen dem Zugriff des Gläubigers zu Verfügung steht, so selten rückt auch die KGaA in eine parallele Diskussion. Ein Grund mag in der Rechtsformenwahl liegen. Soll mit einem Unternehmen kein großes Publikum angesprochen werden, werden die Inhaber eine Rechtsform wählen, die auf seltene Gesellschaf-

---

477 In diesem Sinne auch das Gutachten des ROHG, in: *Schubert/Hommelhoff*, Hundert Jahre modernes Aktienrecht, S. 179.

478 Entwurf eines Gesetzes, betreffend die Kommanditgesellschaft auf Aktien und die Aktiengesellschaften vom 7.3.1884, § 15 II., abgedruckt in *Schubert/Hommelhoff*, Hundert Jahre modernes Aktienrecht, S. 478 f.

479 Vgl. oben zweiter Teil, IV. 3. c) cc).

480 Siehe zu diesem Begründungszusammenhang der Publizität *Elschenbroich*, Die Kommanditgesellschaft auf Aktien, S. 155.

terwechsel ausgelegt ist und in ihrer Verwaltung gegenüber der KGaA geringeren Aufwand verursacht. In Frage kommen etwa die Kommanditgesellschaft oder die GmbH & Co. KG, bei der auch ein Komplementär mit einer natürlichen Person besetzt wird bzw. werden kann. Überwiegen also die Nachteile einer Gleichstellung mit der Aktiengesellschaft, so steht den Betroffenen ein Ausweg zur Verfügung, der weniger belastend empfunden wird. Wird hingegen die Rechtsform der Kommanditgesellschaft auf Aktien bewusst gewählt, um eine Finanzierung des Unternehmens über den Kapitalmarkt zu erreichen, so besteht die Einsicht der Beteiligten, dass der Kapitalmarktteilnehmer und der Kapitalmarkt selbst durch eine hinreichende Transparenz zu schützen sind bzw. ein öffentliches Interesse nicht abzusprechen ist. Dies lässt ein Blick auf die realwirtschaftliche Erscheinung der KGaA erwarten. Nach einer veröffentlichten empirischen Arbeit von *Mayer* weist die Umsatzsteuerstatistik für das Jahr 1999 73 KGaA aus (0,0025 % aller Unternehmen in Deutschland). Nach einer Statistik des Deutschen Industrie- und Handelstages für das Jahr 2001 sind es 0,02 % aller Unternehmen. Seit 1953 stieg das durchschnittliche Grundkapital der KGaA bis 1992 um das 35-fache auf 80 Mio. Euro[481]. Damit liegt das Grundkapital 180 mal höher als das durchschnittliche Stammkapital der GmbH. Gleichzeitig weisen KGaA eine weit überdurchschnittliche Kapitalmarktorientierung auf.[482]

Die wirtschaftliche Erscheinung der KGaA zeigt, wie unerheblich das Vorhandensein einer vollhaftenden natürlichen Person ist. Vielmehr sind die gesamtgesellschaftliche Bedeutung des einzelnen Unternehmens und die Kapitalmarktorientierung die prägenden und entscheidenden Faktoren der Jahresabschlusspublizität der KGaA.

6. Zusammenfassung

Die zweite Hälfte des 19. Jahrhunderts wurde vielfach als Geburtsstunde der gläubigerschutzorientierten Jahresabschlusspublizität betrachtet[483]. Die historische Bestandsaufnahme führte hingegen zu einem anderen Ergebnis. Tragendes Argument für die entwickelte Publizitätspflicht war der Funktionsschutz des Kapitalmarktes. Individualschützende Perspektiven stützen die Entwicklung, haben zunächst aber einen flankierenden Charakter. Dabei spielt der Schutz der Anteilseigner und der Teilnehmer des Kapitalmarktes eine übergeordnete Bedeutung. Aspekte des Gläubigerschutzes standen hingegen nicht im Fokus des Gesetzgebers.

Der Prozess zu einer bundeseinheitlichen Gesetzgebung brachte keine Liberalisierung der Zulassungsfrage und auch keine allgemeine Publizitätspflicht. Der Staat betonte seine Kontrollfunktion und verpflichtete die Aktiengesellschaften, den Staat über die Unternehmensdaten zu informieren. Diese Kontrollfunktion, die später mittels der Publizität auf den Markt übertragen wurde, war zunächst geprägt von machtpolitischen Interessen und Gründen des Funktionsschutzes. Gleichwohl wurde das

---

481 Damit liegt das durchschnittliche Grundkapital der KGaA mehr als doppelt so hoch wie das durchschnittliche Grundkapital der AG.

482 Diese empirischen Daten stammen von *Meyer*, GmbHR 2002, 177 ff.

483 Neben weiteren insbesondere *Gessler*, Der Bedeutungswandel der Rechnungslegung im Aktienrecht, S. 129 (S. 135); *Witte*, Die Vertretung des öffentlichen Interesses in der privaten Unternehmung?, S. 129. In einer intensiven Auseinandersetzung mit der Publizitätspflicht hatte zuletzt auch *Fehrenbacher*, Registerpublizität und Haftung im Zivilrecht, S. 291, dieses Verständnis bekräftigt. Für den Gesetzgeber des 19. Jahrhunderts stünde in der aktienrechtlichen Publizitätspflicht der Gläubigerschutz im Vordergrund.

Individualinteresse einzelner Gruppen, auch der Gläubiger, erkannt und ergänzend betont. Bis zur Aktienrechtsreform von 1870 dienten die Bilanzvorschriften, auch die des ADHGB, ausschließlich der Information der Gesellschafter. Trotz der Einbeziehung der Gläubiger in den Adressatenkreis der 1870 eingeführten einheitlichen Publizitätspflicht zeigte sich der Normaltypus der erfassten Aktiengesellschaften als dominierender Begründungszusammenhang. Demnach dominierten 1870 die Aspekte der gesamtgesellschaftlichen Bedeutung der Gesellschaften und des Kapitalmarktbezuges. Ein Zusammenhang zwischen Haftungsbeschränkung und Offenlegungspflicht konnte nicht abgeleitet werden. Dies fällt insbesondere vor dem Hintergrund der Gleichstellung von AG und KGaA schwer. Die Aktienrechtsnovelle von 1884 stand unter dem Eindruck der Gründerjahre, der eine Debatte über die Zukunft der Rechtsform der Aktiengesellschaft auslöste. Dass die Existenz der AG in Frage gestellt wurde und eine Zugangsbeschränkung gefordert wurde, zeigt die Grundrichtung der Reform. Die gesetzlichen Modifikationen, auch die Publizitätspflicht, mussten vorrangig geeignet sein, den Missbräuchen der Gründerjahre entgegen zu wirken. Der Kapitalmarktbezug ist damit wiederum in den Begründungszusammenhang der Publizitätspflicht einzubeziehen. Die Interpretation der 1870 eingeführten Publizität wurde in der Folgereform bestätigt. Dass im ausgehenden 19. Jahrhundert die Publizitätspflicht nicht als Korrelat der Haftungsbeschränkung gesehen wurde, zeigt die Entscheidung des Gesetzgebers, die neu geschaffene Rechtsform der GmbH keiner Offenlegungspflicht zu unterwerfen. Systematisch wird diese Entscheidung, wenn die oben genannten Zielrichtungen für die Publizitätsfrage zu Grunde gelegt werden. Die GmbH sollte weder den Kapitalmarkt in Anspruch nehmen, noch wurde erwartet, dass der einzelnen GmbH eine gesamtgesellschaftliche Bedeutung zukommt.

Die identifizierten Strukturprinzipien des 19. Jahrhunderts in Deutschland zeigte ansatzweise auch die Gesetzgebung in Frankreich. Dort unterschied der Gesetzgeber bei der Anwendung der Konzessionsvoraussetzung mit der Reform von 1863 (loi sur les sociétés à responsabilité limitée) nicht ausschließlich rechtsformspezifisch. Ergänzt wurde ein Merkmal, dass die Unternehmensgröße zu unterschieden suchte, die Größe des Grundkapitals.

V. Entwicklungen bis in die 1960er Jahre

Im auslaufenden 19. Jahrhundert meisterte der Gesetzgeber die kodifikatorischen Herausforderungen dieses Jahrhunderts, in dem sich die Rechtsordnung an die in der Geschichte bedeutsamsten gesellschaftlichen und wirtschaftlichen Umwälzungen anpasste[484]. Politische und wirtschaftliche Entwicklungen stellten den Gesetzgeber aber sehr bald wieder vor die Herausforderung, ein sich entwickelndes Missverhältnis zwischen Rechtsnorm und Rechtswirklichkeit auszugleichen[485]. An erster Stelle ist aber die Begründung der Rechtsentwicklung die Überarbeitung der Wirtschaftsverfassung zu nennen. In dieser galt es, die Stellung und Verantwortung insbesondere von Großunternehmen in einer gesellschaftlichen Ordnung zu bestimmen und entsprechende ordnungspolitische Instrumente im Gesellschaftsrecht zu installieren.

---

[484] *Nörr*, ZHR 1986, 155, spricht insoweit vom „postkodifikatorische[n] Jahrhundert".
[485] *Nörr*, ZHR 1986, 155 (156).

1. Der Wandel des Unternehmensverständnisses

Prägendster Faktor in der Reformdiskussion der damaligen Zeit war ein wirtschaftspolitisches Leitbild, das unter dem Begriff des „Unternehmens an sich“ im Aktienrecht diskutiert wurde[486]. Dieses Bild fand seine Grundlage in einem „gemeinwirtschaftlichen“ Grundverständnis, das sich etwa ab der Zeit des ersten Weltkrieges in der Wirtschaftswissenschaft und der Wirtschaftspolitik herausgebildet hatte. Über Jahrzehnte hinweg sollte es die Entwicklung des Gesellschaftsrechts bestimmen. Das Leitbild des „Unternehmens an sich“ erwuchs zur Grundlage der Lehre des „Unternehmensrechts“, auf das noch zurückzukommen sein wird.

Auslöser auch dieser, mit dem Schlagwort „Unternehmen an sich“ verbundenen Reformbestrebung, waren Missstände, die sich insbesondere im Aktiengesellschaftsrecht ereigneten. Sie fanden ihren Ausgangspunkt in der Konzentrationsbewegung den 1890er Jahre, die aus einer gestiegenen Konkurrenzsituation erwuchs, in der zunehmend auch Unternehmen die Transparenz ihrer wirtschaftlichen Situation vermindert hatten[487]. Eine latente Unsicherheit des Marktes[488], geprägt durch staatliche Eingriffe in den Markt, die Konkurrenz mit öffentlichen und halböffentlichen Unternehmen bzw. die Belastung mit Steuern und Abgaben, wurde durch die Wirtschaftsentwicklung des Ersten Weltkrieges noch verstärkt [489]. Mit Blick auf die Inflation der 1920er Jahre gerieten Bewertungsfragen, denen sich die Unternehmenspraxis nicht stellte, in den Fokus des Gesellschaftsrechts. Trotz großer Verluste wurden Scheingewinne beispiellosen Umfangs bilanziert und veröffentlicht. Parallel investierte auch die uninformierte Bevölkerung, organisiert unter dem Stichwort „Flucht in die Sachwerte“, in den Aktienbesitz. Beide Umstände verursachten einen Zusammenbruch des Kapitalmarktes[490], dem nur noch ungenügend neues Kapital zufloss. Die enorme Steigerung der Kapitalkosten belasteten die Unternehmen weiter und hinderten zunächst einen raschen wirtschaftlichen Aufschwung. Dieser Verlauf der wirtschaftlichen Entwicklung zeigte in dramatischer Weise die Abhängigkeit des Bevölkerungswohlstandes von der wirtschaftlichen Verfassung der Aktiengesellschaften.[491] In der Wahrnehmung wurde dieser Abhängigkeit zunehmend mehr Gewicht beigemessen und der Aktiengesellschaft vorrangig ein sozialer Wert zugesprochen[492]. Das einzelne Unternehmen erfuhr eine wirtschaftliche Machtstellung, die die Gesamtwirtschaft immer stärker berührte[493]. Nach damaliger Diktion waren die Betriebe, „Organisatio-

[486] Dieser Begriff wurde von *Haussmann*, Vom Aktienwesen und vom Aktienrecht, S. 23, geprägt. Vgl. die grundlegende Arbeit von *Rathenau*, Aktienwesen (1917). Siehe zur Diskussion im Überblick m. w. N. *Nörr*, ZHR 1986, 155 (158 f.).

[487] *Klausing*, Gesetz über Aktiengesellschaften und Kommanditgesellschaften auf Aktien, S. 11.

[488] Beschrieben von *Klausing*, Gesetz über Aktiengesellschaften und Kommanditgesellschaften auf Aktien, S. 13 f.

[489] Zu den wirtschaftlichen Folgen des Krieges im Zusammenhang mit der Aktiengesellschaft siehe Düringer/*Hachenburg* , Handelsgesetzbuch, III. Band 1. Teil, S. 10 ff.

[490] *Klausing* spricht in seiner Einleitung zum Aktiengesetz von 1937 von einer Art von „erweiterter Neuauflage der Gründerperiode der 70er Jahre des 19. Jahrhunderts“. *Klausing*, Gesetz über Aktiengesellschaften und Kommanditgesellschaften auf Aktien, S. 12.

[491] Vgl. *Geldmacher*, Die wirtschaftliche Bedeutung der Publizitätspflicht im neuen Aktienrechtsentwurf, S. 52 ff.

[492] Von prägendem Einfluss waren die Lehren von Keynes, der großen Aktiengesellschaften ihrem Wesen nach eher den Charakter einer öffentlichen als der privaten Kooperation zumaß. *Keynes*, Das Ende des Laissez-Faire, S. 32.

[493] Vgl. *Ludewig*, Hauptprobleme der Reform des Aktienrechts, S. 1 f.

nen wertschaffender Arbeit", die dazu bestimmt sei, allen Gliedern einer Volksgemeinschaft zur Befriedigung ihrer Lebensbedürfnisse zu dienen[494]. Damit wurde zunehmend die unternehmerische Entscheidung der privaten Sphäre der Eigentümer und ihrer Dispositionsfreiheit entzogen. Diese Wahrnehmung galt zuvorderst für die Aktiengesellschaften, die typische Organisationsform großer Unternehmen. Kennzeichnend war für diese Gesellschaften die Trennung von Eigentum und Kontrolle. Infolgedessen wichen die Interessen der Beteiligten voneinander ab. Das wirtschaftliche Risiko der Unternehmensführung trug in diesen Fällen nicht die Ebene der Entscheidungsträger. Diese in der Rechtsökonomie unter dem Stichwort der „Agency-Problematik"[495] diskutierten Fälle wurden Anfang des 20. Jahrhunderts als mitursächlich für die Wirtschaftskrise betrachtet[496]. Es wurde gefolgert: „Da es sich außerdem bei den Aktiengesellschaften um die größten betrieblichen Arbeitsgemeinschaften des Volkes handelt, so müssen bei dieser betrieblichen Rechtsform besondere Einrichtungen geschaffen werden, die in der Richtung einer sorgsamen wirtschaftlichen Betriebsführung wirken."[497] Eine solche Einrichtung sollte die Veröffentlichungspflicht darstellen, die die Unternehmensleitung der „Kontrolle der Öffentlichkeit" unterstellen sollte. Nach *Rathenaus* Wahrnehmung gewännen große Publikumsgesellschaften eine Eigenschaft als gesamtwirtschaftlich relevante Institution: „Die Großunternehmung ist heute überhaupt nicht mehr lediglich ein Gebilde privatrechtlicher Interessen, sie ist vielmehr, sowohl einzeln wie in ihrer Gesamtzahl, ein nationalwirtschaftlicher, der Gesamtheit angehöriger Faktor, der zwar aus seiner Herkunft, zu Recht oder Unrecht, noch die privatrechtlichen Züge des reinen Erwerbsunternehmens trägt, während er längst und in steigendem Maße öffentlichen Interessen dienstbar geworden ist und sich hierdurch ein neues Daseinsrecht geschaffen hat."[498] Die betriebswirtschaftliche Organisationseinheit, das „Unternehmen an sich", rückte in das Blickfeld der Betrachtung. Die Interessen der Anteilseigner traten gar hinter die volkswirtschaftliche Bedeutung zurück.

2. Das „anonyme Kapital"

Unter nationalsozialistischer Herrschaft erfuhr der Wandel des Unternehmensverständnisses einen anderen Ausdruck im Stichwort des „anonymen Kapitals". Auch diese Betrachtung steht unter dem Eindruck der Missstände des Kapitalmarktes und bezeichnet zunächst lediglich die Anonymität der Aktionäre und damit eines einflussreichen Kreises der Interesseninhaber einer Aktiengesellschaft. Welche Einflüsse auf Unternehmensentscheidungen wirken, blieb auch für die Geschäftsleitung unaufgedeckt. Es wurde daher gefolgert, dass dieser Personenkreis, der oft nur ein wirtschaftliches Interesse an der Aktiengesellschaft innehatte, gemeinwirtschaftlich geprägten Unternehmensentscheidungen unerkannt entgegenstehen kann[499].[500]

---

494 Vgl. *Geldmacher*, Die wirtschaftliche Bedeutung der Publizitätspflicht im neuen Aktienrechtsentwurf, S. 46.

495 Vgl. statt vieler *Arrow*, The Economics of Agency. S. 37 ff.

496 *Geldmacher*, Die wirtschaftliche Bedeutung der Publizitätspflicht im neuen Aktienrechtsentwurf, S. 47 f.

497 *Geldmacher*, Die wirtschaftliche Bedeutung der Publizitätspflicht im neuen Aktienrechtsentwurf, S. 47.

498 *Rathenau*, Aktienwesen, S. 38 f.

499 In diesem Zusammenhang stehen die §§ 144 Abs.1 S. 2, 298, 299 AktG 1937. Hiernach sind einerseits dem Veröffentlichungen des Jahresabschlusses die Namen der Vorstands- und Aufsichts-

Diese Kapitalmarktkritik richtete sich in rechtlicher Hinsicht an die Übertragbarkeit von Aktien bzw. die Ausgestaltungen der Hauptversammlungen. Die Dogmatik der Jahresabschlusspublizität betraf diese Ausprägung des vollziehenden Wandels nur insoweit, als diese Publizitätsform der Öffentlichkeit, nach damaliger Diktion, die Eingriffsmöglichkeit zur Wahrung von Allgemeinwohlinteressen ermöglichte[501].

3. Entwicklung des Aktienrechts bis 1937

Die beschriebenen wirtschaftspolitischen Herausforderungen betrafen zu allererst kapitalmarktrechtliche Verhältnisse. Die gesetzgeberischen Reaktionen und die ihr vorausgehende Diskussion der Lehre wirkten sich aber in gewichtigem Umfang jenseits kapitalmarktrechtlicher Fragestellungen aus. Sie betrafen zunächst die grundlegende Werteordnung des Kapitalgesellschaftsrechts (die Lehre von der juristischen Person, das Verhältnis zwischen Unternehmen und seinen Gesellschaftern bzw. das Verhältnis zwischen dem Unternehmen und dem Staat bzw. zum Staatsvolk) und daraus abgeleitet das Verständnis der handelsgesetzlichen Jahresabschlusspublizität. Aus diesem Blickwinkel sollen daher einerseits die Entwicklung zur Notverordnung vom 19. Sept. 1931 und andererseits die Entwicklung bis zur Aktienrechtsreform des Jahres 1939 skizziert werden.

b) Notverordnung vom 19. Sept. 1931

Der als Notverordnung erlassenen „kleinen Aktienrechtsreform" vom 19.9.1931[502] gingen seit längerer Zeit Reformüberlegungen voraus. Sie wurde 1926 auf dem Deutschen Juristentag initiiert, auf dem eine Reformkommission eingesetzt wurde. Der Kommissionsbericht wurde 1928 veröffentlicht und rief eine rege Diskussion in der Literatur hervor. Auf Seiten des Gesetzgebers wurden in den Jahren 1930 und 1931 zwei Entwürfe des Reichsjustizministeriums veröffentlicht. Das Hauptstück der Reform bildeten die Bestimmungen über den Jahresabschluss[503]. Auf Grund der parlamentarischen Verhältnisse, die eine Umsetzung der Aktienrechtsreform nicht auf ordentlichem Wege erwarten ließen, und die dramatische Entwicklung der Wirtschaftsentwicklung in Deutschland, die eine Vertrauenskrise hervorrief, sah sich der Gesetzgeber gezwungen, einen Teil der für notwendig erachteten Reformen im Wege einer Notverordnung zu erlassen[504]. Die Regeln der Notverordnung entsprechen in weiten Teilen dem Wortlaut des zweiten Entwurfs.

Der Schwerpunkt der Reform lag in der Verbesserung der Transparenz mittels Bestimmungen, die auch in ihrer Umsetzung ein den tatsächlichen Verhältnissen

---

ratsmitglieder beizufügen, andererseits wurde für Hauptversammlungen eine Anwesenheitsliste vorgeschrieben, die auch die Vertreter namentlich erfasste.

500 Vgl. *Klausing*, Gesetz über Aktiengesellschaften und Kommanditgesellschaften auf Aktien, S. 52 ff.

501 Diesen Aspekt behandelt *Klausing*, Gesetz über Aktiengesellschaften und Kommanditgesellschaften auf Aktien, S. 54 ff., umfassend. Gleichwohl ist nicht ersichtlich, inwieweit die Anonymität sich prägender auf die Publizitätsdogmatik auswirken sollte als das gemeinwirtschaftliche Grundverständnis. Einen solchen Eindruck vermittelt aber die Darstellung von Klausing.

502 „Verordnung des Reichspräsidenten über Aktienrecht, Bankenaufsicht und über eine Steueramnestie", RGBl. I 1931, Nr. 63, S. 493 ff.

503 *Klausing*, Reform des Aktienrechts, S. 91.

504 Siehe zur Vorgeschichte der Notverordnung *Klausing*, Reform des Aktienrechts, S. 13 ff.; *Schmidt*, ZfB 5 (1928), 81 (83).

entsprechendes Bild gewährleisten sollten. Zu diesem Zweck schuf die Notverordnung erstmals für die Bilanz (§ 261a VO 1931) und für die Gewinn- und Verlustrechnung[505] (§ 261 c VO 1931) ein verbindliches, umfangreiches Gliederungsschema und regelte detaillierter die Bestimmungen vor allem des Umfangs für den Geschäftsbericht (§ 260 a Abs. 3 VO 1931). Darüber hinaus sind die Bewertungsmethoden (§ 260 VO 1931) verfeinert und eine Revisionspflicht (§ 262 a VO 1931; das weitere Verfahren regelten die §§ 262 b bis 262 g VO 1931) eingeführt worden[506]. Trotz einer Prüfungspflicht konnte dennoch ein Jahresabschluss auch ohne Prüfung wirksam werden[507]. Diese umfassenden Regelungen über den Jahresabschluss begründeten das Handelsbilanzrecht heutiger Prägung[508]. Neben der Verschärfung der Bestimmungen findet sich in der Notverordnung eine Schutzklausel des § 260 a Abs. 4 HGB, die eine übermäßige Belastung des Geschäftsinteresses vermeiden sollte. Nach dieser Vorschrift konnte die Berichterstattung im Geschäftsbericht unterbleiben, soweit es das überwiegende Interesse einer der beteiligten Gesellschaften oder der Allgemeinheit erforderte.

Reformiert wurde damit die Aussagekraft der veröffentlichen Informationen, nicht der Informationsvorgang. Änderungen der Publizitätsvorschriften enthielt die Notverordnung damit nicht.

Auf die Neuerungen der Einzelbestimmungen über den Jahresabschluss und den Geschäftsbericht braucht für die Ausrichtung dieser Arbeit nicht näher eingegangen zu werden. Auswirkungen auf die dogmatischen Grundlagen des ordnungspolitischen Instruments sind vielmehr den gesetzgeberischen Grundentscheidungen beizumessen. Allen Maßnahmen ist gemein, dass sie die Wirksamkeit der Jahresabschlusspublizität treffen. Strukturelle Änderungen konnten insoweit von der Reform nicht ausgehen. Gleichwohl zwingen die Veränderungen zu einer Überprüfung der beteiligten Interessen und des getroffenen Interessenausgleichs. Angesichts des veränderten wirtschaftspolitischen Verständnisses verbleibt primär die Frage nach den Auswirkungen auf die Strukturprinzipien. Fraglich war der Niederschlag, den die gemeinwirtschaftliche Prägung im Aktienrecht hinterlassen sollte.[509]

Es lässt sich damit abschließend festhalten, dass die Veränderungen der wirtschaftspolitischen Entwicklung für die Strukturprinzipien der Jahresabschlusspublizität bei Aktiengesellschaften dogmatischer Natur waren. Eine materielle Wirkung konnte ihnen nicht zukommen, war doch schon im 19. Jahrhundert die Offenlegung der Unternehmensergebnisse an einen zahlenmäßig unbegrenzten Adressatenkreis gerichtet und waren doch schon in dieser Zeit gemeinwirtschaftliche Interessen verfolgt worden[510]. Der gesellschaftliche Wert des gemeinwirtschaftlichen Verständnisses lag in Bezug auf die Publizitätsvorschriften außerhalb des Aktiengesellschaftsrechts.

---

505 Siehe näheres bei *Göllert*, Sozialbilanzen, S. 108 f.

506 In § 260 Abs. 1 VO 1931 wurde der Jahresabschluss legaldefiniert als Jahrsbilanz und Gewinn- und Verlustrechnung.

507 *Staub*, Kommentar zum Handelsgesetzbuch, § 262 a, Anm. 17.

508 Einen umfassenden Einblick in diese Neuerungen gewährt *Klausing*, Reform des Aktienrechts, dritter Abschnitt.

509 Siehe hierzu sogleich den Gliederungspunkt d).

510 Vgl. *Klausing*, Reform des Aktienrechts, S. 21 ff.

c) Aktiengesetz 1937

Mit dem Gesetz über Aktiengesellschaften und Kommanditgesellschaften auf Aktien (Aktiengesetz) vom 30.1.1937[511] fand der langjährige Reformprozess des Aktienrechts seinen vorläufigen Abschluss. Mit einer nur teilweisen Umsetzung des eigenen Entwurfes des Reichsjustizministeriums stellte die Notverordnung von 1931 nur einen Zwischenschritt dar. Doch auch innerhalb des gewählten Rahmens wurde die Steigerung der Transparenz für nicht hinreichend erachtet[512]. Vorbereitet wurde die Reform von 1937 durch einen von der Akademie für Deutsches Recht eingesetzten Ausschuss, dem sowohl der Staatssekretär *Schlegelberger* als auch der Ministerialrat *Quassowski* vom Reichsjustizministerium angehörten. Dieser Aktienrechtsausschuss[513] legte im April 1934 und im April 1935 zwei Berichte vor. Auf der Basis des ersten Arbeitsberichtes fertigte das Reichsjustizministerium einen Aktiengesetzentwurf, den insbesondere der verantwortliche Staatssekretär *Schlegelberger* und Ministerialrat *Quassowski* prägten. 1936 wurden noch einige sozialpolitisch motivierte Änderungen integriert. Ausdruck dieses Einflusses ist vor allem die „Sozialklausel" in den Bestimmungen über die Gewinnbeteiligung der Vorstands- und Aufsichtsratsmitglieder.[514]

Entsprechend der grundsätzlichen Ablehnung des „anonymen Kapitals" förderte die nationalsozialistische Regierung die Bildung von Personenhandelsgesellschaften und reduzierte den gesetzlichen Normaltypus der Aktiengesellschaften auf solche Unternehmen, die nicht ohne die mittlerweile überkommene Verfassung der Aktiengesellschaft betrieben werden könnten. So hob § 7 des Gesetzes das Grundkapital von zuvor 5 000 Mark bzw. seit 1923 5 000 Goldmark auf 500 000 Reichsmark an. Gestärkt wurden die Position des Aufsichtsrates und die Haftung von Vorstand und Aufsichtsrat gegenüber den Aktionären. Die Aktienrechtsreform des Jahres 1937 regelte das Recht der Aktiengesellschaft und der Kommanditgesellschaft auf Aktien erstmals außerhalb des HGB in einem eigenständigen Gesetz. Der fünfte Teil dieses Gesetzes, die §§ 125 – 144 AktG 1937, befasste sich mit der Rechnungslegung. Die gestiegenen Anforderungen an die angestrebte Transparenz verdeutlichte § 129 Abs. 1 AktG 1937, der vorschrieb, dass der Jahresabschluss „so klar und übersichtlich aufzustellen ist, daß er einen möglichst sicheren Einblick in die Lage der Gesellschaft gewährt".

Die Reform des Jahres 1937 ist geprägt von dem oben beschriebenen Wandel des Unternehmensverständnisses. Weitere Auswirkungen auf die Ausrichtung und die Wirkung der Jahresabschlusspublizität blieben aber gering, wurden die für verbesserte Transparenz notwendig erachteten Änderungen bereits in der Notverordnung von 1931 vorgenommen. Bedeutsamer sind hingegen die Änderungen der übrigen Regelungen des Jahresabschlusses. Zwei Änderungen ragen dabei heraus. Die eine betrifft eine Verfahrensänderung bei der Feststellung des Jahresabschlusses. Nach § 125 AktG 1937 oblag die Feststellung des Jahrsabschlusses dem Aufsichtsrat. Nach der amtlichen Begründung sollte dieser Schritt zum einen eine we-

---

511 RGBl. I 1937, Nr. 15, S. 107 ff, berichtigt S. 588.

512 Vgl. *v. Gierke*, Handelsrecht und Schiffahrtsrecht, S. 278.

513 Trotz der offensichtlichen Beschränkung auf das Aktienrecht beschreibt *Klausing*, Gesetz über Aktiengesellschaften und Kommanditgesellschaften auf Aktien, S. 24 bereits erkennbare Tendenzen einer Neuordnung des gesamten Gesellschaftsrechts.

514 Zur Entwicklung des Aktiengesetzes von 1937 siehe *Klausing*, Gesetz über Aktiengesellschaften und Kommanditgesellschaften auf Aktien, S. 22 ff.

sentliche Geschäftsvereinfachung darstellen, zum anderen wurde der Gedanke verfolgt, dass nach der neuen Regelung ein sachlich qualifizierter Personenkreis zu der Feststellung besser geeignet sei[515]. Die andere herausragende Änderung betraf die Bilanzprüfung. Nach § 135 Abs. 1 S. 2 AktG 1937 wurde die Jahresabschlussprüfung durch unabhängige Revisoren zur unumgänglichen Pflicht. Ein ungeprüfter Jahresabschluss sollte nach § 135 Abs. 1 S. 2 AktG 1937 nichtig sein, seine Feststellung wurde ausgeschlossen.

Eine nachhaltig verändernde Prägung erfuhr das Aktienrecht in dem neu geschaffenen § 70 AktG 1937. Hier heißt es in Abs. 1: „Der Vorstand hat unter eigener Verantwortung die Gesellschaft so zu leiten, wie das Wohl des Betriebs und seiner Gefolgschaft und der gemeine Nutzen von Volk und Reich es erfordern." Gemeinwohlschützende Vorschriften enthalten zudem noch die §§ 77 Abs. 3 und 98 Abs. 4 AktG 1937, die die Gewinnverteilung und die Vergütung von Aufsichtsratsmitgliedern regelten. An diesen Vorschriften[516] zeigt sich die Richtung die der Gesetzgeber bereits mit der Notverordnung von 1931 einschlug. Der spätere Vorsitzende eines von der Akademie für Deutsches Recht eingesetzten Ausschusses *Friedrich Klausing*, der für das GmbH-Recht eine publizitätskritische Stellung einnahm, äußerte sich hierzu: „In Deutschland wird und darf es keine Aktiengesellschaft mehr geben, in der das privatwirtschaftliche Erwerbsziel lediglich um seiner selbst willen verfolgt werden könnte!"[517]

Schon mit der Notverordnung wurde eine Entwicklung beschleunigt, in der jenseits der Fragen über Form und Inhalt von Publizitätsvorschriften materielles Bilanzrecht zunehmend Bedeutung erfuhr. So nahm spätestens seit den 1920er Jahren auch die Zahl der Arbeiten fast exponentiell zu, die sich mit dem Bilanzrecht befassten. Fragen der unmittelbaren oder mittelbaren Bilanzwirkung spielten hingegen in diesen Arbeiten keine Rolle, auch wurden in diesen Arbeiten ordnungspolitische Fragestellungen der Jahresabschlusspublizität ausgespart. Eine Parallele zeigt sich in der Rechtsentwicklung, in der Veränderungen der Jahresabschlusspublizität auf Grund des gesetzlichen Normaltypus der Aktiengesellschaft ausgeschlossen waren. Gleichwohl vollzogen sich erhebliche Änderungen dogmatischer Natur.

d) Rückschlüsse auf die Rechtfertigungslage der Jahresabschlusspublizität

Der in der Notverordnung vorgenommene Interessenausgleich zwischen den Aktionären, den Gläubigern und der Öffentlichkeit erfuhr erwartungsgemäß gegenüber der Vergangenheit eine Verschiebung zu Gunsten der Öffentlichkeit. Diese Entwicklung erscheint als Fortsetzung des in den vergangenen Aktienrechtsreformen eingeschlagenen Weges und wurde in der Aktienrechtsreform von 1937 bestätigt. Deutlicher als

---

515 Siehe kritisch zur Begründung *Gadow*, Großkommentar Aktiengesetz, § 125 Anm. 1. Mit dem Verhältnis zwischen der gesetzlichen Publizität und den Bestimmungen über Gestaltungsrechte der Aktionäre (Feststellung des Jahresabschlusses, Gewinnverwendungsbeschluss), die in Konkurrenz treten mit den Kompetenzen des Vorstandes und Aufsichtsrates, befasst sich ausführlich *Kronstein/Claussen*, Publizität und Gewinnverteilung im neuen Aktienrecht (1960). Siehe insbesondere S. 13, 18 ff.

516 Weitere gemeinwirtschaftlich geprägte Vorschriften werden von *Klausing*, Gesetz über Aktiengesellschaften und Kommanditgesellschaften auf Aktien, S. 74 f., aufgeführt.

517 *Klausing*, Gesetz über Aktiengesellschaften und Kommanditgesellschaften auf Aktien, S. 73.

zuvor wurde der Gläubigerschutz in den Hintergrund gestellt. Eine tragende Funktion kam diesem Aspekt also nicht mehr zu[518].

Die gesetzgeberische Werteordnung lässt sich der Begründung des Aktienrechtsentwurfes des Reichsjustizministeriums aus dem Jahr 1930 entnehmen[519]. In ihr formuliert das Reichsjustizministerium in aller Klarheit, dass der Staat den Schutz und die Förderung des Unternehmens auch insoweit nicht vorenthalten dürfe, als das Schutz- und Förderungsbedürfnis im Widerstreit mit den Sonderinteressen der Aktionäre gerate[520]. Anders als noch im ausgehenden 19. Jahrhundert wurde nun das Gemeinwohlinteresse zur Grundlage der Rechtfertigung der Jahresabschlusspublizität. Das Individualinteresse trat zurück. Dieser Wandel ging soweit, dass grundsätzlich alle übrigen Interessen unterzuordnen waren[521]. So sind gläubigerschützende Erwägungen im Gesetzgebungsverfahren zur Rechtfertigung des Publizitätseinsatzes erst gar nicht angestellt worden[522].

Neben dem neuen Begründungszusammenhang erfuhr auch der Nomaltypus der Aktiengesellschaft eine leichte Änderung. Ausweislich der nationalsozialistischen Wirtschaftspolitik sollte die Rechtsform der Aktiengesellschaft einem nur eingeschränkten Kreis von Großunternehmen zur Verfügung stehen, die dem allgemeinen Interesse des Volkes dienten und die auf die Organisation als Aktiengesellschaft zur Finanzierung des Unternehmens angewiesen waren[523]. Alle übrigen Unternehmen sollten als Personengesellschaften organisiert werden. Mit dieser Grundsatzentscheidung beschnitt der Gesetzgeber die freie Rechtsformwahl.

Die oben beschriebene Kontinuität der Entwicklung erfuhr aber, und dies ist ein zentraler, folgenschwerer Aspekt für das heutige Publizitätsrecht, insoweit einen Bruch, als der Funktionsschutz des Marktes zu einem individuellen Schutzinteresse stilisiert wurde, ohne dass tatsächlich Individualinteressen verfolgt würden[524]. Mit diesem Schritt erfuhr die Wirtschaftsverfassung eine erhebliche Einschränkung der nationalökonomischen Grundlagen der freien Marktwirtschaft. Statt eines historisch bekannten staatlichen Interventionssystems wurde ein Interventionssystem der breiten Öffentlichkeit geschaffen. Hierdurch verlor der Gedanke der Marktteilnahme ein Stück weit seine rechtfertigende Funktion. Das ordnungspolitische Instrument diente nicht länger lediglich dem Interessenschutz der Marktteilnehmer, sondern, und das vorrangig, dem Schutz eines individualistisch nicht definierbaren Gemeinwohls. Da-

---

518 Ebenso gewichtete *Fehrenbacher*, Registerpublizität und Haftung im Zivilrecht, S. 295 f., in einer historischen Betrachtung den Gläubigerschutzaspekt.

519 Zur Interpretationsstütze des Entwurfes für die Notverordnung siehe *Döllerer*, BB 1958, 1281 (1283).

520 *Reichsjustizministerium*, Entwurf eines Gesetzes über Aktiengesellschaften und Kommanditgesellschaften auf Aktien sowie Entwurf eines Einführungsgesetzes nebst erläuternden Bemerkungen, S. 94.

521 Vgl. *Geldmacher*, Die wirtschaftliche Bedeutung der Publizitätspflichten im neuen Aktienrechtsentwurf, S. 50; *Fehrenbacher*, Registerpublizität und Haftung im Zivilrecht, S. 297.

522 *Fehrenbacher*, Registerpublizität und Haftung im Zivilrecht, S. 296 m. w. N.; *Kraske*, Die Publizitätspflicht der Grossunternehmung, S. 46, mit Verweis auf die Begründung des Aktiengesetzentwurfes von 1930.

523 Vgl. *Reichsjustizministerium*, Entwurf eines Gesetzes über Aktiengesellschaften und Kommanditgesellschaften auf Aktien sowie Entwurf eines Einführungsgesetzes nebst erläuternden Bemerkungen, S. 95.; vgl. *Klausing*, Gesetz über Aktiengesellschaften und Kommanditgesellschaften auf Aktien, S. 8 f.

524 Vgl. *Fehrenbacher*, Registerpublizität und Haftung im Zivilrecht, S. 295 f., der der Jahresabschlusspublizität in den 1930er Jahren jeden Individualschutz abspricht.

mit war die Jahresabschlusspublizität nicht der Preis der Marktteilnahme, sondern sie wurde zum Preis einer das Gemeinwohl berührenden Bedeutung (Größe).

Neben der Verschiebung in den Strukturprinzipien der Publizität weisen die Aktienreformen auch auf den Umstand hin, dass unabhängig von einer liberalen oder interventionalistischen Ausrichtung des Aktiengesellschaftsrechts ein Begründungszusammenhang zwischen der aktienrechtlichen Jahresabschlusspublizität und der Ausweitung der Publizität auf die Vielzahl der aktuell publizitätspflichtigen Unternehmen nicht besteht. In der Typizität der Aktiengesellschaft ist bereits eine Ausrichtung der Jahresabschlusspublizität auf einen unbeschränkten Adressatenkreis angelegt. Dies beweist die aufgezeigte Rechtsentwicklung. An der Dogmatik der Jahresabschlusspublizität änderte sich mit den Aktienrechtsreformen nichts. Der Kreis der publizitätspflichtigen Gesellschaften blieb auf die Aktiengesellschaft und die Kommanditgesellschaft auf Aktien begrenzt. Der Publizitätsgegenstand änderte sich nicht, ebenso auch nicht die Publizitätsmittel. Die Auswirkungen des gewandelten Unternehmensverständnisses auf das Instrument der Publizität blieben somit gering. Anders hingegen wirkte sich die Entwicklung auf die Transparenz des Aktienwesens aus. Mittels der detaillierten Bewertungsvorschriften, der Gliederungsschemata und des umfassenden Inhaltes des Geschäftsberichts konnte die Wirkung der Publizität erheblich verbessert werden. Zwar kann grundsätzlich von einer veränderten Publizitätswirkung auf die Strukturprinzipien geschlossen werden. Es ist beispielsweise möglich, dass eine gesetzlich geförderte Änderung der Transparenz ihre Rechtfertigung in einer veränderten Gewichtung der betroffenen Interessen findet. Dies galt aber nicht für die vorgefundene Entwicklung, in der bereits seit der Aktienrechtsreform von 1870 eine umfassende Information der beteiligten Interessen angestrebt wurde. Die Verschiebung der Strukturprinzipien war für die verbesserte Transparenz eben nicht verantwortlich. Alleine die auf die Unternehmensgröße bezogene Verschiedenheit der nach damaligem und der nach heutigem Recht publizitätspflichtigen Gesellschaften verhinderte eine Ableitung der Rechtfertigung. Es zeigt sich, dass die Ausweitung der Publizitätspflicht auch auf kleine oder mittlere Gesellschaften einer abweichenden Rechtfertigung bedurfte. Wie diese veränderten Strukturprinzipien, so sie existierten, zueinander stehen würden, bleibt offen.

4. Entwicklung des GmbH-Rechts bis 1939

Auch wenn eine weiterreichende Reform des GmbHG bis 1980 auf sich warten ließ[525], waren die gesetzlichen Regelungen der GmbH nicht unumstritten[526]. Es hatte sich bald gezeigt, dass die Normativbestimmungen, vor allem im Zusammenhang mit der Gründung, Missbrauchsmöglichkeiten eröffneten und eine Abgrenzung zwischen beiden Rechtsformen des Kapitalgesellschaftsrechts nur unzureichend realisierten[527]. Anders als das Aktienrecht erfuhr das GmbHG seine Prägung nicht durch eine Vielzahl von Gesetzesreformen, sondern durch die Diskussion der Literatur und die richterliche Rechtsfortbildung[528]. Bis zu der ersten Reformbemühung ab 1937 waren

---

525 Einen Überblick über einzelne Veränderungen des GmbHG vermittelt *Schubert*, Entwurf des Reichsjustizministeriums zu einem Gesetz über Gesellschaften mit beschränkter Haftung von 1939, S. 19 ff.

526 Eine Zusammenfassung der seinerzeit vorgebrachten Argumente befindet sich bei *Fischer*, Die Gesellschaft mit beschränkter Haftung, S. 74 ff.

527 *Fränkel*, Die Gesellschaft mit beschränkter Haftung, S. 250 ff.

528 Siehe *Schmidt*, Gesellschaftsrecht, S. 987 f.

in zahlreichen Beiträgen der Literatur die Verfassung der GmbH kritisch hinterfragt[529], aber auch der Rechtsform der GmbH als solche die Daseinsberechtigung abgesprochen worden[530]. In den Jahren 1912 und 1914 wurde die Rechtsform der GmbH zum Gegenstand des Deutschen Juristentages. Vergleichbar zur Diskussion, insbesondere der Kapitalaufbringung- und der Kapitalerhaltungsregelungen, verhielt es sich bei der Frage der Jahresabschlusspublizität. Sie ist ein bedeutsamer Bestandteil der lang anhaltenden Reformdiskussion. Im Ergebnis wurde nur vereinzelt mit Verweis auf eine Gläubigergefährdung die Forderung nach Publizität erhoben[531]. Weit überwiegend erfuhr die gesetzgeberische Entscheidung, auf eine der Aktiengesellschaft angenäherte Publizitätspflicht zu verzichten, ihre Bestätigung[532]. Umgekehrt zu der Rechtsentwicklung 1892 stand Ende der 1930er Jahre die Einführung einer Publizitätspflicht für die GmbH unmittelbar bevor.

In Bezug auf die Frage des Grundtypus der GmbH hatten sich die Diskussionen beruhigt. Der eingeschlagene Mittelweg wurde grundsätzlich nicht mehr in Frage gestellt. Dies entband die Literatur aber nicht von der Aufgabe, die die Haftungsbeschränkung ausgleichenden Schutzbestimmungen in ihrer Ausprägung zu hinterfragen[533]. So wurde in verschiedenen Arbeiten eine Verschärfung einerseits des Gründungsrechts, andererseits des Haftungsrechts gefordert[534].

a) Die Diskussion der Jahresabschlusspublizität bis 1937

Nach den anfänglich insbesondere von *Bähr*[535] und *Goldschmidt*[536] geäußerten Bedenken konstatierten *Liebmann*[537] und *Heinitz*[538] und weitere die Unbegründetheit der Skepsis. Mit Verweis auf statistische Erhebung konnten beide keine gestiegene Gefährdung von Gläubigern gegenüber den übrigen Rechtsformen erkennen. Gleichwohl trug *Liebmann* den ursprünglichen Gedanken von *Oechelhäuser* weiter und setzte sich zumindest für eine beschränkte Registerpublizität ein. Zwar erblickte *Liebmann* auch in der unbeschränkten Offenlegung eine Gefährdung vieler Unternehmen, setzte sich aber gleichwohl für eine beschränkte Öffentlichkeit der Bilanzen ein. Dabei sollte sich der Kreis auf alle Interessierte erstrecken, die auf eine Bestimmung des Ausfallrisikos angewiesen waren[539]. Ausführungen, wie das Geheimhaltungsinteresse der Unternehmen gewahrt werden könnte, unterbreitet *Liebmann*

---

529 *Vgl. Liebmann*, DJZ 1902, 327 ff.; *ders.* DJZ 1910, 675 ff.; *Heinitz*, DJZ 1909, Sp. 177 ff.; vor allem *Fränkel*, Die Gesellschaft mit beschränkter Haftung. Eine Liste weiterer Reformliteratur befindet sich bei *Feine*, Die Gesellschaft mit beschränkter Haftung, S. 26 ff. (m. w. N. in Fn. 119)

530 So insbesondere *Großmann-Doert*, Reform des Gesetzes, betreffend die Gesellschaft mit begrenzter Haftung, 170.

531 Vgl. *Heilbrunn*, Monatsschrift für Handelsrecht und Bankwesen, Steuer- und Stempelfragen 1917, 77 (85); *Dreher*, Die Gesellschaft mit beschränkter Haftung, S. 61; *Liebmann*, DJZ 1902, 327 (329); *ders.*, DJZ 1910, Sp. 675 (681).

532 Vgl. *Feine*, Die Gesellschaft mit beschränkter Haftung, S. 574 f.; *Hollaender*, ZHR 1915, 65 (75 f.).

533 Mit Verweis auf vorherige Arbeiten hebt *von Pitreich* in seinem Beitrag zum Deutschen Juristentag von 1914 die notwendigen Nachbesserungen des Gläubigerschutzes hervor. *Von Pitreich*, Gutachten zum 32. DJT, S. 313 (S. 113 f.).

534 *Fränkel*, Die Gesellschaft mit beschränkter Haftung, S. 270 ff; *Neukamp*, LZ 1909, 419 (420).

535 *Bähr*, Die Grenzboten 51 (1892), 210 ff.

536 *Goldschmidt*, Alte und neue Formen der Handelsgesellschaften, S. 321 ff.

537 *Liebmann*, DJZ 1902, 327; *ders.*, DJZ 1910, 675.

538 *Heinitz*, DJZ 1909, Sp. 177.

539 *Liebmann*, DJZ 1902, 327 (329); *ders.*, DJZ 1910, Sp. 675 (681).

nicht. Undifferenziert bleibt er zudem schuldig nachzuweisen, dass allen Kreditgebern ein gegenüber den Unternehmen höher zu gewichtendes Interesse zukommt. Wie darüber hinaus die Einführung einer Publizitätspflicht zu rechtfertigen sein sollte, bleibt rätselhaft. Auf Grund einer mangelnden Gefährdung der Gläubiger hätte es seiner eigenen statistischen Auswertung nach keiner Kompensation bedurft.

So notwendig sich der Gläubigerschutz für einige herausstellte, so unproblematisch und geboten erschien für die Gegner die Ablehnung einer allgemeinen Publizitätspflicht[540]. Die Entstehungsgeschichte verkürzend trat gar *Crüger* beim 32. Deutschen Juristentag Forderungen nach Publizität entgegen. Nach seinem Verständnis stellte die Haftungsbeschränkung eine Rechtfertigung ihrer Existenz dar. Die GmbH sei gerade gefordert worden, „weil die den anderen Gesellschaftsarten innewohnende Verpflichtung der Bilanzveröffentlichung für viele Unternehmen unerträglich wäre"[541]. Dieses Urteil trifft aber den Nerv der Diskussion. Zwar bestand ein erheblicher Diskussionsbedarf hinsichtlich der auch gläubigerschützenden Normativbestimmungen. Die wesentlichen Vorzüge, und zu ihnen gehörte die Freiheit, auf die Veröffentlichung einer Bilanz zu verzichten, war man allerdings gewillt zu erhalten[542].

Die publizitätskritischen Beträge bestätigen weiterhin die bislang erkennbaren Strukturprinzipien der Jahresabschlusspublizität. In beeindruckender Deutlichkeit legen insbesondere *Holländer*, *Fränkel* und *v. Pitreich* einen typologischen Maßstab zur Rechtfertigung der Publizitätsform an[543]. Die Faktoren der Rechtspersönlichkeit und der Haftungsbeschränkung[544] werden zwar berücksichtigt, sind aber von untergeordneter Bedeutung. Nach der Begrifflichkeit von *Merkt* ist vielmehr der Umfang der Marktteilnahme ausschlaggebend. Greifbarer wird die hier getroffene Grenzziehung des Transparenzerfordernisses mit Blick auf die Verfassung der Gesellschaften. Ein schon in der Diskussion um den Normaltypus der GmbH in Erscheinung getretenes Merkmal tritt bei den oben genannten deutlich hervor. Gemeint ist die Fungibilität des Gesellschaftsanteils[545]. Die Verfassung der GmbH ist ihrem Normaltypus entsprechend auf einen festen Mitgliederkreis ausgerichtet, der in aller Regel eine bestimmte Größe nicht überschreitet. Dementsprechend genügte auch zur Absicherung der Gesellschafterinteressen ein gesetzlich gesichertes Informationsrecht. Der Umweg über die Öffentlichkeit war nicht notwendig. Dies bedingte, dass bei aktuellen und potentiellen Gesellschaftern ein auszugleichendes Informationsdefizit nicht entstand.

---

540 In der bilanzrechtlichen Literatur findet sich bis in die 1930er Jahre hinein ganz überwiegend keine Erwähnung der Publizitätsdiskussion.

541 *Crüger*, Empfiehlt es sich, das Recht der GmbH. einer Neuordnung zu unterziehen, und ist hierbei eine Vereinheitlichung des im Deutschen Recht und in Österreich geltenden Rechts zu erstreben?, S. 29.

542 Beispielhaft ist der ausführliche Aufsatz von *Hachenburg*, LZ 1909, Sp. 15 ff., der sich mit juristisch-formalen und wirtschaftlich-materiellen Mängeln des GmbHG auseinandersetzt. Für den Fall einer eingeführten Publizitätspflicht fürchtet er um den Nutzwert der volkswirtschaftlich notwendigen Rechtsform. Demgemäß lehnt auch er – Sp. 34 f. – eine Publizitätspflicht für die GmbH ab.

543 *Hollaender*, ZHR 76 (1915), 65 (76 f.); *Fränkel*, Die Gesellschaft mit beschränkter Haftung, S. 284 f., *v. Pitreich*, Gutachten zum 31. DJT, S. 314 (S. 317 f.)

544 Nach *Hollaender*, ZHR 76 (1915), 65 (77), beabsichtige bereits das Aktienrecht nicht den unmittelbaren Schutz der Gläubiger. *Feine*, Die Gesellschaft mit beschränkter Haftung, S. 575, sieht in der Haftungsbeschränkung im Übrigen keine Gläubigergefährdung.

545 Auswirkungen ergeben sich dann im Merkmal der Finanzierung der Gesellschaft, die sich naturgemäß unterscheidet.

b) Das Reformvorhaben der Jahre 1937-1939

Der vorläufige Höhepunkt der Reformbestrebungen des GmbHG erfolgte in den 30er Jahren des 20. Jahrhunderts, motiviert vor allem durch eine Kritik an den „anonymen Kapitalgesellschaften“[546]. Welche kritische Wirtschaftspolitik den Kapitalgesellschaften entgegenschlug, lässt sich nicht abschließend bestimmen, vermischt sich doch teilweise das gemeinwirtschaftliche Unternehmensverständnis mit nationalsozialistischem Gedankengut. Deutliches ist der Begründung des Gesetzes über Steuererleichterungen bei Umwandlungen und Auflösung von Kapitalgesellschaften zu entnehmen[547]: „Nach nationalsozialistischer Wirtschaftsauffassung soll auch in der Wirtschaft die Persönlichkeit wieder mehr zur Geltung kommen[548]. Die Inhaber eines gewerblichen Unternehmens sollen der Gefolgschaft des Betriebs und der Öffentlichkeit möglichst bekannt sein, und es soll möglichst mindestens eine natürliche Person vorhanden sein, die uneingeschränkt – das heißt mit ihrem ganzen Vermögen, mit ihrer ganzen Person, persönlich – als für das Unternehmen verantwortlich in Erscheinung tritt und für die Verbindlichkeiten des Unternehmens haftet.“ Als Produkt eines ungeschickten Gesetzgebers brandmarkt *Großmann-Doerth* das GmbHG. Er führte weiter aus, dass die Motive bei der Wahl einer GmbH vor allem auf die „Umwälzung des Risikos der Geschäfte auf Dritte“ gerichtet seien bzw. auf die Möglichkeit „durch Schaltung einer juristischen Person zwischen das Unternehmen und dessen Träger das Gesetz zu umgehen oder die wahre Sachlage zu verschleiern, oder beides oder auch harmlose Ziele auf bequemere Art als sonst möglich, zu erreichen“[549].

In dieser Zeit entbrannte ein Streit über die Vereinbarkeit des GmbHG mit den nationalsozialistischen Grundsätzen. Bezeichnend ist der Umfang, in dem sich der 2. von *Klausing* verfasste Arbeitsbericht des Ausschusses für die Reform der GmbH 1939/40 mit dieser Frage auseinandersetzte. Letzten Endes entwickelte sich bei der NSDAP die Auffassung, dass eine Abschaffung der GmbH nicht in Betracht käme[550]. Im Anschluss an die Aktienreform 1937 setzte die Akademie für Deutsches Recht einen Ausschuss zur Reform des GmbHG ein. Sein Vorsitzender wurde *Klausing*. Entgegen der sehr rechtsformkritischen Diskussion der Literatur zeichnete sich der Ausschuss durch seine Offenheit gegenüber den tatsächlichen Bedürfnissen der Wirtschaft aus. Sehr umfangreich setzte sich der Ausschuss mit der Frage der Publizitätspflicht auseinander. In seinen Arbeitsberichten trat *Klausing* in aller Deutlichkeit für eine GmbH in der Prägung des historischen Gesetzgebers ein. Der Ausschussvorsitzende gehörte vermutlich zu den größten Kritikern einer GmbH-Publizität; einen etwas abgemilderten Eindruck vermittelt der zweite Arbeitsbericht. Eine durch die Haftungsbeschränkung vermittelte Schlechterstellung der Gläubiger ließ er nur ein-

546 *Klausing*, Die Neuordnung der Gesellschaften mit beschränkter Haftung: Erster Arbeitsbericht zur „Reform“ der GmbH., S. 16 ff., widerlegte den Kritikpunkt der Anonymität für die Rechtsform der GmbH.

547 Die Begründung ist abgedruckt im Deutschen Reichsanzeiger vom 16.7.1934, Nr. 163, S. 2.

548 Propagiert wurde diese Verantwortung mit dem Stichwort „Führerprinzip“.

549 *Großmann-Doerth*, Reform des Gesetzes, betreffend die Gesellschaft mit begrenzter Haftung, S. 257.

550 So beschrieben von *Schubert*, Entwurf des Reichsjustizministeriums zu einem Gesetz über die Gesellschaften mit beschränkter Haftung von 1939, S. 45.

geschränkt gelten[551]. Für den erforderlichen Schutz hielt er die Einführung und Veränderung von Kapitalbeschaffungs- und Kapitalerhaltungsregelungen für erforderlich und ausreichend[552]. In seinem zweiten Bericht betonte *Klausing* einen Zusammenhang, der für diese Phase der Rechtsentwicklung untypisch war. Er hob hervor, dass bei einer positiven gesamtwirtschaftlichen Bewertung des gesellschaftsrechtlichen Zustandes auch eine „notwendige" Gläubigergefährdung hinzunehmen sei[553]. In der Frage der Erforderlichkeit einer Publizitätspflicht betonte er die Unterschiede, die zwischen Unternehmen verschiedener Größe lägen[554]. Damit erschien neben dem Meinungsspektrum der früheren Literatur, die ebenfalls im Ausschuss vertreten wurde[555], erstmals ein weiterer Aspekt. So forderten insbesondere *Tengelmann*[556] und *Quassowski*[557], ab einer gewissen Größe der GmbH aktienrechtliche Bestimmungen anzuwenden. In der Debatte über die Frage des Prüfungserfordernisses wird deutlich, dass sich die Publizitätspflicht auf solche Gesellschaften erstrecken soll, die volkswirtschaftlich von Bedeutung sind[558]. Bei der Diskussion entwickelte sich die Auffassung, dass Unternehmen ab einer gestimmten Größe, die für eine Region von wesentlicher wirtschaftlicher Bedeutung seien, der Öffentlichkeit Rechenschaft abzulegen haben[559]. Nach *Tengelmann* sollten alle übrigen Gesellschaften ihren Jahresabschluss beim Registergericht einreichen. Dort sollte bei Bestehen eines rechtlichen Interesses die Einsichtnahme gewährt werden. Dieser Form der Registerpublizität

---

551 *Klausing*, Die Neuordnung der Gesellschaften mit beschränkter Haftung: Erster Arbeitsbericht zur „Reform" der GmbH., S 19. Insbesondere das Argument, dass eine Idealform der Personenhandelgesellschaft eine wirtschaftlichere Unternehmensführung gewährleiste, wies er zurück (Vgl. S. 21). Kritischer, die Gefahr der Ressourcenfehlleitung betonend, äußerte sich Klausing im weiteren Bericht hinsichtlich der volkswirtschaftlichen Gefahren der Rechtsform der GmbH. *Klausing*, Die Neuordnung der Gesellschaften mit beschränkter Haftung: 2. Arbeitsbericht des „Ausschusses für Gesellschaften mit beschränkter Haftung" der Akademie für Deutsches Recht, S. 41 ff., insbesondere S. 44.

552 *Klausing*, Die Neuordnung der Gesellschaften mit beschränkter Haftung: Erster Arbeitsbericht zur „Reform" der GmbH, S. 22 ff.

553 *Klausing*, Die Neuordnung der Gesellschaften mit beschränkter Haftung: 2. Arbeitsbericht des „Ausschusses für Gesellschaften mit beschränkter Haftung" der Akademie für Deutsches Recht, S. 46.

554 *Klausing*, Die Neuordnung der Gesellschaften mit beschränkter Haftung: Erster Arbeitsbericht zur „Reform" der GmbH, S. 31.

555 *Ebbecke*, *Richter-Brohm*, *v. Breska* und *Klausing*, Protokoll vom 8./9. 6.1937, S. 37, S. 73 f, S. 77, S. 75, lehnten eine allgemeine Publizität ab. *Mönckmeier* und *Rigler*, Protokoll vom 8./9. 6. 1938, S. 37 f., S. 82 f., sprach sich hingegen dafür aus (zitiert nach *Schubert*, Entwurf des Reichsjustizministeriums zu einem Gesetz über die Gesellschaften mit beschränkter Haftung von 1939, S. 72 ff.).

556 *Tengelmann*, Protokoll vom 8./9. 6. 1937, S. 12 f. (zitiert nach *Schubert*, Entwurf des Reichsjustizministeriums zu einem Gesetz über die Gesellschaften mit beschränkter Haftung von 1939, S. 73).

557 *Quassowski*, Protokoll vom 8./9. 6. 1937, S. 29 (zitiert nach *Schubert*, Entwurf des Reichsjustizministeriums zu einem Gesetz über die Gesellschaften mit beschränkter Haftung von 1939, S. 73.).

558 *Quassowski*, Protokoll vom 8.9. 6. 1937, S. 45 (zitiert nach *Schubert*, Entwurf des Reichsjustizministeriums zu einem Gesetz über die Gesellschaften mit beschränkter Haftung von 1939, S. 74). *Klausing*, Die Neuordnung der Gesellschaften mit beschränkter Haftung: 2. Arbeitsbericht des „Ausschusses für Gesellschaften mit beschränkter Haftung" der Akademie für Deutsches Recht, S. 44.

559 Vgl. *Friedrich* und *Ebbecke*, Protokoll vom 8./9. 1937, S. 75 (zitiert nach *Schubert*, Entwurf des Reichsjustizministeriums zu einem Gesetz über die Gesellschaften mit beschränkter Haftung von 1939, S. 77).

stimmte schließlich die Mehrheit zu[560]. Insofern wuchs, entgegen der Entwicklung der vorherigen Diskussion, die Bedeutung des Gläubigerschutzaspekts. Zu betonen ist aber, dass gleich den Reformüberlegungen von *Liebermann* von 1909 erwartet wurde, dass über diese Form der eingeschränkten Registerpublizität die negativen Auswirkungen auf die Unternehmen verhindert werden könnten.

Nach der Reform des Aktiengesetzes 1937 nahm auch das Justizministerium die Arbeiten an der Reform des GmbH-Rechts auf. Orientiert am vorrangigen Ziel des Gläubigerschutzes wurde im Sommer 1939 ein Entwurf erarbeitet, der den verschiedenen Ministerien zugesandt worden war. Wegen des Zweiten Weltkrieges wurde die GmbH-Reform nicht mehr fortgesetzt. Der Entwurf des GmbHG-1939 führt in § 95 entgegen der Auffassung von *Klausing* eine größenabhängige Publizitätspflicht ein. So heißt es dort[561]:

> (1) Für Gesellschaften, bei denen der Nennbetrag des Stammkapitals sich am Stichtag des Jahresabschlusses auf zwei Millionen Reichsmark oder mehr beläuft, gelten folgende Vorschriften:
>
> 1. ...
>
> 5. Der Jahresabschluß und der Geschäftsbericht sind zum Handelsregister einzureichen, der Jahresabschluß ist im Deutschen Reichsanzeiger und, wenn der Gesellschaftsvertrag anderer Blätter für die öffentliche Bekanntmachungen der Gesellschaft bestimmt, auch in diesen Blättern bekannt zu machen. [...]

In der Begründung des Entwurfs wird die bereits vom Ausschuss der Akademie für Deutsches Recht angeführte Argumentation vorgebracht, dass Gesellschaften einer bestimmten Größe auf Grund ihrer volkswirtschaftlichen Bedeutsamkeit der Öffentlichkeit Rechenschaft abzulegen haben[562]. Im Übrigen sollte jedoch der Rechtszustand für die Mehrheit der GmbH unverändert bleiben. Damit wandte sich der Gesetzgeber einerseits gegen die Stimmen, die insbesondere auf Grund der gläubigergefährdenden Eigenschaft der GmbH eine allgemeine Publizitätspflicht forderten. Andererseits wies das Justizministerium das Erfordernis einer beschränkten Registerpublizität zurück.

Trotz einer auch nationalsozialistisch geprägten Literatur der 1930er Jahre bestätigte der Gesetzgeber die Strukturprinzipien der Jahresabschlusspublizität des ausgehenden 19. Jahrhunderts[563]. Der Gläubigerschutzgedanke blieb den Interessen der Gesellschaft und der an ihr beteiligten Personen untergeordnet. Eine interessante Randnote erfuhr die Entwicklung durch einen Aufsatz von *Franz Schlegelberger*,

---

560 *Kolb* betonte, dass bei kleinen und mittleren GmbH die „großen Missstände am häufigsten zutage" getreten sind. *Kolb*, Protokoll vom 12./13. 1. 1939, S. 70 (zitiert nach *Schubert*, Entwurf des Reichsjustizministeriums zu einem Gesetz über die Gesellschaften mit beschränkter Haftung von 1939, S. 76.).

561 Siehe *Schubert*, Entwurf des Reichsjustizministeriums zu einem Gesetz über Gesellschaften mit beschränkter Haftung von 1939, S. 121.

562 Siehe die Begründung der Publizitätsregelung in: *Schubert*, Entwurf des Reichsjustizministeriums zu einem Gesetz über die Gesellschaften mit beschränkter Haftung von 1939, S. 183.

563 Im Sinne des Gesetzentwurfes ist einer vorherigen Stellungnahme des Instituts für Wirtschaftprüfer zu entnehmen, dass eine Veröffentlichung in irgendeiner Form für die Gruppe der großen und konzerngebundenen GmbH in Frage käme. *Institut der Wirtschaftsprüfer*, Der Wirtschaftstreuhänder 1938, 281 (291). Darüber hinaus sprach sich die Stellungnahme grundsätzlich für eine gesetzliche Bilanzgliederung und einen Geschäftsbericht aus.

den für den GmbHG-Entwurf verantwortlichen Staatssekretär des Bundesjustizministeriums. In diesem begründete er die geplante größenabhängige Publizitätspflicht mit dem Argument der Gläubigergefährdung, die mit zunehmender Größe des Unternehmens über die privatwirtschaftliche Sphäre hinaus an Bedeutung gewänne[564]. Auch wenn er das grundlegende Argument des Regierungsentwurfs, dass Gesellschaften mit beschränkter Haftung grundsätzlich der Öffentlichkeit Rechenschaft schuldeten, der gesellschaftsrechtlichen Fragestellung zu entziehen suchte, führte *Schlegelberger* selbst seinen Differenzierungsversuch mit dem Verweis auf die größenabhängige volkswirtschaftliche Notwendigkeit ad absurdum. In seiner Argumentationsreihe stützte er sich auf eine wirtschaftspolitische und sozialrechtliche Dimension, der er sich aber ausdrücklich zu entziehen suchte. So inkonsequent sich das Verhalten von *Schlegelberger* darstellte, so fortschrittlich war seine Analyse, dass eine Publizitätspflicht, basierend auf einem „öffentlichen Interesse", kein Problem gesellschaftlicher Art darstelle[565]. Abgrenzend gegenüber der bisherigen Diskussion unterschied *Schlegelberger*, wenn auch begrifflich inkonsequent, zwei Funktionsebenen. Auf der einen steht der Interessenkonflikt aller Personen, die mit dem Unternehmen in einer unmittelbaren Beziehung stehen. Auf der anderen Ebene wirken volkswirtschaftliche und gesellschaftliche Erwägungen in Fragen der Wirtschaftsverfassung[566].

5. Die Diskussion zu einer Unternehmenspublizität ab 1948

Der Zweite Weltkrieg führte zu einer Zäsur der gesellschaftsrechtlichen Weiterentwicklung. Trotz der nationalsozialistischen Einflüsse auf die Diskussion vor Kriegsbeginn und der durch den Krieg bedingten Aussetzung der Reformüberlegungen muss die nachkriegliche Entwicklung in ihrem Zusammenhang mit dem zuvor ausgebildeten gemeinwirtschaftlichen Rechtsformverständnis erläutert werden. Der Grund liegt in der Wiederaufnahme des gemeinwirtschaftlichen Gedankengutes und ihrer Weiterentwicklung zu einer Dogmatik der Unternehmenspublizität. Ausgangslage ist auch weiterhin der von *Rathenau* formulierte Gedanke, dass „Wirtschaft nicht Privatsache, sondern Gemeinschaftssache ist"[567]. Waren noch in den Reformen und Reformversuchen der Weimarer Republik die jeweilige Rechtsform im Mittelpunkt auch der Frage der Jahresabschlusspublizität, rückte nun das Unternehmen als ökonomische Einheit, losgelöst von seiner rechtlichen Organisation, in den Fokus der Publizitätsdiskussion[568].

---

564 *Schlegelberger*, Soziale Praxis, 1 (6).

565 *Schlegelberger*, Soziale Praxis, 1 (6). Zur Widersprüchlichkeit der Arbeit von Schlegelberger siehe *Rittner*, Die handelsrechtliche Publizität außerhalb der Aktiengesellschaft, S. 47 f.; *Hellermann*, Die Publizität des Jahresabschlusses geschlossener Kapitalgesellschaften, S. 48 f.

566 Vgl. zu dieser Differenzierung *Kronstein/Claussen*, Publizität und Gewinnverteilung im neuen Aktienrecht, S. 21 f.

567 *Rathenau*, Von kommenden Dingen, S. 95. Dieser Ausspruch ist gleichzeitig losgelöst von einem sozilialistischen Wirtschaftsverständnis zu sehen. Zur Vermeidung dieses Eindrucks betont Rathenau, dass die Verstaatlichung von Produktionsmitteln eine Fehlentwicklung wäre. Vgl. *Rathenau*, Von kommenden Dingen, S. 84.

568 Einen Überblick über die politische Thematisierung der Publizitätsfrage befindet sich bei *Rittner*, Die handelsrechtliche Publizität außerhalb der Aktiengesellschaft, S. 67 f.

a) Das Konzept einer Unternehmenspublizität

Die in dem GmbH-Gesetzesentwurf des Jahres 1939 zu Grunde gelegte Idee einer größenabhängigen Jahresabschlusspublizität wurde unmittelbar nach dem Krieg durch *Curt Fischer* wieder aufgegriffen und in einem eigenen GmbH-Entwurf veröffentlicht. Nach seinem Vorschlag sollten alle Gesellschaften, die

1. ein Stammkapital über 500 000 DM aufweisen, oder
2. ohne Rücksicht auf die Höhe des Stammkapitals
   a) mehr als zehn Gesellschafter besitzen,
   b) Beteiligungen an anderen mit Rechtspersönlichkeit ausgestatteten Unternehmen besitzen, die 10 % des eigenen Stammkapitals und 2 % des Kapitals derjenigen Gesellschaft übersteigt, an der die Beteiligung besteht,
   c) juristische Personen als Gesellschafter aufweisen, sofern deren Anteilsbesitz insgesamt 20 % des Stammkapitals übersteigt,
   d) unter die Begriffsbestimmung des § 7 fallen [Konzern],

ihren geprüften Jahresabschluss in den Gesellschaftsblättern veröffentlichen und den Geschäftsbericht zum Handelsregister einreichen[569]. Die Zahl der offenlegungspflichtigen Gesellschaften sollte aber noch durch eine Einschränkung begrenzt werden. Mit Zahlenwerten bestimmt, sollten verhältnismäßig kleine Gesellschaften, deren Gesellschafterkreis eng ist und „wo im übrigen keine sonstigen Anzeichen für Ansatzpunkte einer wirtschaftlichen Machtstellung vorliegen aus dem persönlichen Anwendungsbereich ausgeschlossen werden[570]. In § 64 Abs. 2 i.V.m. § 22 des Entwurfes wurden personalistisch strukturierte GmbH von der Offenlegungspflicht befreit. Zur Begründung führte *Fischer* weniger ein allgemeines öffentliches Interesse, vielmehr das Argument der Missbrauchsbekämpfung an. Mit der Einführung einer solchen Vorschrift sollte eine Umgehung der aktienrechtlichen Schutzvorschriften vermieden werden[571].

Im Unterschied zu diesem Entwurf von *Fischer* und den Entwicklungen der Weimarer Republik wurde in der Folgezeit die Rechtsform als Tatbestandsmerkmal für gesellschaftsrechtliche Rechtsfolgen in Frage gestellt. 1952 stand der 39. Deutsche Juristentag im Zeichen der Reform des Unternehmensrechts. Die Studienkommission des DJT befasste sich mit Unternehmen von besonderer gesamtwirtschaftlicher Bedeutung, die zuletzt in Form der GmbH auch Gegenstand von *Fischers* Entwurf gewesen waren. Für diese Unternehmen stellte sie einen Mangel an Publizität im GmbH-Recht fest und bezweifelte, dass zwischen Aktiengesellschaften und Gesellschaften mit begrenzter Haftung ab einer bestimmten Größe strukturelle Unterschiede einer solchen Bedeutung existieren, dass eine unterschiedliche Behandlung gerechtfertigt sei[572]. Damit befürwortete die Kommission die Einführung einer rechtsformunabhängigen Publizitätspflicht für alle Unternehmen einer bestimmten Größe[573]. Welche Größe dabei als Grenze anzusehen sei, wurde nicht festgestellt, son-

569 *Fischer*, Die Gesellschaft mit begrenzter Haftung, S. 143.

570 *Fischer*, Die Gesellschaft mit begrenzter Haftung, S. 123.

571 *Fischer*, Die Gesellschaft mit begrenzter Haftung, S. 122 ff.

572 *Ballerstedt*, Unternehmen von besonderer gesamtwirtschaftlicher Bedeutung unter Berücksichtigung des Konzernrechts, S. 34.

573 In dieser Konsequenz wurde auch die Notwendigkeit gesehen, die Publizitätspflicht auch auf Personengesellschaften und den Einzelkaufmann zu übertragen. Vgl. *Flume*, Das Frankfurter Publizi-

dern lediglich, dass diese Größe an der Bilanzsumme zu messen sein sollte. In Anbetracht der Kontinuität der Entwicklungen ist es nicht verwunderlich, dass diese Position eine breite Unterstützung im Schrifttum erfuhr[574]. Wie bereits zuvor, erstreckt sich auf dieser Grundlage der Kreis der Informationsbedürftigen nicht lediglich auf alle Anteilseigner, Gläubiger und ggf. potentiellen Gläubiger. Er geht vielmehr auf Grund der volkswirtschaftlichen Bedeutung des einzelnen publizitätspflichtigen Unternehmens darüber hinaus; Dritte wurden wie bereits zuvor bei der Aktienrechtsreform in den Adressatenkreis einbezogen. Für alle Großunternehmen bedeutete dies im Umkehrschluss, dass die Kapitalmarktorientierung nicht die alleinige Begründung der Publizitätspflicht darstellte. Insbesondere in der betriebswirtschaftlichen Literatur wurde, mit Verweis auf die freie Rechtsformwahl und die angeblich freie Austauschbarkeit der Rechtsformen[575], die überkommene gesetzliche Publizitätspflicht als unsystematisch und zufällig kritisiert. In diesem Sinne schrieb *Herbert Köhler* in aller Deutlichkeit, dass es nicht sinnvoll sei, „die Publizitätspflicht des Unternehmers an die wirtschaftsverfassungsrechtlich [...] vollkommen nebensächliche Rechtsform der Eigentümer zu knüpfen [....]"[576].

aa) Zur gesellschaftsrechtlichen Dimension

Mit der betriebswirtschaftlichen Betrachtungsweise ging in weiten Teilen die Vorstellung einher, dass jenseits der rechtsformspezifischen gesellschaftsrechtlichen Ordnung, entsprechend einer wirtschaftlichen Betrachtungsweise, ein „Unternehmensverfassungsrecht" anzustreben sei[577]. Diese Lehre des „Unternehmensrechts" konnte sodann das dogmatische Grundgerüst für eine nach Unternehmensgröße gestaffelte Publizitätspflicht[578] bereitstellen.

Getragen wurde diese Lehre vom Ordnungsprinzip, dass gleichartige Unternehmenseinheiten einer gleichartigen, d. h. einer gleichstrengen Rechtsverfassung unterworfen werden mussten[579]. Jenseits des ordnungspolitischen Instruments der Publizität, sollte die Verfassung der Rechtsformen größenabhängig angeglichen werden. Auch wenn diese Systematik logisch konsequent auf alle Gesellschaften bezogen werden müsste, beschränkte sich diese Lehre aber offensichtlich auf große Unternehmen[580]. Das so geschaffene „Unternehmensrecht" solle weiterreichender sein als das Gesellschaftsrecht, das die Eigentümer zur gemeinsamen Rechtsträger-

tätsgespräch, S. 183; *Stützel*, Das Frankfurter Publizitätsgespräch, S. 194; *Goerdeler*, Die Publizität der Rechenschaftslegung, S. 211 (S. 228); *Barz*, GmbHR 1963, 124 (128).

574 So *Schupp*, NJW 1958, 1220 (1220 f.); *Köhler*, JZ 1956, 137 (139 f.); *ders.*; ZgS.1959, 716 (753 ff.). *Ballerstedt*, Aktienrechtsreform und Unternehmensverfassung, S. 35 ff, insbesondere S. 40 ff., skizziert zudem den Zusammenhang und die Unterschiede gegenüber der rechts- und wirtschaftswissenschaftlichen Entwicklung ab den 1920er Jahre. Vgl. *Kunze*, Das Mitbestimmungsgespräch 1960, 10 (16); *Spieker*, JZ 1962, 721 (724 ff.).

575 Siehe stellvertretend: *Lohmann*, Einführung in die Betriebswirtschaftslehre, S. 275; *Hornef*, WPg 1958, S. 253 (255); *Kraske*, Die Publizitätspflicht der Grossunternehmung, S. 143 ff. Gleichwohl wird der verbleibende Einfluss von Rechtsform und Branche unterschiedlich beantwortet.

576 *Köhler*, JZ 1956, 137 (139).

577 *Ballerstedt*, Unternehmen von besonderer gesamtwirtschaftlicher Bedeutung unter Berücksichtigung des Konzernrechts, S. 18 f.

578 Zur Staffelung siehe etwa *Ballerstedt*, Aktienrechtsreform und Unternehmensverfassung, S. 35, 43.; *Kraske*, Die Publizitätspflicht der Grossunternehmung, S. 164 ff.

579 *Köhler*, ZgS 115, 716 (722).

580 *Köhler*, ZgS 115, 716 (720, 735).

schaft des Eigentums am Unternehmen im Verhältnis zueinander und im privaten Rechtsverkehr ordnet. Das Unternehmensrecht ordne hingegen die Verhältnisse im Unternehmen als der Leistungseinheit der Wirtschaftsverfassung. In diesem Sinne wurde das „interessenmonistische Gesellschaftsrecht" dem „interessenpluralistischen Unternehmensrecht" gegenübergestellt.[581] In diesem Verweis auf einen fehlenden gesetzlichen Ausgleich der an einem („großen") Unternehmen vertretenen pluralistischen Interessen verweist auf die Parallele zur Diskussion des „Unternehmens an sich", in der ebenfalls das Eigentumsrecht zu Gunsten anderer Interessen beschränkt wurde[582]. Im Unterschied zur Rechtsentwicklung der 1950er Jahren suchte die ursprüngliche Reformbestrebung diese Interessen in das Gesellschaftsrecht zu integrieren. Im Hinblick auf die fundamentalen Änderungen der Struktur des Gesellschaftsrechts wurde gleichwohl anerkannt, dass eine Reform des Gesellschaftsrechts in diesem umfassenden Sinn zur damaligen Zeit noch nicht realisierbar war[583]. Einfacher realisierbar sah man hingegen – als ersten Schritt[584] – die Einführung eines so genannten „Publizitätsgesetzes"[585].[586]

bb) Das Definitionsproblem

In logischer Folge zu dem ins Auge gefassten „Unternehmensrecht" sollten alle Gesellschaften einer bestimmten Größe einer Publizitätspflicht unterworfen werden[587]. Dabei sollten im Wesentlichen aktienrechtliche Vorschriften angewandt werden. Welche Größe jedoch für die Anwendung des Aktienrechts maßgeblich sein sollte, konnte nicht einheitlich beantwortet werden. Das mag vor allem daran liegen, dass der anzuwendende Maßstab ein Produkt einer ordnungspolitischen Entscheidung darstellt. Auch wenn sich die Mehrheit der Anhänger hinter der Aussage vereinen ließen, dass der gesuchte Größenmaßstab diejenigen Gesellschaften erfassen solle, denen auf Grundlage ihrer Positionierung im Markt eine gesamtwirtschaftliche Bedeutung zukommt. So bleibt die Frage unbeantwortet, einerseits anhand welcher quantitativen Maßstäbe diese Eigenschaft gemessen werden sollte und andererseits, was ein gesamtwirtschaftlich bedeutsames Unternehmen darstellt[588]. Die Schwierigkeit des letzten Punktes lag nicht primär in der Bestimmung der quantitativen Größe.

---

581 *Köhler*, JZ 1956, 137 (139). Inwieweit die interessenmonistische These vom Gesellschaftsrecht die gläubigerschützenden Normativbestimmungen berücksichtigen will, ist zweifelhaft.

582 Zum Konflikt zwischen Unternehmensinteresse und Gemeinwohl siehe den Kommissionsbericht des Deutschen Juristentages, Untersuchungen zur Reform des Unternehmensrechts, S. 22, 24, 44.

583 Zu beachten ist insbesondere die Nivellierung der gesetzgeberischen Unterscheidung des rechtsformspezifischen Normaltypus und die Folgewirkung für die Rechtsformwahl.

584 So die Wertung von *Rittner*, Die handelsrechtliche Publizität außerhalb der Aktiengesellschaft, S. 71.

585 Gesetz über die Rechnungslegung von bestimmten Unternehmen und Konzernen vom 15.08.1969 (BGBl. I 1969 S. 1189, ber. BGBl. I 1970, 1113). Mit Art. 2 KapCoRiLiG wurde im Jahr 2000 „Publizitätsgesetz – PublG" an die amtliche Gesetzesbezeichnung angefügt.

586 Zur Kritik siehe stellvertretend mit einer deutlichen ablehnenden Haltung *Rittner*, Die handelsrechtliche Publizität außerhalb der Aktiengesellschaft, S. 128 ff.

587 *Kunze*, Das Mitbestimmungsgespräch 1960, 10 (16); *Spieker*, JZ 1962, 721 (724); *Hueck*, Gedanken zur Reform des Aktienrechts und des GmbH-Rechts, S. 8 ff.

588 Vgl. *Hornef*, WPg 1958, 253 (256 f.). Rittner hält gar die quantitative Bestimmung der Unternehmensgröße als Grundlage einer Rechtsnorm für ungenügend. *Rittner*, Die handelsrechtliche Publizität außerhalb der Aktiengesellschaft, S. 146.

Zuvor muss vielmehr definiert werden, was der zunächst inhaltslose Begriff des „gesamtwirtschaftlich bedeutsamen Unternehmens“ inhaltlich auszeichnet[589].

Vorschläge gab es einige[590], die sich abweichend von *Fischer*, die Größen Beschäftigte/Arbeitnehmer, Bilanzsumme und Jahresumsatz heranzogen. Bei der Quantifizierung der Größen zeigten sich die Unterschiede in der Umsetzung, vermutlich auch im Begriffsverständnis. Zur Diskussion standen insbesondere die folgenden Werte:

	Beschäftige/ Angestellte	Jahresumsatz	Bilanzsumme
Zimmermann[591]	20 000	1 Mrd. DM	500 Mio. DM
SPD-Entwurf[592]	2 000	100 Mio. DM	50 Mio. DM
Kunze[593]			
„Größtunternehmen“	20 000	1 Mrd. DM	500 Mio. DM
„Großunternehmen“	2 000	100 Mio. DM	50 Mio. DM
Publizitätsgesetz[594]	5 000	250 Mio. DM	125 Mio. DM

Die Publizitätspflicht sollte sich erst dann ergeben, wenn jeweils zwei der drei Voraussetzungen erfüllt wurden[595]. In Anbetracht der Schwierigkeiten der gesetzlichen Definition der gemeinwirtschaftlichen Bedeutsamkeit urteilte *Rittner*, dass eine entsprechende Regelung im Kontext der Lehre des „Unternehmensrechts“ sich dem Verdikt der Willkürlichkeit stellen muss[596].
Parallel zu der Forderung einer rechtsformunabhängigen Jahresabschlusspublizität für große Gesellschaften stand die Forderung nach einer größenabhängigen Publizitätspflicht der GmbH. Diese Auffassung kritisierte den propagierten massiven Eingriff in das Gesellschaftsrecht, der die Vielfalt der von der Rechtsordnung zur Verfügung gestellten Organisationsformen der Unternehmen gefährdete[597]. Zu abweichenden Ergebnissen der Offenlegungsbedürftigkeit führte diese Auffassung grundsätzlich

[589] Vgl. hierzu *Kraske*, Die Publizitätspflicht der Grossunternehmung, S. 156 ff.

[590] Siehe einen Überblick von *Adelberger*, Publizität der GmbH, S. 190 ff.

[591] *Zimmermann*, WWI 1960, 157 ff., 218 ff. (220). Siehe zur Kritik *Rittner*, Die handelsrechtliche Publizität außerhalb des Aktienrechts, S. 145 f.

[592] Entwurf eines Gesetzes zur Verbesserung der Publizität von Aktiengesellschaften und Gesellschaften mit beschränkter Haftung der SPD-Fraktion des Bundestages, BT-Drucks. III S. 2278. Zu ihrer Bewertung siehe *Hueck*, Gedanken zur Reform des Aktienrechts und des GmbH-Rechts, S. 10; *Barz*, GmbHR 1963, 124 (128).

[593] *Kunze*, Das Mitbestimmungsgespräch 1960, 10 (16).

[594] Gesetz über die Rechnungslegung von bestimmten Unternehmen und Konzernen v. 15.8.1969, BGBl. I 1969, S. 1189.

[595] Ausnahmen sahen *Zimmermann* und *Kunze* für Unternehmen der Versicherungs- bzw. der Bankenbranche vor. Bei diesen Unternehmen sollte eine niedrigere Schwelle gelten.

[596] *Rittner*, Die handelsrechtliche Publizität außerhalb des Aktienrechts, S. 147.

[597] In einem umfassenden Gutachten sprach sich *Rittner*, Die handelsrechtliche Publizität außerhalb des Aktienrechts, S. 128 ff., differenziert gegen die Einführung eines Unternehmensverfassungsrechts aus.

nicht. In Folge der Differenzierung innerhalb der Gesellschaften derselben Rechtsform musste auch sie sich auf Strukturprinzipien der Jahresabschlusspublizität beziehen, die an Merkmale jenseits der Rechtsform anknüpften. Die auf die GmbH beschränkte Forderung kann somit in Zusammenhang mit der Lehre des „Unternehmensrechts" betrachtet werden. Als ein Verfechter der rechtsformspezifischen Publizitätspflicht begründete *Rittner* die größenabhängige Pflicht zur Offenlegung des Jahresabschlusses durch die GmbH aus ihrer Institution heraus[598]. Augenscheinlich getrennt von der Diskussion über das gesamtwirtschaftliche Bedürfnis begründete er auf der Basis der Vertrauens- und Kontrollfunktion der Publizität ein grundsätzliches Offenlegungsbedürfnis. Aus Verhältnismäßigkeitserwägungen beschränkte er dieses Bedürfnis auf größere GmbH[599].

cc) Über die Argumentationsstrukturen

Das differenzierte Meinungsspektrum der damaligen Literatur führte zu ebenso differenzierten Begründungsansätzen, die teilweise ihre Schlüssigkeit missen ließen. Auch wenn ihre Aufarbeitung rückblickend im Vergleich zur gegenwärtigen Diskussion einer Detailarbeit überlassen bleiben muss, soll an dieser Stelle auf die bedeutsamen Begründungen von *Rittner* verwiesen werden[600]. *Rittner* reduzierte mit Verweis auf die Ergebnisse des Frankfurter Publizitätsgesprächs den Kreis zulässiger Argumente auf solche, die gesamtwirtschaftlich-funktionaler Natur waren. Er erteilte damit allen übrigen vermeintlichen Argumenten eine Absage, denen es an hinreichenden Sachgründen mangelte und eine Wertung transportierten, statt eine Wertungsgrundlage zu leisten[601]. Er ließ daher nicht gelten, auf ein „Prinzip der Publizität" zu verweisen, das einen eigenen Rechtswert der Publizität suggeriere oder ein irgendwie geartetes „öffentliches Interesse" ins Feld führte, das nicht dezidiert mit einem funktionalen Bedürfnis belegt wurde[602]. Nach diesem Verständnis sei auch jeglicher Verweis auf Insolvenzen haftungsbeschränkter Gesellschaften im Kontext eines öffentlichen Interesses unzulässig. Dies ist auch nur schlüssig, fehlt doch der Öffentlichkeit jegliche Handhabe in das wirtschaftliche Geschick des Unternehmens einzugreifen[603]. Vermutlich ließe *Rittner* ein öffentliches Interesse nur in der Form gelten, dass die Transparenz von Marktverhältnissen einem bestehenden Misstrauen entgegenwirken solle, um einen ineffizienten Markt auszugleichen[604]. Gleichwohl müssten wohl einerseits das Misstrauen, andererseits der positive ökonomische Effekt nachgewiesen werden. Dass aber zumindest große Unternehmen in der Rechtsform der GmbH der Publizitätspflicht unterworfen werden sollten, wurde in der Literatur nicht mehr ernstlich bestritten.

---

598 *Rittner*, Die handelsrechtliche Publizität außerhalb des Aktienrechts, S. 154 ff.

599 *Rittner*, Die handelsrechtliche Publizität außerhalb des Aktienrechts, S. 157 ff.

600 *Rittner*, Die handelsrechtliche Publizität außerhalb des Aktienrechts, S. 119-122, 135-140.

601 Vgl. *Rittner*, Die handelsrechtliche Publizität außerhalb des Aktienrechts, S. 116 ff.

602 Gleich verhält es sich nach Auffassung von Rittner mit dem Postulat einer „öffentlichen Rechenschaftspflicht", *Rittner*, Die handelsrechtliche Publizität außerhalb des Aktienrechts, S. 121 f.

603 Mit Verweis auf die pluralistischen (insbesondere öffentlichen) Interessen hält *Kraske*, Die Publizitätspflicht der Grossunternehmung, S. 66 ff., eine Kontrolle des Managements durch die Öffentlichkeit dringend geboten. In diesem Zusammenhang bezieht er sich auf ein von Adolf Berle geprägtes Verständnis, dass die Manager der Korporationen die Treuhänder der Allgemeinheit seien (S. 69).

604 Vgl. *Rittner*, Die handelsrechtliche Publizität außerhalb des Aktienrechts, S. 141 f.

dd) Beschränkungen der Publizitätspflicht

Einigkeit bestand bei allen Befürwortern einer größenabhängigen Jahresabschlusspublizität, dass eine Ausweitung der Publizitätspflicht auch auf kleinere und mittlere Unternehmen abzulehnen sei. Zur Begründung wurden – insoweit eine Begründungsbedürftigkeit der Ausweitung überhaupt gesehen wurde[605] – im Wesentlichen nur die Argumente angeführt, die bereits Ende des 19. Jahrhunderts für die Rechtsform der GmbH zu einer Ablehnung der Publizitätspflicht führten bzw. die in den 1930er Jahren für einer Ablehnung einer rechtsformabhängigen Publizitätspflicht angeführt wurden. Als Fundament dieser Differenzierung wurde auf eine grundsätzlich eingriffsfeindliche gesellschaftsrechtliche Ordnung verwiesen. Trotz eines gemeinwirtschaftlichen Grundverständnisses und einer grundlegend ablehnenden Haltung gegenüber Kapitalgesellschaften im Nationalsozialismus wurde für die Einführung einer Publizitätspflicht eine hinreichende Rechtfertigung vorausgesetzt. Zwar spielten zu jeder Zeit auch gläubigerschützende Aspekte eine Rolle – auch in den 1930er Jahren –, doch fiel eine Interessenabwägung zu Gunsten der kleinen und mittleren Gesellschaften aus. Gegen eine Ausweitung sprachen eine unverhältnismäßige finanzielle Belastung und Geheimhaltungsbedürfnisse des Unternehmens[606]. Die Erkennbarkeit der persönlichen Vermögensverhältnisse der Unternehmen wurde hingegen nicht angeführt. Aus der Ablehnung einer weiten Ausdehnung der Publizitätspflicht lässt sich eine Bestätigung des historischen Gesetzgebers ableiten, dass auch eine Publizitätspflicht aus Gründen des Gläubigerschutzes abgelehnt worden war. Für den Schutz der Gläubiger wurde auf die handelsrechtlichen Jahresabschlussvorschriften bzw. auf gläubigerschützenden Normen außerhalb des Gesellschaftsrechts verwiesen[607].

b) Die Kompensationsthese von Ludwig Raiser

Neben den Entwicklungen auf dem Weg zu einem gesamtwirtschaftlich verstandenen Unternehmensverfassungsrecht entwickelte sich eine abweichende publizitätsdogmatische Richtung, die neben der eben beschriebenen Strömung zunächst Gefahr lief, in der Diskussion nur unzureichend Beachtung zu finden[608]. Rückblickend ist aber dieses Publizitätsverständnis prägend für die Jahresabschlusspublizität de lege lata. Ausgangspunkt dieser Entwicklung ist ein Referat, das *Ludwig Raiser* auf dem 39. Deutschen Juristentag hielt[609]. Im Zusammenhang mit dem grundlegenden Prinzip der Selbstverantwortung des Unternehmers unserer Wirtschaftsverfassung prüfte

---

605 Wenn die Literatur die Publizitätspflicht mit dem Verweis auf solche Unternehmen fordert, denen eine gemeingesellschaftliche Bedeutung zufällt, so erübrigt sich jede weitere Begründung.

606 Selbst Schlegelberger, der die Publizitätspflicht großer Unternehmen mit Verweis auf die Gläubigergefährdung begründet, verzichtet auf eine Ausweitung auf kleine und mittlere GmbH. Vgl. *Schlegelberger*, Soziale Praxis, 1 (6). Im Übrigen siehe statt vieler *Klausing*, Die Neuordnung der Gesellschaften mit beschränkter Haftung: 2. Arbeitsbericht des „Ausschusses für Gesellschaften mit beschränkter Haftung" der Akademie für Deutsches Recht, S. 50.; *Fischer*, Die Gesellschaft mit beschränkter Haftung, S. 123 f.; *Fränkel*, Die Gesellschaft mit beschränkter Haftung, S. 284.

607 *Stützel*, Aktienrechtsreform und Konzentration, S. 907 ff. (953). Er kritisiert im Übrigen die Gleichstellung zwischen Gläubiger und Aktionär und deren Ableitung aus rechtshistorischen Reformen.

608 So stellte *v. Caemmerer*, Publizitätsinteressen der Öffentlichkeit und Gesellschaft, S. 141 (170), fest, dass die Anschauung von Raiser in der Folgezeit kaum noch vertreten worden sei.

609 *Raiser*, Die wirtschaftsverfassungsrechtlichen Fragen der Gestaltung der Unternehmensformen, S. B 57 ff.

Raiser, inwieweit dieses durch das Konzept der Kapitalgesellschaft eingeschränkt würde und welche gesetzgeberische Handlung geboten sei. Dabei stellte er heraus, dass die vorrangige Aufgabe des Gesetzgebers darin bestünde, die GmbH den aktienrechtlichen Grundsätzen über die Publizität und Pflichtprüfung des Jahresabschlusses als „Korrelat der Haftungsbeschränkung" zu unterstellen[610].

Auch wenn zum Teil in unrichtiger Weise auf die Haftungsbeschränkung als historischer Begründungsfaktor hingewiesen wurde, wurde die These von *Raiser* durchaus skeptisch gesehen. So lehnen seinerzeit vor allem *Kraske* und *Lohmann* den Gläubigerschutzgedanken als Rechtfertigungsgrund für eine gesetzliche Pflicht ab[611]. Zwar wurde ein Informationsbedürfnis des Geschäftsverkehrs anerkannt, doch sei dieses vom Haftungsumfang des Schuldners unberührt. Gefährdungen resultierten in der Regel aus der eigenen Entscheidung der Gläubiger gegen eine wirksamere Absicherung[612].

Beginnend mit der Habilitationsschrift von *Merkt* entwickelte sich ein abgewandeltes Grundprinzip der Publizitätspflicht, das zur Zeit noch neben der These von *Raiser* steht[613]. *Merkt* wies nach, dass die Publizität nicht das Korrelat der Haftungsbeschränkung, sondern vielmehr das der Marktteilnahme darstelle[614]. Wesentliche Darstellungen der Literatur haben sich in letzter Zeit, insbesondere in der Nähe zum Gesetzgeber, von dem von *Raiser* aufgestellten Postulat in seiner abweichenden Betonung abgewandt[615].

c) Kritik

Die nach dem Zweiten Weltkrieg eingesetzte Reformdiskussion wurde prägend für den Umfang und die Struktur der europäischen und damit schließlich auch der gegenwärtigen deutschen Offenlegungspflicht der Unternehmensdaten. Die Lehre des „Unternehmensrechts" einerseits und der Kompensationsthese von *Raiser* andererseits schufen die beiden grundlegenden Strukturprinzipien für die dogmatische Begründung der Publizitätspflicht innerhalb der vergangenen 50 Jahre. Wesentliche neue Aspekte, von der Entwicklung des Kapitalmarktrechts abgesehen, wurden in die Publizitätsdiskussion nicht mehr eingebracht. Dennoch vollzog sich in dieser Zeit ein vollständiger Wandel des Meinungsbildes.

---

610 *Raiser*, Die wirtschaftsverfassungsrechtlichen Fragen der Gestaltung der Unternehmensformen, S. B 57 (S. B 66).

611 *Kraske*, Die Publizitätspflicht der Grossunternehmung, S. 105 ff.; kritisch *Lohmann*; Einführung in die Betriebswirtschaftslehre, S. 276 ff. Aus der jüngeren Vergangenheit siehe insbesondere *Streim*, BFuP 1992, 450 ff.

612 *Kraske*, Die Publizitätspflicht der Grossunternehmung, S. 106; *Strobel*, DB 2000, 53 (59).

613 Die These von Raiser wurde in der jüngeren Vergangenheit vertreten von: Vgl. *Beater*, in: MünchKomm-HGB, 2001, § 264 a, Rn. 2; *Luttermann*, ZIP 2000, 517 (521). Ebenso erkennt auch Goerdeler den Zusammenhang an, fragt aber nach dem notwendigen Umfang der Publizität. *Goerdeler*, Publizität der Rechnungslegung im Rückblick und Ausblick, S. 235 (246).

614 *Merkt*, Unternehmenspublizität, S. 295 , 332 ff. Vgl. *Rückle/Klatte*, BFuP 1989, 193 (210 ff.);

615 Vgl. *Baums* (Hrsg.), Bericht der Regierungskommission Corporate Governance, Rn. 251. In einem Vortrag von *Noack*, der im Auftrag des Bundesjustizministeriums regulatorische Vorschläge für den Übergang zu elektronischen Handelsregistern erarbeitet hatte, legte er bei einer Tagung des Deutschen Notarvereins dieselbe Annahme zu Grunde. „Überlegungen zu Grundlinien eines Gesetzes über Elektronische Handelsregister und Unternehmensregister", abrufbar unter: www.jura.uni-duesseldorf.de/dozenten/noack/vortraege.shtml.

In der Diskussion nach dem Zweiten Weltkrieg wird das historische Verständnis der Jahresabschlusspublizität auffällig. Sowohl *Rittner* als auch *Hornef* sehen in dem Aspekt des „öffentlichen Interesses" oder des „Gemeinwohls" einen neuen Rechtfertigungsgrund für die Publizität, der als Motiv vom historischen Gesetzgeber nicht angeführt worden sei[616]. Die Wirtschafts- und Rechtsgeschichte hatte aber gezeigt, dass dieser Einschlag in der Publizitätsdiskussion keineswegs neu war. Zulässig ist lediglich die Feststellung einer veränderten Schwerpunktsetzung in der Gewichtung des entscheidungsrelevanten Interessengemenges. Der Gesetzgeber des 19. Jahrhunderts hatte sehr wohl erkannt, welche gesellschaftliche Wirkung vom wirtschaftlichen Untergang von Großunternehmen ausging. Diese Erfahrungen wurden in den Gründerjahren erdrückend. Er hatte ebenso erkannt, dass große Gesellschaften, damals in aller Regel Aktiengesellschaften, ob ihrer Struktur anfällig einerseits für Missbrauch andererseits für Misswirtschaft waren. Diese Erkenntnisse waren wesentliche Grundlagen der Aktienrechtsreform von 1884. Der schon damals für die Publizitätsregelung maßgeblichen Dimension, die sich immer stärker herausbildete, kam lediglich auf funktionaler Ebene eine neue Bedeutung zu. Wohl unter dem Eindruck der Hochphase des Liberalismus hatte der Gesetzgeber des 19. Jahrhunderts das Gemeinwohl schützende Ziel der Erfüllung durch die Marktteilnehmer überlassen. Neu war in der Diskussion des 20. Jahrhunderts, dass dem öffentlichen Interesse eine regulierende Funktion zugesprochen wurde. Der Gesetzgeber des 20. Jahrhunderts musste aber gleichwohl anerkennen, dass dieser Funktionszusammenhang nur bei zahlenmäßig beschränkten Unternehmen geltend gemacht werden konnte[617].

Im Hinblick auf die den Gesetzgeber leitenden Strukturprinzipien führte die gesetzgeberische Hinwendung zur größenabhängigen Publizitätspflicht[618] zu einem weiteren Aspekt, der bereits in der Literatur des 19. Jahrhunderts Anklang fand und neben den Gedanken der Marktteilnahme trat. Zwar ließe sich mit größerer Anstrengung argumentieren, dass ein Großunternehmen, auch ein solches in der Rechtsform der GmbH, per Definition in besonderem Umfang einen Markt in Anspruch nähme. Doch verdrängte diese Sichtweise ein weiteres Strukturprinzip der Publizität, das bislang durch den Aspekt der Marktteilnahme verdeckt wurde bzw. auf Grund der gesteigerten Marktteilnahme noch nicht nachgewiesen werden konnte. Es handelt sich dabei um den Begründungszusammenhang mit der gesteigerten gesellschaftlichen und damit auch sozialen Bedeutung des einzelnen Unternehmens. Die größenmäßige Differenzierung rückt dabei die betriebswirtschaftliche Organisationseinheit in den Mittelpunkt. Die Rechtsform dieser Organisationseinheit verlor hingegen an Bedeutung. Dementsprechend erfuhr auch der rechtsformspezifische Gläubigergefährdungsaspekt keine Beachtung. Zu diesem Ergebnis käme lediglich die Kompensationsthese von *Raiser*, die in der bislang beobachteten Periode für den Gesetzgeber, soweit ersichtlich, keine Rolle spielte.

---

616 *Rittner*, Die handelsrechtliche Publizität außerhalb der Aktiengesellschaft, S. 63 f.; *Hornef*, WPg 1958, 253 (253 f.).

617 In vergleichbarer Weise interpretierte *Strauß*, Aktienrecht und Wirtschaftspolitik, S. 18., die Begründung des Aktienrechtsentwurfs aus dem Jahr 1930. Siehe kritisch hierzu *Rittner*, Die handelsrechtliche Publizität außerhalb der Aktiengesellschaft, S. 65 (insbesondere Fn. 277).

618 Dass die geplante GmbH-Reform weder in den 1930er Jahren noch unmittelbar nach dem Zweiten Weltkrieg umgesetzt wurde, war den besonderen Umständen geschuldet. Dennoch kann unterstellt werden, dass eine gesetzgeberische Entscheidung, auch angesichts des Meinungsbildes der Literatur, eine größenabhängige Publizitätspflicht eingeführt hätte.

Die eben thematisierten Strukturprinzipien waren in historischer Tradition das Ergebnis einer umfassenden Interessenabwägung. Auch in den 1930er Jahren sind die verschiedenen Interessen der Adressatentrias Anteilseigner (Eigentümer), Gläubiger und Dritte gegeneinander abgewogen worden. Gleichwohl waren sie verdeckt durch das übergeordnete Gemeinwohlinteresse. Den Zusammenhang erhellend wirkt der zweite Kommissionsbericht zur Reform der GmbH. In diesem schreibt *Klausing*: „Die Sicherheit jedes Gläubigers eines Unternehmens, sei es groß oder klein, berührt vielmehr unmittelbar die Gesamtwirtschaft eines politischen Gemeinwesens, seine Existenz und sein Ansehen gegenüber anderen Volkswirtschaften."[619] Dieses Zitat darf aber nicht zum Fehlschluss leiten, dass letztlich hinter den Gemeinwohlerwägungen Gläubigerinteressen stünden. Sie stehen zwar auch dahinter. Bedeutsamer sind aber die Fernwirkungen auf andere Bevölkerungsschichten. Damit ist der Gläubigerschutzgedanke, wie bereits in der Aktienrechtsreform von 1884, für die Bestimmung der Strukturprinzipien nur als Annex von Interesse.

Das Verdienst der Publizitätsdiskussion im Zusammenhang mit den Reformbemühungen des „Unternehmensrechts" liegt in der Auseinandersetzung mit dem Begriff des „öffentlichen Interesses"[620]. Zuvorderst ist hier an das Frankfurter Publizitätsgespräch zu erinnern, das sich intensiv mit entsprechenden Begründungsversuchen auseinandersetzte[621]. Die Veranstalter sahen ausweislich des Vorworts die Gefahr, dass der Anspruch der Öffentlichkeit auf mehr Publizität als politisches Schlagwort eine sachgemäße Auseinandersetzung verhindere. Deutlich kritisiert auch *Rittner* die Anführung des öffentlichen Interesses als Argument für die Publizitätspflicht. Diese verdecke so eine Wertung, die einer Diskussion vorenthalten werden solle.

Weitgehende Einigkeit bestand in der Feststellung, dass die Öffentlichkeit bereits von der Reflexwirkung einer gesellschaftsrechtlich veranlassten Publizität im Falle des gesetzlichen Normaltypus einer kapitalmarktorientierten Aktiengesellschaft mit dem Adressatenkreis deckungsgleich sei[622]. Ob neben den Gesellschaftern und weiteren unmittelbar am Unternehmen interessierten Personen von einer gesetzlichen Offenlegungspflicht geschützt werden sollten, bekommt insbesondere bei personalisierten Gesellschaften zum Tragen. Es stellt sich dann die Frage nach dem tatsächlichen Kreis der öffentlichen Interessen. Ausgehend vom Aktiengesellschaftsrecht entwickelten sich zwei Auffassungen[623].

---

[619] *Klausing*, Die Neuordnung der Gesellschaften mit beschränkter Haftung: 2. Arbeitsbericht des „Ausschusses für Gesellschaften mit beschränkter Haftung" der Akademie für Deutsches Recht, S. 60 f.

[620] Zur herausgehobenen geschichtlichen Bedeutung des Frankfurter Publizitätsgesprächs für die Entwicklung des Publizitätsrechts siehe *Goerdeler*, Publizität der Rechnungslegung im Rückblick und Ausblick, S. 235 (237 f.). Zur inhaltlichen Begründung der gesetzgeberischen Fiktion des Kollektivempfängers siehe *Hofstätter*, Die Öffentlichkeit als Adressat der Publizität, S. 74 (S. 78).

[621] Bei diesen Gesprächen thematisierten insbesondere die Darstellungen von *Kaiser*, *Hofstätter* und *v. Caemmerer* dieses Problemfeld.

[622] Vgl. *v. Caemmerer*, Publizitätsinteressen der Öffentlichkeit und Gesellschaftsrecht, S. 141 (S. 166 f.); *Flume*, Das Frankfurter Publizitätsgespräch, S. 184.

[623] In einer absoluten Mindermeinung vertreten *Stützel*, Aktienrechtsreform und Konzentration, S. 907 (S. 953 f.) und *Semler*, WPg 1962, 497 (498), die Auffassung, dass ausschließlich die Aktionäre durch die Publizität zu schützen seien. Der Gläubigerschutz sei durch andere Bestimmungen, unter anderem auch Normativbetimmungen, zu schützen.

Einerseits die Überzeugung von einer

- begrenzten Öffentlichkeit.

Nach dieser sollte entweder nur vorhandenen Gläubigern[624] oder auch potentiellen Gläubigern[625] ein mittels Publizität zu befriedigendes Informationsrecht erwachsen. Andererseits wurde die Auffassung vertreten, dass der

- gesamten Öffentlichkeit[626]

ein Anspruch auf Unterrichtung entstünde.

Für die heutige Diskussion ist einschränkend zu ergänzen, dass in den Erörterungen eine Differenzierung zwischen den verschiedenen Unternehmenstypen selten vorgenommen wurde[627]. Die vollständige Bedeutung erfährt die Leistung des Frankfurter Publizitätsgesprächs im Zusammenhang mit dem Aktienrecht. Die Übertragbarkeit der Ergebnisse auf kleinere und gegebenenfalls geschlossene Unternehmen ist daher grundsätzlich ausgeschlossen. Als größtes Hindernis zeigte sich die mangelnde begriffliche Bestimmtheit[628]. Es wird daher auch empfohlen, das Bedürfnis der Öffentlichkeit in gesetzgeberischen Begründungen zu vermeiden[629]. Durchweg zeigte sich in der Diskussion eine gewisse Skepsis gegenüber der Tauglichkeit des Merkmals „öffentliches Interesse".

Wenn in der Auseinandersetzung der heutigen Literatur für eine Begründung der Publizitätspflicht pauschal auf ein öffentliches Interesse verwiesen wird, ohne dass ein stützender Sachzusammenhang angeführt wird, wird erkennbar, wie wenig sich die Diskussion inhaltlich fortentwickelt hat.

6. Zusammenfassung

Die Entwicklung der Jahresabschlusspublizität bzw. der Transparenz in etwas mehr als der ersten Hälfte des 19. Jahrhunderts zeichnet ein differenziertes Bild eines rechtsdogmatischen Wandels der Strukturprinzipien der Publizität. Der Einfluss des „öffentlichen Interesses" kennzeichnete sowohl das Recht der Aktiengesellschaft als auch das Recht der Gesellschaft mit beschränkter Haftung. Zunächst kam diese Tendenz in einem veränderten Unternehmensverständnis zum Ausdruck, das unter

---

624 *V. Caemmerer*, Publizitätsinteressen der Öffentlichkeit und Öffentlichkeit, 141 (158). Kritisierend *Apelt*, Die Publizität der GmbH, S. 61.

625 *Kreske*, Die Publizität der Grossunternehmung, S. 40 f. Kritisch *Döllerer*, BB 1958, 1281 (1283). Als rechtsethisches Prinzip, beruhend auf der Haftungsbeschränkung: *Kropff*, WPg 1964, 565 (569 f.); *Moxter*, BFuP 1989, 271 (271 f.).

626 In diesem Sinne sahen zuvor *Döllerer*, BB 1958, 1281 ff.; *Kronstein/Claussen*, Publizität und Gewinnverteilung im neuen Aktienrecht, S. 21 ff., die die sonstige betroffene Öffentlichkeit in den Adressatenkreis mit einbeziehen bzw. eine wirksame Kontrolle der wirtschaftlichen Macht als rechtfertigenden Moment betrachten. Einschränkend bezogen auf Unternehmen mit einer gesamtwirtschaftlichen Bedeutung *Flume*, Das Frankfurter Publizitätsgespräch, S. 183 und *Schilling*, Das Frankfurter Publizitätsgespräch, S. 124. Nach welchen Merkmalen die entsprechende Typisierung vorzunehmen ist, wurde weitgehend aus der Diskussion ausgegrenzt. Eine rechtsformspezifische Forderung wurde hingegen nicht erhoben.
V. Caemmerer plädierte im Frankfurter Publizitätsgespräch ausdrücklich für eine Trennung vom gemeinwirtschaftlichen Gedankengut der 1920er und 1930er Jahre. „In einer Wettbewerbswirtschaft kann es einen Schutz des Unternehmens als solchen nicht geben." *V. Caemmerer*, Publizitätsinteressen der Öffentlichkeit und Gesellschaftsrecht, S. 141 (S. 164.).

627 Grundlage war i.d.R. die Aktiengesellschaft.

628 *Abeltshauser*, Unternehmensbegriff und öffentliches Interesse, S. 69. Kritisch aus einer öffentlichrechtlichen Perspektive *Kaiser*, Die Wahrnehmung öffentlicher Publizitätsinteressen, S. 88 ff.

629 *Hofstätter*, Die Öffentlichkeit als Adressat der Publizität, S. 74 (S. 82).

dem Stichwort des „Unternehmens an sich" in den 1920er Jahren diskutiert wurde. Betont wurde, auch in publizitätsrechtlicher Hinsicht, die gesamtgesellschaftliche Bedeutung der Aktiengesellschaft. Der rechtlichen Selbständigkeit der Rechtsformen folgte eine wirtschaftliche, die getrennt von den an einem Unternehmen unmittelbar beteiligten Personengruppen die Verantwortung des Unternehmens in der Volkswirtschaft heraushob. Hieraus wurde abgeleitet, dass diese Großunternehmen, denen zunächst die Aktiengesellschaften gleichgesetzt wurden, der Öffentlichkeit Rechenschaft zu geben hat. Unter nationalsozialistischer Herrschaft ergänzte sich diese Sichtweise um die Skepsis gegenüber dem „anonymen Kapital". Unter diesem Einfluss führten die Notverordnung von 1931 und die Aktienrechtsreform von 1937 zu einer erheblichen Verschärfung des Bilanzrechts (verbindliches Gliederungsschema für Bilanz und GuV, weitere Bewertungsvorschriften und Einführung einer Revisionspflicht). Die flankierende Bedeutung des Gläubigerschutzinteresses wurde in den 1930er Jahren weiter verringert. Das öffentliche Interesse wurde dem Interesse der Aktionäre übergeordnet. Die damit geschaffene Ordnung reduziert gleichzeitig den Funktionsschutz des Marktes. Es wurde kein Ausgleich der verschiedenen Marktteilnehmer gesucht, sondern eine Kontrolle der Unternehmen durch die Öffentlichkeit. Hierzu wurde die diffuse Größe der Öffentlichkeit zu Individualinteressen stilisiert. Kontroverser als im Aktienrecht wurde das Erfordernis im Recht der GmbH diskutiert. Unter nationalsozialistischem Einfluss erfuhr die Diskussion ihren vorläufigen Höhepunkt in der Reformbemühung der 1930er Jahre. Entsprechend den historischen Strukturprinzipien der Offenlegungspflicht im Aktienrecht setzte sich schließlich die Forderung nach einer größenabhängigen Publizität durch. Hiermit sollte, so die Begründung des Entwurfes eines GmbHG von 1939, der volkswirtschaftlichen Bedeutsamkeit entsprechend, Gesellschaften der Öffentlichkeit Rechenschaft ablegen. Der Gesetzgeber wandte sich damit gegen die Interessen des Gläubigerschutzes. Die Reform des GmbHG blieb kriegsbedingt im Stadium der Entwurfsfassung stehen.

Nach dem Zweiten Weltkrieg wurden diese Entwicklungen aufgenommen und zu einer Dogmatik der Unternehmenspublizität weiterentwickelt. Im Mittelpunkt der Diskussion stand nunmehr weniger die einzelne Aktiengesellschaft oder GmbH, vielmehr das Unternehmen als wirtschaftliche Größe. Diese Annahme ist auch das prägende Element des 39. DJT. Rechtsformunabhängig sollten Unternehmen mit einer gesamtwirtschaftlichen Bedeutung der Öffentlichkeit Rechenschaft ablegen. Nach welchen Größen die geforderte Bedeutung zu messen sein sollte, blieb das umstrittenste Reformelement. Am Ende dieser Diskussion stand das Publizitätsgesetz von 1969. Damit wurde ein Strukturmerkmal, das ab 1937 im AktG mit umgesetzt wurde, in einem getrennten Gesetz kodifiziert. Auch in den Kategorien der Rechtsformen wurde eine Publizitätsdiskussion weitergeführt. Für die nach dem Krieg als erheblich reformbedürftig angesehene GmbH wurde in einer parallelen Ebene eine größenabhängige Publizität gefordert. In einer Abwägungsentscheidung wurde überwiegend vertreten, dass kleine und mittlere GmbH nicht von der Ausweitung der Publizitätspflicht betroffen werden sollten. Hiervon abweichend forderte *Raiser* auf dem 39. DJT, dass im Recht der GmbH die Publizität als Korrelat zur Haftungsbeschränkung umzusetzen sei. Damit war der Grundstein für eine bis heute die Rechtslage prägende Publizitätsdogmatik gelegt, die Erhebung des Gläubigerschutzes zum Fundamentalprinzip der Jahresabschlusspublizität. Auf nationaler Ebene schaffte dieser Gedanke den Durchbruch zunächst nicht.

VI. Europarechtlich geprägte Phase

Ab den 1960er Jahren verlagerte sich die Publizitätsdiskussion zunehmend auf die Ebene der Europäischen Gemeinschaft. Spätestens mit Erlass der Vierten EG-Richtlinie stand die Entwicklung der nationalen Jahresabschlusspublizität im Zeichen der europäischen Rechtsetzung. Die Entscheidungen über den Inhalt und den Umfang der Publizitätspflicht traf zumindest in den Grundlagen nicht länger der nationale Gesetzgeber sondern die Europäische Gemeinschaft.

Motiviert durch die Rechtsangleichung zur Schaffung eines einheitlichen Binnenmarktes bestimmten die Vertragsstaaten in Art. 44 Abs. 2 lit. g (vormals Art. 54 Abs. 2 lit. g) EGV den Weg zur Verwirklichung der Niederlassungsfreiheit[630]. Die Europäische Gemeinschaft hat „soweit erforderlich die Schutzbestimmungen [zu] koordinieren, die in den Mitgliedstaaten den Gesellschaften [...] im Interesse der Gesellschafter sowie Dritter vorgeschrieben sind, um diese Bestimmungen gleichwertig zu gestatten". Diese Koordinierung soll verhindern, dass Gesellschaften in ihrer Niederlassungsfreiheit durch nationale Schutzvorschriften behindert werden[631]. Zur Umsetzung eines einheitlichen Binnenmarktes erstreckten sich die Harmonisierungsbemühungen unter anderem auf den Bereich der Unternehmenspublizität. Diese lässt sich in drei Bereiche gliedern: die Register- und Gründungspublizität, die Kapitalmarktpublizität und die gesellschaftsrechtliche Rechnungslegungspublizität. Entsprechend Art. 44 Abs. 2 lit. g EGV diente die Harmonisierung der Jahresabschlusspublizität dem Ziel, die Interessen derjenigen zu wahren, die ein berechtigtes Publizitätsinteresse im Sinne des Art. 44 Abs. 2 lit. g EGV haben[632]. Dem Wort „Dritter" in Art. 44 Abs. 2 lit. g EGV kam in der Auseinandersetzung des Europäischen Gerichtshofs mit dem deutschen Gesellschaftsrecht eine zentrale Rolle zu. Der EuGH legte den Begriff „Dritter" – der auch in der Präambel der Ersten EG-Richtlinie genutzt wird – weit aus, so dass ganz allgemein die Interessen Dritter geschützt werden, ohne einzelne Gruppen zu unterscheiden oder auszuschließen[633]. Bezweckt sei, so der Generalanwalt in seinem Plädoyer, „eine größtmögliche Transparenz in der Tätigkeit der Gesellschaft" zu erzielen. Neben diesem Wortlautargument wurde noch ein weiteres herangezogen. Aus dem Begriff „insbesondere" in Art. 44 Abs. 2 EGV wurde die umfassende Kompetenz zur Aufhebung der Beschränkung der Niederlassungsfreiheit dem Rat und der Kommission zuerkannt[634]. Nach der Lesart der europäischen Organe soll also vor allem der Ersten und Vierten EG-Richtlinie eine umfassende drittschützende Funktion zukommen.

Parallel erfolgte die notwendige nationale Reform des Kapitalgesellschaftsrechts. Wie schon in der gesamten historischen Entwicklung wurde die höchste Priorität der Weiterentwicklung des Rechts der Aktiengesellschaften beigemessen. In der Konse-

---

630 Die Arbeitnehmerfreizügigkeit, die Niederlassungs- und Dienstleistungsfreiheit und die Waren-, Kapital- und Zahlungsverkehrsfreiheiten zählen zu den zentralen Grundsätzen des europäischen Gemeinschaftsrechts. Ihre rechtliche Gewährung steht im funktionalen Zusammenhang mit der politischen Zielvorstellung eines gemeinsamen Marktes (Art. 2 EGV) und seines Definitionselementes nach Art 14 EGV, die Verwirklichung eines Binnenmarktes. *Randelzhofer/Forsthoff*, vor Art. 39-55 EGV, Rn. 2 f.

631 *Randelzhofer/Forsthoff*, Art. 44 EGV, Rn. 12.

632 *Biener*, Interessenkonflikte bei der Anpassung der Rechnungslegungsvorschriften in der Europäischen Gemeinschaft (EWG), S. 31.

633 EuGH, Urt. v. 04.12.1997, EuZW 1998, 45 (Tz. 19 u. 20).

634 EuGH, Urt. v. 04.12.1997, EuZW 1998, 45 (Tz. 21).

quenz ragte zunächst die große Aktienrechtsreform des Jahres 1965 und später die als überfällig angesehene Reform des GmbH-Rechts von 1980 hervor. In der Frage der Jahresabschlusspublizität konnte die nationale Gesetzesentwicklung keine grundlegende Veränderung verzeichnen, obwohl sie wiederholt angestoßen worden war. Ein Wandel des Publizitätsrechts, der mit dem Wandel seiner Strukturprinzipien einherging, wurde letztlich durch die Vorgaben europäischer Richtlinien bewirkt. Diese Entwicklung, die erst 1985 in das deutsche Recht Einzug hielt, führte zum ersten Paradigmenwechsel in einer mehr als zwei Jahrhunderte dauernden Tradition.

1. Die nationale Rechtsentwicklung

Mit der eben beschriebenen Übertragung der Rechtsetzungskompetenzen an die Europäische Gemeinschaft verlor der Gesetzgeber in gleichem Umfang nationale Kompetenzen. Mit zunehmender Wahrnehmung dieser Kompetenzen durch die Europäische Gemeinschaft verlagerten sich auch die Perspektiven. Die Weichenstellung im Gesellschaftsrecht erfolgte zunehmend auf europäischer Ebene. Parallel zu diesen Entwicklungen sah sich der nationale Gesetzgeber vor die Herausforderung gestellt, das Recht der Aktiengesellschaften und der GmbH an die vorhandenen wirtschaftlichen und gesellschaftlichen Anforderungen anzupassen. Damit musste er sich Anforderungen stellen, die ihren Ursprung bereits in der Zeit nach dem Ersten Weltkrieg hatten.

a) Entwicklungen im Recht der Aktiengesellschaften

Die Publizitätsdiskussion der 1950er und 1960er Jahre verdeutlicht das Ringen um eine Reform der Rechnungslegungs- und Offenlegungsvorschriften. Während sich die Thematik der Jahresabschlusspublizität bei der Aktiengesellschaft vorwiegend im dogmatischen Bereich abspielte, die Unterschiede der Rechtsauffassungen lediglich marginale Unterschiede im Publizitätsgegenstand ergaben, stellte sich das gleiche Problem bei der GmbH auf einer viel vordergründigeren Ebene. Für die GmbH ging es um die Frage des „Ob“, statt um die Frage „Wie viel“. Sollen die GmbH einem vergleichbaren Regulativ unterworfen werden wie die Aktiengesellschaften oder bestehen Unterschiede von solchem Gewicht, dass es gerechtfertigt erscheint, die Publizität zumindest für kleine und mittlere GmbH auszusparen.

Das Aktienrecht konzentrierte sich auf seine Finanzierungsfunktion im Wiederaufbau der Bundesrepublik Deutschland. Der Gesetzgeber erhob damit den historischen Normaltypus der Aktiengesellschaft in den Mittelpunkt der Reformbemühungen. Die vorrangige Reform der Unternehmensverfassung in den Aktienrechtsreformen von 1959 und 1965 dienten dieser Zielrichtung. Dabei wurde auf der Basis der bisherigen Publizitätsregeln das Transparenzniveau verbessert.

aa) Die kleine Aktienrechtsreform von 1959

In einer historischen Parallele zur Aktienrechtsreform der 1930er Jahre wurde 1959 in einer „kleinen“ Aktienrechtsreform[635] die Novellierung der Jahresabschlussvorschriften aus der Gesamtreform des Aktienrechts vorgezogen. Das dringendste Problem der Nachkriegswirtschaft stellte die Förderung der Kapitalausstattung der Unternehmen dar, dem sich der erste Abschnitt der Reform widmete. Der zweite Ab-

[635] Gesetz zur Kapitalerhöhung aus Gesellschaftsmitteln und zur Gewinn- und Verlustrechnung vom 23.12.1959, BGBl. I 1959, 789 ff.

schnitt befasste sich mit der Neuregelung der Gewinn- und Verlustrechnung, von der eine verbesserte Informationsfunktion erwartet wurde. Mit der Erweiterung von 12 Gliederungsposten 1931 auf 33 Posten konnte über die reduzierte Saldierung eine Steigerung des Informationsgehaltes der Bilanz erreicht werden. Zugleich reduzierte der Gesetzgeber die Einsicht in die Erfolgsrechnung für bestimmte Unternehmen. Nach § 132 Abs. 4 AktG 1959 durften bestimmte Positionen auf der Aufwand- und der Ertragseite zu den Positionen Rohertrag und Rohaufwand addiert werden. Wählten kleine Unternehmen mit einer Bilanzsumme von nicht mehr als drei Millionen Deutsche Mark oder Familienunternehmen mit einer Bilanzsumme von nicht mehr als zehn Millionen Deutsche Mark die Darstellung der Gewinn- und Verlustrechnung in Staffelform, so brauchten verschiedene Gliederungspositionen nicht gesondert aufgeführt zu werden. Weitere Veränderungen, auch im Bereich der Jahresabschlusspublizität, traten nicht ein.

Mit der differenzierten größenabhängigen Erleichterung des Publizitätszwangs gab der Gesetzgeber erstmals dem Interesse kleinerer und geschlossener Unternehmen nach. Die besondere Regelung für Familienunternehmen unterstreicht das bisherige Ergebnis einer eher marktbezogenen Publizitätspflicht. Die beinahe ein halbes Jahrhundert dauernde Diskussion über den Begründungszusammenhang zwischen der gesamtwirtschaftlichen Bedeutung eines Unternehmens und seiner Publizitätspflicht legte diese Entwicklung nahe.

bb) Die große Aktienrechtsreform von 1965

Die Reform des Aktienrechts im Jahr 1965[636] wird, gegebenenfalls zusammen mit der Reform von 1884, als bedeutsamste Reform des Aktienrechts bzw. als „größte kodifikatorische Leistung des Gesetzgebers der Nachkriegszeit auf dem Gebiet des Handelsrechts" überhaupt verstanden[637]. Der Reform von 1965 konnte ohne drängende Missstände eine umfassende wissenschaftliche Diskussion vorausgehen. Auf der Basis einer umfassenden Materialsammlung veröffentlichte das Bundesjustizministerium im Oktober 1958 einen Entwurf, zu dem die Literatur ausführlich Stellung nahm. Das erklärte Ziel dieser Reform bestand in der Verbesserung des Kapitalmarktes und der Stärkung der Kleinaktionäre[638]. Der Stärkung der Aktionärsrechte zur Wahrnehmung ihrer Eigentumsrechte diente auch die Ausweitung der Publizität (besser: der Verbesserung der Transparenz)[639]. Der Gesetzgeber erhob mit der Reform von 1965 erhöhte Anforderungen an die Gliederung der Jahresbilanz (§ 151 AktG 1965) und in erheblichem Maße an den Inhalt der Geschäftsberichte (§ 160 AktG 1965). In § 20 Abs. 6 AktG 1965 wurde mit der Reform eine aktienrechtliche Beteiligungspublizität eingeführt. Darüber hinaus schuf er in den §§ 329-338 AktG 1965 eine konzernrechtliche Publizitätspflicht (Konzernbilanzen, Konzerngewinn- und Verlustrechnungen und Konzergeschäftsberichte).

Änderungen erfuhren auch die §§ 177, 178 AktG 1965, die die Bekanntmachung des Jahresabschlusses regelten. Gegenüber ihren Vorgängervorschriften, denn §§ 143, 144 AktG 1937 sollte die novellierte Fassung sicherstellen, dass der zum Handelsregister eingereichte und mit einem Bestätigungsvermerk versehene Jahresab-

---

[636] BGBl. I 1965, 1089.

[637] MünchHandb-*Hoffmann-Becking*, Bd. 4, § 1 Rn. 15

[638] Siehe die Begründung des Regierungsentwurfes bei *Kropff*, Aktiengesetz, S. 14 f.

[639] Siehe die Begründung des Regierungsentwurfes bei *Kropff*, Aktiengesetz, S. 14; Vgl. MünchHandb-*Hoffmann-Becking*, Bd. 4, § 1 Rn. 17.

schluss mit dem geprüften Jahresabschluss und dem in den Gesellschaftsblättern bekannt gemachten Jahresabschluss übereinstimmt[640]. Diesem Ziel diente auch die in § 177 Abs.1 AktG 1965 eingeführte eingeschränkte Prüfungspflicht des Registergerichts. Eine Ausweitung erfuhr die Jahresabschlusspublizität in § 178 Abs. 1 Nr. 3 AktG 1965. Nach dieser Vorschrift musste der Beschluss der Hauptversammlung über die Verwendung des Bilanzgewinns mit veröffentlicht werden. Daneben wurde mit Abs. 2 eine Regelung für freiwillige Offenlegungen eingeführt, die die missbräuchliche Verwendung der verkürzten Jahresabschlusspublizität zu unterbinden suchte. Darüber hinaus erfuhr die gesetzliche Jahresabschlusspublizität des Aktienrechts keine weiteren Änderungen. Dies gilt grundsätzlich auch für den gesetzgeberischen Begründungszusammenhang. Stärker als die Reformen von 1931 und 1937 wurden im Anschluss die vorangegangenen Reformen die Kapitalmarktorientierung der Aktiengesellschaft betont. Grundsätzlich losgelöst von der gesamtwirtschaftlichen Betrachtung wurde das zweite historisch fundierte Strukturprinzip der Jahresabschlusspublizität bestätigt und weiter ausgebaut. Dass die Gläubigerinteressen auf die Abwägungsentscheidung des Gesetzgebers Einfluss nahmen ist nicht zu bestreiten. Erkenntlich ist allerdings nicht, dass die Aktienrechtsreform von 1965 zu einer Konzentration auf Gläubigerbelange führte[641]. An einer umfassenden Publizitätspflicht auch für kleine Aktiengesellschaften hielt der Gesetzgeber, nicht unumstritten[642], fest. Die Diskussionen um die Rechtfertigung einer weiterhin rechtsformspezifischen Bestimmung der Offenlegungspflicht blieb nur dogmatischer Natur, ohne jede Auswirkung auf die Rechtslage. Der Schwerpunkt, auch hinsichtlich der Frage von Publizität und Transparenz, bewegte sich in materiellen Bilanzfragen, insbesondere der nach dem Umgang mit stillen Reserven[643].

b) Entwicklungen im GmbH-Recht

Entsprechend den Prioritäten zur Reform der Wirtschaftsverfassung schlossen sich der Novellierung des Aktienrechts die Reformbemühungen des GmbH-Rechts an. Der mehr als ein Jahrzehnt dauernde Prozess legte dabei Zeugnis ab von der Verschiedenheit der in der Gesetzgebung, Wirtschaft und Wissenschaft vertretenen Erwartungen. Vier Jahre nach der großen Aktienrechtsreform unternahm die Bundesregierung den Versuch einer grundlegenden großen Reform des GmbHG mit einer Regelungsfülle von mehreren hundert Paragraphen. Eine grundsätzliche Änderung der gesetzgeberischen Entscheidung von 1892 konnte sich bis zur GmbH-Reform von 1980 und auch mit ihr nicht durchsetzen. Der Versuch einer grundlegenden Änderung der bisherigen Strukturprinzipien der Publizitätspflicht setzte sich nicht durch.

aa) Regierungsentwurf des GmbHG von 1969

Nach der Aktienrechtsreform von 1965 nahm das Bundesjustizministerium Arbeiten zu einer vollständigen Reform des GmbH-Rechts auf. Am 1.4.1969 veröffentlichte

---

640 So die Begründung des Regierungsentwurfes, in: *Kropff*, Aktiengesetz, S. 286.

641 Vgl. zur Gläubigerorientierung der Reform *Kropff*, WPg 1964, 565 (569).

642 Vgl. *Hax*, Aktienrechtsreform und Publizität der Unternehmungen, S. 100 f. Zur ausgiebigen Diskussion um den Adressatenkreis der Publizitätspflicht im Vorfeld dieses Gesetzes siehe *Fehrenbacher*, Registerpublizität und Haftung im Zivilrecht, S. 298 f.

643 Siehe beispielsweise *Flume*, Grundfragen der Aktienrechtsreform, S. 33 ff.; bewertungsspezifischer *Mellerowicz*, Rechnungslegung und Konzernabschluß, S. 208 ff.

das Bundesjustizministerium einen Entwurf[644]. Die Kritik der Literatur war überwiegend negativ[645]. Dennoch ging der Referentenentwurf fast unverändert in einen Regierungsentwurf über, der in den Bundestag eingebracht wurde[646], ohne jemals behandelt zu werden[647].

Der Referentenentwurf enthielt in seinem fünften Teil die Regelung der Rechnungslegung der GmbH. Ausweislich der Begründung beabsichtigte der Gesetzgeber die Unterschiede zwischen der Rechtsform der Aktiengesellschaft und der der GmbH inhaltlich zu regeln, um eine bestehende Rechtsunsicherheit über die Anwendbarkeit aktienrechtlicher Vorschriften auszuschließen[648]. Die §§ 152-154 GmbHG-E 1969 regelten die Offenlegung für das Einzelunternehmen und den Konzern. Weitergehend als im GmbHG-E 1939 beabsichtigte das Bundesjustizministerium eine größenunabhängige Publizitätspflicht einzuführen. § 152 Abs. 1 GmbHG-E 1969 verpflichtete die Geschäftsführer, die Jahresbilanz und, soweit vorgeschrieben[649], auch den Bestätigungsvermerk bzw. die Ablehnung unverzüglich nach Feststellung des Jahresabschlusses zum Handelsregister einzutragen. Das Registergericht war nach Abs. 4 verpflichtet, die Prüfungspflicht durch einen Abschlussprüfer und die vorgeschriebene Veröffentlichung der Prüfungsinformationen zu kontrollieren. Von allen eingereichten Unterlagen konnte jedermann auch ohne ein berechtigtes Interesse gemäß § 152 Abs. 5 GmbHG-E 1969 eine Abschrift verlangen.

Abweichend vom Aktiengesetz 1965 enthielt der GmbH-Entwurf keine Pflicht zur Offenlegung der Jahresbilanz in Gesellschaftsblättern. Weitere Kosten wurden für eine Vielzahl von kleineren Gesellschaften für unverhältnismäßig gehalten[650]. Ebensowenig enthielt der Entwurf Vorschriften über einen Geschäftsbericht.

Form und Inhalt der Bekanntmachung regelt § 154 GmbHG-E 1969, der in seinem Wortlaut, bis auf wenige Ausnahmen, mit dem Aktiengesetz von 1965 übereinstimmt. Danach gelten, gemäß dem die gesetzlich vorgeschriebene Jahresabschlusspublizität regelnden Abs. 1, die Grundsätze der Vollständigkeit (soweit vorgeschrieben auch das Prüfungsergebnis des Abschlussprüfers) und Richtigkeit der Angaben. Neben einer formellen Regelung des Ausweises verpflichtet die Vorschrift mit dem Jahresabschluss auch die Geschäftsführer und, soweit gesetzlich bestimmt, die Mitglieder des Aufsichtsrats anzugeben. § 154 Abs.2 GmbHG-E-1969 regelt den Fall der freiwil-

---

[644] *Bundesministerium der Justiz*, Referentenentwurf eines Gesetzes über Gesellschaften mit beschränkter Haftung.

[645] Statt vieler siehe m. w. N. *Geßler*, Die GmbH in der gesellschaftsrechtlichen Gesetzgebung, S. 100.

[646] BT-Drucks. VI/3088. Die in § 151 des Entwurfes enthaltene Regelung zur Offenlegung beschränkte sich auf ein Minimum an Regelung und verwies auf das europäische Recht. Hierzu hieß es in der Begründung, dass den Verhandlungen auf europäischer Ebene sachgerecht nicht vorgegriffen werden soll.

[647] Einen weiteren Anlauf unternahm die Bundesregierung des 7. Deutschen Bundestags und brachte den unveränderten Entwurf nochmals in den Bundstag ein (BT-Drucks. 7/253). Zur Begründung der ergebnislosen Entwicklung siehe *Herber*, GmbHR 1978, 25.

[648] *Bundesministerium der Justiz*, Referentenentwurf eines Gesetzes über Gesellschaften mit beschränkter Haftung, S. 284.

[649] Den Kreis verpflichteter Gesellschaften definierte § 138 GmbH-E-1969. Jahresabschlüsse, die eine Bilanzsumme von mehr als vier Millionen Deutsche Mark ausweisen, sollten, wenn sie auch im Vorjahr diese Schwelle überschritten, der Prüfungspflicht durch einen Abschlussprüfer unterliegen.

[650] *Bundesministerium der Justiz*, Referentenentwurf eines Gesetzes über Gesellschaften mit beschränkter Haftung, S. 313.

ligen Offenlegung und stellt sicher, dass eine Irreführung des Bilanzadressaten vermieden wird. So ist eine Verkürzung der Darstellung kenntlich und das Ergebnis einer gesetzlich bestimmten Abschlussprüfung bekannt zu machen, ohne dass der Bestätigungsvermerk beigefügt werden darf. Zuletzt ist auch das Handelsregister anzugeben, in dem die vollständige Jahresbilanz eingereicht worden ist.

Mit dem Entwurf sollte die GmbH näher an die Aktiengesellschaft heranrücken. Der in der Reform eingeschlagene Weg versucht gleichwohl auch einen Ausgleich mit dem Geschäftsinteresse der Unternehmen zu erreichen, indem nur Teile des Jahresabschlusses der Publizitätspflicht unterworfen werden sollten. So sieht § 152 Abs. 1 S. 1 GmbHG-E 1969 vor, dass lediglich die Bilanz ohne Gewinn- und Verlustrechnung zum Handelsregister einzutragen sein sollte. Der Gesetzgeber befürchtete mit der Offenlegung auch der Gewinn- und Verlustrechnung die Preisgabe einerseits der Interna der Gesellschaft, andererseits der Interna der Gesellschafter[651]. Zudem wurde nur größeren Gesellschaften eine Prüfungspflicht auferlegt. Trotz dieser Abwägungsentscheidung hat der Gesetzgeber mit diesem Entwurf erstmals den Gläubigerschutzaspekt zum Fundamentalprinzip des Publizitätsrechts erheben wollen. Er konstatierte, dass der Gläubiger bislang nur unzureichend geschützt gewesen und die vorgesehene Publizitätspflicht aus Gründen eines verstärkten Gläubigerschutzes erforderlich sei[652]. Die das Stammkapital betreffenden Regelungen reichten nicht, eine hinreichende Sicherheit zu gewähren[653].

In der Literatur stieß der Referentenentwurf ganz überwiegend auf erhebliche Bedenken[654]. Die Publizitätsdiskussion nach dem Zweiten Weltkrieg zeigte keinen ernstzunehmenden Ansatz für eine umfassende Publizität auch für kleine und mittlere GmbH[655]. Die vorgebrachten Argumente der rechtsformspezifischen Gläubigergefährdung wurden, entgegen der gegenwärtigen Debatte, von den Kritikern nicht akzeptiert. Vielmehr wiesen sie darauf hin, dass eine gleiche Gefährdung auch bei Personenhandelsgesellschaften möglich sei, ohne dass Gläubiger einen Schutz erführen[656]. Die geäußerten Bedenken erstreckten sich auch auf die Wirkung eines ungeprüften und eingeschränkten Jahresabschlusses. Ihm wurde die Wirksamkeit des bezweckten Schutzes abgesprochen[657].[658]

---

651 *Bundesministerium der Justiz*, Referentenentwurf eines Gesetzes über Gesellschaften mit beschränkter Haftung, S. 313.

652 *Bundesministerium der Justiz*, Referentenentwurf eines Gesetzes über Gesellschaften mit beschränkter Haftung, S. 311.

653 *Bundesministerium der Justiz*, Referentenentwurf eines Gesetzes über Gesellschaften mit beschränkter Haftung, S. 312. Eine als nicht umsetzbare realisierte Regelungsalternative sah das Bundesjustizministerium in einer Festsetzung des Stammkapitals entsprechend Art und Umfang des Geschäftsbetriebs.

654 Statt vieler *Mosthaf*, Die Reformen des Rechts der Gesellschaften mit beschränkter Haftung, S. 28 ff. m. w. N.

655 Der sich seit geraumer Zeit mit der Publizitätspflicht befassende Hochschullehrer Rittner sagte bei einer Tagung 1969 mit Verweis auf das Gutachten vom 45. DJT und den Stand der Meinungen: „Wer die lange Diskussion um die GmbH-Reform überblickt, muß allerdings von diesem Vorschlag überrascht sein." *Rittner*, Rechnungslegung und Publizität, S. 133 (S. 148).

656 *Wehage*, DStR 1969, 437 (439); *Rittner*, Rechnungslegung und Publizität, S. 149., *Goerdeler*, Die Bestimmungen über den Jahresabschluß, S. 167.

657 *v. Caemmerer*, Publizität der Öffentlichkeit und Gesellschaftsrecht, S. 141 (S. 173); *Greifhagen*, Verhandlungen des 45. DJT, F 83 f.

658 Für weitere kritische Beiträge siehe *Mosthaf*, Die Reformen des Rechts der Gesellschaft mit beschränkter Haftung, Fn. 67.

In einer gemeinsamen Betrachtung des GmbH-Entwurfes und des Publizitätsgesetzes stellte *Fehrenbacher* fest, dass oftmals die Konturen zwischen den verschiedenen Zielen verwischen. Er gelangt zu dem Ergebnis, „dass der Ausgleich der beschränkten Haftung ein mitberücksichtigter Gesichtspunkt bei der Ausgestaltung des Gesetzes war.[659] Diese Bewertung scheint mir jedoch lediglich für das Publizitätsgesetz und die große GmbH richtig zu sein. Nur in diesen Bereichen scheint der Gläubigergedanke als Annex mit herangezogen worden zu sein. Die Bewertung *Fehrenbachers* vermeidet zu Recht den irregulären Versuch, den Zweck eines ordnungspolitischen Instruments auf das Vorhandensein eines Interesses zu reduzieren. Besonders deutlich wird die Pluralität der beteiligten Interessen und gesamtwirtschaftlichen Ordnungsziele mit Blick auf das Aktienrecht, in dem sich die Austauschbarkeit bestimmter Interessen am deutlichsten herausstellte[660]. Hinsichtlich der Reform des GmbHG von 1969 kann hingegen festgestellt werden, dass für die Einbeziehung kleiner und mittlerer Gesellschaften ausschließlich die Gläubigerinteressen die Publizitätspflicht rechtfertigen sollten. In diesen Fällen scheint der Funktionsschutz des Marktes seinerseits lediglich ein Annexgedanke zu sein. Uneingeschränkt gilt aber die Bewertung von *Fehrenbacher* für große GmbH.

bb) Die GmbH-Novelle 1980

Nach dem Versuch einer umfassenden Reform des GmbH-Rechts sollte es noch elf Jahre dauern, bis am 4.7.1980 die GmbH-Novelle verabschiedet wurde[661]. Im Vergleich zu dem Entwurf von 1969 beschränkte sich die Novelle im Wesentlichen auf bestimmte Fragen des Gläubigerschutzes (vor allem Gründung und Gesellschafterdarlehen), auch in der besonderen Gestaltung der GmbH & Co. KG, der Gesellschafterrechte und der Zulassung der Einmann-GmbH[662]. Gegenüber dem GmbH-Entwurf von 1969 wurde bei der GmbH-Novelle von 1980 der Bereich der Rechnungslegung und der Publizität ausgespart. In der Begründung des Regierungsentwurfes wurde auf die Verabschiedung der Vierten EG-Richtlinie verwiesen[663], die zum damaligen Zeitpunkt noch ausstand. Das Bilanzrecht wurde daher zu Gunsten einer einheitlichen Umsetzung der Vorgaben der Europäischen Gesellschaft ausgespart.

Trotz der grundsätzlichen Bedeutung der GmbH-Novelle für das heutige GmbH-Recht gingen von ihr keine Impulse für die Entwicklung der Jahresabschlusspublizität aus.

cc) Zwischenergebnis

Das deutsche Gesellschaftsrecht führte, bis es durch das europäische Recht beeinflusst worden ist, seinen eingeschlagenen Weg fort. Die Reform des Aktienrechts wurde mit Blick auf den Kapitalmarkt reformiert. Das Gemeinwohlinteresse wurde insoweit zurückgedrängt. Dieses Interesse hatte hingegen erheblichen Einfluss auf

---

[659] *Fehrenbacher*, Registerpublizität und Haftung im Zivilrecht, S. 302.

[660] Die Austauschbarkeit der betroffenen Interessen für den Begründungszusammenhang wird in aller Deutlichkeit von *Schwantag*, Die Publizität der Aktiengesellschaft, S. 12, herausgestellt.

[661] Gesetz zur Änderung des Gesetzes betreffend die Gesellschaften mit beschränkter Haftung und anderer handelsrechtlicher Vorschriften, v. 4.7.1980, BGBl. I 1980, S. 836.

[662] *Bundesregierung*, Begründung Zum Regierungsentwurf eines Gesetzes für Änderungen des GmbH-Gesetzes und anderer handelsrechtlicher Vorschriften, BT-Drucks. 8/1347, S. 10. Zu den Neuerungen siehe im Einzelnen *Gersch/Herget/Marsch/Stützle*, GmbH-Reform 1980.

[663] BT-Drucks. 8/1347, S. 27.

die Reformbemühungen des GmbH-Rechts, ohne sich endlich durchgesetzt zu haben.

Die Aktienrechtsreformen des Jahres 1959 und 1965 führten zu einer Stärkung der Finanzierungsfunktion des Aktienrechts und damit zu einer Kapitalmarktorientierung. Zur Sicherung der betroffenen Kapitalmarktteilnehmer wurde die Transparenz ausgebaut. So führte die große Reform von 1965 zur Publizitätspflicht konsolidierter Jahresabschlüsse, der Offenlegung des Gewinnverwendungsbeschlusses und zu Formvorschriften, die der Täuschung durch die Jahresabschlusspublizität vorbeugen sollten. Bereits 1959 waren im Zuge einer stärker werdenden Verhältnismäßigkeitsbetrachtung größenabhängige Erleichterungen eingeführt worden. Eine der großen Aktienrechtsreform vergleichbare Reform des GmbH-Rechts wurde 1969 mit einem Gesetzesentwurf von der Bundesregierung eingeleitet. Dieser Entwurf konnte sich aber nicht durchsetzen. Regelung und Detailtiefe wurden rigoros von einer deutlichen Mehrheit der Literatur und Wirtschaft abgelehnt. Zu den umstrittensten Regelungen gehörte die Einführung einer größenunabhängigen Publizitätspflicht, die sich auf eine Registerpublizität beschränken sollte. Eine Veröffentlichung des Jahresabschlusses in Gesellschaftsblättern war nicht vorgesehen gewesen. Den GmbH-spezifischen Besonderheiten versuchte der Entwurf dennoch gerecht zu werden. Mit einer umfassenden Publizitätspflicht versuchte der Entwurf die Kompensationsthese von *Raiser* umzusetzen und den Gläubigerschutz zum Fundamentalprinzip des Publizitätsrechts zu erheben. Über die Entwurfsphase kam das Vorhaben jedoch nicht hinaus. Die letztlich durchgesetzte Reform des GmbHG von 1980 sparte Rechnungslegungsfragen mit Verweis auf die anstehende Umsetzung der Vierten EG-Richtlinie aus.

2. Die europäische Entwicklung und ihre nationale Umsetzung

Zehn Jahre nach Inkrafttreten der Verträge von Rom erließ die Europäische Gemeinschaft die Erste EG-Richtlinie. Damit begann eine neue Epoche in der Rechtsgeschichte der Jahresabschlusspublizität, die nachhaltig, auch gegen den Willen des deutschen Gesetzgebers, die heutige Rechtslage prägte. Die Harmonisierungsbestrebungen im Gesellschafts- und Kapitalmarktrecht konzentrierten sich bereits früh auf das Ziel, die Transparenz zu erhöhen.

a) Erste EG-Richtlinie – „Publizitätsrichtlinie“[664]

Die erste gesellschaftsrechtliche Richtlinie, die so genannte „Publizitätsrichtlinie“, wurde am 9.3.1968 erlassen. Ihr Regelungsgegenstand betraf drei Bereiche. Die handelsrechtliche Publizität und ihre Wirkungen, die Wirksamkeit von Organhandlungen juristischer Personen des Handelsrechts gegenüber Dritten und schließlich die Nichtigkeit und Vernichtbarkeit von Gesellschaften und ihre Rechtsfolgen. Nach Art. 1 der Richtlinie erstreckten sich die Regelungen auf die Aktiengesellschaft, die Kommanditgesellschaft auf Aktien und die GmbH. Die Mitgliedstaaten wurden verpflichtet, für diese Gesellschaften in einem zentralen oder dezentralen Register Akten anzulegen, in denen die wesentlichen Informationen über das jeweilige Unternehmen (Art. 2 der Publizitätsrichtlinie definiert den Pflichtinhalt) hinterlegt oder ein-

[664] Erste Richtlinie 68/151/EWG des Rates vom 9.3.1968 zur Koordinierung der Schutzbestimmungen, die in den Mitgliedstaaten den Gesellschaften im Sinne des Artikel 58 Abs. 2 des Vertrages im Interesse der Gesellschafter sowie Dritten vorgeschrieben sind, um diese Bestimmungen gleichwertig zu gestalten., Abl.EG Nr. L 65, v. 14.3.1968, S. 8.

getragen werden sollten. Von elf notwendigen Angaben bezieht sich eine (Art. 2 Abs. 1 lit. f der Publizitätsrichtlinie) auf die Jahresabschlusspublizität. Hiernach soll sich die Pflicht zur Offenlegung sowohl auf die Bilanz, die auch die Personalien derjenigen aufzunehmen hat, die auf Grund gesetzlicher Vorschriften einen Bestätigungsvermerk zu der Bilanz zu erteilen haben, als auch auf die Gewinn- und Verlustrechnung erstrecken. Die Gesellschaften mussten nach Art. 3 Abs. 4 der Publizitätsrichtlinie verpflichtet werden, ihre Bilanz und Gewinn- und Verlustrechnung vollständig oder teilweise oder einen Hinweis auf die Hinterlegung beim Register in einem Amtsblatt zu veröffentlichen. Neben der Publizitätspflicht regelte die Richtlinie auch ein Informationsrecht. Nach Art. 3 Abs. 3 der Publizitätsrichtlinie ist ein Recht auf antragsgemäße Zusendung von Abschriften eintragungspflichtiger Urkunden bestimmt.

Darüber hinaus wurden die Mitgliedstaaten verpflichtet, geeignete drohende Maßregeln für den Fall des Verstoßes gegen die Publizitätspflicht zu erlassen (Art. 6 PublizitätsRL). Diese sich in späteren Richtlinien wiederholte Verpflichtung ist die rechtliche Grundlage für die Verurteilung der Bundesrepublik Deutschland wegen des Verstoßes gegen diese Pflicht bzw. die „mittelbare Verurteilung" im „Daihatsu-Urteil" in den Jahren 1997 und 1998. Der EuGH urteilte, dass Deutschland mit der Beschränkung des Kreises, der das Sanktionsverfahren initiieren kann, kein ausreichendes Sanktionsregime geschaffen hatte[665].

Gleichzeitig gewährte die Publizitätsrichtlinie nach Art. 2 Abs. 1 Lit. f, auf Druck von Deutschland[666], für die GmbH einen Aufschub[667]. Hiernach sollte die Anwendung der Richtlinie bis zu dem Zeitpunkt des Erlasses einer weiteren Richtlinie aufgeschoben werden, die

1. Vorschriften über die Koordinierung des Inhalts der Bilanzen und der Gewinn- und Verlustrechnung enthält und
2. die GmbH, dessen Bilanzsumme einen in der Richtlinie festzusetzenden Betrag nicht erreicht, von der Pflicht zur Offenlegung aller oder eines Teils dieser Schriftstücke befreit.

Hinsichtlich der Frage des Adressatenkreises der Jahresabschlusspublizität tragen die in der Richtlinie veröffentlichten Erwägungsgründe zu keiner wesentlichen Klärung bei. Zwar heißt es dort ausdrücklich im zweiten und dritten Erwägungsgrund, dass die Offenlegung insbesondere zum Schutz der Interessen Dritter diene, denen zum Schutz „lediglich das Gesellschaftsvermögen zur Verfügung [steht]", doch ist diese Erwägung zu allgemein und undifferenziert, als dass dadurch entsprechende Rückschlüsse gezogen werden könnten. Einerseits traf der Aspekt der Haftungsbeschränkung nicht für die KGaA zu, andererseits lässt der Vorbehalt in Art. 2 Abs. 1 lit. f der Richtlinie, der den Ausschluss der Publizitätspflicht für Gesellschaften ab einer noch zu definierenden Größe vorsieht, daran zweifeln, dass der Gedanke der Haftungsbeschränkung zum Fundamentalprinzip der Jahresabschlusspublizität erhoben werden sollte. Die Mehrheit der Literatur leitete aber gleichwohl aus den Erwägungsgründen ab, dass eine Beschränkung des Personenkreises nicht gewollt sei. Ein Jeder sei daher vom Schutz dieser Richtlinie umfasst[668]. In Anbetracht der Verwendung des Begriffs „Dritter" in den 1950er und 1960er Jahren erscheint es vielmehr über-

---

665 Zum Sanktionsverfahren siehe Zweiter Teil, VI. 2. d) cc).

666 Vgl. *Apelt*, Die Publizität der GmbH, S. 35.

667 Eine solche Möglichkeit sah der ursprüngliche Richtlinienentwurf nicht vor. Vgl. BR-Drucks. 111/64.

668 Vgl. *Fehrenbacher*, Registerpublizität und Haftung im Zivilrecht, S. 121.

zeugender, dass der Begriff „Dritter" einen Sammelbegriff nicht individualisierbarer Interessen darstellt. Eine die Struktur der Publizität stützende Funktion kommt dem Begriff nur dann zu, wenn er eine funktionschützende Wirkung entfalten würde. So sieht auch *Merkt* in der geschaffenen rechtsformunabhängigen Publizität einen Wandel, bei dem eine individualisierende Betrachtung durch eine typisierende ersetzt worden sei[669].

b) Publizitätsgesetz

Die Kontinuität der Rechtsentwicklung zeigt sich am deutlichsten in dem ursprünglichen Titel des Gesetzes, in dem nicht von „Unternehmen und Konzernen" die Rede war, sondern von „Großunternehmen"[670]. Zwar steht das Publizitätsgesetz vom 15.8.1969[671] in unmittelbarer Nähe zur Publizitätsrichtlinie, dennoch verbietet es sich, das Publizitätgesetz als nationalen Umsetzungsakt zu sehen. Dieser war auf Grund der vorläufigen Aussetzung der Regelungen für die GmbH nicht notwendig gewesen. Die Jahresabschlusspflicht war vielmehr im Aktiengesetz bereits in hinreichendem Umfang gefordert worden.

Das Publizitätsgesetz bestimmte nunmehr die Rechnungslegung, die Prüfung und die Publizität von Großunternehmen. Der erste Abschnitt des Gesetzes regelt den Einzelabschluss, der zweite Abschnitt den Konzernabschluss. Dabei handelte es sich um solche Unternehmen, die an zwei aufeinander folgenden Abschlussstichtagen zwei der drei Merkmale erfüllen[672]:

Bilanzsumme	> 125 000 000 DM
Jahresumsatz	> 150 000 000 DM
Beschäftigte im Jahresdurchschnitt	> 5 000

Die Besonderheit dieses Gesetzes liegt vor allem in § 3 PublG, der eine Auflistung aller Rechtsformen enthält, die zur Anwendung dieses Gesetzes verpflichtet sind. Dies sind nach Abs. 1 Nr. 1 insbesondere die GmbH, Personenhandelsgesellschaften und Einzelkaufleute. § 5 Abs. 1 PublG verpflichtet den gesetzlichen Vertreter (nach § 4 PublG definiert) zur Aufstellung einer Jahresbilanz und eines Geschäftsberichts innerhalb einer Frist von drei Monaten, beginnend mit dem Ende eines Geschäftsjahres. Hinsichtlich der Bilanzvorschriften verweist Abs. 2 auf Vorschriften des Aktiengesetzes[673], die Grundsätze ordnungsmäßiger Buchführung und die für die einzelnen Unternehmen maßgeblichen Bestimmungen. § 5 Abs. 2 und Abs. 3 PublG enthält differenzierende Vorschriften für einzelne Rechtsformen. Erleichterungen gelten nach § 5 Abs. 1 S. 2 PublG für Personenhandelsgesellschaften und Einzelkaufleute. Sie sind nicht verpflichtet einen Geschäftsbericht aufzustellen. § 5 Abs. 1 PublG i.V.m. § 6 PublG statuieren eine Pflichtprüfung durch den Abschlussprüfer. Auch diese richtet sich sinngemäß nach den für die Aktiengesellschaften bestimmten Vorschriften. In den neun Abschnitten des § 6 PublG ordnete der Gesetzgeber die

---

669 *Merkt*, Unternehmenspublizität, S. 100.

670 Vgl. *Biener*, Gesetz über die Rechnungslegung von bestimmten Unternehmen und Konzernen, S. 23, erste Fußnote (*).

671 BGBl. I 1969, S. 1189, ber. 1970 I, S. 1113.

672 § 1 Abs. 2 bis Abs. 4 PublG enthalten Bestimmungen über die Ermittlung der Größen bzw. Sonderregelungen für Kreditinstitute (Abs. 3) und Versicherungsunternehmen (Abs. 4). Den Beginn und die Dauer der Rechnungslegungspflicht regelt § 2 PublG.

673 Gleiches gilt grundsätzlich gemäß § 5 Abs. 4 PublG für den Geschäftsbericht.

Besonderheiten der jeweiligen Rechtsform oder Branche. Die §§ 7 und 8 PublG enthalten Bestimmungen über die Einbindung eines Aufsichtsrates in die Prüfung und die Feststellung des Jahresabschlusses. Der aufgestellte, geprüfte und festgestellte „Jahresabschluß" ist sodann nach § 9 PublG unverzüglich in das Handelsregister einzureichen. Der Inhalt der einzureichenden Schriftstücke bestimmt sich nach § 9 Abs. 1 und Abs. 2 PublG. Wie bereits im AktG bestimmt auch § 9 Abs. 3 PublG eine Prüfungspflicht des Registergerichts, die die Offenlegung des Prüfungsergebnisses sicherstellen soll. Erleichterungen gelten, wie bereits bei der Aufstellung, auch bei dem einzureichenden Jahresabschluss (§ 9 Abs. 4 PublG). Endlich ist der Jahresabschluss nach Feststellung unverzüglich im Bundesanzeiger bekannt zu machen (§ 10 Abs. 1 PublG)[674]. Weitere Offenlegungspflichten bleiben nach § 10 Abs. 5 PublG unberührt. Straf- und Bußgeldvorschriften des dritten Abschnittes versuchen die Einhaltung der vorgenannten Bestimmungen sicherzustellen.

Die Einbeziehung von Einzelkaufleuten und Personenhandelsgesellschaften in den Kreis publizitätspflichtiger Unternehmen (§ 3 Abs. 1 Nr. 1 PublG) kennzeichnet den Begründungszusammenhang, der seit Anfang des 20. Jahrhunderts für eine größenabhängige Publizität angeführt wurde. Der Kreis publizitätspflichtiger Unternehmen ist Ausdruck der Zielsetzung, lediglich Großunternehmen mit gesamtwirtschaftlicher Bedeutung zur Offenlegung ihrer Unternehmensdaten zu verpflichten. Hinsichtlich der rechtfertigenden Strukturprinzipien kann uneingeschränkt auf die vorherigen Ergebnisse verwiesen werden. Mit diesem Gesetz erfährt die Diskussion um den Publizitätsschutz des öffentlichen Interesses einen endgültigen Abschluss.

Einen frappierenden Bruch zur bisherigen Entwicklung der Auffassung einer Publizitätspflicht für Großunternehmen weist die Begründung zum Regierungsentwurf eines Gesetzes über die Rechnungslegung von Großunternehmen und Konzernen auf[675]. Mit Verweis auf die Aktienrechtsreformen der Jahre 1884 und 1931 heißt es dort zur Begründung einer rechtsformunabhängigen Publizitätspflicht, dass die aktienrechtliche Publizistik „vor allem auch" als Instrument zum Schutz der Gläubiger ausgestaltet sei[676]. Dieser Verweis konnte aber in dieser Arbeit nicht bestätigt werden, ganz im Gegenteil. Die Entwicklung seit 1884 stützt vielmehr die weitere Begründung des Regierungsentwurfs, in der die beiden tragenden Argumente für den Entwurf auf gesamtwirtschaftlichen Erwägungen beruhen[677]. Gleichwohl wird der Regierungsentwurf damit begründet, dass die Größe des Unternehmens der Gradmesser der Schutzbedürftigkeit aktueller und zukünftiger Gläubiger sei.

Mit dem Publizitätsgesetz schuf der Gesetzgeber eine seit Jahrzehnten von der Wissenschaft geforderte größenabhängige Publizitätspflicht, die losgelöst von der Rechtsform auch Einzelunternehmen und Personengesellschaften mit Erlangung einer gesamtwirtschaftlich bedeutsamen Relevanz der Publizitätspflicht unterwarf. Damit ging ein langwieriger Entwicklungsprozess zu Ende, der mit dem Publizitäts-

---

674 Behinderungen bei der Feststellung des Jahresabschlusses können nach § 10 Abs. 2 und Abs. 3 PublG nicht zur Verhinderung der Veröffentlichung führen. Vielmehr ist nach acht Monaten der aufgestellte und geprüfte Jahresabschluss zu veröffentlichen.

675 BT-Drucks. V/3197.

676 *Bundesregierung*, BT-Drucks. V/3197, S. 13. Nur ergänzend werden gesamtwirtschaftliche Belange herangezogen. Dieser Auffassung widersprechend *Buschmeyer*, Publizität als Korrelat der Haftungsbeschränkung, S. 80.

677 So sieht auch *Fehrenbacher*, Registerpublizität und Haftung im Zivilrecht, S. 300 f., dass die beschränkte Haftung kein maßgebliches Kriterium zur Rechtfertigung der Publizitätspflicht sein könne.

gesetz ein neues Strukturprinzip kodifizierte, das ursprünglich die aktienrechtliche Jahresabschlusspublizität ausmachte[678]. Gleichzeitig markiert auch das Publizitätsgesetz das Ende der nationalen Publizitätsgesetzgebung, die nun in die Kompetenz der europäischen Gemeinschaft fiel.

c) Vierte EG-Richtlinie – „Bilanzrichtlinie"[679]

Drei Jahre nach Erlass der Publizitätsrichtlinie unterbreitete die Kommission dem Rat einen ersten Vorschlag für die Vierte Richtlinie, genannt „Bilanzrichtlinie", die schließlich 1978 verabschiedet wurde. Mit ihr sollte der persönliche Anwendungsbereich weiter ausgedehnt werden als es bereits in der Publizitätsrichtlinie angelegt war. Art. 2 Abs. 1 lit. f der Publizitätsrichtlinie enthielt ein Wahlrecht, nach dem es den Mitgliedstaaten offen stand, die Transformation der Publizitätsrichtlinie auf die GmbH zu erstrecken. Die Bundesrepublik Deutschland entschied sich dagegen. Dieses Wahlrecht enthielt eine auflösende Bedingung, die mit Verabschiedung der Bilanzrichtlinie eingetreten war. Entsprechend des Vorbehaltes enthielt sie Vorschriften über die Koordinierung des Inhalts der Bilanzen und der Gewinn- und Verlustrechnung, wie auch eine nach Bilanzsumme gestaffelte Erleichterung für kleinere Gesellschaften[680]. Mit der Bilanzrichtlinie musste die europäische Gemeinschaft eine Entscheidung treffen, die sie noch in der Publizitätsrichtlinie mit der Gewährung des Wahlrechtes vermieden oder doch herausgezögert hatte. Die Entscheidungsnotwendigkeit resultierte aus dem abweichenden Publizitätsverständnis der Mitgliedstaaten. So existierten Staaten, die in der Haftungsbeschränkung den alleingültigen Begründungszusammenhang für die Publizitätspflicht des Jahresabschlusses sahen. Es existierten aber auch Staaten, zu denen auch seit 1969 die Bundesrepublik Deutschland gehörte, die primär in der gesamtwirtschaftlichen Bedeutung den Begründungszusammenhang für die gesetzliche Jahresabschlusspublizität sahen. In diesem Sinne eröffnete die Bedingung der Publizitätsrichtlinie auch die Möglichkeit, kleine Unternehmen vollständig von der Offenlegungspflicht zu befreien. Der Ausgang der Richtlinie ist allgemein bekannt. Aktiengesellschaften und GmbH werden rechtlich gleich gestellt. Beide Rechtsformen erhalten größenabhängige Erleichterungen in der Offenlegung. Diese Entwicklung war aber zu Beginn der Arbeiten nicht absehbar gewesen. Vielmehr war bis zur Veröffentlichung des Ersten Kommissionsentwurfes der Bilanzrichtlinie zu erwarten, dass sich der Gläubigerschutzaspekt als Fundamentalprinzip des Begründungszusammenhangs nicht durchsetzen wird.

aa) Die Arbeit der Studiengruppe unter dem Vorsitz von *Elmendorff*

Bereits 1965 nahm eine Studiengruppe der Europäischen Gemeinschaft unter dem Vorsitz des deutschen Wirtschaftsprüfers *Walter Elmendorff* ihre vorbereitende Arbeit auf[681]. Gegenstand dieser Arbeit war die Entwicklung einer Rechtsangleichung von Rechnungslegungs- und Publizitätsregelungen. Die Studiengruppe unterbreitete der Kommission, dem Initiativorgan aller Harmonisierungsbemühungen, zunächst im

---

678 Vgl. *Geßler*, GmbHR 1966, 102 (110 f.).

679 Vierte Richtlinie 78/660/EWG, v. 25.7.1978, über den Jahresabschluß von Gesellschaften bestimmter Rechtsformen, Abl.EG Nr. L 222, v. 14.8.1978, S. 11; geändert durch die Richtlinie 84/569/EWG, v. 27.11.1984, ABl.EG L 314, v. 4.12.1984, S. 28.

680 Vgl. *Biener*, AG-KGaA-GmbH-Konzerne, S. 162.

681 Zur Entstehungsgeschichte dieser Studiengruppe siehe *Elmendorff*, WPg 1972, 29.

Jahr 1968 einen Vorschlag zur Reform der Aktiengesellschaft[682], den sie 1970 um entsprechende Empfehlungen für die GmbH ergänzte[683].

Bedeutsam für die Entwicklung der Offenlegungspflicht ist der die GmbH betreffende Bericht. In diesem wurde lediglich das bestehende Recht der Jahresabschlusspublizität von Aktiengesellschaften bestätigt. Die Freiräume in der Frage der Publizitätspflicht von GmbH, die die Erste Gesellschaftsrichtlinie noch ließ, bedurften hingegen der Ausfüllung durch die Studiengruppe. Entsprechend des Auftrages der Kommission galt es zu prüfen, inwieweit die Harmonisierungsvorschläge für den Jahresabschluss der Aktiengesellschaften Anwendung finden können. Auf der Grundlage der Interessendifferenz von Kapitaleigner (Gesellschafter) und Dritten kam die Gruppe zu dem Ergebnis, dass sich nach Möglichkeit dieses Ergebnis auch in der externen Rechnungslegung widerspiegeln muss. Dabei verhindere die Struktur der Aktiengesellschaft (der Typus) eine entsprechende Differenzierung in der Umsetzung. Anders hingegen beurteilte die Gruppe die Verhältnisse bei der GmbH. Der grundsätzlich geschlossene Gesellschafterkreis, der in engem Kontakt zur Geschäftsführung steht, ermögliche die notwendige Differenzierung. Aus diesem Grund schlug die Studiengruppe vor, zwischen der internen und externen Rechnungslegung zu differenzieren. Nach diesem Vorschlag sollen Großunternehmen hinsichtlich der externen Publizität mit der Aktiengesellschaft gleichgestellt werden. Mittelgroße Unternehmen sollen die Jahresbilanz unverkürzt und die Gewinn- und Verlustrechnung in verkürzter Form veröffentlichen. Die verbleibende dritte Gruppe, die Kleinstunternehmen, sollen von der Veröffentlichungspflicht freigestellt werden[684].[685]

bb) Die Vorarbeit der EG-Kommission/Europaparlament

Die von der Studiengruppe erarbeiteten Vorschläge wurden seit 1968 in einer Gruppe von Regierungssachverständigen bei der EG-Kommission beraten. Am 16.11.1971 legte die Kommission dem Rat auf der Basis dieser Vorarbeiten einen ersten Entwurf einer Vierten Richtlinie vor[686]. Der Entwurf stellte, ausweislich des sechsten Erwägungsgrundes, die GmbH grundsätzlich mit der Aktiengesellschaft gleich: „Hinsichtlich der Unterrichtung Dritter ist wegen der Beschränkung der Haftung der Gesellschafter grundsätzlich die gleiche Offenlegung erforderlich wie bei der Aktiengesellschaft.“ Im Richtlinienvorschlag der Kommission schuf der europäische Gesetzgeber erstmals auf Basis der These, dass Publizität der Preis der Haftungsbeschränkung sei, eine rechtsformspezifische Publizitätspflicht. Zur Begründung wurden von der Kommission drei Gründe angeführt: das volkswirtschaftliche Bedürfnis, die Gefahr eines ungleichen Wettbewerbs mit der Rechtsform der Aktiengesellschaft und zu allererst das Argument der Haftungsbeschränkung. Von diesen Erwägungen lässt sich nur der Kompensationsgedanke von *Raiser* zur Begründung einer rechtsformspezifischen Jahresabschlusspublizität heranführen. Hierzu heißt es in der Erläuterung der Kommission zum ersten Entwurf:

---

682 Vgl. *Elmendorff*, Journal UEC 1967, 217 ff., *ders.*, WPg 1967, 621 ff.

683 Vgl. *Elmendorff*, WPg 1972, 29 ff.

684 Auf die Festlegung quantitativer Kriterien verzichtete die Studiengruppe mit Verweis auf den vorwiegend politischen Charakter der Entscheidung. Vgl. *Elmendorff*, WPg 1972, 29 (38).

685 Siehe zu den Vorschlägen für die GmbH *Elmendorff*, WPg 1972, 29 (37 f.).

686 ABl.EG Nr. C 7, v. 28.1.1972, 11 ff.

„Der entscheidende Grund für die Notwendigkeit der Offenlegung der Jahresabschlüsse der Gesellschaften mit beschränkter Haftung ist das Privileg der beschränkten Haftung. Der Zugriff der Gläubiger ist auf das Vermögen der Gesellschaft beschränkt. Es ist also unentbehrlich, daß sie durch eine gewissen Offenlegung des Jahresabschlusses die Möglichkeit erhält, den Stand des Vermögens festzustellen. Andernfalls entfällt die Rechtfertigung für die Beschränkung der Haftung."[687]

Der Richtlinienentwurf sah in den Art. 49 bis 50 getrennte Vorschriften für die GmbH vor. Diese behielten im Wesentlichen Erleichterungen gegenüber der grundsätzlichen Regelung für die Aktiengesellschaften. In ihren Genuss durften noch solche GmbH kommen, die später in der Richtlinie in Art. 11 als kleine Unternehmen definiert wurden. Unberührt blieb die Pflicht, die Bilanz, die Gewinn- und Verlustrechnung, den Anhang und den Lagebericht zu veröffentlichen. Gemäß Art. 50 Abs. 2 des Entwurfes vom 16.11.1972 durften diese Unternehmen ihn verkürzter Form die Gewinn- und Verlustrechnung und die Bilanz veröffentlichen. Erleichterungen für den Anhang oder den Lagebericht sind dem Entwurf nicht zu entnehmen.

Der Rechtsauffassung der Kommission stand die des Europaparlaments gegenüber. Das Parlament befürwortete eine rechtsformunabhängige Publizitätspflicht, die von einer bestimmten Größe an alle Unternehmen zur Offenlegung des Jahresabschlusses verpflichtet[688]. Das Europaparlament sah also in der gesamtwirtschaftlichen Bedeutung der Unternehmen einen die gesetzliche Pflicht rechtfertigenden Umstand. Nach der Abwägung des Parlaments soll die zusätzliche Belastung für einen größeren Kreis von Unternehmen abgemildert werden. In diesem Sinne schlug das Parlament die Anhebung der Größenmerkmale um das 2,5-fache vor[689].

cc) Die verabschiedete Vierten EG-Richtlinie

In der endgültigen Fassung der Richtlinie hatte sich die Ausrichtung des ersten Entwurfs durchgesetzt. Die Regelungen über die Jahresabschlusspublizität enthalten die Art. 47 bis 50 der Bilanzrichtlinie. Hinsichtlich der Form der Offenlegung, des Verfahrens, ergeben sich keine Veränderungen. Art. 47 Abs. 1 der Bilanzrichtlinie verweist auf die Vorschriften der Publizitätsrichtlinie. Die Offenlegungspflicht erstreckte sich auf den Jahresabschluss (Bilanz, Gewinn- und Verlustrechnung und Anhang; Vgl. Art. 2 Abs. 1 Bilanzrichtlinie), den Lagebericht und den Bestätigungsvermerk der mit der Abschlussprüfung beauftragten Personen. Erleichterungen einer Art Hauspublizität sieht die Richtlinie für den Lagebericht vor. Die Mitgliedstaaten können danach bestimmen, ob der Lagebericht am Sitz der Gesellschaft für Jedermann zur Einsichtnahme bereitliegen soll.

Zu erheblichen Änderungen führen die in Art. 47 Abs. 2 und 3 eröffneten Wahlmöglichkeiten der Mitgliedstaaten. Dem nationalen Gesetzgeber wurde überlassen, Erleichterungen für kleine und mittlere Unternehmen in nationales Recht umzusetzen. Definiert wurden Größenmaßstäbe in Art. 11 und 27 der Bilanzrichtlinie. Kleine Unternehmen (Art. 11 Bilanzrichtlinie) waren demnach solche Gesellschaften, bei

[687] Erläuterungen der Kommission zum Vorschlag einer Vierten Richtlinie, v. 16.11.1971, ABl.EG C 7, v. 28.1.1972; zitiert nach *Biener*, AG-KGaA-GmbH-Konzerne, S. 208.

[688] Entschließung des Europäischen Parlaments v. 16.11.1972, Nr. 3, ABl. EG C 129, v. 11.12.1972, S. 38 (39).

[689] Entschließung des Europäischen Parlaments v. 16.11.1972, Nr. 20, ABl. EG C 129, v. 11.12.1972, S. 38 (40).

denen am Bilanzstichtag die Grenzen von zwei der drei folgenden Größenmerkmale, nämlich

- Bilanzsumme: 2 592 390 DM
- Nettoumsatzerlöse: 5 184 980 DM
- durchschnittliche Anzahl der während des Geschäftsjahres Beschäftigten: 50,

nicht überschritten[690]. Entsprechend der vereinfachten Rechnungslegungsvorschriften brauchten diese Unternehmen nur eine verkürzte Bilanz vorzulegen. Der Gesetzgeber durfte grundsätzlich, mit wenigen Ausnahmen, auf die letzte Gliederungsebene (vgl. Art. 9 f. der Bilanzrichtlinie) verzichten, so dass nur eine stark verkürzte Gliederung der Bilanzen als Pflichtinhalt verbleiben durfte[691]. Vergleichbares galt für den Anhang, der um sieben von vierzehn Angaben verkürzt werden durfte[692]. Von der Pflicht zur Veröffentlichung der Gewinn- und Verlustrechnung, des Lageberichts sowie des Berichts der mit der Abschlussprüfung beauftragten Personen durften die Mitgliedstaaten für die kleinen Unternehmen absehen.

Anderes galt für mittelgroße Unternehmen (Art. 27 der Bilanzrichtlinie). Es handelte sich bei ihnen um solche Gesellschaften, bei denen am Bilanzstichtag die Grenzen von zwei der drei folgenden Größenmerkmale[693], nämlich

- Bilanzsumme: 10 369 960 DM
- Nettoumsatzerlöse: 20 737 920 DM
- durchschnittliche Anzahl der während des Geschäftsjahres Beschäftigten: 250[694],

nicht überschritten wird[695]. Für diese Unternehmen sollte es zulässig sein, gleichsam den kleinen Unternehmen lediglich eine verkürzte Bilanz zur Offenlegung zu verlangen. Ergänzend sollten aber 21 bzw. 24 Positionen in der Bilanz oder dem Anhang gesondert angegeben werden. Für den Anhang gilt eine vergleichbare Verkürzungsmöglichkeit. Zusätzlich zu den Angaben der kleinen Unternehmen müssen mittelgroße Unternehmen Angaben über den Personalbestand und –aufwand und die Vergütung der Verwaltungs-, Geschäftsführungs- und Aufsichtsorgane offenlegen. Anders als kleine Unternehmen müssen mittelgroße auch die Gewinn- und Verlustrechnung, den Lagebericht sowie den Bericht der mit der Abschlussprüfung beauftragten Personen veröffentlichen.

Art 48 der Bilanzrichtlinie will, wie bereits § 178 Abs. 1 Nr. 1 AktG 1965 sicherstellte, dass der vollständige Jahresabschluss veröffentlicht wird. Mit der Bilanzrichtlinie erweiterte sich der persönliche Anwendungsbereich auch auf GmbH. Dem § 178 Abs. 2 AktG 1965 vergleichbar stellt Art. 49 der Bilanzrichtlinie sicher, dass eine unvoll-

---

690 Zur Umrechnung der in Europäischen Recheneinheiten (ERE) angegebenen Summen siehe *Biener*, AG-KGaA-GmbH-Konzerne, S. 58 f.

691 Zu den Einzelheiten siehe *Biener*, AG-KGaA-GmbH-Konzerne, S. 58 ff, 36 ff.

692 Siehe Art. 47 Abs. 2 b) i.V.m. Art. 43 Abs. 1 Bilanzrichtlinie.

693 Im Entwurf lag die Größenschwelle bei der Bilanzsumme und den Nettoerlösen um ein Viertel darunter.

694 Im Entwurf sollten es 100 Beschäftigte sein.

695 Zur Umrechnung der in Europäischen Recheneinheiten (ERE) angegebenen Summen siehe *Biener*, AG-KGaA-GmbH-Konzerne, S. 103 f.

ständige Veröffentlichung nicht zu Fehlschlüssen des Adressaten führt. Zu diesem Zweck bedarf es einerseits einer entsprechenden Kennzeichnung in der Veröffentlichung, andererseits ist auf das Register zu verweisen, bei welchem der vollständige Jahresabschluss hinterlegt wurde. Diese beiden Vorschriften dienten dem Ziel, jeglichen Missbrauch bei der Veröffentlichung der Unterlagen zu vermeiden[696]. Zuletzt verpflichtet noch Art. 50 der Bilanzrichtlinie den Verwendungsvorschlag des Ergebnisses bzw. ihre Verwendung, noch weitergehender als § 175 Abs. 2 AktG 1965, gleichzeitig mit dem Jahresabschluss in derselben Weise offenzulegen.

Beide Größenmaßstäbe wurden im Vergleich zum Entwurf, auch auf Veranlassung der Bundesrepublik Deutschland[697], angehoben. So enthielt der ursprüngliche Entwurf für kleine Unternehmen nur ein Zehntel der später verabschiedeten Bilanzsumme bzw. Nettoumsatzerlöse. Für die Definition von mittelgroßen Unternehmen lagen beide Größen ein Viertel niedriger. Die Zahl der maßgeblichen Beschäftigten wurde von 20 auf 50 bzw. von 100 auf 250 angehoben.

Art. 51 der Vierten Richtlinie verpflichtete den Gesetzgeber, allen Gesellschaften im Anwendungsbereich der Richtlinie eine Prüfungspflicht durch einen Abschlussprüfer aufzuerlegen. Ausnahmen durfte der Gesetzgeber aber für die kleinen Unternehmen erlauben[698].

Jenseits der publizitätsrechtlichen Perspektive vollzog sich mit der Bilanzrichtlinie in Deutschland auch ein Wandel in der Bilanzfunktion. Mit der Richtlinie stärkte die Europäische Gemeinschaft die Informationsfunktion nach angloamerikanischem Vorbild, behielt aber das kontinentaleuropäisch geprägte Vorsichtsprinzip bei[699]. Entsprechend beschränkt wurden die Ausschüttungsbemessungs- und Insolvenzvorsorgefunktion[700].

dd) Bilanzrichtliniengesetz (Grundlage der heutigen Jahresabschlusspublizität)

Die Umsetzung der Vierten Richtlinie erfolgte in Deutschland mit dem Bilanzrichtliniengesetz (kurz: BiRiLiG) vom 19.12.1985[701], mehr als 7 Jahre nach Verabschiedung der Bilanzrichtlinie. In diesem Gesetz wurden gleich vier Richtlinien der Europäischen Gemeinschaft umgesetzt. Neben der Bilanzrichtlinie waren es auch die Siebte EG-Richtlinie („Konzernbilanzrichtlinie"), die Achte EG-Richtlinie („Abschlussprüferrichtlinie") und Richtlinie zur Änderung der in ECU ausgedrückten Beträge. Mit diesem Schritt vollzog der Gesetzgeber die einschneidenste Veränderung des GmbH-

---

696 Erläuterungen der *Kommission* zum Vorschlag einer Vierten Richtlinie v. 16.11.1971, ABl. C v. 28.1.1972, S. 11; zitiert nach *Biener*, AG-KGaA-GmbH-Konzerne, S. 207.

697 Vgl. Stellungnahme des Bundesrats Richtlinienvorschlag, BR-Drucks. 299/74, 8. c).

698 Der ursprüngliche Entwurf legte in Art. 49 die Grenze für die Prüfungspflicht der Unternehmen auf ein Zehntel der in Art. 11 der Vierte Richtlinie bestimmten Bilanzsumme bzw. ein Zehntel des Nettoerlöses. Die Schwelle der Arbeitnehmerzahl lag bei 20. Der Wirtschafts- und Sozialausschuss sprach sich im Februar 1973 für ein Wahlrecht aus, kleine und mittlere Unternehmungen von der Prüfungspflicht zu befreien. Stellungnahme des Wirtschafts- und Sozialausschusses v. 22.2.1973, ABl.EG C 39, v. 7.6.1973, S. 31 (39).

699 Zu diesem formalen Kompromiss *Junge*, Wandel der Rechnungslegung, S. 783 (S. 785); *Coenenberg*, Jahresabschluss und Jahresabschlussanalyse[16], S. 16 f.

700 *Merkt*, Unternehmenspublizität, S. 111.

701 Gesetz zur Durchführung der Vierten, Siebten und Achten Richtlinie des Rates der Europäischen Gemeinschaften zur Koordinierung des Gesellschaftsrechts (Bilanzrichtlinien-Gesetz – BiRiLiG), v. 19.12.1985, BGBl. I 1985, S. 2355 ff.

Rechts. Mit einem Mal waren mehr als 185 000 Gesellschaften gegenüber dem früheren Rechtszustand zusätzlich publizitätspflichtig. Diesen GmbH standen zur gleichen Zeit, im August 1978, etwas mehr als 2 000 Aktiengesellschaften und Kommanditgesellschaften auf Aktien gegenüber[702]. Der einer gesetzlichen Jahresabschlusspublizität unterworfene Unternehmenskreis stieg um das 92-fache. Die wohl umstrittenste Frage dieses Umsetzungsaktes lag in der Frage nach der persönlichen Reichweite der Bilanzvorschriften. Die Bilanzrichtlinie sprach in Art. 1 Abs. 1 lediglich von der Aktiengesellschaft, der Kommanditgesellschaft auf Aktien und der GmbH. Ob auch eine der Unternehmensverfassung nahe stehende typische GmbH & Co. KG in den Kreis der publizitätspflichtigen Gesellschaften einbezogen werden sollte oder nicht, ging aus dem Wortlaut der Richtlinie nicht hervor. Diese Form der Personengesellschaft war in Deutschland mit etwa 50 000 bis 60 000 Gesellschaften vertreten und nahm eine bedeutende Rolle in der Wirtschaftsverfassung ein[703]. Auf Grund der typischerweise haftungsbeschränkten Verfassung dieser Gesellschaften wurde weithin eine rechtliche Gleichstellung mit den Kapitalgesellschaften gefordert[704].

Ein Spiegelbild dieser Fragestellung kennzeichnet den Gesetzgebungsverlauf in Deutschland: Im neunten Deutschen Bundestag unterwarf der dem Bundesrat zugesandte Regierungsentwurf des BiRiLiG vom 10.2.1982[705] auch die GmbH & Co. KG der Publizitätspflicht[706]. In der Begründung ist hierzu mit Verweis auf die Präambel der Vierte Richtlinie zu lesen, dass die Publizität zwangsläufig als der notwendige Ausgleich für die Haftungsbeschränkung aufgefasst werden müsste[707]. Alle übrigen aufgeführten Aspekte sollen diese Schlussfolgerung lediglich untermauern. In seiner Stellungnahme wandte sich der Bundesrat ausdrücklich gegen die Einbeziehung der Kapitalgesellschaften & Co. in den Anwendungsbereich des BiRiLiG. Er befürchtete neben zusätzlichen Kosten und weiterer Verwaltung negative Auswirkungen auf den Mittelstand und betonte die mit der Offenlegung verbundene Preisgabe der persönlichen Verhältnisse der geschäftsführenden Gesellschafter[708]. Dass diese Argumente nicht grundsätzlich gegen die Einbeziehung von Kapitalgesellschaften & Co. angeführt werden können, erkannte auch der Bundesrat und schlug vor, entweder kleine und mittlere Unternehmen dieser Rechtsform aus dem Anwendungsbereich auszuschließen, oder aber mittlere Unternehmen zu entlasten und lediglich kleine Unternehmen von der Anwendung der Vorschrift auszuschließen[709]. Nach dem Regierungswechsel vom Herbst 1982 lehnte die neue Regierung, bestehend aus

702 *Biener*, AG-KGaA-GmbH-Konzerne, S. 20.

703 Vgl. *Uhlenbruck*, Die GmbH & Co. KG in Krise, Konkurs und Vergleich, S. 2 mit weiteren Statistischen Zahlen zur Rechtsform der GmbH & Co. KG

704 *Schwank*, BB 1982, 1149 (1152 f.); *Lutter/Mertens/Ulmer*, BB 1983, 1737 ff.; *Schulze-Osterloh*, ZHR 1986, 403 (430 ff.). Kritisch zum bloßen Rechtsformenvergleich in diesem Zusammenhang *Rückle/Klatte*, BFuP 1989, 193 (197 ff.); *Klatte*, DB 1992, 1637 ff.

705 *Bundesregierung*, Entwurf eines Gesetzes zur Durchführung der Vierten Richtlinie des Rates der Europäischen Gemeinschaften zur Koordinierung des Gesellschaftsrechts (Bilanzrichtlinie-Gesetz) vom 27.7.1982, BT-Drucks. 9/1878. Zur Entwurfsbegründung siehe S. 61 ff., Stellungnahme des Bundesrats ab S. 134.

706 Der Regierungsentwurf enthielt für das HGB in den §§ 178 ff einen Abschnitt: „Vorschriften für bestimmte offene Handelsgesellschaften und Kommanditgesellschaften“. BT-Drucks. 9/1878, S. 4.

707 *Bundesregierung*, Begründung zum Entwurf des BiRiLiG vom 27.7.1982, BT-Drucks. 9/1878, S. 63.

708 Stellungnahme des *Bundesrats*, BT-Drucks. 9/1878, S. 135.

709 Stellungnahme des *Bundesrats*, BT-Drucks. 9/1878, S. 135 f.

CDU/CSU und FDP, die Ausweitung der Publizitätspflicht ab. Sie verabschiedete einen neuen Regierungsentwurf und leitete ihn im Juni 1983 dem Bundesrat zu, der zum Entwurf Stellung bezog[710]. Am 29.07.1983 wurde der Gesetzesentwurf im Bundestag in erster Lesung behandelt und an den federführenden Rechtsausschuss überwiesen[711]. In der Folgezeit trat eine Unterbrechung ein, in der ein Gesetzesentwurf zur Umsetzung der Siebten und Achten Richtlinie behandelt wurde[712]. Als dieser Entwurf den Ausschüssen im Juni 1985 überwiesen wurde, verband der Rechtsausschuss des Deutschen Bundestages in seiner Beschlussempfehlung beide Regierungsentwürfe[713]. Die Ausschüsse sprachen sich, entgegen den Stimmen der SPD, gegen eine Einbeziehung der haftungsbeschränkten Personenhandelsgesellschaft der GmbH & Co. KG aus[714]. In einem abweichenden Votum bestätigte die SPD ihre bisherige ordnungspolitische Grundauffassung, dass die Jahresabschlusspublizität der notwendige Ausgleich für die Haftungsbeschränkung darstelle. Darüber hinaus bestätigte der Rechtsausschuss die Gleichstellung von kleinen Aktiengesellschaften und kleinen GmbH, wiederum gegen den Willen der SPD[715]. Hierdurch solle die Attraktivität dieser Aktiengesellschaften für die Gewinnung von Risikokapital gefördert werden[716]. Inhaltlich unwesentlich verändert wurde das BiRiLiG dann nach zweiter und dritter Lesung am 5.12.1985 im Bundestag verabschiedet[717].

Das BiRiLiG schuf das auch heute noch gültige dritte Buch des HGB – „Handelsbücher“ – als Kodifikation aller allgemeingültigen Rechnungslegungs-, Prüfungs- und Offenlegungsvorschriften (§§ 238-339)[718]. In den §§ 325-328 HGB bestimmte der Gesetzgeber den Inhalt und den Umfang der Publizitätspflicht, Regeln zum Verfahren enthielten die §§ 329, 335 HGB[719]. Der zweite Abschnitt führte die ergänzenden Vorschriften für Kapitalgesellschaften ein. Diese Beschränkung entschied den Streit des Gesetzgebungsverfahrens und grenzte Kapitalgesellschaften & Co. aus dem Anwendungsbereich der gesteigerten Anforderungen an die Rechnungslegung und der nur für Kapitalgesellschaften geltenden Offenlegungspflicht nach §§ 325 ff HGB aus[720].

---

710 *Bundesregierung*, Begründung zum Entwurf eines Gesetzes zur Durchführung der Vierten Richtlinie des Rates der Europäischen Gemeinschaften zur Koordinierung des Gesellschaftsrechts (Bilanzrichtlinien-Gesetz) vom 26.8.1983, BT-Drucks. 10/317. Zur Stellungnahme des *Bundesrats* siehe S. 138 ff.

711 Ein Abdruck des Plenarprotokolls findet sich bei *Biener/Berneke*, Bilanzrichtlinien-Gesetz, S. 752 ff.

712 Vgl. BT-Drucks. 10/3440.

713 Die Beschlussempfehlung und der Bericht der Abgeordneten Helmrich, Kleinert und Stiegler wurden zusammen mit dem zusammengefassten Entwurf als BT-Drucks. 10/4268 veröffentlicht.

714 Rechtsausschuss, BT-Drucks. 10/4268, S. 87.

715 Rechtsausschuss, BT-Drucks. 10/4268, S. 91.

716 Die SPD hatte sich dagegen für eine Ausweitung der Publizitätsanforderungen ausgesprochen. Nach ihr sollte der Anhang um eine Kapitalflussrechnung und Angaben, die die Zusammensetzung der Arbeitnehmerschaft, die Arbeitsbedingungen, die sozialen Verhältnisse sowie die Löhne und Gehälter betreffen, erweitert werden. Siehe BT-Drucks. 10/4268, S. 91.

717 Sämtliche Veränderungen sind im Änderungsantrag aller Fraktionen zusammengefasst worden. Vgl. BT-Drucks. 10/4447.

718 Der erste Entwurf sah noch eine spezialgesetzliche Lösung vor.

719 Zu den Einzelheiten (der Entstehungsgeschichte der einzelnen Vorschriften, sowie ihre Kommentierung im Zusammenhang mit der Richtlinie) siehe *Biener/Berneke*, Bilanzrichtliniengesetz, S. 435 ff.

720 Vgl. *Biener/Berneke*, Bilanzrichtliniengesetz, S. 131.

Inhalt und Umfang der Offenlegungspflicht

§ 325 HGB[721] bestimmt den Inhalt und den Umfang der Offenlegungspflicht. Unter dem Vorbehalt einer speziellen Regelung in Abs. 5 bestimmt § 325 Abs. 1 HGB den grundsätzlichen Inhalt der Offenlegung entsprechend den Vorgaben der Publizitätsrichtlinie. Binnen einer Frist von neun Monaten[722] sind die Unterlagen im Handelsregister einzureichen und unverzüglich bekanntzumachen. Von dem Wahlrecht nach Art. 47 Abs. 1 der Bilanzrichtlinie, auf eine Offenlegung des Lageberichts zu Gunsten einer Hauspublizität bzw. kostenlose Übersendung zu verzichten, machte der Gesetzgeber keinen Gebrauch. Für große Kapitalgesellschaften im Sinne des § 267 Abs. 3 HGB gilt nach § 325 Abs. 2 HGB eine umgekehrte Rangfolge. Zunächst hat die Bekanntmachung im Bundesanzeiger zu erfolgen, anschließend die Eintragung auch der Bekanntmachung zum Handelsregister. Dies ermöglicht dem Registergericht eine Nachprüfung der Bekanntmachung im Bundesanzeiger.

Größenabhängige Erleichterungen

Die größenabhängigen Erleichterungen für kleine und mittelgroße Kapitalgesellschaften wurden in § 326 HGB bzw. in § 327 HGB umgesetzt. Abweichend gegenüber dem Regierungsentwurf, der noch eine getrennte Umsetzung im Aktiengesetz und dem GmbHG anstrebte, führte die einheitliche Regelung in den §§ 326 f. HGB zur Ausweitung der Erleichterungen auch auf kleine und mittelgroße Aktiengesellschaften. Die gewährten Vereinfachungen entsprechen grundsätzlich den von der Bilanzrichtlinie den Mitgliedstaaten anheim gestellten Freiräumen[723]. Dass die §§ 326 f. HGB Erleichterungen gewähren, ergibt sich nur in Verbindung mit den Bilanzvorschriften der §§ 266 Abs. 1 S. 3, 288 HGB. Hinsichtlich der Offenlegungsfrist wurde ausschließlich der kleinen Kapitalgesellschaft eine verlängerte Frist von 12 Monaten gewährt.

Die Definition kleiner, mittlerer und großer Kapitalgesellschaften erfolgte in § 267 HGB. Der Regelungssystematik der Richtlinie entsprechend mussten von den drei Merkmalen zwei in zwei aufeinander folgenden Jahren erfüllt sein. Hiernach ergab sich folgendes Bild:

[721] § 325 HGB entspricht § 177 AktG-E und § 42 f Abs. 1-4 GmbHG-E.

[722] Nach § 175 Abs. 1 AktG und § 42 a Abs. 1 GmbHG ist der Jahresabschluss binnen von acht Monaten festzustellen.

[723] Auch die Befürworter einer umfassenden Publizitätspflicht sahen die Notwendigkeit der Erleichterungen. Vgl. Stellungnahmen von SPD-Abgeordneten in allen Lesungen, Vgl. die Veröffentlichung von *Biener/Berneke*, Bilanzrichtlinien-Gesetz, S. 757, 769.

	kleine Gesellschaften § 267 Abs.1 HGB	mittlere Gesellschaften § 267 Abs. 2 HGB	große Gesellschaften § 267 Abs.3 HGB
Bilanzsumme	≤ 3 900 000 DM	≤ 15 500 000 DM	> 15 500 000 DM
Jahresnettoumsatz	≤ 8 000 000 DM	≤ 32 000 000 DM	> 32 000 000 DM
Beschäftigte im Jahresdurchschnitt	≤ 50	≤ 250	> 250

Die deutliche Steigerung der Merkmale gegenüber der 1978 angenommenen Richtlinie basierte auf der Richtlinie vom 27.11.1984. In ihr wurde die nach Art. 53 der Vierten Gesellschaftsrichtlinie vorgeschriebene Anpassung der Finanzschwellenwerte an den veränderten ECU-Kurs umgesetzt.

Welche Formvorschriften bei der Offenlegung, Veröffentlichung und Vervielfältigung zu beachten sind, ergibt sich aus § 328 HGB. § 329 HGB regelt nun die zuvor in § 177 Abs. 3 AktG 1965 bestimmte Prüfungspflicht des Registergerichts. Diese wurde gegenüber der vorherigen Rechtslage reduziert. Das Registergericht ist nicht länger verpflichtet, die Einhaltung der Formerfordernisse und eine offensichtliche Nichtigkeit des Jahresabschlusses zu prüfen. Nunmehr beschränkte sich der Prüfungsumfang auf die Vollzähligkeit der Unterlagen, die vorherige Bekanntmachung bei großen Kapitalgesellschaften und die Berechtigung zur Beanspruchung der größenabhängigen Offenlegungserleichterungen[724].

Das Sanktionsverfahren

Die von der Ersten und Vierten Richtlinie geforderten Sanktionsmittel zur Durchsetzung der Offenlegungspflicht wurden in §§ 334, 335 HGB umgesetzt. Damit wurde die in § 407 AktG 1965 bereits für die Aktiengesellschaften und Kommanditgesellschaften auf Aktien angewandte Regelung modifiziert für alle Kapitalgesellschaften wirksam. In Verbindung mit § 14 HGB führte das aktienrechtliche Verfahren zu einer Einleitung des Zwangsgeldverfahrens von Amts wegen. Hierauf wurde jedoch im Folgenden verzichtet. Dass die getroffenen Maßnahmen hinreichend die europarechtlichen Vorgaben umsetzen, wurde damals bereits bestritten[725].[726]

§ 334 HGB erhob Verstöße gegen Bilanzierungsvorschriften in den Rang einer Ordnungswidrigkeit[727]. Diese Verstöße umfassten nach § 334 Abs. 1 Nr. 5 HGB auch

---

724 Gestützt wird die letztgenannte Prüfungspflicht durch ein Informationsrecht nach § 329 Abs. 2 HGB, das dem Gericht die Prüfung der Unternehmensgröße ermöglichen soll.

725 Vgl. *Schulze-Osterloh*, ZHR 1986, 532 (567); *Großfeld*, NJW 1986, 955 (960 f.); *Lück*, GmbHR 1987, 42 (48 f.).

726 Zum Sanktionsverfahren und seiner Modifikation durch das KapCoRiLiG siehe unten Zweiter Teil, VI. 2. d) cc).

727 Auf eine Kriminalisierung der Publizitätsverweigerung ist zu Recht verzichtet worden.

Handlungen bei der Offenlegung, Veröffentlichung und Vervielfältigung[728], die gegen die Inhalts- und Formvorschriften des § 328 HGB verstießen. Eine Unterlassung der Bekanntgabe[729] löste nicht die Rechtsfolgen des § 334 HGB sondern die des § 335 HGB, das Zwangsgeldverfahren, aus. Nach § 335 Satz 1 Nr. 6 HGB konnte die Pflicht zur Offenlegung des Jahresabschlusses mittels Zwangsgeld durchgesetzt werden. Diese Sanktion wurde nach § 335 Satz 2 HGB lediglich auf Antrag verhängt. Auf einen Automatismus, der Verfahrenseröffnung von Amts wegen, verzichtete der Gesetzgeber auf Grund der Erwartung der Überlastung der Registergerichte[730]. Der Kreis der Antragsberechtigten wurde auf Gesellschafter, Gläubiger und den Gesamtbetriebsrat – bei Fehlen eines solchen der Betriebsrat - beschränkt[731]. Zu den umstrittensten Rechtsfolgen der unterlassenen Offenlegung galt die Zwangslöschung einer Gesellschaft aus dem Handelsregister nach § 2 Abs.1 Satz 2 LöschG[732]. Die Löschung war nach der Konzeption des Gesetzes von Amts wegen einzuleiten. In der Literatur war es umstritten, ob der Löschungsandrohung des Registergerichts nach vollständiger oder teilweiser Verweigerung zur Offenlegung innerhalb dreier Geschäftsjahre durch den Nachweis lediglich von Gesellschaftsvermögen begegnet werden kann[733]. Ein Teil der Literatur vertrat die Auffassung, dass die Löschung nur durch die rechtzeitige Einreichung des Jahresabschlusses abgewendet werden könnte. Diese Verschärfung hatte sich dann in der Rechtspraxis aber nicht durchgesetzt[734], bevor die umstritten Vorschrift durch Art. 3 Nr. 9, 110 Abs. 3 EGInsO aufgehoben wurde[735].

ee) Zwischenergebnis und Rückschlüsse

In der Diskussion um die Verabschiedung der Vierten Gesellschaftsrichtlinie standen verschiedene Positionen der Mitgliedstaaten über die Rechtfertigung von Publizitätspflichten gegenüber. Das Ziel der Harmonisierung des europäischen Bilanz- bzw. Publizitätsrechts zwang zu einer grundlegenden Entscheidung. Trotz der Vorarbeit der Studiengruppe, die ein differenziertes Bild der Offenlegungspflichten vorschlug, entschied sich die europäische Kommission, auch gegen den Widerstand des Europaparlaments, für das englische Fundamentalprinzip der Gläubigergefährdung[736]. Diese an der Haftungsbeschränkung geknüpfte Gefahr, auf die sich bereits *Raiser* bezog, erwog die Kommission, die Publizitätspflicht am Merkmal der Rechtsform anzuknüpfen. Das bereits von Savigny überwundene Verständnis der Privilegierung

---

728 Zu den Begrifflichkeiten siehe *A/D/S*, § 328 HGB, Fn. 14 ff.

729 Zu den zivilrechtlichen und steuerrechtlichen Folgen der unterlassenen Pflichtprüfung insbesondere bei der GmbH *Duesing/Bergstein*, GmbH-StB 1999, 350 ff.; *Rauch*, BB 1997, 35 ff.; *Seitz*, DStR 1991, 315 ff.

730 *Biener*, GmbHR 1982, 77 (80); zu verfahrensrechtlichen Bedenken gegenüber einem unbeschränkten Kreis von Antragsberechtigten siehe *Gustavus*, ZIP 1988, 1429 (1432).

731 Zu weiteren Einzelheiten zum Kreis der Antragsberechtigten siehe *Gustavus*, ZIP 1988, 1429 (1432 f.).

732 Der Satz 2 des § 2 Abs. 1 LöschG wurde durch Art. 9 des BiRiLiG eingeführt.

733 Eine Darstellung des Streites bzw. eine Gesetzesanalyse befindet sich bei *Baetge/Apelt*, DB 1988, 1709 (1711 ff.).

734 Zur ablehnenden Rechtsprechung siehe OLG Düsseldorf, Urt. v. 03.05.1993, BB 1994, 901 f.; OLG Frankfurt, Urt. v. 07.08.1992, BB 1992, 1823 ff.

735 Vgl. *Jansen*, DStR 1999, 1490 (1491 m. w. N.).

736 Vgl. m. w. N. *Hellermann*, Die Publizität des Jahresabschlusses geschlossener Kapitalgesellschaften, S. 54 f.

einer Haftungsbeschränkung wurde als „Gespenst einer gesellschaftlichen Sonderstellung" wieder zum Leben erweckt und zum Fundament des europäischen Bilanzrechts erhoben. Mit dieser Entscheidung stellte sich die Kommission gegen die an den Realtypus der Gesellschaften anknüpfende Differenzierung der Offenlegungspflichten, die die deutsche historische Diskussion kennzeichnete. Mit dieser Entscheidung maß die Kommission dem Gläubigergefährdungsprinzip einen absoluten, der Abwägung entzogenen Wert zu. Mit dieser Entscheidung vollzog die Kommission einen Paradigmenwechsel in der deutschen Publizitätsgeschichte, in der bislang die Aspekte der gesamtwirtschaftlichen Bedeutung des Unternehmens und der Kapitalmarktorientierung bzw. abstrakter der Marktteilnahme dominierten. In einem Beschluss des Bundesrates zum Richtlinienentwurf hieß es noch, dass den spezifischen Eigenarten beider Rechtsformen (AG und GmbH) noch nicht hinreichend Rechnung getragen wurde[737]. Noch deutlicher wurde der Bericht des Rechtsausschusses des Deutschen Bundestages. In ihm wurde begrüßt, „daß die Mitgliedstaaten kleinere Unternehmen von der Publizitätspflicht befreien können"[738]. Im Interesse der Oppositionsparteien, die der Linie der Kommission näher lag, wurde für die Bundesrepublik Deutschland die historische Diskussion entschieden.

d) Zur Publizitätspflicht bestimmter haftungsbeschränkter Personenhandelsgesellschaften und die Stellung kleiner und mittlerer Unternehmen

Nach der in seiner Entwicklung nicht notwendig vorhersehbaren Ausweitung der Publizitätspflicht durch die Vierte Gesellschaftsrichtlinie war der deutsche Gesetzgeber nicht gewillt, eine dem Sinn und Zweck der Richtlinie entsprechende Ausweitung der Publizitätspflicht, insbesondere auf die Rechtsform der GmbH & Co.KG, zu veranlassen. Dies bewog die EG-Kommission, am 5.5.1986 dem Ministerrat und den nationalen Parlamenten einen Vorschlag zur Änderung der Vierten Richtlinie vorzulegen[739]. Nach diesem sollte die Ausweitung, der sich die Bundesrepublik Deutschland entgegenstellte, verpflichtendes europäisches Gesellschaftsrecht werden. Im Interesse der Beschränkung der Publizitätspflicht wandten sich einige Mitgliedstaaten, zunächst nicht ohne Erfolg, gegen die Verabschiedung der so genannten „Kapitalgesellschaft & Co.-Richtlinie". Die Verabschiedung konnte letztlich aber nicht verhindert werden. Mit der Kapitalgesellschaft & Co.-Richtlinie erfuhr am 8.11.1990 das europäische Gesellschaftsrecht letztlich doch seine vorläufig abschließende Erweiterung des persönlichen Anwendungsbereichs der Publizitätsvorschriften.

aa) Kapitalgesellschaft &Co.-Richtlinie[740], Mittelstandsrichtlinie[741]

Der Kommissionsentwurf des Jahres 1986 sah in Art. 1 vor, dass alle offenen Handelsgesellschaften und Kommanditgesellschaften, bei denen keine natürliche Person die unbeschränkte Haftung für die Gesellschaftsverbindlichkeiten übernimmt, den Kapitalgesellschaften der in Art. 1 der Vierten Richtlinie genannten Kapitalgesell-

---

737 BR-Drucks. 299/74, 8. a).
738 Zitiert nach *Biener*, AG-KGaA-GmbH-Konzerne, S. 226.
739 Vorschlag für eine Richtlinie des Rates zur Änderung der Richtlinie 78/660/EWG und 83/349/EWG über den Jahresabschluß bzw. den konsolidierten Abschluß hinsichtlich ihres Anwendungsbereichs, v. 30.4.1986, BR-Drucks. 247/86.
740 Richtlinie 90/605/EWG, v. 8.11.1990, Abl.EG Nr. L 317, v. 16.11.1990, S. 60.
741 Richtlinie 90/604/EWG, v. 8.11.1990, Abl.EG Nr. L 317, v. 16.11.1990, S. 57.

schaften gleichzustellen sei[742]. Nach der Erläuterung des Entwurfes soll die Kapitalgesellschaften & Co.-Richtlinie klarstellender Natur sein. Dem Sinn und Zweck der Vierten Richtlinie entsprechend sollte die durch die Haftungsbeschränkung bedingte Gefährdung „Dritter" durch die betroffenen Gesellschaften abgemildert werden.[743]

Die Bundesrepublik Deutschland wandte sich weiter gegen diese Ausweitung[744] und unterbreitete im ersten Halbjahr 1988 einen Kompromiss. Dieser sah im Wesentlichen vor, dass statt der Anwendung der Vierten Richtlinie auf Kapitalgesellschaften & Co. diese Erscheinungsformen der Anwendung der Siebten Richtlinie unter Berücksichtigung der dortigen Größenmerkmale unterworfen wird. Zudem sollte in die Vierte Richtlinie ein Wahlrecht aufgenommen werden, das den Mitgliedstaaten erlaubt, größenabhängig die für erforderlich gehaltenen Erleichterungen in nationales Recht umzusetzen[745, 746]. In einer entsprechenden Beschlussempfehlung des Rechtsausschusses heißt es dazu, dass die Vierte und Siebte Richtlinie insoweit eingeschränkt werden sollten, dass „... es den Mitgliedstaaten erlauben würde, kleine und mittelgroße Gesellschaften, einschließlich der Kapitalgesellschaften, von der Anwendung der Richtlinie 78/660/EWG ganz oder teilweise auszunehmen"[747]. Damit forderte der Rechtsausschuss eine Regelung, die noch ausdrücklich in der Ersten Gesellschaftsrichtlinie vorgesehen war. Der Hintergrund dieser Entwicklung ist eine durch den Richtlinienvorschlag der EG-Kommission ausgelöste mittelstandspolitische Diskussion. In verschiedenen Mitgliedstaaten führte sie zu dem Ergebnis, dass mittelständische Kapitalgesellschaften mit der Vierten Richtlinie eine zu starke Belastung erführen[748]. Damit wandte sich die Bundesregierung gegen ein Fundamentalprinzip, dass die Publizität der Preis der Haftungsbeschränkung sei.

Der Gegenentwurf der Bundesrepublik Deutschland erfuhr von verschiedenen Ländern eine Unterstützung[749]. Diese genügte, um die Verabschiedung der GmbH & Co.KG-Richtlinie zu blockieren. Von den Kritikern der Literatur wurde die Auffassung vertreten, dass die Regelungen für kleine und mittlere Unternehmen zudem gegen das Subsidiaritätsprinzip (Art. 5 EGV) verstießen und insoweit die Vierte Gesellschaftsrichtlinie einer Überarbeitung bedurfte. Kleine und ggf. auch mittelgroße Unternehmen sollten daher aus der Anwendung der Vierten Richtlinie herausgenommen werden.[750]

---

742 EG-Kommission, Vorschlag für eine Richtlinie des Rates zur Änderung der Richtlinien 78/660/EWG und 83/349/EWG über den Jahresabschluss beziehungsweise den konsolidierten Abschluss hinsichtlich ihres Anwendungsbereichs, Kom (86) 238 endg.; Ratsdok. 6847/86, abgedruckt in: BR-Drucks. 247/86.

743 EG-Kommission, BR-Drucks. 247/86, Erläuterung zu Art. 1.

744 Siehe Näheres in „Bundesregierung gegen Einbeziehung der GmbH & Co. KG in die Prüfungs- und Publizitätspflicht, DB 1986, 1416.

745 Vgl. *Biener*, BFuP 1989, 212 (226 f.).

746 Vgl. zu der entsprechenden Aufforderung *Rechtsausschuß des Deutschen Bundestages*, Beschlußempfehlung und Bericht zum Vorschlag für eine Richtlinie des Rates zur Änderung der Richtlinien 78/660/EWG und 83/349/EWG über den Jahresabschluß bzw. den konsolidierten Abschluß hinsichtlich ihres Anwendungsbereichs, Dok. Kom (86), 238 endgültige, v. 8.3.1988, BT-Drucks. 11/1957.

747 BT-Drucks. 11 1957, S. 1 f.

748 Vgl. *Biener*, BFuP 1989, 212 (226).

749 Es handelte sich dabei um Großbritannien, Niederlande, Irland und Luxemburg. Vgl. *Biener*, BFuP 1989, 212 (226).

750 *Biener*, WPg 1993, 707 (709).

Um schließlich den Widerstand gegen die Verabschiedung der GmbH & Co.-Richtlinie zu brechen, näherte sich die Kommission den Forderungen der Publizitätserleichterung und schlug ihrerseits am 14.10.1988 Publizitätserleichterungen vor[751]. Zu den Erleichterungen gehörten unter anderem eine Hauspublizität für kleine und mittlere Unternehmen (Art. 11 Nr. 2), eine Herausnahme kleiner, geschlossener Unternehmen (Art. 1) und eine deutliche Anhebung der Schwellenwerte in Art. 11 und 27 der Vierten Richtlinie um 50 % (Art. 4 und 5)[752]. Auf Grund des Widerstandes des Wirtschafts- und Sozialausschusses wurde gegen das Votum des Parlaments der Entwurf abgeändert[753] und die eben genannten Punkte gestrichen. Die Schwellenwerte wurden lediglich um 25 % bzw. um 19 % angehoben[754]. Letztlich fanden sich in der am 8.11.1990 verabschiedeten Mittelstandsrichtlinie verschiedene Wahlrechte zur Reduzierung der Transparenz von kleinen und mittleren Gesellschaften, die im Ergebnis in der Literatur überwiegend als unzureichend angesehen wurden. Den Mitgliedstaaten wurde im Wesentlichen gestattet, unter bestimmten Umständen eine Befreiung von der Angabe der Organbezüge zu gestatten (Art. 4) und kleinen Unternehmen im Sinne des Art. 11 der Publizitätsrichtlinie einen stärker verkürzten Anhang (Art. 5) und eine Befreiung zur Aufstellung eines Lageberichts (Art. 6) zu erlauben. Mit der Mittelstandsrichtlinie wurde insbesondere den Bedenken Großbritanniens[755], der Niederlande und Irlands Rechnung getragen. Der Widerstand gegen die GmbH & Co.-Richtlinie wurde infolge dessen gebrochen. Nachdem zunächst das Ruhen im Verabschiedungsprozess dieser Richtlinie beschlossen worden war, wurden beide Richtlinien schließlich miteinander verbunden. Gegen die Stimmen von Luxemburg und Deutschland wurden mit der Mittelstandsrichtlinie auch die GmbH & Co.-Richtlinie beschlossen. Sie verpflichtete Deutschland alle oHG und KG, für die keine natürliche Person unbeschränkt haftet (Art. 1 Nr. 1 a)), bilanzrechtlich den Kapitalgesellschaften gleichzustellen.

Hinsichtlich des Anwendungsbereiches ergab sich die Grenze aus der abschließenden Aufzählung derjenigen Rechtsformen, die als Komplementär die Anwendung der Bilanzrichtlinie auslösten. Gesellschaften mit Sitz außerhalb der Europäischen Gemeinschaft und des Europäischen Wirtschaftsraums müssen mit einer Kapitalgesellschaft vergleichbar sein. Art. 57 a der geänderten Vierten Richtlinie räumt die Einschränkung ein, dass die Personenhandelsgesellschaft dann nicht in den Anwendungsbereich hineingezogen wird, wenn die Komplementärgesellschaft entweder im

---

[751] *EG-Kommission*, Vorschlag für eine Richtlinie zur Änderung der Richtlinie des Rates zur Änderung der Richtlinie 78/660/EWG über den Jahresabschluß und der Richtlinie 83/349/EWG über den konsolidierten Abschluß hinsichtlich der Ausnahmen für kleine und mittlere Gesellschaften sowie der Aufstellung und Offenlegung in Ecu vom 14.10.1988, Dok. KOM (88) 292 endgültig/SYN 158, abgedruckt in: BT-Drucks. 11/3719.

[752] Siehe hierzu und zu den weiteren Einzelheiten des Vorschlags *Barth*, BB 1988, 2343; mit großer Zustimmung *Biener*, PFuP 1989, 212 (228 ff.); *Buschmeyer*, Publizität als Korrelat der Haftungsbeschränkung, S. 112 f.

[753] *EG-Kommission*, Geänderter Vorschlag für eine Richtlinie des Rates zur Änderung der Richtlinie 78/660/EWG über den Jahresabschluß und der Richtlinie 83/349/EWG über den konsolidierten Abschluß hinsichtlich der Ausnahmen für kleine und mittlere Gesellschaften sowie der Aufstellung und Offenlegung in Ecu vom 29.11.1989, Dok. KOM (89) 501 endgültig/SYN 158.

[754] Der Rat stellte in der Richtlinie klar, dass diese Anhebung eine turnusgemäße auf der Grundlage von Art. 53 der Vierten Gesellschaftsrichtlinie sei.

[755] Vgl. *Biener*, WPg 1993, 707, (710).

Wege der Addition oder im Wege des Konzernabschlusses den Jahresabschluss der Personenhandelsgesellschaft mit einbezieht.

bb) Umsetzung der Mittelstandsrichtlinie

Mit Gesetz vom 25.7.1994 wurde die Mittelstandsrichtlinie mit Art. 2 im „Gesetz zur Änderung des D-Markbilanzgesetzes und anderer handelsrechtlicher Bestimmungen" in nationales Recht umgesetzt[756]. Auf Grund der Verzögerung dieser Umsetzung[757] wurde gleichzeitig auch die turnusgemäße Anpassung der in ECU ausgedrückten Beträge umgesetzt[758]. Mit der Umsetzung zeigte sich folgende Veränderung:

	kleine Gesellschaften § 267 Abs.1 HGB	mittlere Gesellschaften § 267 Abs. 2 HGB	große Gesellschaften § 267 Abs.3 HGB
Bilanzsumme:	≤ 5 310 000 DM bisher: ≤ 3 900 000 DM	≤ 21 240 000 DM bisher: ≤ 15 500 000 DM	> 21 240 000 DM bisher: > 15 500 000 DM
Jahresnettoumsatz.	≤ 10 620 000 DM bisher: ≤ 8 000 000 DM	≤ 42 480 000 DM bisher: ≤ 32 000 000 DM	> 42 480 000 DM bisher: > 32 000 000 DM

Die im Zusammenhang mit der anvisierten Erleichterung der Mittelstandsbelastung erfolgte Anhebung der Finanzschwellenwerte beruhte in der Vergangenheit bis zum heutigen Tag ausschließlich auf der in Art. 53 der Vierten Gesellschaftsrichtlinie vorgeschriebenen Anpassung der in Ecu ausgedrückten Beträge. Eine reale Reduzierung des richtlinienbestimmten Offenlegungsniveaus ist damit nie verbunden gewesen[759].

Alle tatsächlichen mittelstandsfreundlichen Änderungen blieben entsprechend des schmalen Spielraums der Mittelstandsrichtlinie gering[760]. Die Befreiung von der Aufstellung eines Lageberichts für kleine Kapitalgesellschaften (§ 264 Abs. 1 S. 3 HGB) wirkte sich auf die Transparenz der Unternehmensdaten nicht aus. Die größenabhängigen Erleichterungen hatten auch bislang den Lagebericht aus der Publizitätspflicht ausgegrenzt. Eine Einschränkung der Transparenz realisierte der neu eingeführte § 274 a HGB für kleine Kapitalgesellschaften. Er befreite diese von der gesonderten Angabe der Entwicklung einiger Bilanzposten, die in § 268 HGB festgeschrieben werden. Nach § 276 S. 2 HGB wurden kleine Kapitalgesellschaften von der Erläuterung außerordentlicher Erträge und Aufwendungen der Gewinn- und Verlustrechnung befreit. Ein tatsächlicher Schutz der Privatsphäre kleinerer Unternehmer bzw. der in Geschäftsführungs- und Aufsichtspositionen tätigen Personen realisierten §§ 286 Abs. 4, 325 Abs. 1 S. 1 HGB. So verzichtet der Gesetzgeber auf die gesonderte Darstellung der Gesamtbezüge der Organmitglieder in den Fällen, in denen anhand dieser Angaben (§ 285 Nr. 9 lit. a, b HGB) die Bezüge eines Mitglieds dieser

---

[756] BGBl. I 1994, S. 1682 ff.

[757] Zu den Gründen vgl. *Strobel*, BB 1994, 1293.

[758] Richtlinie 94/8/EG des Rates, v. 21.3.1994 zur Änderung der in Ecu ausgedrückten Beträge der Richtlinie 78/660/EWG, ABl. Nr. L 82 v. 25.3.1994, S. 33 f.

[759] Zu den entsprechenden Forderungen im Vorfeld siehe *Strobel*, BB 1994, 1293 (1294 ff.).

[760] Harte Kritik übte *Strobel*, BB 1994, 1293 (1297 f.); Kritisch zu den unveränderten Schwellenwerten *Bihr*, BB 1999, 1862 (1864).

Organe festgestellt werden kann[761]. Aus Gründen der Gleichbehandlung verzichtete der Gesetzgeber unter vergleichbaren Voraussetzungen auf Angaben der Ergebnisverwendung bei haftungsbeschränkten Gesellschaften. Der neu eingeführte § 288 S. 1 HGB ging über die bestehenden Angaben nicht hinaus.

cc) Das Kapitalgesellschaften & Co.-Richtlinie-Gesetz (insbesondere das Sanktionsverfahren)

Der Deutsche Gesetzgeber zögerte lange, die Kapitalgesellschaft & Co.-Richtlinie in nationales Recht umzusetzen. Nachdem die Umsetzungsfrist zum 1.1.1993 ausgelaufen war, wurde die Bundesrepublik Deutschland durch den EuGH in einem Vertragsverletzungsverfahren nach Art. 169 EGV mit Urteil vom 22.4.1999 erwartungsgemäß[762] verurteilt[763]. Kurz vor der Urteilsverkündung wurde am 30.3.1999 ein Referentenentwurf verabschiedet, der dem Bundesrat am 13.8.1999 zugeleitet worden war. Das weitere Verfahren verlief zügig. Nach der Stellungnahme des Bundesrates und der Gegenäußerung durch die Bundesregierung wurde der Gesetzesentwurf[764] dem Rechtsausschuss zugeleitet. Zwei Tage nach der Beschlussempfehlung des Ausschusses wurde das KapCoRiLiG nach zweiter und dritter Lesung am 16.12.1999 verabschiedet[765]. Im März 2000 konnte dann das Gesetz in Kraft treten. Wie sich später in der Rechtspraxis zeigte, konnte mit der Verabschiedung des Gesetzes die bezweckte Rechtssicherheit nicht eintreten. Die Landgerichte Essen und Hagen kamen vielmehr zu der Überzeugung, dass die Ausweitung des persönlichen Anwendungsbereichs der Publizitätsvorschriften nicht mit den europäischen Grundfreiheiten vereinbar sei[766]. Die Ausweitung der unternehmerischen Transparenz verstoße unter anderem gegen die allgemeinen gemeinschaftsrechtlichen Grundsätze der freien Berufsausübung und den allgemeinen Gleichheitssatz. Die vorgebrachten Einwände gegen die Kapitalgesellschaft & Co.-Richtlinie wies der EuGH in Beschluss vom 23.09.2004 zurück[767]. Hierbei nahm er Bezug auf die im sog. „Daihatsu-Urteil" vertretene weite Auslegung des Begriffs des Dritten in der Ermächtigungsgrundlage. Nach dem Verständnis des EuGH umfasst der Begriff „Dritter" allgemein Dritte, ohne dass einzelne Gruppen unterschieden oder ausgeschlossen werden können. Damit wurde dem Begriff „Dritter" Jedermann gleichgesetzt. Einen Eingriff in die Berufsfreiheit sah der Gerichtshof zumindest durch das geschützte Gemeinwohlinteresse und eine Ungleichbehandlung durch einen sachlichen Grund gerechtfertigt[768]. Damit bestätigte der EuGH die Vereinbarkeit des KapCoRiLIG mit dem europäischen Recht.

---

[761] Zur Auslegung und Kritik an einer eingeschränkten Umsetzung des mit dem Begriff „Status" in der Richtlinie gewährten Freiraums *Pfitzer/Wirth*, DB 1994, 1937 (1938 f.).

[762] Vgl. *Theile*, GmbHR 1999, 1241 (1242).

[763] EuGH, Urt. v. 22.4.1999 – Rs. C-272/97, ZIP 1999, 923 ff. Die Bundesregierung verwies im Vertragsverletzungsverfahren darauf, dass bereits geltendes deutsches Recht zentralen Teilen der Richtlinie Rechung trage (insbesondere §§ 238 ff. HGB und PublG). ZIP 1999, 923 (Tz. 23 ff).

[764] BT-Drucks. 14/1806. Siehe zur Stellungnahme des Bundesrates S. 32 ff. und zur Gegenäußerung der Bundesregierung S. 41 ff.

[765] KapCoRiLiG v. 24.2.2000, BGBl. I 2000, 154 ff. Siehe einleitend m. w. N. *Zimmer/Eckhold*, NJW 2000, 1361 ff.

[766] LG Essen, Beschl. v. 25.11.2002 – 45 T 1/02 (AG Essen) ZIP 2003, 31 ff.

[767] EuGH, Beschl. v. 23.09.2004 (Rs. C-435/02, Rs. C-103/03), GmbHR 2004, 1463 ff. Ausführlich hierzu *Naujok*, GmbHR 2003, 263 ff., *Schmittmann*, StuB 2003, 304 ff.

[768] *EuGH*, GmbHR 2004, 1463 (zum Aspekt der Berufsfreiheit siehe Tz. 48 ff., zum Aspekt des Gleichheitssatzes siehe Tz. 66 ff.).

Mit dem KapCoRiLiG wurden nach § 264 a HGB n. F. Personenhandelsgesellschaften, bei denen nicht wenigsten eine natürliche Person persönlich haftender Gesellschafter ist, den Kapitalgesellschaften hinsichtlich der Aufstellung, Prüfung und Offenlegung der Jahres- und Konzernabschlüsse gleichgestellt[769]. Damit übertraf der Gesetzgeber die von der Richtlinie geforderte Einbeziehung lediglich derjenigen oHG und KG, bei denen ausschließlich Kapitalgesellschaften persönlich haftende Gesellschafter sind. Nach § 264 a HGB genügt bereits die Beteiligung von Stiftungen und Genossenschaften als ausschließlich persönlich haftende Gesellschafter. Diese Regelung sollte bezwecken, dem Begründungszusammenhang, dass die Publizität der Preis der Haftungsbeschränkung sei, zur uneingeschränkten Durchsetzung zu verhelfen, wie es bereits im ersten Entwurf des BiRiLiG angestrebt worden war[770].[771]

Einschränkungen des persönlichen Anwendungsbereichs ergeben sich nach § 264 b HGB im Konzernbilanzrecht. Die Konsolidierung der betroffenen Personenhandelsgesellschaft i.S.d. § 264 a HGB im Konzernabschluss eines anderen Unternehmens, das seinen Sitz in einem Vertragsstaat der Europäischen Union oder des Europäischen Wirtschaftsraums hat, befreit unter den weiteren Voraussetzungen des § 264 b Nr. 2 bis 4 HGB das Erfordernis zur Erstellung und Offenlegung eines Einzelabschlusses. § 264 b Nr. 1 HGB eröffnet auch die Möglichkeit, dass die Komplementär-Gesellschaft den befreienden Konzernabschluss unter Einbeziehung der Personenhandelsgesellschaft aufstellt. Mit dieser Vorschrift eröffnet sich für die betroffenen Gesellschaften die Möglichkeiten, den Weg in die Konzernbilanz einzuschlagen, um die Informationswirkungen abzufedern[772].

Mit der Umsetzung der Mittelstandsrichtlinie gelten auch veränderte Schwellenwerte für die Bestimmung kleiner, mittlerer und großer Unternehmen i.S.d. § 267 HGB. Danach ergab sich für die Größenklassen folgendes Bild[773]:

[769] Der zweite Abschnitt des dritten Buches gilt damit uneingeschränkt auch für die Personenhandelsgesellschaften i.S.d. § 164 a HGB. Insoweit kann auf die Bilanz- und Offenlegungsvorschriften verwiesen werden, die seit dem Bilanzrichtliniengesetz von 1985 gelten. Siehe oben Zweiter Teil, VI. 2. c) ee).

[770] Siehe die Begründung der *Bundesregierung*, BR-Drucks. 458/99, S. 33. In der Stellungnahme des Bundesrats blieb dieser Punkt unerwähnt.

[771] Zur Reaktion der Literatur auf die Ausweitung des Anwendungsbereiches über die Vorgaben der Richtlinie hinaus: kritisch *Strobel*, DB 1999, 1025 (1027); *ders.*, BB 1999, 1054 (1057 f.). Zustimmend vor allem *Luttermann*, ZIP 2000, 517 (521) wohl auch *Ernst*, DStR 1999, 903 (903 f.).

[772] Vgl. *Heni*, DStR 1999, 712 (715); *Bitter/Grashoff*, DB 2000, 833 (838 f.).

[773] Die bisherigen Größenschwellen beruhen auf der Umsetzung der ECU-Änderungsrichtlinien. Grundlage für diese Änderungen ist die Regelung in Art. 53 Abs. 2 der Bilanzrichtlinie. Nach ihr prüft der Rat auf Vorschlag der Kommission alle fünf Jahre die in ECU ausgedrückten Beträge unter Berücksichtigung der monetären Entwicklung in der Gemeinschaft und ändert diese Beträge gegebenenfalls.

	kleine Gesellschaften § 267 Abs.1 HGB ≤ 6 720 000 DM	mittlere Gesellschaften § 267 Abs. 2 HGB ≤ 26 890 000 DM	große Gesellschaften § 267 Abs.3 HGB > 26 890 000 DM
Bilanzsumme	bisher: ≤ 5 310 000 DM ≤ 13 440 000 DM	bisher: ≤ 21 240 000 DM ≤ 53 780 000 DM	bisher: > 21 240 000 DM > 53 780 000 DM
Jahresnettoumsatz	bisher: ≤10 620 000 DM	bisher: ≤ 42 480 000 DM	bisher: > 42 480 000 DM
Beschäftigte im Jahresdurchschnitt	≤ 50	≤ 250	> 250

Diese Werte liegen etwa 25 % über den Vorwerten.

Die größenabhängige Befreiung von der Verpflichtung zur Aufstellung von Konzernabschlüssen für nicht börsennotierte Mutterunternehmen (§ 293 Abs. 1 HGB) wurde im Zusammenhang mit dem KapCoRiLiG um etwa die Hälfte herabgesetzt. Damit kam die Bundesrepublik Deutschland seiner Verpflichtung zur rechtzeitigen Umsetzung der Siebten Richtlinie 83/349/EWG nach[774].

	Addierte Berechnung Nr. 1	Konsolidierte Berechnung Nr. 2
Bilanzsumme	32 270 000 DM	26 890 000 DM
	bisher: 63 720 000 DM	bisher: 53 100 000 DM
Jahresnettoumsatz	64 540 000 DM	53 780 000 DM
	bisher: 127 440 000 DM	bisher: 106.200.000 DM
Beschäftigte im Jahresdurchschnitt	250	250
	bisher: 500	bisher: 500

Das KapCoRiLiG zielte, ausweislich des zweiten Ziels der Entwurfsbegründung, auf die Umsetzung eines richtlinienkonformen Sanktionsregimes. Anlass für die Verschärfung war eine Entscheidung des Europäischen Gerichtshofs, in der eine mangelhafte Umsetzung der Schaffung geeigneter Zwangsmaßnahmen i.S.d. Art. 6 der Publizitätsrichtlinie (auf den Art. 47 der Bilanzrichtlinie verweist) festgestellt wurde[775]. Der EuGH stellte fest[776], dass die Beschränkung der Antragsberechtigung für das

[774] Bisher galten nach Art. 6 der Siebten Richtlinie zulässige Übergangsvorschriften. Nach Abs. 5 durften die nationalen Rechtsordnungen als maximal zulässigen Maßstab das 2 ½ -fache der in Art. 27 der Vierten Richtlinie bezeichneten Größenmerkmale anwenden. Die Frist dieser Übergangsregelung lief Ende 1999 aus. Der Deutsche Gesetzgeber war daher gezwungen, die in der Siebten Richtlinie bestimmten Größenmerkmale umzusetzen.

[775] Zum so genannten „Daihatsu-Urteil" siehe die Besprechungen von *Luttermann*, EuZW 1998, 264 ff. und *Schulze-Osterloh*, ZIP 1997, 2157 f. Kritisch zu den Zwangsgeldbestimmungen („zahnloser Tiger") *Stuckert*, StuB 1999, 481 (485),

[776] EuGH Urt. v. 4.12.1997, Rs. C-97/96, EuZW 1998, 45.

Einschreiten des Registergerichts auf die Gesellschafter, Gläubiger und den Betriebsrat der Gesellschaft für die Verhängung einer nationalen Maßregel gegen eine publizitätssäumige Gesellschaft gegen Art. 6 der Publizitätsrichtlinie verstoße. Daraufhin wurde im Referentenentwurf zunächst erwogen, Zwangsgeldverfahren und Ordnungsgeldverfahren von Amts wegen zu koppeln und die Möglichkeit einer Registersperre einzuführen[777]. Im Regierungsentwurf wurde die Registersperre fallen gelassen und der Verfahrenseröffnung ein Antrag einer beliebigen Person vorangestellt[778]. Die Koppelung beider Verfahrensarten fiel den Einwänden der Bundesländer zum Opfer, die eine Überlastung der Registergerichte fürchteten[779]. Als Ergebnis des Gesetzgebungsverfahrens wurde das Zwangsgeldverfahren nach § 335 S. 1 Nr. 6, 7 HGB a.F. durch ein Ordnungsgeldverfahren (§ 335 a HGB n.F.) ersetzt[780]. Dies hat zur Folge, dass anders als bei dem ursprünglich vorgeschalteten Zwangsgeldverfahren, das Ordnungsgeld auch dann noch vollstreckt werden kann, wenn die zu erzwingende Handlung erbracht ist[781]. Eine wesentliche Änderung gegenüber der früheren Rechtslage bestand in der Einführung eines „Jedermann-Antrags" zur Einleitung des Sanktionsverfahrens[782]. Damit wurde der Kreis der Antragsberechtigten von Gesellschaftern, Gläubigern und Betriebsrat auf eine unbestimmte Vielzahl von Personen erweitert[783]. Das weitere Verfahren bestimmt sich nach §§ 335 b, 335 a HGB i.V.m. §§ 140 a, 132, 133 Abs. 2, 135 bis 139 FGG.

Nach einem Antrag, der gemäß § 140 a Abs. 2 S. 1 i.V.m. § 140 a Abs. 1 S. 2 FGG nicht zurückgenommen werden kann, hat das Registergericht ein Ordnungsgeld, das zwischen 2 500 € und 25 000 € liegen kann[784], in einer Androhungsverfügung geltend zu machen. Adressaten der Verfügung sind gemäß § 335 S. 1 1. HS HGB n.F. die Mitglieder der vertretungsberechtigten Organe[785]. Kommt der Adressat, im Fall der Personenhandelsgesellschaften wohl der oder die vertretungsberechtigten Gesellschafter, seiner Verpflichtung zur Offenlegung binnen einer Frist von sechs Wochen nicht nach, wird zusammen mit einer erneuten Androhungsverfügung ein Festsetzungsbeschluss erlassen (§ 140 a Abs. 2 S. 3 FGG). Dieser ist dann vollstreckbar. Überschreitet der Adressat die Sechswochenfrist geringfügig, kann das Registergericht die Ordnungsstrafe herabsetzen.[786]

---

777 *BMJ*, GmbHR 1999, 535 (536). Vgl. *Bitter/Grashoff*, DB 2000, 833 (833 f.); *Bihr*, BB 1999, 1862 (1862 f.).

778 Begründung des Regierungsentwurfs, BT-Drucks. 14/1806, 12 (24 ff.).

779 Stellungnahme des Bundesrats, BT-Drucks. 14/1806, 36 ff.

780 Zur Entwicklung der Sanktionsvorschriften im Gesetzgebungsverfahren siehe *Jansen*, DStR 2000, 596 ff; *Marx/Scharenberg*, StuB 1999, 1138 ff.

781 *Zimmer/Eckhold*, NJW 2000, 1361 (1367). Vgl. Stellungnahme des Bundesrats, BT-Drucks. 14/1806, 37; Bericht des Rechtsausschusses, BT-Drucks. 14/2353, 30.

782 Der Antragsteller bleibt Verfahrensbeteiligter, dem unter den Einschränkungen nach § 140 a Abs. 1 S. 3 FGG, Prozesskostenhilfe nach §§ 14 FGG, 114 ff. ZPO zustehen kann.

783 Die Bundesregierung vertrat die Auffassung, dass nach dem heutigen Art. 54 Abs. 3 lit. g EGV Sanktionen nur für solche Personen vorgesehen werden müssen, die in dieser Vorschrift ausdrücklich aufgeführt sind, nämlich Gesellschafter, Gläubiger und Arbeitnehmer.

784 Zuvor durfte das Zwangsgeld 10.000 DM nicht übersteigen, § 335 S. 8 HGB a.F.

785 Das wirft die Frage auf, wer bei der oHG und der KG diesen Organen entspricht. Eine mit § 21 S. 1 i.V.m. § 4 Abs. 1 S. 1 Nr. 2 PublG vergleichbare Regelung fehlt. Zu diesem Problem siehe *Schindhelm/Stein*, in: Winkeljohann/Schindhelm, Das KapCoRiLiG, S. 220.

786 Zu Einzelheiten siehe *Schindhelm/Stein*, in: Winkeljohann/Schindhelm, Das KapCoRiLiG, S. 214 ff.

Als Rechtsmittel kommen gegen die Androhungsverfügung der Einspruch[787] und gegen den Festsetzungsbeschluss (= Ordnungsgeldbeschluss) die sofortige Beschwerde[788] in Frage. Wird der Antrag auf Einleitung eines Ordnungsgeldverfahrens abgelehnt, so ist gegen diese Entscheidung die Beschwerde gemäß § 20 Abs. 2 FGG statthaft.[789]

Dem letzten Schritt der Ausweitung des persönlichen Anwendungsbereichs zur gesetzlichen Verpflichtung sind keine weiteren Impulse für die Strukturprinzipien der gesetzlichen Jahresabschlusspublizität zu entnehmen. Einen bedeutsamen Freiraum für Wertungen ließ die europäische Gemeinschaft nicht. Ungleich bedeutsamer war aber dieses Gesetz für die deutsche Rechtspraxis, die nun teilweise um die negativen Folgen bangte, die mit diesem Schritt der Ausweitung verknüpft wurden. Nach einer Schätzung der Bundesregierung wurden mit dem Inkrafttreten des KapCoRiLiG 100 000 Personenhandelsgesellschaften der Publizitätspflicht unterworfen. In der Literatur stieß dieser erwartete Schritt, den verschiedenen Grundauffassungen entsprechend, auf ein geteiltes Echo[790].

dd) Zwischenergebnis

Die vorläufige Vollendung des mit der ersten Gesellschaftsrichtlinie beschrittenen Weges durch die systematische Ausweitung des persönlichen Anwendungsbereichs des europäischen Bilanzrechts auch auf haftungsbeschränkte Personenhandelsgesellschaften führte zu keiner Bestätigung der spätestens mit der Bilanzrichtlinie begründeten europäischen Publizitätsdogmatik. Der Weg ihrer Bestätigung gibt aber Anlass, die Richtigkeit des eingeschlagenen Weges zu hinterfragen. Die von der Bundesregierung vertretene Rechtsauffassung, die sich auf die Mehrheit des Rechtsausschusses und des Bundesrates stützen konnte, wich von der europäischen ab. Die Kompensationsthese von *Raiser* wurde wieder einmal abgelehnt. Nicht das Merkmal der Haftungsbeschränkung, sondern typologische Merkmale sollten maßgeblich sein. Zu ihnen gehörten die Unternehmensgröße, die seit dem PublG ein Indikator für die gesamtgesellschaftliche Bedeutung und damit auch den Umfang der Marktteilnahme darstellt, und die Geschlossenheit des Gesellschafterkreises. Beides waren rechtsformunabhängige Merkmale, die in der Tradition der deutschen Publizitätsdebatte standen und die ursprüngliche Fassung der Mittelstandsrichtlinie charakterisierten. Diese Position hatte sich letztlich aber nicht durchsetzen können. Im Ergebnis wurde die ursprüngliche Dogmatik beibehalten und lediglich größenabhängig das Transparenzniveau verringert. Ihre Auswirkung war für kleine und mittlere Gesellschaften aber gering.

---

787 Nach § 140 a Abs. 2 S. 2 FGG kann mit einem Einspruch die Unterlassung der gesetzlichen Verpflichtung gerechtfertigt werden. Ob der Einspruch in einer mündlichen Verhandlung verhandelt wird, liegt im Ermessen des Registergerichts. § 140 a Abs. 2 S. 2 i.V.m. Abs. 1 S. 4 FGG schließt die Anwendbarkeit von § 134 Abs. 1 FGG aus.

788 § 139 Abs. 1 FGG i.V.m § 140 Abs. 2 S. 1 FGG.

789 Unter anderem mit Verweis auf die Rüge siehe allgemein zu den Rechtsmitteln Jansen-*Stader*, FGG, § 140 a Rn. 89 ff.

790 Auf Grund der Bedeutung – sowohl hinsichtlich der Zahl der betroffenen Unternehmen als auch hinsichtlich der inhaltlichen Änderung des betroffenen Bilanzrechts – ist die Literatur zum KapCoRiLiG sehr umfangreich. Eine Übersicht befindet sich bei: *Förschle*, in: BeckBilKomm, § 264 a HGB vor Rn. 1; *Adler/Düring/Schmaltz*, § 264 a vor Rn. 1, 264 b vor Rn. 1.

Trotz des Beschlusses des EuGH haftet insbesondere der letzten Ausweitung des Anwendungsbereiches eine gewisse Fragwürdigkeit an. Es bleibt zweifelhaft, ob die Ausweitung des europäischen Gesellschaftsrechts auf Gesellschaften mit einem festen Gesellschafterstamm, die nicht den europäischen Markt in Anspruch nehmen, ähnlichen Regelungen unterworfen werden können, die für internationale Großunternehmen gelten. Es bleibt genauso zweifelhaft, ob diese weitgehende Gleichstellung auch für kleine und mit Abstrichen auch für mittelgroße Unternehmen gelten kann. Wenn es keine Frage der europäischen Grundfreiheiten ist, so bleibt es zumindest eine der europäischen Wirtschaftspolitik.

e) Der Wandel der Informationsmedien

Nachdem im bisherigen europäischen Recht die Aspekte des Anwendungsbereichs und des Inhalts der Jahresabschlusspublizität und damit auch das materielle Bilanzrecht Gegenstand der Harmonisierungsbemühungen waren, lag das Augenmerk in der letzten Phase der bisherigen Rechtsentwicklung auf dem Verbreitungsgrad der Informationen. Es standen technische Fragen im Vordergrund, Handlungsspielräume, die die neuen Informations- und Kommunikationstechnologien eröffneten. Ausgangspunkt dieser Entwicklung war auf europäischer Ebene eine von der Europäischen Kommission 1996 eingeleitete Initiative zur Vereinfachung der Rechtsvorschriften im Binnenmarkt[791]. Erste Vorarbeiten stellte eine im Oktober 1998 eingesetzte Arbeitsgruppe Ende 1999 in einem Bericht unter anderem zur Vereinfachung der Ersten Gesellschaftsrichtlinie vor[792]. Diese empfahl die Anpassung der Ersten Gesellschaftsrichtlinie an die Entwicklung neuer Informationstechnologien, die von der Kommission in einem Bericht an das Europäische Parlament und den Rat aus dem Jahr 2000 unterstützt wurde[793]. Anschließend wurden die Empfehlungen der SLIM-Arbeitsgruppe mit Gesellschaftsrechtsexperten in drei Treffen diskutiert, bevor die Kommission ihren Vorschlag für eine Novellierung der Ersten Gesellschaftsrichtlinie am 3.2.2002 veröffentlichte[794]. Weiter getragen wurde diese Entwicklungsrichtung durch einen Aktionsplan der Europäischen Kommission, der am 21.5.2003 in einer Mitteilung an den Rat und das Europäische Parlament übersandt wurde[795]. Nach diesem sollte der größtmögliche Nutzen aus den modernen technischen Hilfsmitteln gezogen werden. Damit übertrug die Europäische Gemeinschaft die Reaktion auf die rasche Entwicklung der Informations- und Kommunikationstechnologien ausweitend auf die Besonderheiten des Kapitalmarktes. In diesem Zusammenhang stehen einerseits die novellierte Publizitätsrichtlinie vom 15.7.2003, auf die sogleich zu sprechen zu kommen sein wird, und andererseits die auf den Kapitalmarkt ausgerichtete Transparenzrichtlinie[796]. Mit ihr sollte ein Transparenz- und Informationsni-

---

791 Bekannt wurde diese Zielsetzung der Kommission unter dem Schlagwort der „SLIM-Initiative" (Simpler Legislation for the Internal Market). Im Dezember 1997 veranstaltete die Europäische Kommission eine Konferenz zum Thema „Binnenmarkt und Gesellschaftsrecht". Die Beiträge wurden im April 1998 vom Amt für Amtliche Veröffentlichungen publiziert. Eine kurze Einleitung zur europäischen Entwicklung befindet sich bei *Schemmann*, GPR 2003/04, 92.

792 Empfehlungen der SLIM-Arbeitsgruppe „Gesellschaftsrecht" zur Vereinfachung der Ersten und Zweiten Richtlinie auf dem Gebiet des Gesellschaftsrechts, September 1999. *EG-Kommission*, ZIP 1999, 1944 ff.

793 Kommissionsbericht v. 4.2.2000, Kom(2000) 56 endg.

794 *Europäische Kommission*, KOM(2002) 278 endg.

795 *Europäische Kommission*, KOM(2003) 284.

796 Richtlinie 2004/109/EG, v. 15.12.2004, ABl.EG L 390/38, v. 31.12.2004.

veau vorgeschrieben werden, das den Zielen eines soliden Anlegerschutzes gerecht wird. Mit den Regelungen beabsichtigte die Europäische Union die Kapitalallokation zu verbessern, die Kosten zu senken, Wachstum und die Schaffung von Arbeitsplätzen zu begünstigen. Diese Änderungen beschränken sich auf eine nationale Anpassung der Informationswege. In der weiteren Entwicklung des europäischen Publizitätsrechts wird sich auch auf der Ebene der Informationskanäle die Zielvorstellung eines grenzenlosen Binnenmarktes niederschlagen. Bislang stehen für den Adressaten der Unternehmensinformationen nur nationale Lösungen zur Verfügung. Nach Art. 22 der Transparenzrichtlinie wird aber die Erstellung von Leitlinien vorbereitet[797]. Diese sollen „a) ein elektronisches Netz, das auf nationaler Ebene zwischen den Wertpapieraufsichtsbehörden, den Betreibern geregelter Märkte und den nationalen Handelsregistern ...[aufbauen]; und b) ein einheitliches elektronisches Netz oder eine Plattform elektronischer Netze zwischen den Mitgliedstaaten schaffen“[798].

In einer parallelen Entwicklung stellte sich auch der deutsche Gesetzgeber den mit der Informations- und Kommunikationstechnologie verbundenen Herausforderungen. Die angestrebte Steigerung der Informationsverbreitung wurde zum Gegenstand eines Aktionsplans der Bundesregierung[799]. Unter Punkt 7 wird das Ziel angeführt: „Sicherstellung eines anlegerfreundlichen Zugangs zu Unternehmensbekanntmachungen durch Bündelung der Informationskanäle, z.B. unter Einsatz des elektronischen Bundesanzeigers“. Den Ausgangspunkt hatte diese Entwicklung, soweit ersichtlich, in einem Vorschlag der Regierungskommission „Corporate Governance“ unter der Leitung von *Baums*, die am 11.7.2001 veröffentlicht wurde. Dort wurde die Anpassung der Informationsmedien für Unternehmensinformationen in einem eigenständigen Kapitel behandelt. Bemängelt wurde, dass auch ein elektronisches Handelsregister nicht hinreichend das Informationsbedürfnis decken würde. Dieses würde lediglich den Registerinhalt und nicht die eingereichten Dokumente dem Interessierten zur Verfügung stellen. Darüber hinaus bemängelte die Kommission die Aufteilung der amtlichen Unternehmenspublizität auf verschiedene Medien. Diese führe zu vermeidbaren Belastungen, erheblichen Kosten, Informationserschwernis und Intransparenz. Daher schlug die Regierungskommission die Einführung eines deutschen Unternehmensregisters vor, dass als einheitliches Zugangsportal amtliche, zu Publizitätszwecken angelegte Unternehmensdateien bündelt.[800] Seither stehen zwei Informationsmedien im Fokus der Anpassungsbemühungen, das elektronische Handelsregister und ein elektronisches Unternehmensregister.

Nachdem der deutsche Gesetzgeber mit dem Transparenz- und Publizitätsgesetz (TransPuG) vom 19.7.2002[801] den elektronischen Bundesanzeiger als Veröffentlichungsmedium für das Aktienrecht etabliert hatte (§ 25 Abs. 1 AktG)[802], weitete er

---

797 Abs. 1 formuliert das Ziel, dass der Zugang zu den Informationen weiter erleichtert werden soll.

798 Vgl. ebenfalls auf europäischer Ebene ausführlich: *Hochrangige Gruppe von Experten auf dem Gebiet des Gesellschaftsrechts*, Bericht v. 4.11.2002, S. 41 ff.

799 Pressemitteilung der Bundesregierung vom 25.2.2003: „Bundesregierung stärkt Anlegerschutz und Unternehmensintegrität. Abzurufen auf der Internetseite www.bmj.de Rubrik Presse, Unterrubrik Pressemitteilung.

800 *Baums* (Hrsg.), Bericht der Regierungskommission Corporate Governance, Rn. 252.

801 „Gesetz zur weiteren Reform des Aktien- und Bilanzrechts, zu Transparenz und Publizität (Transparenz- und Publizitätsgesetz)“, BGBl. I 2002, S. 2681ff.

802 Siehe hierzu *Seibert*, NZG 2002, 609 (609 f.); *Ihrig/Wagner*, BB 2002, 789 (792). Zum Wandel der Medien für die Unternehmensinformation *Noack*, AG 2003, 537 ff.;

den Anwendungsbereich dieses Mediums mit dem Jusitzkommunikationsgesetz[803] vom 22.3.2005 auch auf die Pflichtbekanntmachungen der GmbH aus. Mit dieser Änderung im neu eingeführten § 12 GmbHG wird der elektronische Bundesanzeiger zum Gesellschaftsblatt für die Pflichtbekanntmachungen bei der GmbH[804]. Diese Umstellung der Informationswege auf das Medium Internet blieb mit dem Justizkommunikationsgesetz auf die Pflichteintragungen beschränkt. Nach wie vor sind die Eintragungen in das Handelsregister gemäß §§ 10, 325 HGB in der Druckausgabe des Bundesanzeigers und in einem anderen Blatt zu veröffentlichen. Zu einer Vereinheitlichung der Informationswege führte das Gesetz über elektronische Handels- und Unternehmensregister (EHUG), das zum 01.01.2007 in Kraft trat[805]. Der europäische Hintergrund dieser Entwicklung und die inhaltliche Reichweite der Änderungen sollen im Folgenden skizziert werden.

aa) Novellierte Publizitätsrichtlinie

Die im Juni 2003 beschlossene Änderung der Ersten EG-Richtlinie setzte die politischen Ziele der Europäischen Gemeinschaft im Bereich des Handelsregisterrechts und dem Publizitätsorgan des Amtsblatts um[806]. Art. 3 Abs. 2 Unterabs. 3 S. 1 der Publizitätsrichtlinie n. F. verpflichtet die Mitgliedstaaten, eine elektronische Registerführung bis spätestens zum 31.12.2006 einzuführen[807]. Um das gewünschte Transparenzniveau zu erzielen, werden die Mitgliedstaaten verpflichtet, den alten Datenbestand in eine elektronische Form zu bringen. Art. 3 Abs. 3 Unterabs. 2 der Publizitätsrichtlinie n. F. gewährt den Mitgliedstaaten das Wahlrecht, die Elektronisierung auf einen Zeitraum von zehn Jahren zu begrenzen. Als Publizitätsorgan können die Mitgliedstaaten beschließen, die Bekanntmachungen im Amtsblatt durch eine andere ebenso wirksame Form der Veröffentlichung zu ersetzen[808].

Die den nationalen Gesetzgebern obliegende Entscheidung, eine mehrsprachige Offenlegung einzuführen, fand hinsichtlich der Rechtswirkung konkurrierender Veröffentlichungen im neu geschaffenen Art. 3 a Abs. 4 der Publizitätsrichtlinie eine Regelung. Hiernach kann sich der Rechtsverkehr auf jede veröffentlichte Übersetzung berufen, es sei denn, dem Betroffenen war die richtige Originalfassung bekannt[809]. Der Publizierende kann sich hingegen nicht auf eine unrichtige Übersetzung berufen.

---

803 BGBl. I 2005, 837 ff.

804 Hierzu ausführlich *Noack*, DB 2005, 599 (599 f.).

805 BGBl. I 2006, 2553. Zur Entwicklung des Gesetzes siehe *Schlotter*, BB 2007, 1.

806 Richtlinie 2003/58/ EG, v. 15.7.2003, ABl. EU L 221/13.

807 Zu den technischen Herausforderungen *Schemmann*, GPR 2003/04, 92 (93). Zur verpflichtete Möglichkeit der Einreichung in elektronischer Form und die Form der „Kopie" der Urkunden und Angaben siehe Art. 3 Abs. 2 Unterabs. 2, Art. 3 Abs. 3 Publizitätsrichtinie n. F. Zur Sicherung der Beglaubigung verpflichtet Art. 3 Abs. 3 Unterabs. 5 Publizitätsrichtlinie n. F. die Mitgliedstaaten, die erforderlichen Maßnahmen zu treffen. Die europäische Richtlinie über gemeinschaftliche Rahmenbedingungen für elektronische Signaturen ist bloßer Mindeststandart.

808 Art. 3 Abs. 4 Unterabs. 2 Publizitätsrichtlinie n. F.

809 Zu weiteren Fragen konkurrierender Eintragungen *Schemmann*, GPR 2002/04, 92 (94).

bb) Gesetz über elektronische Handels- und Unternehmensregister

Der Umsetzungsverpflichtung war der deutsche Gesetzgeber erst mit Ablauf der Frist nachgekommen[810]. Bereits im 15. Deutschen Bundestag wurde am 7.4.2005 ein entsprechender Referentenentwurf verabschiedet. Auf Grund der vorgezogenen Wahlen im Herbst 2005 musste das Gesetzgebungsverfahren im 16. Deutschen Bundestag neu angestoßen werden. Am 15.3.2006 veröffentlichte die Bundesregierung mit leichten Modifikationen[811] ihren Entwurf eines Gesetzes über elektronische Handels- und Unternehmensregister. Schließlich wurde das EHUG am 28.09.2006 vom Bundestag beschlossen und am 13.10.2006 vom Bundesrat gebilligt[812]. Das Gesetz sieht vor, dass der Zugang zu publikationspflichtigen Unternehmensdaten grundlegend modernisiert und den technischen Möglichkeiten angepasst wird. Bei der unternehmensbezogenen Informationsvermittlung sollen Hemmnisse minimiert werden, um die Selbstregulierung der Marktkräfte zu fördern[813]. Wesentliche Punkte der Gesetzesreform sind:

- der digitale Betrieb der Handelsregister bei den Amtsgerichten,
- die Einrichtung eines zentralen und kostengünstigeren Zugangs über eine einheitliche Internetseite „www.handelsregister.de“,
- die verfahrenstechnische Vereinfachung unter anderem durch einen elektronischen Bundesanzeiger als Quellenmedium für alle gesellschafts- und kapitalmarktrechtlichen Veröffentlichungen,
- die Einführung eines digitalen Unternehmensregisters unter der Internetadresse www.unternehmensregister.de (§ 8 b Abs. 2 HGB)[814],
- die Sanktionierung durch das Bundesamt für Justiz (§§ 329 Abs. 4, 335 Abs. 1 HGB)[815],
- die Einleitung eines Sanktionsverfahrens von Amts wegen[816].

Eine wesentliche Änderung erfuhr das Gesetz gegenüber dem vorangegangenen Entwurf in Bezug auf die Qualifizierung des Verstoßes gegen die Offenlegungspflicht. Ursprünglich sollte ein Verstoß zu einer Ordnungswidrigkeit mit einem Bußgeldrahmen in Höhe von 50.000 € aufgewertet werden. Dieses Vorgehen konnte jedoch zu Recht im Bundestag keine Mehrheit finden. Damit verbleibt ein maximales Ordnungsgeld in Höhe von 25.000 €. Dieses kann allerdings alternativ in einem Verfahren gegenüber der Kapitalgesellschaft durchgeführt werden (§ 335 Abs. 1 S. 2 HGB n. f.).

Mit der Umsetzung der europarechtlichen Vorgaben hat der Gesetzgeber endgültig einen Weg beschritten, den er bereits 1993 mit dem Registerverfahrensbeschleu-

---

810 Siehe allgemein zum elektronischen Handelsregister *Gernoth*, BB 2004, 837 ff.; *Schemmann/Solveen*, ZIP 2001, 1518 ff.; *Noack*, DB 2005, 599 ff.; *Schmidt*, DStR 2006, 2272 ff.; *Plagens/Wolter/Henke*, DStR 2007, 1413 ff.

811 Nach dem neuen Entwurf wurde die Umsetzung durch die Beleihung beauftragter privatförmlicher Träger vorgegeben.

812 EHUG v. .11.2006, BGBl. I 2006, 2553.

813 Vgl. zur Zielsetzung: *Schmidt*, DStR 2006, 2272.

814 Nach § 8 b Abs. 2 Nr. 1 und 4 HGB n. F. werden im Unternehmensregister die Handelsregistereintragungen, die eingereichten Dokumente und der Jahresabschluss zugänglich gemacht.

815 Der Bundesrat hatte am 20.10.2006 der Einrichtung dieser neuen obersten Bundesbehörde zugestimmt. Vgl. Plenarprotokoll 16/58, S. 5720. Der Bundesrat hatte am 03.11.2006 der Einrichtung zugestimmt.

816 Vgl. *Schmidt*, DStR 2006, 2272 (2274 f.).

nigungsgesetz[817] für die Bundesländer eingeschlagen hatte. Mit der Einführung der §§ 8a, 9a HGB hatte der Gesetzgeber bereits die Voraussetzungen für eine elektronische Registerführung geschaffen.

cc) Bedeutungsgewinn der gesetzlichen Strukturprinzipien

Der erwartete Wechsel der gesetzlich vorgeschriebenen Informationsmedien wird letztlich, wie vom Gesetzgeber erwartet, zu einem Anstieg der Publizitätsquote führen. Voraussetzung ist jedoch, dass das Bundesamt der Justiz und die Bundesanstalt für Finanzdienstleitungen über die erforderlichen Ressourcen zur Verfolgung der Publizitätsverweigerung verfügt. Damit werden die Wirkungen der Publizitätspflicht erstmals in ihrem gesamten Ausmaß in Erscheinung treten. Die Fragen nach der Reichweite der Publizitätspflicht und damit die eigentliche Frage nach den Strukturprinzipien gewinnen vor diesem Hintergrund erheblich an Aktualität und Bedeutung. Es wird daher zur Aufgabe des Gesetzgebers und der Wissenschaft, die entfalteten Wirkungen zu verfolgen und vor dem Hintergrund der Erkenntnis die bestehenden Strukturprinzipien der Jahresabschlusspublizität kritisch, ohne falsche Rücksicht, zu hinterfragen.

3. Über die europarechtlich geprägte Publizitätsdiskussion

Mit der gesetzlichen Pflicht zur Offenlegung von Unternehmensinformationen auf dem Wege der Jahresabschlusspublizität verlässt das Bilanzrecht für nicht kapitalmarktorientierte Gesellschaften den Bereich einer weitgehend systematischen Ordnung, in der Entscheidungen auf einem System von Prinzipien fußen[818]. In Fragen der Jahresabschlusspublizität muss hingegen kein Ausgleich zwischen abstrakten Prinzipien erzielt werden, sondern zwischen unmittelbaren und offenkundigen Interessen der Beteiligten. Dies förderte eine Emotionalisierung der Diskussion. Die wechselhafte Entwicklung der heutigen Publizitätsvorschriften ist ein Spiegelbild dieser unbestimmten Entscheidungsfindung. In der schier endlosen Diskussion, die sich in der Vorbereitung auf die Erste Gesellschaftsrichtlinie weitgehend auf die Ebene der Europäischen Gemeinschaft verlagert hatte, konnten sich lediglich Thesen herausbilden, die eine Systematisierung stützten. Eine unumstößliche Fundierung dieser Ordnung krankt bislang an einer ungenügenden Messung der betroffenen Marktmechanismen. Welche Interessen von der Offenlegung betroffen sind, ist, mit leichter Einschränkung für die Interessen „Dritter", unbestritten. Umstritten ist hingegen, welcher Wert den jeweiligen Interessen für ihre Abwägung beizumessen ist[819]. Eine Steigerung erfährt diese Schwierigkeit noch durch den Umstand, dass dieser Wert von der Erscheinungsform der Gesellschaft, dem Typus, abhängig ist. Nach welchen Merkmalen die Systematisierung der Gesellschaften de lege ferenda zu bestimmen ist, ist jedoch ebenso umstritten. Entsprechend dieser Vielschichtigkeit verliefen die Diskussionen auf verschiedenen Abstraktionsebenen.

---

817 „Gesetz zur Vereinfachung und Beschleunigung registerrechtlicher und anderer Verfahren (Registerverfahrensbeschleunigungsgesetz – RegVBG", BGBl. I 1993, S. 2183 ff.

818 Zu den Schwierigkeiten der ökonomischen Quantifizierung siehe *Wagenhofer/Ewert*, Externe Rechnungslegung, S. 344. Das Dilemma wird deutlich, hält man sich die Forderung vor Augen, dass „das Durchhalten grundlegender rechtspolitischer Wertungen ... ein Imperativ der wirtschaftlichen Vernunft" darstelle (*Kübler*, NJW 1984, 1857 (1863)).

819 Dieses Problem aus ökonomischer Sicht betonend *Rückle/Klatte*, BFuP 1989, 193 (198).

Auf einer geringen Abstraktionsebene werden von Befürwortern wie von Gegnern einer umfassenden Publizitätspflicht sämtlicher haftungsbeschränkter Gesellschaften die unmittelbar betroffenen Interessen der Beteiligten betont. Sie werden in der Regel weder durch eine detaillierte Betrachtung der betroffenen realwirtschaftlichen Prozesse, noch durch eine Qualifizierung und Quantifizierung der Wirkungen, etwa mit Hilfe einer hinreichenden empirischen Forschung, untermauert. Dass die jeweiligen Interessen bestehen, wird von der jeweils anderen Seite nicht geleugnet. Verschieden ist die Gewichtung der einzelnen Interessen. In der historischen Betrachtung dieser Diskussion ist wiederholt zu sehen, dass Urteile der Literatur geknüpft waren an Erwartungen, die sich aus heutiger Sicht nicht realisiert haben[820]. Dies betrifft vor allem die Erwartungen einer ursprünglich angestrebten Mittelstandsrichtlinie und die Beschränkung des Adressatenkreises auf „Berechtigte". Die Gegenüberstellung der unmittelbaren Interessen lief parallel zu der Entwicklung der Rechtsform der GmbH. Auf Grund ihres beschränkten Nutzens für eine Systematisierung werden wesentliche Aspekte nun lediglich aufgelistet. Befürworter[821] einer umfassenden Publizität betonen im Wesentlichen[822]:

- Verringerung der Zahl von und Vorbeugung gegen Insolvenzen[823];
- Verbesserung des Informationsdefizits der Gläubiger im Allgemeinen und Lieferantengläubiger im Speziellen[824];
- Verbesserung des Managements durch das Bewusstsein der öffentlichen Kontrolle[825];
- Verhinderung unseriöser Gründungen;
- Notwendigkeit der Vertrauensförderung.

Für sie muss in Kenntnis der entgegen gerichteten Interessen dem Gläubigerschutz mithin ein absoluter Wert zukommen. Entsprechend dem Gedanken der Privilegierung durch Haftungsbeschränkung ist das Schutzinteresse der Gläubiger entweder einer weiteren Abwägung nicht zugänglich oder aber das Interesse ist so hoch zu bewerten, dass eine Abwägung zu Gunsten seiner Durchsetzung ausfallen muss. *Biener*, ein Wegbereiter des europäischen Publizitätsrechts, widerspricht hingegen ausdrücklich dieser Auffassung und misst dem Gläubigerschutz bei mittelständischen Unternehmen eine geringere Bedeutung zu als bei Großunternehmen[826].

---

820 Vgl. *Baetge/Apelt*, DB 1988, 1709 ff.; *Biener*, BFuP 1989, 213 ff.;*Strobel*, BB 1994, 1293 ff.

821 Zu den energischsten Befürwortern gehört *Hommelhoff* (Vgl. *Hommelhoff*, Die neue Zwangspublizität: „gläserne Taschen für den Mittelstand?", S. 449 ff. Vgl. *Bihr*, BB 1999, 1862 (1864); *Stuckert*, StuB 1999, 481 (483).

822 Vgl. *o. V.*, ZfB-Diskussions-Forum GmbH-Publizität und Insolvenzhäufigkeit, ZfB 1982, 202 f.

823 Kritisch *Neubert*, Rechnungslegungspublizität der GmbH, S. 289.

824 Vgl. *Mensah/Song/Ho*, Journal of Accounting and Public Policy 2003, 107 ff.

825 *Schulze-Osterloh*, ZHR 1986 403 (430 f.).

826 *Biener*, WPg 1993, 707 (715). A. A. *Rittner*, Rechnungslegung und Publizität, S. 148, der aus Gläubigerschutzgesichtspunkten keine Unterschiede erkennen kann.

Von Kritikern[827] werden die folgenden Bedenken geltend gemacht:

- wettbewerbswidriger Einblick in das Unternehmen, das zu Wettbewerbsnachteilen gegenüber Unternehmen anderer Rechtsform und gegenüber großen Kapitalgesellschaften und insbesondere in „Abhängigkeitsverhältnisse" führt[828];
- Eingriff in die Privatsphäre infolge der gläsernen Taschen der Unternehmer[829];
- Belastung durch zusätzliche Aufwendungen für eine überzogene bürokratische Maßnahme[830];
- Hemmnis zur Schaffung von Arbeitsplätzen (Vermeidung des Schwellenwertes);
- Instrumentalisierung der Publizitätspflicht und ihrer Durchsetzungsmechanismen durch investitions- und übernahmewillige Unternehmen[831].

Ausgangspunkt dieses unbefriedigenden Irrwegs liegt in der Verknüpfung von Haftungsbeschränkung und Publizität, die ihren Durchbruch erst durch das europäische Recht – weitgehend gegen den Willen Deutschlands – erfuhr. Beherrschend war dieser Gedanke jedoch zu keiner Zeit. In einem parallelen Prozess wurde eine abweichende Systematisierung gesucht und auch gefunden. Sie musste der wirtschaftlichen Realität entsprechend von der Rechtsform abgekoppelt sein[832]. Zuletzt griff auf europäischer Ebene eine „hochrangige Gruppe von Experten auf dem Gebiet des Gesellschaftsrechts" in ihrem am 4.11.2002 veröffentlichten Bericht eine Abkehr von der Differenzierung nach Rechtsformen auf. Die Gruppe forderte vielmehr die Unterscheidung zwischen „börsennotierten Gesellschaften", „offenen Gesellschaften" und „geschlossenen Gesellschaften" zu betonen[833]. Beachtsam ist auch die Betonung der Kategorisierung von Gesellschaften im Aktionsplan der EG-Kommission von 2003. Hiernach wird eine Zweiteilung zwischen börsennotierten Gesellschaften bzw. Gesellschaften, die öffentlich Kapital aufgenommen haben, und „allen anderen Unter-

---

827 *Heni*, DStR 1999, 912 (914), hält die extreme Ausweitung der Publizitätspflicht für (vermutlich) weder ökonomisch einleuchtend noch für rechtspolitisch sinnvoll. Im Zusammenhang mit der Ausweitung durch das KapCoRiLiG spricht er von einem „Anachronismus, dem der EuGH hier juristisch konsequent, aber rechtspolitisch aberwitzig zum Durchbruch verhilft". *Niehus*, BFuP 1992, 450; *Müller*, Stbg 2000, 581 ff. Vgl. zu der in neuerer Zeit aufflammenden Kritik: *Ebke*, BB 2005, Nr. 45 Die erste Seite; *Höfner*, NJW 2004, 475 ff.; *Marx/Dallmann*, BB 2004, 929 (934 f.).
Hommelhoff, Die neue Zwangspublizität: „gläserne Taschen für den Mittelstand?", S. 449 (459), spricht hingegen mit Blick auf die geringe Publizitätsquote von „deutsche[n] Publizitäts-Extravaganzen", für die in Brüssel kein Verständnis aufgebracht werden könne.

828 Vgl. *Naujok*, GmbHR 2003, 263; Differenzierend *Scheidle*, BB 1986, 2065 (2069). Siehe *Streim/Kugel*, BFuP 1985, 102 (112 ff.); *Theile*, GmbHR 2000, 215. Befürchtungen der Instrumentalisierung des Sanktionsregimes durch Konkurrenten *Hahn*, GmbHR 2000, R 69 (R 69 f.), *Waßmer*, GmbHR 2002, 412.

829 Dieses Argument sollte durch die Umsetzung der Mittelstandsrichtlinie entschärft werden. Gleichwohl bleibt dieses Argument weiterhin von Bedeutung. Die gewährten Ausnahmen haben es nicht geschafft, alle bedenklichen Rückschlüsse auszuschließen. Vgl. *Höfner*, NJW 2004, 475.

830 Diesem Argument widersprechend der Gesetzgeber, Entwurf Kapitalgesellschaften- und Co.-Richtlinie-Gesetz, Begründung, Abschn. V. Kritisch zu der Einschätzung des Gesetzgebers *Klein/Pötzsch*, DB 1999, 1509 (1511). Vgl. *Rauch*, BB 1997, 35. Relativierend *Waßmer*, GmbHR 2002, 412.

831 So *Höfner*, NJW 2004, 475 (475 f.).

832 In Richtung dieses bereits häufiger angesprochenen Aspekts lenkt bereits früh auch *Biener*, BFuP 1989, 213 (230). Er verwies dabei auf die Tendenzen internationaler Organisationen.

833 *Hochrangige Gruppe von Experten auf dem Gebiet des Gesellschaftsrechts*, Bericht v. 4.11.2002, S. 36 f. Vgl. schon *Rückle/Klatte*, BFuP 1989, 193 (210).

nehmen" unterschieden. Für die letzteren „sollte jede Regulierungsinitiative in vollem Umfang ihrer Form und Größe Rechnung tragen und (nach dem Vorbild der auf nationaler Ebene eingeleiteten maßgeschneiderten Deregulierungsinitiativen) einen flexibleren Rahmen für KMU ermöglichen."[834] Diese Differenzierungsbemühung vermittelt, trotz ihres generellen Charakters, eine Relativierung des in der Vierten Gesellschaftsrichtlinie bestimmten Gläubigerschutzpostulats[835]. Es würde diesem widersprechen, den Umfang des Gläubigerschutzes in Relation zur Unternehmensgröße und Gläubigerschutzaspekte in eine Verhältnismäßigkeitsabwägung zu den Unternehmens-/Unternehmerinteressen zu setzen. So bestätigt Punkt 3.7. des Aktionsplans einen Wandel im Begründungszusammenhang der allgemeinen Publizitätspflicht. Hiernach sind die tragenden Argumente für eine Offenlegungspflicht einerseits die Gewährleistung eines fairen Wettbewerbs, andererseits die Motivation „das Gesellschaftsrecht davor zu schützen, zu Betrug, Terrorismus oder anderen kriminellen Zwecken missbraucht zu werden". Angesichts dieser rechtspolitischen Äußerung stellt sich die Frage nach einem Paradigmenwechsel in den Strukturprinzipien der Jahresabschlusspublizität in der Europäischen Kommission. In Ermangelung einer weiteren Gelegenheit zur Stellungnahme muss diese Frage unbeantwortet bleiben.

Jenseits der Systematisierung mangelte es auch nicht an Vorschlägen, das Publizitätsrecht auf andere Weise im Interesse kleinerer Gesellschaften zu reformieren[836]. Vorgeschlagen wurde etwa, den Offenlegungsinhalt für kleine Unternehmen auf einen Bestätigungsvermerk zu reduzieren[837]. *Strobel* griff in einem Vorschlag ein Hauptargument der Publizitätsbefürworter, das Insolvenzrisiko für Gläubiger, auf. Er stellte fest, dass bislang entgegen einiger Argumentationen in der Publizitätsdogmatik eine tatsächliche Querverbindung mit dem Insolvenzrecht nicht bestehe. Auf der Ebene der Sanktion unterlassener Publizität könnte diese im Insolvenzfall hergestellt werden, indem die Offenlegungsverweigerung wie ein Schädigungsvorsatz behandelt oder einer Falschinformation gleichgestellt werden würde[838]. Ein weiterer ebenso wenig diskutierter Vorschlag stammt von *Biener*, der dem Bedürfnis nach Geheimhaltung durch eine gesellschaftsrechtliche Anpassung des Personengesellschaftsrechts Rechnung zu tragen suchte. Nach diesem sollte das Haftungsrisiko des Komplementärs einer Kommanditgesellschaft auf eine Höchstsumme begrenzt werden[839]. Dasselbe Ziel verfolgen *Rückle* und *Klatte*, die eine „mittelbare Offenlegung" vorschlagen[840]. Entsprechend ihrer Überlegungen sollte ein vertrauenswürdiger Treuhänder (etwa Wirtschaftsprüfer) oder ein Aufsichtsgremium vollständig und detailliert informiert werden. Dritte können über diesen Mittler im Falle konkreter Anhaltspunkte für eine Gefährdung vollständig informiert werden. Gefahren einer unmittelbaren Offenlegung würden vermieden.

---

834 KOM/2003/0284 endg.

835 Siehe oben unter: Zweiter Teil, VI. 2. c) cc).

836 Grundlegend zum Wandel der Rechnungslegung *Goerdeler*, Publizität der Rechnungslegung im Rückblick und Ausblick, S. 235 ff.

837 *Neubert*, Rechnungslegungspublizität der GmbH, S. 299. Auf diese Weise sollte einem möglichen öffentlichen Interesse genüge getan werden. Im Zusammenhang mit der Absicherung einer gläubigerschützenden internen Kontrolle betonen *Rückle/Klatte*, BFuP 1989, 193 (208), den Nutzen einer Pflichtprüfung.

838 *Strobel*, BB 1994, 1293 (1299). Dieser Vorschlag kommt ebenso im Zusammenhang mit einem Anreizsystem in Betracht, bei dem zunächst die Privatautonomie stärker betont wird.

839 *Biener*, WPg 1993, 707 (715).

840 *Rückle/Klatte*, BFuP 1989, 193 (209 f.).

Auf einer höheren Abstraktionsebene erfolgt eine Diskussion der Offenlegungsvorschriften mit Hilfe eines ökonomischen Gedankengebäudes. In der Literatur zeigten sich sehr unterschiedliche Ansätze mit widersprüchlichen Ergebnissen. So untersuchte *Meier-Schatz* in einer beeindruckenden rechtsökonomischen Arbeit auch den Teilaspekt der Schutzbedürftigkeit von Gläubigerinteressen[841]. Dabei kam er zum Ergebnis, dass einerseits der Markt eine hinreichende Information der Gläubiger nicht gewährleisten könne und der notwendige Schutz durch staatliche Vorschriften unerlässlich sei. *Hellermann* kam hingegen in seiner ökonomischen Analyse der Schutzbedürftigkeit von Gläubigern zu dem Ergebnis, dass diese grundsätzlich nicht bestünde und ein den staatlichen Eingriff rechtfertigendes Marktversagen im Falle des Verzichts auf eine gesetzliche Publizitätspflicht nicht zu erwarten sei[842].
In der rechtsökonomischen Literatur wird auf ein unzureichendes Abstraktionsniveau bei den Arbeiten verwiesen, die ihre Untersuchung auf Einzelinteressen beschränken. Demnach reicht es nicht aus, den Nutzen einer gesetzlichen Publizitätspflicht für Gläubiger nachzuweisen. Vorzugswürdiger sei die gesamtwirtschaftliche Ausrichtung einer Kosten-Nutzen-Analyse[843]. Bislang wurde auf Grund der Komplexität dieser Aufgabenstellung eine entsprechende Analyse nicht durchgeführt.

4. Zwischenergebnis

Die durch das europäische Recht geprägte Epoche der Jahresabschlusspublizität war zunächst von nationalen Entwicklungen eingeleitet worden. Die in der Nachkriegszeit initiierte und bis 1980 dauernde Novellierung des Gesellschaftsrechts suchte den veränderten wirtschaftlichen Bedingungen und veränderten wirtschaftspolitischen Überzeugungen gerecht zu werden. Die Reformen von 1959 und 1965 modernisierten das Aktienrecht, dabei moderat auch die Publizitätspflicht der Aktiengesellschaften. Zusammen mit der parallel verlaufenden Publizitätsdebatte veränderte sich die Dogmatik der Offenlegungspflicht nur geringfügig. Nachdem vor dem Zweiten Weltkrieg Aktiengesellschaften zunehmend aus einer gesamtwirtschaftlichen Betrachtung bewertet wurden, entwickelte sich dieser Ansatz nach dem zweiten Weltkrieg zu einer rechtsformunabhängigen realwirtschaftlichen Unternehmensdogmatik[844]. Dementsprechend passte der Gesetzgeber die Bilanz- und Offenlegungsvorschriften 1959 an die reale Erscheinung der Aktiengesellschaft an. Losgelöst vom ursprünglichen Normaltypus berücksichtigte das Aktienrecht von 1959 die abweichenden Bedingungen für kleine und geschlossene Gesellschaften. Mit diesem Schritt gestand sich der Gesetzgeber ein, dass die Rechtsform nicht den alleine maßgeblichen Maßstab für den notwendigen Umfang der Jahresabschlusspublizität

---

841 *Meier-Schatz*, Wirtschaftsrecht und Unternehmenspublizität, S. 251 ff. Ebenso aus Sicht der Wirkungen auf die Unternehmen bereits *Moxter*, Der Einfluß von Publizitätsvorschriften auf das unternehmerische Verhalten, S. 109 ff.

842 *Hellermann*, Die Publizität des Jahresabschlusses geschlossener Kapitalgesellschaften, S. 193 ff. (S. 217 f.).

843 *Hax*, Rechnungslegungsvorschriften – Notwendige Rahmenbedingungen für den Kapitalmarkt?, S. 187 (S. 198 ff); zustimmend *Rückle/Klatte*, BFuP 1989, 193 (198 ff.).

844 Der Ursprung dieser Entwicklung ist sicherlich in der Bestrebung der Gleichstellung von Aktiengesellschaft und GmbH seit den 1920er Jahren zu sehen. Seinerzeit aber noch an einer rechtsformbezogenen Betrachtung festgehalten, die mit der Lehre vom „Unternehmensverfassungsrecht" überwunden wurde.

darstellt[845]. Dieser Entwicklung stand zunächst der Versuch der Neufassung eines GmbH-Gesetzes entgegen, die unter Berücksichtigung eines gegenüber der Aktiengesellschaft abweichenden Normaltypus, eine größenunabhängige Publizitätspflicht zu implementieren suchte. Der Widerstand gegen dieses von der Entwicklung des Gesellschaftsrechts nicht gestützte Vorhaben verhinderte die Reform. Die Kompensationsthese von *Raiser* konnte sich also in der nationalen Rechtsentwicklung nicht durchsetzen. Durchgesetzt hatte sich hingegen mit dem Publizitätsgesetz von 1969 der rechtsformunabhängige Begründungszusammenhang zwischen der Offenlegung und der gesamtgesellschaftlichen Bedeutung.

Auf der europäischen Ebene hingegen wurde mit Erlass der Ersten Richtlinie der Kompensationsgedanke von *Raiser* gegen die Stimmen von Ausschüssen und Organen verfolgt[846]. Die Verknüpfung von Haftungsbeschränkung und Publizitätspflicht entfaltete ihrer Wirkung, zunächst durch eine Vorschrift in der Publizitätsrichtlinie suspendiert, mit Erlass der Bilanzrichtlinie 1978. Offen gehaltene Freiräume, die vollständige oder teilweise Befreiung kleiner, mittlerer oder geschlossener Unternehmen von der Publizitätspflicht wurde von der Bilanzrichtlinie nicht genutzt. Der Typus der Gesellschaft erhielt, der deutschen Geschichte zum Trotz, in Anlehnung an das englische Recht keine grundlegende tatbestandliche Bedeutung. Realtypische Unterschiede der betroffenen Gesellschaft wurden mit größenabhängigen Unterschieden in den Offenlegungspflichten berücksichtigt. Grundlegend und insoweit uneingeschränkt galt die zum Prinzip herangereifte These der Kompensation von Haftungsbeschränkungen. Nachdem in der Publizitätsrichtlinie Befreiungsspielräume für die Bilanzrichtlinie vorgesehen waren, die nicht genutzt wurden, unternahm Deutschland mit Unterstützung weiterer Regierungen den Versuch, einen bestimmten Typus von Gesellschaft von der Publizitätspflicht vollständig zu befreien. Von der deutschen Rechtstradition getragen sollte die Bedeutung der Rechtsform, die zuvorderst am Merkmal der Haftungsbeschränkung festgemacht wurde, zurückgedrängt werden. Dieser Versuch scheiterte aber. Die letztlich durchgesetzte Mittelstandsrichtlinie behielt die Weichenstellung bei und reduzierte für kleinere Gesellschaften in geringem Umfang das Transparenzniveau. Als Endpunkt dieser Entwicklung wurde der technische Weg der Informationsübermittlung reformiert. Über elektronische Medien soll die Informationseffizienz gesteigert und die vollständige Wirkung der europäischen Publizitätsdogmatik entfaltet werden.

---

[845] Die Reform von 1965 bestätigte auch weiterhin den gesetzlichen Normaltypus der Aktiengesellschaft und stellte den funktionalen Zusammenhang mit dem Kapitalmarkt stärker als die gesamtgesellschaftliche Bedeutung in den Vordergrund.

[846] Vgl. *Hommelhoff*, Die neue Zwangspublizität: „gläserne Taschen für den Mittelstand?", S. 449 (451). Vgl. zur einflussreichen Position von Großbritannien *Davies*, Gower's Company Law, S. 505 ff.

Dritter Teil:

Ergebnis der historischen Bestandsaufnahme

In der Auseinandersetzung mit der Bewertung der gesetzlichen Jahresabschlusspublizität eingangs dieser Arbeit wurde die Vielschichtigkeit der Urteilsfindung deutlich. Auf Grund der Komplexität der Wirkungsweise von Jahresabschlussinformationen jenseits des Kapitalmarktes und auf Grund einer mangelnden empirischen Erforschung dieser Wechselwirkungen in der Vergangenheit mangelt es zur Zeit an der Grundlage für eine abschließende Abwägung der betroffenen Interessen[847]. Die historische Bestandsaufnahme nährt allerdings die Zweifel an der Richtigkeit der nach geltendem europäischen Recht bestehenden Publizitätsdogmatik[848]. Sie hatte einerseits gezeigt, dass in der deutschen Rechtsgeschichte eine differenziertere Auseinandersetzung mit dem ordnungspolitischen Instrument der Jahresabschlusspublizität stattgefunden hatte, die mit europäischen Prinzipien nicht vereinbar ist[849]. Andererseits waren die getroffenen Entscheidungen nicht das Ergebnis zweifelsfreier Vorentscheidungen. Sowohl die erste als auch die Vorbereitung der vierten Gesellschaftsrichtlinie tendierten zu einer anderen europäischen Publizitätsdogmatik. Auch der erste Entwurf der Mittelstandsrichtlinie beabsichtigte, die Anzahl der den gesetzlichen Publizitätspflichten unterlegenen Gesellschaften zu verringern. Darüber hinaus leidet das europäische Publizitätsrecht an internen Widersprüchen, die zwar vom EuGH zurückgewiesen wurden, die aber die Zuverlässigkeit und Glaubwürdigkeit der europäischen Vorgaben weiterhin belasten.

I. Die Entwicklungsstufen

Die Bestandsaufnahme zu Beginn des 19. Jahrhunderts hatte gezeigt, dass die Geschichte der Jahresabschlusspublizität ihren Ursprung nicht erst mit ihrer ersten gesetzlichen Kodifizierung fand, sondern parallel zur Entwicklung der Aktiengesellschaft in der neuzeitlichen Rechts- und Wirtschaftsordnung. Bereits 1725 wurde eine Handelskompagnie, eine Vorform der Aktiengesellschaft, per Edikt zur jährlichen Offenlegung des Jahresabschlusses gegenüber einer unbeschränkten Öffentlichkeit verpflichtet. Bei der ersten bekannten hoheitlichen Regelung der Offenlegung handelte es sich also um eine Einzelfallregelung. Die erste gesetzliche Kodifikation erfuhr die Jahresabschlusspublizität fast 150 Jahre später in Preußen mit der Aktienrechtsnovelle von 1870. Die Veränderungen, die eine gesetzliche Regulierung notwendig machten, ergaben sich nicht aus der Rechtsnatur der auftretenden Aktiengesellschaften oder ihrer Verfassung. Die Umstände, die nach heutiger Dogmatik die Offenlegung des Jahresabschlusses rechtfertigen, existierten bereits im 18. und 19. Jahrhundert. Die staats- und wirtschaftspolitische Bestandsaufnahme hat hingegen Begründungen finden können. Bis weit in das 19. Jahrhundert hinein wurden nur solche Gesellschaften per Octroi oder Konzession privilegiert, die aus Sicht der Gesetzgeber bzw. der Herrscher als privilegierungsbedürftig und –würdig erschienen. Dies waren zunächst solche Gesellschaften, deren Unternehmen von unmittelbarem oder mittelbarem Interesse für die Herrscher waren. Die Begründung ihrer Auswahl und

---

847 Ob die Bedeutung der Publizität überschätzt wird, wie *Großfeld/Luttermann*, Bilanzrecht, Rn. 1798, schreiben, ist daher nicht belegt.

848 Im Zusammenhang mit der Diskussion über die Kapitalgesellschaften & Co.-Richtlinie und der Mittelstandsrichtlinie wurde ernsthaft die nicht abwegigen Bedenken vorgebracht, dass die Einbeziehung kleiner Gesellschaften (ohne Auslandsbezug) die Gesetzgebungskompetenz der Europäischen Gemeinschaft übersteige und gegen das Subsidiaritätsprinzip verstoße

849 Zu einem gänzlich anderen Ergebnis kommt *Hommelhoff*, Die neue Zwangspublizität: „gläserne Taschen für den Mittelstand?", S. 449 ff.

ihrer Einzelfallregelung fand sich im wirtschaftspolitischen Verständnis, dem Merkantilismus, der die Überwachungsfunktion der Herrscher betonte. Diese Gesellschaften standen, insbesondere aus machtpolitischen Motiven, unter unmittelbarer staatlicher Kontrolle, die unter anderem über Informationsrechte ausgeübt wurde. Die Wirtschaftsgeschichte hatte auch gezeigt, dass die Funktion der staatlichen Kontrolle ganz überwiegend dem Schutz der Anleger galt. Damit wurde gezeigt, dass die Einführung der Publizitätspflicht 1870 den Schutz des Staates gegenüber dem Kapitalmarkt und den Gesellschaftern ersetzte.

Die erste Hälfte des 19. Jahrhunderts schuf erste Regelungen für die Aktiengesellschaft, die zunächst recht geringe wirtschaftspolitische Bedeutung erhielt. Die Rechtsform entwickelte sich zum Motor der Industrialisierung, ohne dass die Verknüpfung von Staat und Unternehmen zurückging. Die verschiedenen Staaten bemühten sich zunehmend um die Kodifikation des Rechts der Aktiengesellschaft[850]. Eine gesetzliche Publizitätspflicht, ging in keinem Fall hervor. Der Übergang zum Konzessionsverfahren behielt, auch bei gesetzlichen Regelungen wie in Preußen, die Einzelfallregelung im Genehmigungsprozess bei. So bestimmten preußische Verwaltungsvorschriften von 1856 für das Konzessionsverfahren, die staatliche Genehmigung an die Verpflichtung zu einer jährlichen Offenlegung des Jahresabschlusses zu knüpfen.

Die Betrachtung der zweiten Hälfte des 19. Jahrhunderts hatte die Geburtsstunde der gesetzlichen Jahresabschlusspublizität gezeigt. Mit der Aktienrechtsnovelle von 1870 wählte der Gesetzgeber den Übergang vom Konzessionsverfahren zum Normativsystem. Dabei konnte die Auswertung der Gesetzesmaterialien nachweisen, dass mit der Offenlegungspflicht vorrangig der Schutz der Aktionäre beabsichtigt wurde. Die Begründung bezog sich weniger auf die Haftungsbeschränkung als vielmehr auf die Kapitalmarktorientierung bzw. die gesamtwirtschaftliche Bedeutung der einzelnen Aktiengesellschaften. Dieses Ergebnis wurde durch die nächste Novelle von 1884, die das Produkt einer Börsenkrise war, bestätigt. Der Schutz der Gläubiger spielte zwar jeweils in der Begründung auch eine Rolle. Dass es keine entscheidende war, zeigte sich endgültig mit der Schaffung des GmbH-Rechts. Nachdem wesentliche Begründungsfaktoren, Kapitalmarktorientierung und gesamtgesellschaftliche Bedeutung für den Normaltypus der GmbH ausgeschlossen wurden, blieb letztlich nur der Gläubigerschutz zur Rechtfertigung einer Publizitätspflicht. Trotz strittiger Beurteilungen wurde das Gläubigerinteresse den übrigen beteiligten Interessen untergeordnet.

Die Entwicklung bis in die 1960er Jahre war gekennzeichnet durch eine gesamtgesellschaftliche Perspektive in der Bewertung der einzelnen Rechtsformen, in der die Beachtung des Gläubigerinteresses weiter zurückging. Die Notverordnung von 1931 bewirkte eine verbesserte Transparenz der aktiengesellschaftlichen Verhältnisse, führte aber zu keiner Änderung des Adressatenkreises. Anders sah es bei dem heftig umstrittenen GmbH-Recht aus. Entsprechend des zum damaligen Zeitpunkt maßgeblichen Rechtfertigungszusammenhangs, sollte nach einem Gesetzentwurf von 1939 bei der GmbH eine größenabhängige Publizitätspflicht eingeführt werden. Soweit kam es jedoch kriegsbedingt nicht. Nach dem zweiten Weltkrieg löste sich die Diskussion von der Rechtsform und suchte den Zusammenhang in der Unterneh-

[850] Erste aktienrechtliche Bestimmung enthielt bereits das ALR von 1794. Das erste Aktiengesetz schuf Preußen 1848, nachdem bereits das Preußische Eisenbahngesetz wesentliche Umstände der Aktiengesellschaft regelte.

mensgröße, die eine gesamtwirtschaftliche Bedeutung der Gesellschaft widerspiegeln sollte. Das Endergebnis war das PublG. Eine, auch abgestufte, Publizitätspflicht für die Rechtsform der GmbH entwickelte sich nicht

Die europäisch geprägte Phase hatte in ihrer Entwicklung einen Bruch mit der bisherigen Entwicklung aufgezeigt. Die größenabhängigen formspezifischen Publizitätserleichterungen berücksichtigen in einem gewissen Umfang die Besonderheiten der Gruppe der kleinen Gesellschaften. Die europäischen Publizitätsvorschriften basieren aber auf rechtsformspezifischen Tatbestandsmerkmalen. Ihr Fundament bildet das Prinzip, nach dem die Publizität den Preis der Haftungsbeschränkung darstellt.

II. Rechtsdogmatische Anmerkungen

Die historische Bestandsaufnahme begründete die Notwendigkeit, die bestehenden Kategorien der gesetzlichen Jahresabschlusspublizität zu überprüfen. Hierzu müssen zunächst die entscheidenden Maßstäbe der Wirtschaftsverfassung definiert werden. Vor diesem Hintergrund gilt es, die Wertung der Haftungsbeschränkung als Privileg, die ihre rechtliche Begründung in der romanischen Rechtstradition fand, innerhalb der heutigen Rechtsdogmatik zu überprüfen[851]. Hierzu wird gehören müssen, dass die Publizitätspflicht dort ihre Grenze finden muss, wo möglichen Nachteilen der Gesellschaften kein wesentlicher Nutzen von Aktionären, Gläubigern und Öffentlichkeit gegenüber stehen. Welcher Wert den betroffenen Interessen in den ggf. neu bestimmten Kategorien zukommt, bedarf dann einer rechtsökonomischen und empirischen Unterstützung. So muss etwa bestimmt werden, welchen Bedarf die Publizitätsadressaten kleiner und geschlossener Gesellschaften haben[852]. Dabei gilt es gleichzeitig, das ordnungspolitische Instrument im Zusammenhang und in der Wechselwirkung mit den übrigen Schutz- und Sekundärvorschriften für die Adressaten einer Bewertung zu unterwerfen[853]. Gelangt diese Bewertung zu dem Ergebnis, dass der Schutz der Adressaten einen Informationsausgleich verlangt, müssen andere taugliche Informationsmöglichkeiten in die Abwägung mit einbezogen werden[854]. Als ordnungspolitische Alternative stünde dem (europäischen) Gesetzgeber auch die Möglichkeit offen, einem zu definierenden Kreis kleiner und ggf. geschlossener Gesellschaften eine Obliegenheit zur Publizität aufzuerlegen. In der Ausgestaltung könnte dann beispielsweise erwogen werden, dass sich der Unternehmer nur dann auf seine beschränkte Haftung berufen kann, wenn er seiner Publizitätspflicht nachkam. Entscheidet er sich aber für den Weg ohne Publizität, könnte er für bestimmte Schadensfälle, die er verschuldet, persönlich herangezogen werden.

---

[851] *v. Caemmerer*, Publizitätsinteresse der Öffentlichkeit und Gesellschaftsrecht, S. 141 (S. 172 f.), sah bereits in der in der Haftungsbeschränkung keine hinreichende Rechtfertigung der gesetzlichen Offenlegungsvorschriften.

[852] Vgl. *Streim/Klaus*, BB 1994, 1109 (1116).

[853] Dies hatte bereits *Goldschmidt*, ZHR 30, 69 (83), im Zusammenhang mit der Reform von 1884 angemerkt.

[854] Vgl. zur Wertung auch *Höfner*, NJW 2004, 475.

Vierter Teil:

Anhang

Anhang:

Struktur der empirischen Forschung im Bereich der externen Rechnungslegung

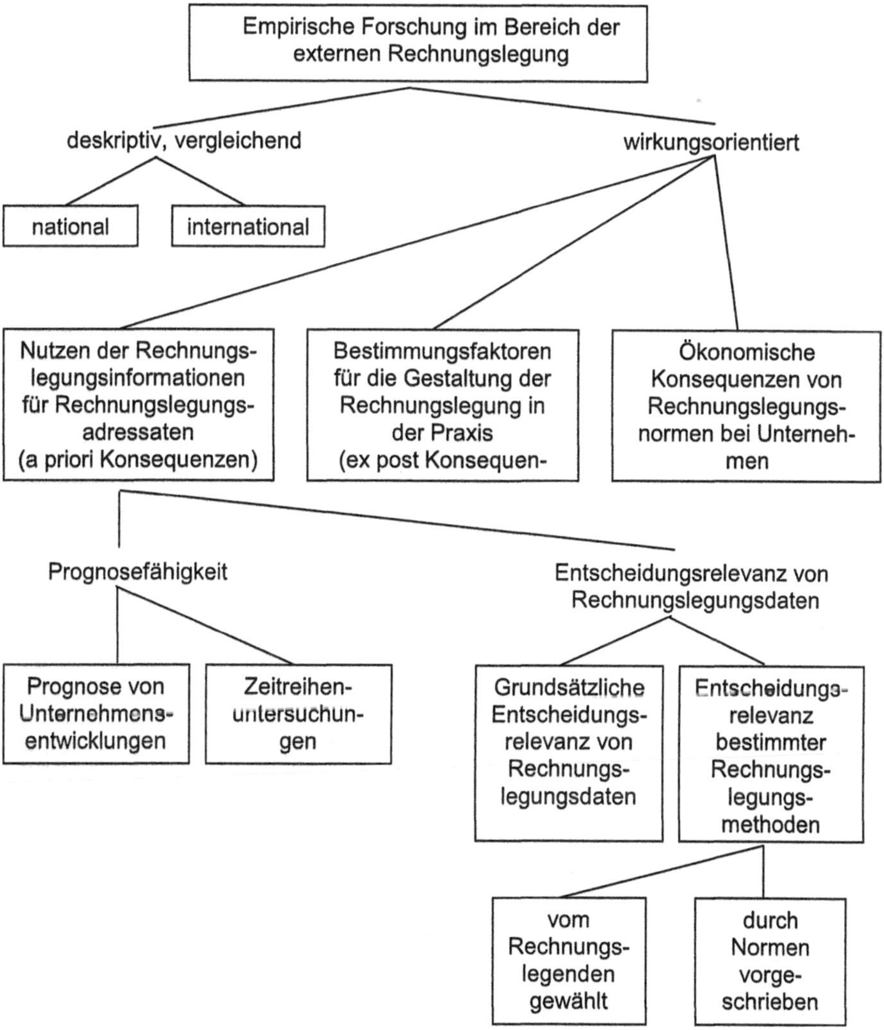

Quelle: *Coenenberg*, Jahresabschluß und Jahresabschlußanalyse[17], S. 788.

Literaturverzeichnis

Abeltshauser, Thomas: *Unternehmensbegriff und öffentliches Interesse, Frankfurt a. M./Bern 1982.*

Adams, Michael: *Eigentum, Kontrolle und beschränkte Haftung, in:* Ott, Claus; Schäfer, Hans-Bernd *(Hrsg.), Ökonomische Probleme des Zivilrechts, Beiträge zum 2. Travemünder Symposium zur ökonomischen Analyse des Rechts, Berlin/Heidelberg 1991, S. 193-225.*

Adelberger, Otto: *Publizität der GmbH – Versuch eines Beitrags zur Lehre von den Unternehmungsformen, zugl. Diss., Univ. München, München 1957.*

Adler, Hans; Düring, Walther; Schmaltz, Kurt: *Rechnungslegung und Prüfung der Unternehmen, Teilband 7: §§ 316-330 HGB, 6. Aufl., Stuttgart 2000.*

Adler, Hans; Düring, Walther; Schmaltz, Kurt: *Rechnungslegung und Prüfung der Unternehmen, Ergänzungsband zur 6. Aufl., Stuttgart 2001.*

Altman, Edwart I.: *Financial Ratios, Discriminant Analysis And The Prediction Of Corporate Bankruptcy, The Journal of Finance 1968, 589-609.*

Annecke, Walter; Bueck, Henry Axel: *Die Erweiterung des Handelsrechts durch Einführung neuer Gesellschaftsformen, Verein zur Wahrung der wirtschaftlichen Interessen von Handel und Gewerbe, Nr. 25, Berlin 1891.*

Apelt, Bernd: *Die Publizität der GmbH – Die Regelungen des BiRiLiG, der Mittelstandsrichtlinie und der GmbH & Co.-Ergänzungsrichtlinie –, zugl. Diss., Univ. Münster (Westfalen), 1990, Berlin 1991.*

Arrow, Kenneth J.: *The Economics of Agency, in:* Pratt, John W.; Zeckhauser, Richard J. *(Hrsg.), Principals and Agents – The Structure of Business, Boston 1985, S. 37-51.*

Assmann, Heinz-Dieter: *Prospekthaftung: als Haftung für die Verletzung kapitalmarktbezogener Informationsverkehrspflichten nach deutschem und US-amerikanischem Recht, Köln [u. a.] 1985.*

Auerbach, W.: *Das Gesellschaftswesen in juristischer und volkswirthschaftlicher Hinsicht unter besonderer Berücksichtigung des allgemeinen deutschen Handelsgesetzbuchs, Frankfurt a. M. 1861.*

Auerbach, W.: *Das Actienwesen, Frankfurt a. M. 1873, Nachdruck Frankfurt a. M. 1969.*

Bachof, Otto: *Begriff und Wesen des sozialen Rechtstaats: Der soziale Rechtsstaat in verwaltungsrechtlicher Sicht, Veröffentlichungen der Vereinigung der Deutschen Staatsrechtslehrer, Heft 12 (1954), 37-79.*

Bader, Franz-Josef; Pietsch, Reinhart; Schulze zur Wiesche, Dieter: *Flucht aus der Publizität – Möglichkeiten zur Vermeidung der Prüfungs- und Offenlegungspflichten der GmbH, Bonn 1988.*

Baetge, Jörg; Apelt, Bernd: *Konsequenzen des Verstoßes gegen die Offenlegungsvorschriften des HGB – Analyse möglicher Folgen bei unterlassener Offenlegung einer GmbH unter besonderer Berücksichtigung der geplanten EG-Mittelstandsrichtlinie –, DB 1988, 1709-1714.*

Baetge, Jörg; Huß, Michael; Niehaus, Hans-Jürgen: *Die statistische Auswertung von Jahresabschlüssen zur Informationsgewinnung bei der Abschlussprüfung, WPg 1986, 605-613.*

Baetge, Jörg; Lammerskitten, Peter: *Publizität und Finanzierung, in:* Buschgen, Hans *(Hrsg.), Handwörterbuch der Finanzwirtschaft, Stuttgart: Poeschel, 1976, Sp. 1469-1486.*

Bähr, Otto: *Gesellschaft mit beschränkter Haftung, Die Grenzboten 51 (1892), 210-227.*

Ball, Ray; Brown, Philip: *An Empirical Evaluation of Accounting Income Numbers, JAR 1968, 159-178.*

Ballerstedt, Kurt: *Unternehmen von besonderer gesamtwirtschaftlicher Bedeutung unter Berücksichtigung des Konzernrechts, in:* Deutscher Juristentag*: Untersuchungen zur Reform des Unternehmensrechts, Bericht der Studienkommission des Deutschen Juristentages, Teil I, Tübingen 1955.*

Ballerstedt, Kurt: *Aktienrechtsreform und Unternehmensverfassung, in:* Friedrich-Ebert-Stiftung *(Hrsg.), Zur großen Aktienrechtsreform – Referate und Diskussion einer Fachtagung der Forschungsstelle, Hannover 1962, S. 33-51.*

Ballwieser, Wolfgang: *Zur Begründbarkeit informationsorientierter Jahresabschlußverbesserungen, ZfbF 1982, 772-793.*

Ballwieser, Wolfgang: *Ein Überblick über Ansätze zur ökonomischen Analyse des Bilanzrechts, BFuP 1996, 503-527.*

Barth, Kuno: *Publizitätspflichten für mittelständische Unternehmen – Neuere Bestrebungen für die Publizierung –, BB 1988, 2343-2344.*

Barz, Carl Hans: *Die Reform des GmbH-Rechts, GmbHR 1963, 124-128.*

Baumann, Horst: *Die Vereinigungs- und Berufsfreiheit der juristischen Person - Verfassungsrechtliche Aspekte zur Zulässigkeit der GmbH & Co. KGaA -, BB 1997, 2281 -2288.*

Baums, Theodor: *Gesetz über die Aktiengesellschaften für die königlich preußischen Staaten vom 9. November 1843, Aalen 1981.*

Baums, Theodor: *Entwurf eines allgemeinen Handelsgesetzbuches für Deutschland (1848/49), Text und Materialien, herausgegeben und mit einer Einführung versehen, Heidelberg 1982.*

Baums, Theodor *(Hrsg.)*: *Bericht der Regierungskommission Corporate Governance: Unternehmensführung, Unternehmenskontrolle, Modernisierung des Aktienrechts, Köln 2001.*

Baums-Stammberger, Brigitte: *Der Versuch einer Aktiengesetzgebung in Sachsen 1836/37, zugl. Diss. jur., Fernuniv. Hagen 1980.*

Beater, Axel: *§§ 264 a-264 c, in:* Schmidt, Karsten *(Hrsg.), Münchener Kommentar zum Handelsgesetzbuch, Bd. 4: Drittes Buch. Handelsbücher - §§ 238-342a, München 2001.*

Beaver, Wilhelm H.: *The Information Content of Annual Earnings Announcements, Empirical Research in Accounting: Selected Studies, Supplement to JAR 1968, 67-92.*

BeckBilKomm: *Beck'scher Bilanz Kommentar, 6. Aufl., München 2006.*

Behre, Otto: *Geschichte der Statistik in Brandenburg-Preußen bis zur Gründung des Königlichen Bureaus, Berlin 1905.*

Behrend: *Gutachten über die Actiengesellschaften, in: Schriften des Vereins für Socialpolitik (Hrsg.): Zur Reform des Actiengesellschaftswesens, Leipzig 1884.*

Berger, Louis: *Der alte Harkort – Ein westfälisches Lebens- und Zeitbild, Leipzig 1890.*

Biener, Herbert: *Gesetz über die Rechnungslegung von bestimmten Unternehmen und Konzernen (PublG), Düsseldorf 1973.*

Biener, Herbert: *AG-KGaA-GmbH-Konzerne, Rechnungslegung, Prüfung und Publizität nach den Richtlinien der EG, Köln 1979.*

Biener, Herbert: *Die Rechnungslegung der GmbH nach dem Regierungsentwurf eines Bilanzrichtlinien-Gesetzes (II), GmbHR 1982, 77-82.*

Biener, Herbert: *Interessenkonflikte bei der Anpassung der Rechnungslegungsvorschriften in der Europäischen Wirtschaftsgemeinschaft (EWG), in:* Baetge, Jörg *(Hrsg.), Der Jahresabschluß im Widerstreit der Interessen, Düsseldorf 1983, S. 21-45.*

Biener, Herbert: *Die Publizität der Rechnungslegung im Wandel, BFuP 1989, 212-230.*

Biener, Herbert: *Die Transformation der Mittelstands- und der GmbH & Co-Richtlinie, WPg 1993, 707-715.*

Biener, Herbert; Berneke, Wilhelm: *Bilanzrichtlinien-Gesetz: Textausgabe des Bilanzrichtlinien-Gesetz vom 19.12.1985, Düsseldorf 1986.*

Bihr, Dieter: *Der Entwurf des Kapitalgesellschaften- und Co.-Richtlinie-Gesetzes (KapCoRiLiG) vom 13.8.1999, BB 1999, 1862-1864.*

Bitter, Bernhard; Grashoff, Dieter: *Anwendungsprobleme des Kapitalgesellschaften- und Co-Richtlinie-Gesetz, DB 2000, 833-839.*

Blaich, Fritz: *Die Epoche des Merkantilismus, Wiesbaden 1973.*

Blann, Jack; Balachandran, B. V.: *An Empirical Test Of The Statistical Association Of Market Risk and Financial Accounting Allocation, Journal of Business Finance and Accounting 1988, 101-113.*

Bleckmann, Albert: *Zu den Auslegungsmethoden des Europäischen Gerichtshofs, NJW 1983, 1177-1182.*

Bösselmann, Kurt: *Die Entwicklung des deutschen Aktienwesens im 19. Jahrhundert, Berlin 1939.*

Brandeis, Louis D.: *Others people's money and how the bankers use it, New York 1914, Nachdruck Bristol 2003.*

Brandi, Ernst: *Informationswirkungen der Jahresabschlussveröffentlichung auf Entscheidungen am Aktienmarkt, zugl. Diss., Univ. Augsburg, Augsburg 1977.*

Branson, Douglas: *Countertrends in Corporate Law – Model Business Corporation Act Revision, British Company Law Reform, and Principles of Corporation Governance and Structure, Minnesota Law Review 68 (1983), 53-115.*

Bundesministerium der Justiz: *Referentenentwurf eines Gesetzes über Gesellschaften mit beschränkter Haftung, 2. Aufl., Köln-Marienburg 1969.*

Bundesministerium der Justiz: *Referentenentwurf zur Neuregelung der Rechnungslegungspflicht von GmbH & Co. KG vorgelegt, BMJ, Schreiben v. 30.3.1999 – 3507 – 320546/99, GmbHR 1999, 535-537.*

Buschmeyer, Klaus-Dieter: *Publizität als Korrelat der Haftungsbeschränkung, zugl. Diss., Univ. Münster, 1993, Köln 1993.*

von Caemmerer, Ernst: *Publizitätsinteressen der Öffentlichkeit und Gesellschaftsrecht, in:* Barz, Carl Hein [u. a.] *(Hrsg.), Das Frankfurter Publizitätsgespräch, Frankfurt a. M. 1962, S. 141-182.*

Castan, Edgar: *Publizität, in:* Kosiol, Erich [u. a.] *(Hrsg.), Handwörterbuch des Rechnungswesens, 2. Aufl., Stuttgart 1981, Sp. 1400-1411.*

Coenenberg, Adolf G.: *Jahresabschluß und Jahresabschlußanalyse, 16. Aufl., Landsberg/Lech 1997.*

Coenenberg, Adolf G.: *Jahresabschluss und Jahresabschlussanalyse, 20. Aufl., Stuttgart 2005.*

Conard, Alfred F.: *The European Alternative to Uniformity in Corporation Law, Mich. L. Rev. 89 (1991), 2150-2200.*

Cosack, Konrad: *Lehrbuch des Handelsrechts, 5 Aufl., Stuttgart 1900.*

Crüger, Hans: *Empfiehlt es sich, das Recht der GmbH. einer Neuordnung zu unterziehen, und ist hierbei eine Vereinheitlichung des im Deutschen Reich und in Österreich geltenden Rechts zu erstreben?, in:* Schriftführer-Amt der ständigen Deputation *(Hrsg.), Verhandlungen des zweiunddreißigsten Deutschen Juristentages, Bd. 1, Berlin 1914, S. 24-34.*

Davies, Paul L.: *Gower's principles of modern company law, 6. ed., London 1997.*

von Delbrück, Rudolph: *Lebenserinnerungen, Bd. 2: 1817-1867, Leipzig 1905.*

Deutler, Karl F.: *Das neue GmbH-Recht - GmbH-Novelle 1980 -, Düsseldorf 1980.*

Diehl, Karl: *Theoretische Nationalökonomie, Bd. 1: Einleitung in die Nationalökonomie, 2. Aufl., Jena 1922.*

Diekmann, Hans: *Die Geschichte des französischen Bilanzrechts, zugl. Diss., Univ. Münster (Westfalen), 1990, Berlin 1991.*

Dittrich, Erhard: *Die deutschen und österreichischen Kameralisten, Darmstadt 1974.*

Döllerer, Georg: *Zweck der aktienrechtlichen Publizität, BB 1958, 1281-1284.*

Dörner, Dietrich; Orth, Christian: *Bedeutung der Corporate Governance für Unternehmen und Kaptialmärkte, in:* Pfitzer, Norbert; Oser, Peter *(Hrsg.), Deutscher Corporate Governance Kodex: Ein Handbuch für Entscheidungsträger, Stuttgart 2003.*

Dorozalla, Ingo; Söffing, Matthias: *Zur Vermeidung handelsrechtlicher Offenlegungspflichten durch alternative Rechtsformen, DStR 2000, 1567-1570.*

Dreher, Friedrich: *Die Gesellschaft mit beschränkter Haftung – ihr wirkliches Wesen und ihre wirtschaftliche Gestalt, Stuttgart 1931.*

Duesing, W.; Bergstein, K.: *Unterlassene Pflichtprüfung bei GmbH und GmbH & Co. KG: Zivil- und steuerrechtliche Folgen und Gestaltungen nach neuem Recht, GmbH-StB 1999, 350-355.*

Düringer, Adelbert; Hachenburg, Max: *Das Handelsgesetzbuch vom 10. Mai 1897 - Kommentar, 3. Aufl., Bd. 3,1: Einleitung: Die Aktiengesellschaft im Leben der Wirtschaft und §§ 178-230a, Mannheim/Berlin/Leipzig 1934.*

Easterbrook, Frank H.; Fischel, Daniel R.: *Mandatory Disclosure and the Protection of Invetors, Va.L.Rev. 70 (1984), 669-715.*

Ebke, Werner: *The Impact of Transparency Regulation on Company Law, in:* Hopt, Klaus J.; Wymeersch, Eddy *(Hrsg.), Capital Markets and Company Law, Oxford 2003, 173-197.*

Ebke, Werner: *Klare Worte zur Publizität der GmbH & Co. KG, BB 2005, Nr. 45 Die erste Seite.*

EG-Kommission: *SLIM – Schlankheitskur für EU-Gesellschaftsrecht, ZIP 1999, 1944-1948.*

Eisenhardt, Ulrich: *Deutsche Rechtsgeschichte, 3. Aufl., München 1999.*

Elmendorff, Wilhelm: *Harmonisierung der Rechnungslegungsvorschriften in der Europäischen Wirtschaftsgemeinschaft, WPg 1967, 621-628.*

Elmendorff, Wilhelm: *Harmonisierung der einzelstaatlichen Rechnungslegungsvorschriften in der Europäischen Wirtschaftsgemeinschaft: Ergebnisse der bisherigen Beratungen in der „Groupe d´Etudes Droit des Sociétés des Experts Comptables de la C.E.E." und noch zu behandelnde Themen, Journal UEC 1967, 217-224.*

Elmendorff, Wilhelm: *Die Rechnungslegungsvorschriften nach dem Vorschlag einer 4. EG-Richtlinie der Kommission der Europäischen Gemeinschaften, WPg 1972, 29–39.*

Elschenbroich, Manfred: *Die Kommanditgesellschaft auf Aktien: Rechtliche Gestaltung und wirtschaftliche Bedeutung, Wiesbaden 1959.*

Engel, Ernst: *Die erwerbsthätigen juristischen Personen insbesondere die Actiengesellschaften im preussischen Staate statistisch beleuchtet, Berlin 1876.*

Ernst, Christoph: *Die Grundzüge des Referentenentwurfs zum Kapitalgesellschaften & Co.-Richtlinie-Gesetz, DStR 1999, 903-907.*

Esser, Robert: *Die Gesellschaft mit beschränkter Haftbarkeit: Eine gesetzgeberische Studie, Berlin 1886.*

Feine, Hans Erich: *Die Gesellschaft mit beschränkter Haftung, in:* Ehrenberg, Victor *(Hrsg.), Handbuch des gesamten Handelsrechts, dritter Band, III. Abteilung, Leipzig 1929.*

Fehrenbacher, Oliver: *Registerpublizität und Haftung im Zivilrecht, Baden-Baden 2004.*

Fick, Heinrich: *Ueber Begriff und Geschichte der Aktiengesellschaften, ZHR 1862, 1–63.*

Fikentscher, Wolfgang: *Wirtschaftsrecht, Bd. II: Deutsches Wirtschaftsrecht, München 1983.*

Fischer, Curt: *Die Gesellschaft mit beschränkter Haftung: Eine gesellschaftsrechtliche und wirtschaftshistorische Studie, Berlin/Göttingen/Heidelberg 1948.*

Fleischer, Holger: *Grundfragen der ökonomischen Theorie im Gesellschafts- und Kapitalmarktrecht, ZGR 2001, 1-32.*

Flume, Werner: *Grundfragen der Aktienrechtsreform: Bemerkungen zu dem Regierungsentwurf eines Aktiengesetzes, Düsseldorf 1960.*

Flume, Werner: *Savigny und die Lehre von der juristischen Person, in:* Behrend, Okko [u. a.] *(Hrsg.), Festschrift für Franz Wieacker zum 70. Geburtstag, Göttingen 1978, S. 340-360.*

Forsthoff, Ernst: *Begriff und Wesen des sozialen Rechtsstaats, Veröffentlichungen der Vereinigung der Deutschen Staatsrechtslehrer, Heft12 (1954), 8-33.*

Fränkel, Franz: *Die Gesellschaft mit beschränkter Haftung – Eine volkswirtschaftliche Studie –, Tübingen 1915.*

v. Frankenberg und Pröschlitz, C.: *Die G.m.b.H. als Unternehmungsform der nationalen Wirtschaft, Die nationale Wirtschaft 1933/34, 177-180.*

Friauf, Karl Heinrich: *Die Publizitätspflicht für Gesellschaften mit beschränkter Haftung aus verfassungsrechtlicher Sicht, GmbHR 1985, 245-253.*

Fülbier, Rolf Uwe: *Regulierung der Ad-hoc-Publizität: ein Beitrag zur ökonomischen Analyse des Rechts, zugl. Diss., Univ. Münster (Westfalen), 1998, Wiesbaden 1998.*

Gadow, W.; Heinichen, E. [u. a.]: *Aktiengesetz: Kommentar, Berlin 1939.*

Gans, Eduard (Hrsg.): *Beiträge zur Revision der preußischen Gesetzgebung, Berlin 1830-1832.*

Geldmacher, Erwin: *Die wirtschaftliche Bedeutung der Publizitätspflichten im neuen Aktienrechtsentwurf, in:* Behm, Max Richard *(Hrsg.), Festschrift für Kurt Wiedenfeld zum 60. Geburtstag, Leipzig 1931, S. 46-65.*

Gernoth, Jan P.: *Das deutsche Handelsregister – telekommunikative Steinzeit im Zeichen des europäischen Wettbewerbs, BB 2004, 837-844.*

Gersch, Hartmut; Herget, Rudolf; Marsch, Reinhard; Stützle, Rudolf: *GmbH-Reform 1980: Erläuterung mit praktischen Hinweisen, Stuttgart 1980.*

Gessler, Ernst: *Der Bedeutungswandel der Rechnungslegung im Aktienrecht, in:* Muthesius, Volkmar *(Hrsg.), 75 Jahre Deutsche Treuhand-Gesellschaft – 1890-1965 –, Frankfurt a. M. 1965, S. 129-164.*

Gessler, E.: *Probleme der GmbH-Rechtsreform, GmbHR 1966, 102-112.*

Gessler, Ernst: *Die GmbH in der gesellschaftsrechtlichen Gesetzgebung, in:* Schmidt, Hans Martin *(Hrsg.), Pro GmbH: Analysen und Perspektiven des Gesellschafts- und Steuerrechts der GmbH aus Anlaß des 75jährigen Jubiläums der Centrale für GmbH Dr. Otto Schmidt, Köln 1980, S. 91-114.*

Getz, Heinrich: *Die deutsche Rechtseinheit im 19. Jahrhundert als rechtspolitisches Problem, Bonner rechtswissenschaftliche Abhandlungen, Bd. 70, Bonn 1966.*

Gmür, Rudolf: *Die Emdener Handelscompagnien des 17. und 18. Jahrhunderts, in:* Hefermehl, Wolfgang; Gmür, Rudolf; Brox, Hans *(Hrsg.), Festschrift für Harry Westermann, Karlsruhe 1974, S. 167-197.*

v. Gierke, Julius: *Handelsrecht und Schiffahrtsrecht, 4. Aufl., Berlin/Leipzig 1933.*

Goerdeler, Reinhard: *Die Publizität der Rechenschaftslegung, in:* Barz, Carl Hein [u. a.] *(Hrsg.), Das Frankfurter Publizitätsgespräch, Frankfurt a. M. 1962, S. 211-233.*

Goerdeler, Reinhard: *Die Bestimmungen über den Jahresabschluß – Gliederung, Bewertung, Prüfung, Registerpublizität, in:* Centrale für Gesellschaften mbH *(Hrsg.), Probleme der GmbH-Reform – Zugleich Bericht über die Arbeitstagung „GmbH-Reform" in Bonn vom 29.9. bis 1.10.1969, Köln 1970, S.154-170.*

Goerdeler, Reinhard: *Publizität der Rechnungslegung im Rückblick und Ausblick, in:* Moxter, Adolf [u. a.] *(Hrsg.), Rechnungslegung: Entwicklungen bei der Bilanzierung und Prüfung von Kapitalgesellschaften, Festschrift zum 65. Geburtstag von Karl-Heinz Forster, Düsseldorf 1992, S. 235-252.*

Goldschmidt, Levin: *Gutachten über das Actiengesellschaftswesen, in:* Verein für Socialpolitik *(Hrsg.), Zur Reform des Actiengesellschaftswesens, Leipzig 1874.*

Goldschmidt, Levin: *Alte und neue Formen der Handelsgesellschaft: Vortrag gehalten in der Juristischen Gesellschaft zu Berlin, in:* Goldschmidt, Levin *(Hrsg.), Vermischte Schriften, zweiter Band, Neuauflage Vaduz/Lichtenstein 1978, S. 321-349.*

Goldschmidt, Levin: *Die Reform des Aktiengesellschaftsrechts, ZHR 1885, 69-89.*

Goldschmidt, Levin: *Handbuch des Handelsrechts – Geschichtlich-Literatische Einleitungen und Grundlinien, Band 1 Teil B, 2. Aufl., 1875, Neudruck Aalen 1973.*

Göllert, Kurt: *Sozialbilanzen – Grundlagen im geltenden Recht, Wiesbaden 1979.*

Greifhagen, H.: *Wortbeitrag, Verhandlungen des 45. DJT, F 76-84.*

Großfeld, Bernhard: *Aktiengesellschaft, Unternehmenskonzentration und Kleinaktionär, zugl. Hab. Schrift, Univ. Tübingen, 1965/66, Tübingen 1968.*

Großfeld, Bernhard: *Bilanzrecht für Juristen – Das Bilanzrichtlinien-Gesetz vom 19. 12. 1985, 955-962.*

Großfeld, Bernhardt; Diekmann, Hans: *Gemeinsame Grundlagen des europäischen Bilanzrechts, WPg 1988, 419-429.*

Großfeld, Berhard; Luttermann, Claus: *Bilanzrecht – Die Rechnungslegung in Jahresabschluß und Konzernabschluß nach Handelsrecht und Steuerrecht –, Europarecht und IAS/IFRS, 4. Aufl., Heidelberg 2005.*

Großmann-Doerth, Hans: *Reform des Gesetzes, betreffend die Gesellschaft mit begrenzter Haftung, in: fünfter Deutscher Juristentag in der Tschechoslowakei, Gutachterband, Prag 1931, S. 165-263.*

Gustavus, Eckhart: *Die Sanktionen bei unterlassener Offenlegung des Jahresabschlusses, ZIP 1988, 1429-1436.*

Hachenburg, Max: *Aus dem Rechte der Gesellschaft mit beschränkter Haftung, LZ 1909, Sp. 15-36.*

Hachenburg, Max: *Einleitung: Die Aktiengesellschaft im Leben der Wirtschaft, in:* Düring-Hachenburg, *Das Handelsgesetzbuch vom 10. Mai 1897, III. Band, 1. Teil: Einleitung und §§ 789-230 a, 3. Aufl., Mannheim [u. a.] 1934, S. 1-192.*

Häger, Ralf: *Das Publizitätsverhalten mittelgroßer Kapitalgesellschaften, zugl. Diss., Univ. Hannover, 1993, Frankfurt a. M. [u. a.] 1993.*

Hahn, Jürgen: *„KapCoRiLiG" – Gläserne Taschen für GmbH und GmbH & Co. KG, GmbHR 1999, S. 69-70.*

Haller, Axel: *Positive Accounting Theory: Erforschung der Beweggründe bilanzpolitischen Verhaltens, DBW 1994, 597-612.*

Hansemann, David: *Die Eisenbahnen und deren Aktionäre in ihrem Verhältniß zum Staat, Leipzig/Halle 1837.*

Hartmann-Wendels, Thomas: *Rechnungslegung der Unternehmen und Kapitalmarkt aus informationsökonomischer Sicht, zugl. Habil.Schrift, Univ. Köln, 1991, Heidelberg 1991.*

Hauschild, Jürgen *(Hrsg.)*: *Krisendiagnose durch Bilanzanalyse, Köln 1988.*

Hauschild, Jürgen; Rösler, Joachim; Gemünden, Hans Georg: *Der Cash Flow – Ein Krisensignalwert?, DBW 1984, 253-370.*

Haussmann, Fritz: *Vom Aktienwesen und vom Aktienrecht, Mannheim/Berlin/Leipzig 1928.*

Hax, Karl: *Aktienrechtsreform und Publizität der Unternehmungen, in: Zur großen Aktienrechtsreform: Referate und Diskussion einer Fachtagung der Forschungsstelle, Hannover 1962, S. 93-113.*

Hax, Herbert: *Rechnungslegungsvorschriften – Notwendige Rahmenbedingungen für den Kapitalmarkt?, in:* Domsch, Michael [u. a.] *(Hrsg.), Unternehmungserfolg: Planung – Ermittlung – Kontrolle, Festschrift für Walter Busse von Colbe zum 60. Geburtstag, Wiesbaden 1988, S. 187-210.*

Heilbrunn, L.: *Aufgaben der Gesetzgebung auf dem Gebiete des Handelsrechts nach dem Kriege, Monatsschrift für Handelsrecht und Bankwesen, Steuer und Stempelfragen 1917, 77-85.*

Heinitz, Ernst: *Zur Entwicklung der Gesellschaft mit beschränkter Haftung, DJZ 1909, Sp. 177-182.*

Hellermann, Klaus: *Die Publizität des Jahresabschlusses geschlossener Kapitalgesellschaften, zugl. Diss., Univ. Osnabrück, 2003, Baden-Baden 2003.*

Heni, Bernhard: *Transformation der GmbH & Co.-Richtlinie: Neuer Schub für die Konzernrechnungslegung, DStR 1999, 912-916.*

Henning, Friedrich Wilhelm*: Die Entwicklung der Aktiv- und Passivgeschäfte der Banken im 19. Jahrhundert in Deutschland, in:* Coing, Helmut; Wilhelm, Walter *(Hrsg.), Wissenschaft und Kodifikation im 19. Jahrhundert, Bd. V, Geld und Banken, Frankfurt/Main 1980, S. 55-76.*

Herber, Rolf: *Zum Entwurf einer GmbH-Novelle, GmbHR 1978, 25-33.*

Hergenhahn: *Die Kommanditgesellschaft auf Aktien, insbesondere ihre Entstehungsgeschichte, rechtliche und wirthschaftliche Natur, ZGR 1894, 69-84.*

His, Eduard: *Handelsregister, Geschäftsfirmen und kaufmännische Buchführung: Art. 927 – 964, in:* Becker, H. *(Hrsg.), Kommentar zum Schweizer Zivilgesetzbuch, Bd. 7, 4. Abt., Bern 1940.*

von Hofacker, Carl: *Entwurf eines Handelsgesetzbuches für das Königreich Württemberg mit Motiven, Stuttgart: J. B. Mezler, 1839, in:* Schubert, Werner *(Hrsg.), Entwurf eines Handelsgesetzbuches für das Königreich Württemberg mit Motiven (1839/40), Teil 1: Entwurf, Frankfurt a. M. 1986.*

von Hofacker, Carl: *Entwurf eines Handelsgesetzbuches für das Königreich Württemberg, Teil II: Motive, Stuttgart 1840, in:* Schubert, Werner *(Hrsg.), Entwurf eines Handelsgesetzbuches für das Königreich Württemberg mit Motiven, II. Teil: Motive, Frankfurt a. M. 1986.*

Hoffman-Becking (Hrsg.): *Münchener Handbuch des Gesellschaftsrechts, Bd. 4: Aktiengesellschaften, 2. Aufll., München 1999.*

Höflich, Klaus: *Wettbewerbliche Wirkungen publizierter Jahresabschlüsse, zugl. Diss., Univ. Mainz, 1982.*

Höfner, Klaus D.: *Die Offenlegungspflicht bei der GmbH & Co. KG erneut auf dem Prüfstand, NJW 2004, 475-476.*

Hofstätter, Peter R.: *Die Öffentlichkeit als Adressat der Publizität, in:* Barz, Carl Hein [u. a.] *(Hrsg.), Das Frankfurter Publizitätsgespräch, Frankfurt a. M. 1962, S. 74-87.*

Hollaender: *Zur Reform der Gesellschaft mit beschränkter Haftung, ZHR 1915, 65-111.*

Hommelhoff, Peter: *Eigenkontrolle statt Staatskontrolle – rechtsdogmatischer Überblick zur Aktienrechtsreform 1884 –, in:* Schubert, Werner; Hommelhoff, Peter *(Hrsg.), Hundert Jahre modernes Aktienrecht, ZGR Sonderheft 4, Berlin 1985, S. 53-105.*

Hommelhoff, Peter: *Die neue Zwangspublizität: „gläserne Taschen für den Mittelstand?“, in:* Hommelhoff, Peter [u. a.] *(Hrsg.), Gesellschaftsrecht, Rechnungslegung, Steuerrecht, Festschrift für Welf Müller zum 65. Geburtstag, München 2001, S. 449-462.*

Hopt, Klaus: *Der Kapitalanlegerschutz im Recht der Banken: Gesellschafts-, bank- und börsenrechtliche Anforderungen an das Beratungs- und Verwaltungsverfahren der Kreditinstitute, zugl. Habil. Schrift, Univ. München, 1973, München 1975.*

Hopt, Klaus: *Die Publizität von Kapitalgesellschaften – Grundsätzliche Überlegungen zum Stand nach der 4. EG-Richtlinie und zur Reformdiskussion in den USA –, ZGR 1980, 225 - 253.*

Hopt, Klaus: *Ideelle und wirtschaftliche Grundlagen der Aktien-, Bank- und Börsenrechtsentwicklung im 19. Jahrhundert, in:* Coing, Helmut; Wilhelm, Wilhelm *(Hrsg.), Wissenschaft und Kodifikation des Privatrechts im 19. Jahrhundert, Bd. V: Geld und Banken, Frankfurt a. M. 1980, S. 128-168.*

Hornef, Heinrich: *Publizitätspflicht nur für die Aktiengesellschaft?, WPg 1958, 253-258.*

Huber, Ernst Rudolf: *Deutsche Verfassungsgeschichte Seit 1789, Bd. II: Kampf um Einheit und Freiheit – 1830-1850, Stuttgart [u. a.] 1960.*

Huber, Ernst Rudolf: *Deutsche Verfassungsgeschichte Seit 1789, Bd. III: Bismarck und das Reich, 2. Aufl., Stuttgart [u. a.] 1963.*

Huber, Ernst Rudolf *(Hrsg.)*: *Dokumente zur deutschen Verfassungsgeschichte, Bd. 1: Deutsche Verfassungsdokumente 1803-1850, 3. Aufl., Stuttgart [u. a.] 1978.*

Huber, Ernst Rudolf *(Hrsg.)*: *Dokumente der deutschen Verfassungsgeschichte, Bd. 2: Deutsche Verfassungsdokumente 1851-1900, 3. Aufl., Stuttgart [u. a.] 1986.*

Hueck, Alfred: *Gedanken zur Reform des Aktienrechts und des GmbH-Rechts – Vortrag gehalten vor der Berliner Juristischen Gesellschaft am 9. November 1962, Berlin 1963.*

Hundhausen, Carl: *Die Bedeutung der Publizität unter besonderer Berücksichtigung der historischen Bedeutung, in:* Barz, Carl Hans [u. a.] *(Hrsg.), Frankfurter Publizitätsgespräch, Frankfurt a. M. 1962, S. 17-32.*

Hunger, Markus: *Offenlegungspflichten und Handelsregisterpraxis in Großbritannien und Deutschland, zugl. Diss., Univ. Münster (Westfalen), 1991, Berlin 1993.*

Ihrig, Hans-Christoph; Wagner, Jens: *Die Reform geht weiter: Das Transparenz- und Publizitätsgesetz kommt, BB 2002, 789-798.*

Institut der Wirtschaftsprüfer: *Die Rechenschaftslegung der Gesellschaften mit beschränkter Haftung: ein Beitrag zur Neugestaltung des G.m.b.H.-Rechts., Der Wirtschaftsprüfer 1938, 281-291.*

Jansen, Esther: *Publizitätsverweigerung deutscher GmbH und ihre Sanktionierung im Lichte des KapCoRiLG, DStR 1999, 1490-1497.*

Jansen, Esther: *Die Sanktionen der Publizitätsverweigerung nach dem Kapitalgesellschaften- und Co-Richtlinien-Gesetz, DStR 2000, 596-598.*

Jansen, Paul: *FGG – Gesetz über die Angelegenheiten der freiwilligen Gerichtsbarkeit – Großkommentar, Bd. 3: §§ 71-200 FGG, 3. Aufl.*, Berlin 2006.

Jecht, Horst: *Deutsche Wirtschaftsgeschichte seit dem Ausgange des 18. Jahrhunderts, Salzgitter 1949.*

Jenks, Stuart: *Von den Archaischen Grundlagen bis zur Schwelle der Moderne (ca. 1000-1450), in:* North, Michael *(Hrsg.), Deutsche Wirtschaftsgeschichte, 2. Aufl., München 2000.*

Junge, Werner: *Wandel der Rechnungslegung, in:* Baums, Theodor [u. a.] *(Hrsg.), Festschrift für Ulrich Huber zum siebzigsten Geburtstag, Tübingen 2006, S. 783-799.*

Kaiser, Joseph H.: *Die Wahrnehmung öffentlicher Publizitätsinteressen, in:* Barz, Carl Hein [u. a.] *(Hrsg.), Das Frankfurter Publizitätsgespräch, Frankfurt a. M. 1962, S. 88-105.*

Keynes, John Maynard: *Das Ende des Laissez-Faire – Ideen zur Verbindung von Privat- und Gemeinwirtschaft, München/Leipzig 1926.*

Kiefner, Hans: *Personae vice fungitur? Juristische Person und „industrielle Corporation" im System Savignys, in:* Hefermehl, Wolfgang; Gmür, Rudolf; Brox, Hans *(Hrsg.), Festschrift für Harry Westermann zum 65. Geburtstag, Karlsruhe 1974, S. 263-290.*

Klausing, Friedrich: *Reform des Aktienrechts: Unter besonderer Berücksichtigung der Teilreform des Jahres 1931, Berlin/Wien 1933.*

Klausing, Friedrich: *Gesetz über Aktiengesellschaften und Kommanditgesellschaften auf Aktien (Aktien-Gesetz): nebst Einführungsgesetz und „amtlicher Begründung", Berlin 1937.*

Klausing, Friedrich: *Die Neuordnung der Gesellschaften mit beschränkter Haftung: Erster Arbeitsbericht zur „Reform" der GmbH., Arbeitsbericht der Akademie für Deutsches Recht, Heft 5, Frankfurt a. M. 1938.*

Klausing, Friedrich: *Die Neuordnung der Gesellschaft mit beschränkter Haftung: 2. Arbeitsbericht des „Ausschusses für Gesellschaften mit beschränkter Haftung" der Akademie für Deutsches Recht, Arbeitsberichte der Akademie für Deutsches Recht, Nr. 13, Frankfurt a. M. 1940.*

Klatte, Volkmer: *Zur Transformation der GmbH & Co.-Richtlinie in deutsches Recht, DB 1992, 1637-1643.*

Klee, Wolfgang: *Preußische Eisenbahngeschichte, Stuttgart [u. a.] 1982.*

Klein, Franz: *Die neueren Entwicklungen in Verfassung und Recht der Aktiengesellschaft, Wien 1904.*

Klein, Werner; Pötzsch, André: *Referentenentwurf zum Kapitalgesellschaften & Co.-Richtlinien-Gesetz – Verschärfung der Bilanz-, Prüfungs- und Publizitätspflichten für Kapitalgesellschaften & Co. –, DB 1999, 1509-1511.*

Kleinheyer, Gerd: *Das Allgemeine Landrecht für Preußische Staaten vom 1. Juni 1794 – An der Wende des Spätabsolutismus zum liberalen Rechtsstaat –, Heidelberg 1995.*

Köhler, Herbert W.: *Unternehmensverfassung und Aktienrechtsreform, JZ 1956, 137-142.*

Köhler, Herbert W.: *Rechtsform und Unternehmensverfassung – Einige Bemerkungen zu einer rechtsstaatorientierten Verfassung privatrechtlich gegliederter und ungegliederter Unternehmen, ZgS 115 (1959), 716-746.*

Kraske, Jochen: *Die Publizitätspflicht der Grossunternehmung: Ihre Grundlagen und ihre Erweiterung, zugl. Diss. jur., Univ. Freiburg, 1962, Freiburg 1962.*

Kronstein, Heinrich; Claussen, Carsten Peter: *Publizität und Gewinnverteilung im neuen Aktienrecht: Rechtsvergleichende Untersuchung unter Berücksichtigung des amerikanischen Rechts, Frankfurt a. M. 1960.*

Kropff, Bruno: *Leitgedanken der Bewertungsvorschriften des künftigen Aktienrechts, WPg 1964, 565-575.*

Kropff, Bruno: *Aktiengesetz, Düsseldorf 1965.*

Kropff, Bruno: *Publizität, in:* Schmielewicz, Klaus; Schweitzer, Marcell *(Hrsg.), Handwörterbuch des Rechnungswesens, 3. Aufl., Stuttgart 2003, Sp. 1669-1687.*

Krüger, Alfred: *Das Kölner Bankiergewerbe vom Ende des 18. Jahrhunderts bis 1875, Essen 1925.*

Kübler, Friedrich: *Gesellschaftsrecht im Spannungsfeld überlieferter Rechtsformen und moderner Regelungsprobleme, NJW 1984, 1857-1864.*

Kunze, Otto: *Von der Reform des Aktienrechts zur Reform des Unternehmensrechts, Das Mitbestimmungsgespräch 1960, Heft Nr. 11, 10-17.*

Larenz, Karl: *Methodenlehre der Rechtswissenschaft, 3. Aufl., Berlin [u. a.] 1975.*

Lehmann, Karl: *Das Recht der Aktiengesellschaften, Band 1, Neudruck der Ausgabe Berlin 1898, Aalen 1964.*

Lehmann, Michael: *Das Privileg der beschränkten Haftung und der Durchgriff im Gesellschafts- und Konzernrecht, ZGR 1986, 345-370.*

Leiskow, Hanns: *Spekulation und öffentliche Meinung in der ersten Hälfte es 19. Jahrhunderts, Jena 1930.*

Liebmann: *Die Gesellschaft mit beschränkter Haftung in der Praxis, DJZ 1902, 327-330.*

Liebmann: *Die Reform der Gesellschaft mit beschränkter Haftung, DJZ 1910, Sp. 675-682.*

Locré, J. G.: *Esprit Du Code De Commerce, Tome premier, Paris 1807.*

Loddenkemper, Heinz-Joseph: *Transparenz im öffentlichen und privaten Wirtschaftsrecht: Eine Untersuchung zu ihrer Bedeutung anhand ausgewählter Beispiele aus dem Bank-, Börsen- und Medienrecht, zugl. Diss., Univ. Saarbrücken, 1997, Baden-Baden 1998.*

Löffler, Martin; Ricker, Reinhard: *Handbuch des Presserechts, 5. Aufl., München 2005.*

Lohmann, Martin: *Einführung in die Betriebswirtschaftslehre, 2. Aufl., Tübingen 1955.*

Lück, Wolfgang: *Offenlegungspflichten für die „kleinen" GmbH nach dem Bilanzrichtlinien-Gesetz – Grenzen der Transparenz, GmbHR 1987, 42-50.*

Ludewig, Wilhelm: *Hauptprobleme der Reform des Aktienrechts, Marburg 1929.*

Lütge, Friedrich: *Deutsche Sozial- und Wirtschaftsgeschichte: ein Überblick, Berlin [u. a.] 1952.*

Lutter, Marcus; Mertens, Hans-Joachim; Ulmer, Peter: *Die GmbH & Co KG und das Bilanzrichtlinie – Überlegungen über flankierende Maßnahmen zur besseren Durchsetzung des neuen Regelungskonzepts –, BB 1983, 1739-1741.*

Luttermann, Claus: *Die „mangelhafte" Umsetzung europäischer Richtlinien – Zugleich Besprechung von EuGH, EuZW 1998, 45 – Daihatsu –, EuZW 1998, 264-268.*

Luttermann, Claus: *Das Kapitalgesellschaften- und Co.-Richtlinie-Gesetz – Europarecht, Unternehmenspublizität und internationale Rechnungslegung –, ZIP 2000, 517-525.*

von Lutz, Johann *(Hrsg.): Protokolle der Kommission zur Berathung eines Allgemeinen Deutschen Handelsgesetzbuchs, I. und III. Theil, Würzburg 1858.*

Martens, Fritz: *Die Aktiengesellschaft in der Kritik der ersten drei Viertel des 19. Jahrhunderts und ein Beitrag zu ihrer Geschichte, zugl. Diss., Univ. Kiel, 1934, Kiel 1934.*

Martin, Paul: *Die Entstehung des preußischen Aktiengesetzes von 1843, VSWG 56 (1969), 499-542.*

Marx, Franz Jürgen; Dallmann, Holger: *Jahresabschlußpublizität mittelständischer Unternehmen, BB 2004, 929 -935.*

Marx, Franz Jürgen; Scharenberg, Sigrun: *Neue Sanktionen bei Verstößen gegen die Jahresabschlußpublizität, StuB 1999, 1138-1145.*

Mayer, Bruno: *Das sogenannte Publizitätsprinzip im österreichischen Recht, GrünhutsZ 32 (1906), 245-360.*

Medicus, Dieter: *Schuldrecht I: Allgemeiner Teil, 16. Aufl., München 2005.*

Meier-Schatz, Christian J.: *Wirtschaftsrecht und Unternehmenspublizität: Zur wirtschaftsrechtlichen Regulierung von Unternehmen mittels Publizitätsnormen, Zürich 1989.*

Meilicke, Wienand: *Gestaltungen zur Verminderung der Publizität, DB 1986, 2445-2450.*

Mellerowicz, Konrad: *Rechnungslegung und Konzernabschluß, in:* Hengeler, Hans *(Hrsg.), Beiträge zur Aktienrechtsreform, Heidelberg 1959, S. 197-252.*

Mensah, Yaw; Song, Xiaofei; *Ho, Simons: The long-term payoff from increased corporate disclosures, Journal of Accounting and Public Policy 2003, vol. 22, S. 107-150.*

Merkt, Hanno: *Beiträge zur Börsen- und Unternehmensgeschichte, Frankfurt a. M. [u. a.] 2001*

Merkt, Hanno: *Unternehmenspublizität – Offenlegung von Unternehmensdaten als Korrelat der Marktteilnahme –, zugl. Habil.Schrift, Univ. Hamburg, 1999/2000 Tübingen 2001.*

Meyer, Justus: *Die GmbH und andere Handelsgesellschaften im Spiegel empirischer Forschung (I), GmbHR 2002, 177-189.*

Möller, Hans-Peter; Hüfner, Bernd: *Bilanzwirkungstheorien, in:* Ballwieser, Wolfgang; Coenenberg, Adolf G.; v. Wysocki, *Klaus (Hrsg.), Handwörterbuch der Rechnungslegung und Prüfung, 3. Aufl., Stuttgart 2002, Sp. 140-452.*

Mosthaf, Oliver: *Die Reform des Rechts der Gesellschaft mit beschränkter Haftung: Entwürfe, Stellungnahmen und Diskussionen vom Referentenentwurf 1969 bis zur GmbH-Novelle 1980, zugl. Diss. Univ. Tübingen, 1994, Wien 1994.*

Moxter, Adolf: *Der Einfluß von Publizitätsvorschriften auf das unternehmerische Verhalten, zugl. Hab.-Schrift, Univ. Frankfurt, 1961, Köln/Opladen 1962.*

Moxter, Adolf: *Bilanzierung und unsichere Erwartungen, ZfbF 1962, 607-632.*

Moxter, Adolf: *Bilanzlehre, Wiesbaden 1974.*

Moxter, Adolf: *Meinungsspiegel, BFuP 1989, 271-272.*

Müller, Andreas: *Die verschärfte Publizitätspflicht und andere Gefahren, Stbg 2000, 581-585.*

Naujok, Jan-Pieter: *Gemeinschaftsrechtswidrigkeit der Offenlegungspflichten der GmbH & Co. KG, GmbHR 2003, 263-269.*

Neubert, Olaf: *Rechnungslegungspublizität der GmbH – Eine Analyse ihrer wirtschaftlichen Bedeutung –, zugl. Diss., Univ. Kiel, 1982.*

Neukamp, Ernst: *Bedarf die Gesellschaft mit beschränkter Haftung einer Reform?, LZ 1909, 419-422.*

Niehus, Rudolf: *Meinungsspiegel, BFuP 1992, 450.*

Noack, Ulrich: *Elektronische Publizität im Aktien- und Kapitalmarktrecht in Deutschland und Europa: Medien für Unternehmensinformation im Wandel, AG 2003, 537-550.*

Noack, Ulrich: *Pflichtbekanntmachungen bei der GmbH: Neue Regeln durch das Justizkommunikationsgesetz, DB 2005, 599-601.*

Nörr, Knut Wolfgang: *Zur Entwicklung des Aktien- und Konzernrechts während der Weimarer Republik, ZHR 1986, 155-181.*

North, Michael: *Von der Atlantischen Handelsexpansion bis zu den Agrarreformen (1450-1815), in:* North, Michael *(Hrsg.), Deutsche Wirtschaftsgeschichte, 2. Aufl., München 2000.*

Nowak, Eric; Rott, Roland; Mahr, Till: *Wer den Kodex nicht einhält, den bestraft der Kapitalmarkt? – Eine empirische Analyse der Selbstregulierung und Kapitalmarktrelevanz des Deutschen Corporate Governance Kodex, ZGR 2005, 252-279.*

Nowotny, Christian: *Funktion der Rechnungslegung im Handels- und Gesellschaftsrecht,* Doralt, Peter *(Hrsg.), Abteilung für Unternehmensrecht Wirtschaftsuniversität Wien, Bd. 6, Wien 1987.*

Otruba, Gustav: *Die Wirtschaftspolitik Maria Theresias, Wien 1963.*

Ott, Alfred E.; Winkel, Harald: *Geschichte der theoretischen Volkswirtschaftslehre, Göttingen 1985.*

o. V.: *Protocolle der zur Beratung einer Allgemeinen Deutschen Wechsel-Ordnung in der Zeit vom 20. October bis 9. December 1847 in Leipzig abgehaltenen Conferenz, Leipzig 1848.*

o. V.: *Allgemeines Deutsches Handelsgesetzbuch, in: Neudrucke privatrechtlicher Kodifikationen und Entwürfe des 19. Jahrhunderts, Bd. 1, Aalen 1973.*

o. V.: *ZfB-Diskussions-Forum GmbH-Publizität und Insolvenzhäufigkeit, ZfB 1982, 202-203.*

o. V.: *Bundesregierung gegen Einbeziehung der GmbH & Co. KG in der Prüfungs- und Publizitätspflicht, DB 1986, 1416.*

Parisius, Ludolf *(Hrsg.)*: *Die Genossenschaftsgesetze im Deutschen Reiche – mit Einleitung und Erläuterungen zum praktischen Gebrauch für Juristen und Genossenschafter, Berlin 1876.*

Paschen, Iris: *Zur Publizitätspraxis der GmbH, DB 1992, 49-53.*

Passow, Richard: *Die Bilanzen der privaten Unternehmungen, Leipzig 1910.*

Passow, Richard: *Die Aktiengesellschaft – eine wirtschaftswissenschaftliche Studie –, 2. Aufl., Jena 1922.*

Pawlowski, Hans-Martin: *Methoden für Juristen, 3. Aufl., Heidelberg 1999.*

Pellens, Bernhard: *Publizität, in:* Gerke, Wolfgang; Steiner, Manfred *(Hrsg.), Handwörterbuch des Bank- und Finanzwesen, 3. Aufl., Stuttgart 2001, Sp. 1742-1754.*

Pellens, Bernhard; Fülbier, Rolf Uwe; Gassen, Joachim: *Internationale Rechnungslegung, IFRS 1 bis 7, IAS 1 bis 41, IFRIV-Interpretationen, Standardentwürfe, Mit Beispielen, Aufgaben und Fallstudien, 6. Aufl., Stuttgart 2006.*

Perrot, Franz: *Ein parlamentarisches Votum über das Aktienwesen, Heidelberg 1884.*

Petersen, Julius; Freiherr von Pechmann, Wilhelm: *Gesetz betreffend die Kommanditgesellschaften auf Aktien und die Aktiengesellschaften – vom 18. Juli 1884, in:* Puchelt, Ernst Sigismund *(Hrsg.), Kommentar zum Allgemeinen Deutschen Handelsgesetzbuch, 3. Aufl., Leipzig 1890.*

Pfitzer, Norbert; Wirth, Michael: *Die Änderung des Handelsgesetzbuchs – Umsetzung der Mittelstandsrichtlinie -, DB 1994, 1937-1941.*

Pflug, Karl: *Das Prinzip der Publicität in Deutschland – Mit besonderer Berücksichtigung seiner Bedeutung für den Privatkredit, zugl. Diss., Univ. Erlangen, 1895, Erlangen 1895.*

Philbert, Stephan: *Die Kommanditgesellschaft auf Aktien zwischen Personenhandelsgesellschaftsrecht und Aktienrecht, zugl. Diss. Univ. Regensburg, 2004/05, Berlin 2005.*

von Pitreich, August Ritter: *Empfiehlt es sich, das im Deutschen Reich und in Österreich geltende Recht der Gesellschaften m.b.H. zu vereinheitlichen und welche Sonderbestimmungen würden sich vorzugsweise zur Aufnahme in das einheitliche Recht eignen?, in:* Schriftführer-Amt der ständigen Deputation *(Hrsg.), Verhandlungen des einunddreißigsten Deutschen Juristentages, Berlin 1912, S. 314-333.*

von Pitreich, August Ritter: *Empfiehlt es sich, das im Deutschen Reich und in Österreich geltende Recht der Gesellschaften m.b.H. zu vereinheitlichen und gleichzeitig einer Neuordnung zu unterziehen?, in:* Schriftführer-Amt der ständigen Deputation *(Hrsg.), Verhandlungen des zweiunddreißigsten Deutschen Juristentages, Berlin 1914, S. 313-320.*

Plagens, Peter; Wolter, Gerd; Henke, Jens: *Neuausrichtung der Bilanzpolitik im Lichte des EHUG? DStR 2007, 1413-1419.*

von Poschinger, Heinrich: *Bankwesen und Bankpolitik in Preussen, Erster Band: von der ältesten Zeit bis zum Jahre 1846, Glashütten 1971.*

Primker: *Die Aktiengesellschaft, in:* Endemann, W. *(Hrsg.), Handbuch des Deutschen Handels-, See- und Wechselrechts, Bd. 1: Einleitung. Buch I: Die Personen des Handelsrechts, Leipzig 1881, S. 471-685.*

Purcell, Patrick: *The Enron Bankruptcy and Employer Stock in Retirement Plans, CRS Report for Congress, 11.03.2002, verfügbar unter: www.fpc.state.gov/documents/organization/9102.pdf.*

Raisch, Peter: *Die Abgrenzung des Handelsrechts vom Bürgerlichen Recht als Kodifikationsproblem im 19. Jahrhundert, (Abhandlungen aus dem gesamten Bürgerlichen Recht, Handelsrecht und Wirtschaftsrecht, 27. Heft), Stuttgart 1962.*

Raiser, Ludwig: *Die wirtschaftsverfassungsrechtlichen Fragen der Gestaltung der Unternehmensformen, in:* Ständige Deputation des deutschen Juristentages *(Hrsg.), Verhandlungen des 39. DJT in Stuttgart 1951, Tübingen 1952, B 57-75.*

Raiser, Thomas: *Recht der Kapitalgesellschaften – ein Handbuch für Praxis und Wissenschaft –, 2. Aufl., München 1991.*

Raiser, Thomas; Veil, Rüdiger: *Recht der Kapitalgesellschaften – Ein Handbuch für Praxis und Wissenschaft –, 4. Aufl., München 2006.*

Randelzhofer, Albrecht; Forsthoff, Ulrich: *vor Art. 39-55 EGV, Art. 44 EGV, in:* Grabitz, Eberhard; Hilf, Meinhard *(Begr. bzw. Hrsg.), Das Recht der Europäischen Union, Bd. I, EUV/EGV, Stand: Dez. 2005, München 2005.*

Rathenau, Walther: *Vom Aktienwesen: Eine geschäftliche Betrachtung, Berlin 1918.*

Rathenau, Walther: *Von kommenden Dingen, Berlin 1918.*

Rauch, Klaus: *Konsequenzen der unterlassenen Pflichtprüfung einer GmbH – Bilanzpolitische Möglichkeiten nach dem Abschlußstichtag zur Vermeidung der Prüfungspflicht –, BB 1997, 35-39.*

Rehm, Hermann: *Die Bilanzen der Aktiengesellschaft und Gesellschaften m. b. H., Kommanditgesellschaften auf Aktien, eingetragenen Genossenschaften, Versicherungsvereine auf Gegenseitigkeit, Hypotheken- und Notenbanken und Handelsgesellschaften überhaupt, München 1903.*

Reich, Norbert: *Die Entwicklung des deutschen Aktienrechts, in: Ius Commune, Bd. II, Frankfurt am Main 1969, 239-276.*

Reichsjustizamt: *Entwurf eines Gesetzes, betreffend die Kommanditgesellschaften auf Aktien und die Aktiengesellschaft vom Januar 1882, in:* Schubert, Werner; Hommelhoff, Peter *(Hrsg.), Hundert Jahre modernes Aktienrecht, Zeitschrift für Unternehmens- und Gesellschaftsrecht: Sonderheft 4, Berlin 1985, S. 263-287.*

Reichsjustizamt: *Entwurf eines Gesetzes, betreffend die Kommanditgesellschaften auf Aktien und die Aktiengesellschaften vom 7. März 1884, in:* Schubert, Werner; Hommelhoff, Peter *(Hrsg.), Hundert Jahre modernes Aktienrecht, Zeitschrift für Unternehmens- und Gesellschaftsrecht: Sonderheft 4, Berlin 1985, S. 387-559.*

Reichsjustizamt: *Entwurf eines Gesetzes betreffend die Gesellschaften mit beschränkter Haftung – nebst Begründung und Anlage, Berlin 1892.*

Reichsjustizamt: *Entwurf eines Handelsgesetzbuches mit Ausschluß des Seehandelsrechts nebst Denkschrift, Berlin 1896.*

Reichsjustizministerium: *Entwurf eines Gesetzes über Aktiengesellschaften und Kommanditgesellschaften auf Aktien sowie Entwurf eines Einführungsgesetzes nebst erläuternden Bemerkungen, Berlin/Leipzig 1930.*

Renaud, Achilles: *Das Recht der Actiengesellschaften, 2. Aufl., Leipzig 1875.*

Richter, Rudolf; Furubotn, Eirik: *Neue Institutionsökonomik: Eine Einführung und kritische Würdigung, übersetzt von Monika Streissler, Tübingen 1996.*

Ring, Viktor: *Deutsche Kolonialgesellschaften: Betrachtung und Vorschläge, Berlin 1887.*

Rintelen, Max: *Untersuchungen über die Entwicklung des Handelsregisters, Beilagenhefter zur ZHR 1914, Stuttgart 1914.*

Ripert, Georges: *Aspects juridiques du capitalisme moderne, 2. éd, Paris 1951.*

Rittner, Fritz: *Die handelsrechtliche Publizität außerhalb der Aktiengesellschaften, in:* Ständige Deputation des deutschen Juristentages *(Hrsg.), Verhandlungen des 45. Deutschen Juristentages, Karlsruhe 1964, Band I Teil 4, München/Berlin 1964.*

Rittner, Fritz: *Rechnungslegung und Publizität, in:* Centrale für Gesellschaften mbH *(Hrsg.), Probleme der GmbH-Reform – Zugleich Bericht über die Arbeitstagung „GmbH-Reform" in Bonn vom 29.9. bis 1.10.1969, Köln 1970, S. 133-153.*

Roesler, Carl F. H.: *Die rechtliche Natur des Vermögens der Handelsgesellschaften, nach römischem Recht, ZHR 4 (1861), 252-326.*

Röh, Thomas: *Die allgemeinen und besonderen Gesellschaften des Allgemeinen Landrechts für die Preußischen Staaten von 1794: Grundlagen und Weiterentwicklung von Gesetzesrevision (1825-1848) über das Allgemeine Deutsche Handelsgesetzbuch (1861) bis zum Bürgerlichen Gesetzbuch (1900), zugl. Diss. jur., Univ. Hamburg, Münster 1995.*

Roth, Günter H.: *Zur „economic analysis" der beschränkten Haftung, ZGR 1986, 371-382.*

Rückle, Dieter; Klatte, Volkmar: *GmbH & Co. KG und Offenlegungspflicht – Möglichkeiten eines differenzierten Offenlegungskonzepts, BFuP 1989, 193-212.*

Ruhnke, Klaus: *Rechnungslegung nach IFRS und HGB – Lehrbuch zur Theorie und Praxis der Unternehmenspublizität, Stuttgart 2005.*

von Savigny, Friedrich Carl: *Vom Beruf unsrer Zeit für Gesetzgebung und Rechtswissenschaft, in:* Stern, Jacques *(Hrsg.), Thibaut und Savigny: Ein programmatischer Rechtsstreit auf Grund ihrer Schriften, Darmstadt 1959. S. 69-166.*

Schäfer, Hans-Bernd; Ott, Claus: *Lehrbuch der ökonomischen Analyse des Zivilrechts, 4. Aufl., Berlin [u. a.] 2005.*

Scheidle, Helmut: *Die GmbH & Co. KG als attraktive Unternehmensform nach dem Bilanzrichtlinien-Gesetz? – Rechtsformüberlegungen unter Berücksichtigung des EG-Richtlinien-Entwurfes zur Erstreckung der Bilanzrichtlinie auf die GmbH & Co. KG –, BB 1986, 2065-2073.*

Schemmann, Till: *Die Neufassung der ersten gesellschaftsrechtlichen Richtlinie, GPR 2003/04, 92-94.*

Schemmann, Till; Solveen, Dirk: *Das Elektronische Handelsregister im Echtbetrieb – Wirklichkeit und Vision, ZIP 2001, 1518-1520.*

Scherrer, Gerhard: *Umgehungsmöglichkeiten der Größenpublizität, DB 1973, 89-94.*

Schiessl, Maximilian: *Deutsche Corporate Governance post Enron, AG 2002, 593-604.*

Schilling, Wolfgang: *Diskussionsbeitrag in:* Barz, Carl Hein [u. a.] *(Hrsg.), Das Frankfurter Publizitätsgespräch, Frankfurt a. M. 1962, S. 123-125.*

Schindhelm, Malte; Hellwege, Heiko; Stein, Klaus: *Die Publizität mittelständischer Unternehmen: Gläserne Taschen für alle? – Gestaltungen zur Vermeidung und Verminderung der Publizität, StuB 2000, 72-83.*

Schlegelberger, Franz: *Handelsgesellschaften im Spiegel der neuen Rechtsauffassung, Soziale Praxis 48 (1939), Sp. 1-8.*

Schlotter, Jochen: *Das EHUG ist in Kraft getreten: Das Recht der Unternehmenspublizität hat eine neue Grundlage, BB 2007, 1-5.*

Schmidt, Christian: *Digitalisierung der Registerführung und Neuregelung der Unternehmenspublizität: Was bringt das EHUG, DStR 2006, 2272-2278.*

Schmidt, F.: *Die verkrüppelte Erfolgsrechnung, ZfB 5 (1928), 81-99.*

Schmidt, Helmut: *Beaufsichtigt die neuen Großspekulanten!, Die Zeit 1.Februar 2007, S. 21-23.*

Schmidt, Karsten: *Gesellschaftsrecht, 4. Aufl., Köln [u. a.] 2002.*

Schmittmann, Jens: *Vorlage an den EuGH zur Offenlegungspflicht einer GmbH & Co. KG - Anmerkungen zum Beschluss des LG Essen vom 25.11.2002 – 45 T 1/02 –, StuB 2003, 304-306.*

Schneider, Dieter: *Eine Warnung vor Frühwarnsystemen: Statistische Jahresabschlußanalysen als Prognosen zur finanziellen Gefährdung einer Unternehmung?, DB 1985, 1489-1494.*

Schneider, Dieter: *Bilanztheorien, analytisch, in:* Ballwieser, Wolfgang [u. a.] *(Hrsg.), Handwörterbuch der Rechnungslegung und Prüfung, 3. Aufl., Stuttgart 2002, Sp. 427-440.*

Schneider, Egon; Schnapp, Friedrich: *Logik für Juristen, 6. Aufl., München 2006.*

Schubert, Werner: *Die Abschaffung des Konzessionssystems durch die Aktienrechtsnovelle von 1870, ZGR 1981, 285 - 317.*

Schubert, Werner (Hrsg.): *Protokolle der Commission zur Berathung eines allgemeinen deutschen Handelsgesetz-Buches, Bd. 1 und 3, Frankfurt a. M. 1984*

Schubert, Werner: *Die Entstehung des Aktiengesetzes vom 18. Juli 1884, in:* Schubert, Werner; Hommelhoff, Peter *(Hrsg.), Hundert Jahre modernes Aktienrecht, Zeitschrift für Unternehmens- und Gesellschaftsrecht: Sonderheft 4, Berlin 1985, S. 1-50.*

Schubert, Werner (Hrsg.): *Entwurf des Reichsjustizministeriums zu einem Gesetz über die Gesellschaften mit beschränkter Haftung von 1939, Heidelberg 1985.*

Schubert, Werner (Hrsg.): *Entwurf eines Handelsgesetzbuches für das Königreich Württemberg mit Motiven (1839/40), I. Teil: Entwurf, Frankfurt a. M. Nachdruck 1986.*

Schubert, Werner (Hrsg.): *Entwurf eines Handelsgesetzbuches für das Königreich Württemberg mit Motiven (1839/40), II. Teil: Motive, Frankfurt a. M. Nachdruck 1986.*

Schubert, Werner (Hrsg.): *Entwurf eines Handelsgesetzbuches für die Preussischen Staaten. Nebst Motive (1857), Frankfurt a. M. Nachdruck 1986.*

Schubert, Werner (Hrsg.): *Entwurf eines Handelsgesetzbuches für die Preussischen Staaten. Protokolle über die Berathung mit kaufmännischen Sachverständigen und praktischen Juristen (1856), Frankfurt a. M. Nachdruck 1986.*

Schubert, Werner: *Die Entstehungsgeschichte des Handelsgesetzbuchs vom 10. Mai 1897, in:* Schubert, Werner; Schmiedel, Burkhard; Krampe, Christoph *(Hrsg.), Quellen zum Handelsgesetzbuch von 1897, Bd. 1: Gesetze und Entwürfe, Frankfurt a. M. 1986, S. 1-30.*

Schubert, Werner: *Zur Entstehung des Zweiten Buches: Handelsgesellschaften und stille Gesellschaft, in:* Schubert, Werner; Schmiedel, Burkhard; Krampe, Christoph *(Hrsg.), Quellen zum Handelsgesetzbuch von 1897, Bd. 1: Gesetze und Entwürfe, Frankfurt a. M. 1986, S. 51-76.*

Schubert, Werner: *Das GmbH-Gesetz von 1892 – „eine Zierde unserer Reichsgesetzsammlung": Das historische Geschehen um die GmbH von 1888 bis 1892, in:* Lutter, M.; Ulmer, P. ; Zöllner, W. *(Hrsg.), FS 100 Jahre GmbH-Gesetz, Köln 1992, S. 1-47.*

Schubert, Werner; Hommelhoff, Peter: *Hundert Jahre modernes Aktienrecht, Zeitschrift für Unternehmens- und Gesellschaftsrecht: Sonderheft 4, Berlin 1985.*

Schulze-Osterloh, Joachim: *Die Rechnungslegung der Einzelkaufleute und Personenhandelsgesellschaften nach dem Bilanzrichtlinien-Gesetz, ZHR 1986, 403-433.*

Schulze-Osterloh, Joachim: *Anmerkung zu EuGH, Urt. v. 4.12.1997, ZIP 1997, 2157-2158.*

Schulze-Osterloh, Joachim: *Jahresabschluß, Abschlussprüfung und Publizität der Kapitalgesellschaften nach dem Bilanzrichtlinien-Gesetz, ZHR 1998, 532-569.*

Schumacher, Hermann: *Die Entwicklung der inneren Organisation der Aktiengesellschaft im deutschen Recht bis zum Allgemeinen Deutschen Handels-Gesetzbuch (Abhandlungen aus dem gesamten Handelsrecht, Bürgerlichen Recht und Konkursrecht 10. Heft), Stuttgart 1937.*

Schupp, Roland: *Das GmbH-Gesetz ist reformbedürftig, NJW 1958, 1220-1222.*

Schütz, Carsten; Bürgers, Tobias; Riotte, Michael (Hrsg.): *Die Kommanditgesellschaft auf Aktien – Handbuch –, München 2004.*

Schwank, Eberhard: *Grundsätzliche rechtliche Aspekte des Bilanzrichtlinien-Gesetzentwurfs, BB 1982, 1149-1155.*

Schwann, Mathieu: *Ludolf Camphausens Denkschriften, Wirtschaftspolitische Arbeiten und Briefe, Bd. 2, Essen 1915.*

Schwantag, Karl: *Die Publizität der Aktiengesellschaft, in:* Leffson, Ulrich *(Hrsg.), Der Jahresabschluß in der Aktienrechtsreform: mit einem Vorschlag zur Änderung des Regierungsentwurfes, Wiesbaden 1961, S. 9-15.*

Sehrt, Otto: *Die niederrheinischen Aktiengesellschaften unter dem Code de Commerce, Diss. jur., Univ. Gießen, 1911, Köln 1912.*

Seibert, Ulrich: *Das „TransPuG", NZG 2002, 608-613.*

Seitz, Hubert: *Rechtsfolgen der unterlassenen Pflichtprüfung bei einer mittelgroßen GmbH, DStR, 315-320.*

Semler, Johannes: *Der Schutz von Aktionären und Gläubigern durch die Rechnungslegung – Kurzreferat für den Achten Internationalen Accountants-Kongreß zum Hauptthema „Accounting in the Wold Economy“, WPg 1962, 497-501.*

Servos, Rüdiger: *Die Personenhandelsgesellschaften und die stille Gesellschaft in den Kodifikationen und Kodifikationsentwürfen vom ALR bis zum ADHGB, zugl. Diss., Univ. Köln, 1984.*

Simon, Hermann: *Deutsche Kolonialaktiengesellschaften – rechtliche Erörterung und Vorschläge, ZHR 1888, 85-161.*

Simon, Hermann: *Die Bilanzen der Aktiengesellschaften und der Kommanditgesellschaften auf Aktien, 4. Aufl., Berlin 1910.*

Smith, Adam: *An Inquiry Into The Nature And Causes Of The Wealth of Nations, edited by Cannan, Edwin and introduced by Max Lerner, New York 1937.*

Spieker, Wolfgang: *Aktienrechtsreform, Mitbestimmung der Arbeitnehmer und öffentliches Interesse, JZ 1962, 721-730.*

Spindler, Gerald; Bednarz, Sebastian: *Die Regulierung von Hedge-Fonds im Kapitalmarktrecht und Gesellschaftsrecht – Teil II: Der Stand der Reformdiskussion –, WM 2006, 603-607.*

Staub, Hermann: *Kommentar zum Handelsgesetzbuch, 6. und 7. Aufl., Bd. 1: Buch 1 (Handelsstand), Buch 2 (Handelsgesellschaften und stille Gesellschaft), Berlin 1900.*

Staub, Hermann: *Kommentar zum Handelsgesetzbuch, 14. Aufl., Bd. 2: §§ 178-342 mit den Vorschriften der Verordnung über Aktienrecht vom 19. September 1931, Berlin/Leipzig 1933.*

Stobbe, Otto: *Handbuch des deutschen Privatrechts, Bd. 1, 3. Aufl. Berlin 1893.*

Stobbe, Otto: *Geschichte der deutschen Rechtsquellen, 2. Abteilung, Braunschweig, 1864, Neudruck, Aalen 1965.*

Strauss, Walter: *Aktienrecht und Wirtschaftspolitik, Berlin 1959.*

Streim, Hannes: *Meinungsspiegel, BFuP 1992, 450-452.*

Streim, Hannes; Klaus, Hans: *Zur Rechnungslegung, Prüfung und Publizität der GmbH & Co. KG – Die Folgen der GmbH & Co.- und Mittelstandsrichtlinie, BB 1994, 1109-1116.*

Streim, Hannes; Kugel, Birgit: *GmbH & Co. KG und Rechnungslegungsreform – Analyse der Zweckmäßigkeit der geplanten Regelungen, BFuP 1985, 102-117.*

Strobel, Wilhelm: *Die Insolvenzwirksamkeit der EG-Bilanzreform im GmbH-Bereich, ZfB 1982, 210-218.*

Strobel, Wilhelm: *Aktuelles zum HGB-Bilanzrecht und zum Offenlegungsproblem, BB 1994, 1293-1300.*

Strobel, Wilhelm: *Die neuen EU-Bilanzpflichten für Kapitalgesellschaften & Co. im Rahmen neuer Schwellenwerte und Offenlegungssaktionen, DB 1999, 1025-1028.*

Strobel, Wilhelm: *Anpassung des HGB-Bilanzrechts an EU-Vorgaben – Schwellenwerte, Offenlegungssanktionen, Kapitalgesellschaften & Co., BB 1999, 1054-1058*

Strobel, Wilhelm: *Die Neuerungen des KapCoRiLiG für den Einzel- und Konzernabschluss, DB 2000, 53-59.*

Stuckert, Fritz: *Der Entwurf des Kapitalgesellschaften- und Co.-Richtlinie-Gesetz – Wesentlicher Inhalt und Zielsetzung –, StuB 1999, 481-486.*

Stützel, Wolfgang: *Aktienrechtsreform und Konzentration, in:* Arndt, Helmut *(Hrsg.), Die Konzentration in der Wirtschaft, Bd. 2: Ursachen der Konzentration, Schriften des Vereins für Socialpolitik Bd. 20/II, Berlin 1960, S. 907-987.*

Theile, Carsten: *Maßgeblichkeitsprinzip, europäisches und internationales Bilanzrecht: die Bilanzierung bei der GmbH und GmbH & Co. im Umbruch (II), GmbHR 1999, 1241-1248.*

Thibaut, Anton Friedrich Justus: *Ueber die Notwendigkeit eines allgemeinen bürgerlichen Rechts für Deutschland, in:* Stern, Jacques *(Hrsg.), Thibaut und Savigny: Ein programmatischer Rechtsstreit auf Grund ihrer Schriften, Darmstadt 1959, S. 35-68.*

Thöl, Heinrich: *Das Handelsrecht, Bd. II: Das Wechselrecht, 3. Aufl., Leipzig 1873.*

Uhlenbruck, Wilhelm: *Die GmbH & Co. KG in Krise, Konkurs und Vergleich – die rechtlichen und betriebswirtschaftlichen Zusammenhänge bei Insolvenz der KG und der GmbH, 2. Aufl., Köln 1988.*

Ulmer, Peter; Habersack, Mathias; Winter, Martin: *Gesetz betreffend die Gesellschaften mit beschränkter Haftung (GmbH) – Großkommentar, Bd. 1: Einleitung, §§ 1-28, 21. Aufl., Tübingen 2005.*

Vallenthin, Wilhelm: *Aktienrechtsreform und Kapitalmarkt, in:* Rechts- und Staatswissenschaftlichen Fakultät der Philipps-Universität Marburg *(Hrsg.), Marburger Aussprache zur Aktienrechtsreform, Marburg 1959, S. 36-52.*

Vogt, Gustav: *Zur Theorie der Handelsgesellschaften, insbesondere der Actiengesellschaft, ZHR 1858, 477 – 539.*

Wagner, Adolph: *Das Actiengesellschaftswesen, Jahrbücher für Nationalökonomie und Statistik, Bd. 21 (1873), 271-340.*

Wagenhofer, Alfred; Ewert, Ralf: *Externe Unternehmensrechnung, Berlin [u. a.] 2003.*

Walter, Rolf: *Wirtschaftsgeschichte – Vom Merkantilismus bis zur Gegenwart, 2. Aufl., Köln/Weimar/Wien 1998.*

Waßmer, Martin Paul: *Die GmbH & Stroh KG als Publizitäts-Vermeidungsmodell: Kunstgriff – oder mit Ordnungsgeld gemäß § 335a, § 335b HGB sanktionierbare Umgehung der Offenlegungspflicht der GmbH & Co. KG?, GmbHR 2002, 412-420.*

Watts, Ross L.; Zimmerman, Jerold L.: *Towards a Positive Theory of the Determination of Accounting Standards, AR 54 (1978), 112-134.*

Watts, Ross L.; Zimmerman, Jerold L.: *Positive Accounting Theory, 7. ed., London 1986.*

Wehage, Helmut: *Gedanken zum Referentenentwurf eines neuen GmbH-Gesetzes, DStR 1969, 439-440.*

Weimar, Robert; Reeh, Michael: *Rechts- und Gestaltungsformen zur Vermeidung der Register- bzw. Hauspublizität, DB 1988, 1637-1643.*

Weinhagen, Napoleon: *Das Recht der Aktien-Gesellschaften nach dem allgemeinen deutschen Handelsgesetzbuch und dem preußischen Gesetze vom 15. Februar 1864, Köln 1866.*

Wiedemann, Herbert: *Gesellschaftsrecht – Ein Lehrbuch des Unternehmens- und Verbandrechts –, Bd. 1: Grundlagen, München 1980.*

Wiener, H.: *Gutachten über das Actiengesellschaftswesen, in: Schriften des Vereins für Socialpolitik (Hrsg.): Zur Reform des Actiengesellschaftswesens, Leipzig 1874, S. 1-27.*

Wiethölter, Rudolf: *Interessen und Organisation der Aktiengesellschaft im amerikanischen und deutschen Recht, zugl. Hab.Schrift, Univ. Köln, 1960, Karlsruhe 1961.*

Wigard, Franz (Hrsg.): *Stenographischer Bericht über die Verhandlungen der deutschen constituierenden Nationalversammlung zu Frankfurt am Main, Erster Band, Nr. 1-33, S. 1-782, Frankfurt a. M. 1848.*

Williamson, Oliver E.: *The Economic Institutions of Capitalism: Firms, Markets, Relational Contracting, New York [u. a.] 1985.*

Wimmer, Eva Maria: *Bilanzpublizität bei kleiner und mittlerer GmbH, Baden-Baden 1994.*

Winkeljohann, Norbert / Schindhelm, Malte: *Das KapCoRiLiG : Ein Praxis-Leitfaden, Herne: 2000.*

Witte, Eberhard: *Die Vertretung des öffentlichen Interesses in der privaten Unternehmung?, in:* Ortlieb, Heinz-Dietrich *(Hrsg.), Hamburger Jahrbuch für Wirtschafts- und Gesellschaftspolitik, Tübingen 1958, S. 122-138.*

Wolff, Hans J.: *Typen im Recht und in der Rechtswissenschaft, Studium Generale Bd. 5 (1952), 195-205.*

Zavgren, C.V.: *The Prediction of Corporate Failure: The State of the Art, Journal of Accounting Literature 1983, Vol. 2, 1-38.*

Zeff, Stephen: *The Rise of Economic Consequences, JoA December 1978, 56-63.*

Ziegler, Dieter: *Das Zeitalter der Industrialisierung, in:* North, Michael (Hrsg.), *Deutsche Wirtschaftsgeschichte, 2. Auf., München 2000.*

Zimmer, Daniel; Eckhold, Thomas: *Das Kapitalgesellschaften & Co.-Richtlinie-Gesetz – Neue Rechnungslegungsvorschriften für eine große Zahl von Unternehmen –, NJW 2000, 1361-1369.*

Zimmermann, Karl: Zur Bestimmung der Unternehmensgröße in der Industrie und im Handel, Teil I und Teil II, WWi 1960, 157-161, 218-220.